Residential Renovation Design Techniques

住まいのリノベ設計塾

各務謙司・中西ヒロツグ

X-Knowledge

リノベーションが創造する過去のある未来 …… 003
Standing on the Shoulders of Giants

其の一　リノベーションという処世術 …… 003
其の二　過去を未来に生かすデザイン …… 017

Part 1　「間取り」の再生術　マンション編 …… 031
Part 2　「間取り」の再生術　木造戸建住宅編 …… 039
Part 3　スマートな設備計画　マンション編 …… 047
Part 4　スマートな設備計画　木造戸建住宅編 …… 055
Part 5　費用対効果の高い断熱改修 …… 063
Part 6　キッチン改修の発想術 …… 071
Part 7　失敗しない浴室・洗面室・トイレの改修 …… 079
Part 8　決戦は造作家具！ …… 087
Part 9　照明の力を生かす …… 095
Part 10　ヒアリング&プレゼンの極意 …… 103
Part 11　工事費もデザインする …… 111
Part 12　下地+仕上げを極める …… 119
Part 13　現場を動かす実施図面 …… 127
Part 14　現場管理のキモ！ …… 135
Part 15　リノベーションも法令遵守 …… 143

リノベーションが創造する1つひとつの物語 …… 151
The stories of Renovation

Episode no.6　白からの華麗なる転生 …… 152
Episode no.5　光の井戸を囲む暮らし …… 153
Episode no.4　柱と梁で空間の色を切り分ける …… 154
Episode no.3　昭和の趣を今風に生かす …… 155
Episode no.2　凹凸が生み出す新しい価値 …… 156
Episode no.1　アルミ名建築の再生 …… 157
Episode no.0　Last Words …… 158

執筆者プロフィール …… 159

Column

廊下を洗面スペースとして有効に使う …… 038
"昭和の古民家"を生かす方法 …… 046
シンダーコンクリート埋設管の改修は慎重に！ …… 054
電気に頼り切らない。上手な"ガス"の使い方 …… 062
費用対効果の高い屋根・外壁の改修 …… 070
露出する共用竪配管は化粧柱として生かす …… 078
"プレミアム"な提案—ドライサウナ— …… 086
デッドスペースは惜しみなく使う …… 094
1室多灯照明ではシーン調光器がお薦め …… 102
CG・VRを駆使したプレゼン …… 110
工務店選びが成否の鍵を握る …… 118
バルコニーにウッドデッキを敷く …… 126
これだけは抑える。現場説明のポイント …… 134
工事に関するクライアントへの配慮 …… 142
オフィスを共同住宅に用途変更する方法 …… 150

カバー・本文デザイン：坂内正景
印刷所：シナノ書籍印刷

リノベーションが創造する過去のある未来

其の一 — リノベーションという処世術

Standing on the Shoulders of Giants

写真＝傍島利浩

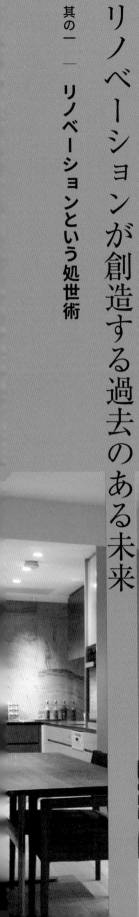

リノベーションの背景を紐解く

中西　日本では、新築を志向する考え方がいまだに根強いのですが、大きな要因の1つとして、戦後復興期や人口増加を伴う高度経済成長期における住宅の大量供給が、新築信仰を後押ししていた背景があると思います。歴史を長い目で見ると、日本各地に存在する伝統的な寺社仏閣や古民家などから想像できるように、建物を何百年も維持しながら、不具合が生じたタイミングで更新していくという思想が本来の姿なのだと感じています。

私の師である菊竹清訓氏も、独立当初は「永福寺幼稚園」（1956年）において工場を幼稚園に用途変更するなど、リノベーションの仕事を数多く手掛けていました。日本は島国ですから、限られた資源をいかに大切に使っていくか、というDNAが文化に深く刻まれているはずなのです。今や日本は人口減少社会。既存の建物を生かすリノベーションに向けてもっと舵を切るべきではないでしょうか？

戦後こそが特異な時代です。設計者を育成する教育のカリキュラムも新築を前提としていました。私も1980年代に大学で教育を受けたのですが、設計者として駆け出しのころは、当然のように新築を志向したものです。各務さんは、大学を卒業されてからニューヨークで研鑽を重ねられていたようですが、この点の日本と欧米の違いをどのように感じられていましたか？

各務　私が米国に留学していたのは'90年代ですが、日本よりも新築のプライオリティが低いということは、ひしひしと感じました。特に、留学後に修行を積んでいたCicognani Kalla Architectsのあるニューヨークのマンハッタン界隈には、歴史的建築物に指定されている建物が多く、建替えや外観のリニューアルなどは固く禁じられています。内装のみのやり替えを行うにしても、確認申請を不要とするケースが多い日本とは異なり、行政への申請が必要で、とにかく手間と時間がかかります。建物のもつ歴史を大切にする意識を感じました。

18世紀に建国された米国よりも長い歴史をもつ欧州はその意識がさらに高く、設計者が新築に関わる機会は米国よりも圧倒的に少ないのが現実です。イタリアからの留学生とも交流しましたが、新築で建物を設計する機会に恵まれている日本の事情を大いに羨ましがっていたものです。イタリアでの設計教育では、レスタウロといって建物の保全修復を主目的としたカリキュラムが組まれています。社会が設計者の職能として期待するのは、地味な表現になるかもしれませんが、「営繕」なのです。

Before

和室とリビング・ダイニングの間に不自然な腰壁が設けられ、使い勝手のよくないスペースを生み出していた

After

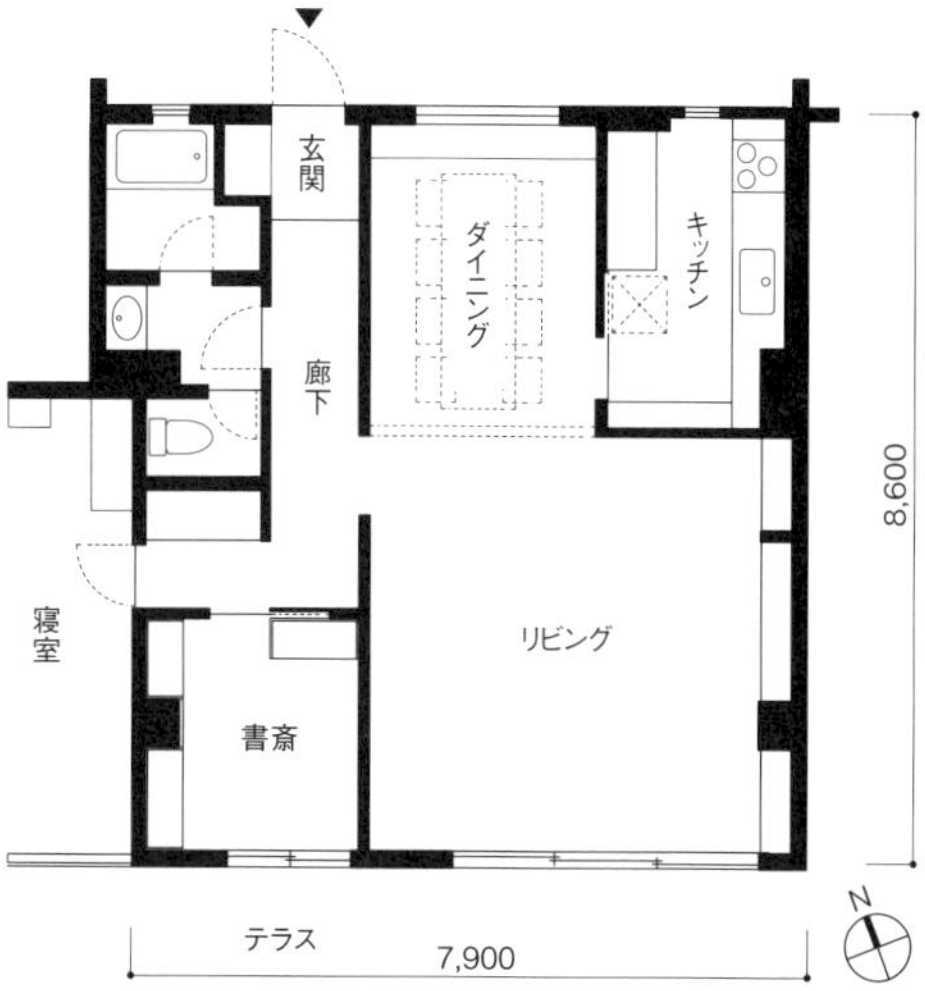

和室をなくして、2面採光の大きなリビング・ダイニングを設けた。書斎・水廻りは左側に新設した天井いっぱいの壁で明確にゾーニングしている

1 | 光と風の流れを意識したマンションの間取り

「小石川S邸」のリビング・ダイニング。ダイニングとリビングの間には垂壁を設け、空間に落ち着きをもたらしている。ダイニングの壁には絵画がかけられており、絵を見ながら食事が楽しめる

中西　営繕……。思わず、菊竹清訓建築設計事務所に入所したころのことを思い出しました。デザイン性の高い新築の設計を夢見て事務所に入ったものの、最初に任された仕事といえば、事務所が継続して設計を担当していた京都信用金庫支店の営繕でした。雨漏りや内外装のひび割れ、ドアの開閉不良などの不具合があったときの、いわばクレーム対応のような地味な仕事。

今思えば建物を使用するうえで生じるさまざまな問題に直面した経験が、設計者としてリノベーションに向き合う礎になっています。水・熱に対する建材の耐久性や、施工方法の善し悪しなどは、生きている建物をじっくり観察すれば理解できます。その経験から、建物を長もちさせるための知恵やノウハウを吸収することができました。

各務　なるほど、事務所時代には新築の設計ばかりをなさっていたと思っていたのですが……。中西さんと一緒に設計していても、細かいところに目が行き届くなあと、いつも感心させられる背景には、過去の地道な研鑽があったということなのですね。リノベーションに対する中西さんのルーツが新人時代であるとするなら、私のルーツは、ニューヨークに留学する前の学生時代に、リノベーションした「小石川S邸」（1991年）の経験ですね［**5頁・1**］。ほかの建築家によって一度改修されていたマンションで、傍から見てもとにかく使い勝手が悪そうだったことを記憶しています。

マンションの典型的な傾向として、空間全体に光と風を通り抜けさせるのが難しいという問題があります。「小石川S邸」では、以前の建築家による改修によってリビング・ダイニングの奥に不自然な腰壁が設けられていました。収納量は確かに上がっていましたが、光と風は中途半端にしか流れず、「プライバシーを確保できない」「高さが足りず、壁にアート作品を掛けられない」などの問題がありました。

お住いの方は相当の不満を抱えていたようで、〝ベルリンの壁〟と揶揄していたくらいです（笑）。この問題を解決するために、腰壁を撤去して、あまり使わなくなった和室をダイニングに転用してリビングと一体化しました。リビング・ダイニングの脇に書斎や水廻りとの境界を意識させる天井までの白いの間仕切壁を設け、壁にアート作品を掛けられるようにしました。

この経験から感じたことは、リノベーションを手がけるうえで大切なことは、建物の使用状況、住宅であれば人の生活に寄り添うことが重要だということです。空間構成から設計を始める新築とは異なり、建物の使用方法を再提案するという意味合いが色濃いものだと思います。中西さんは、

Before

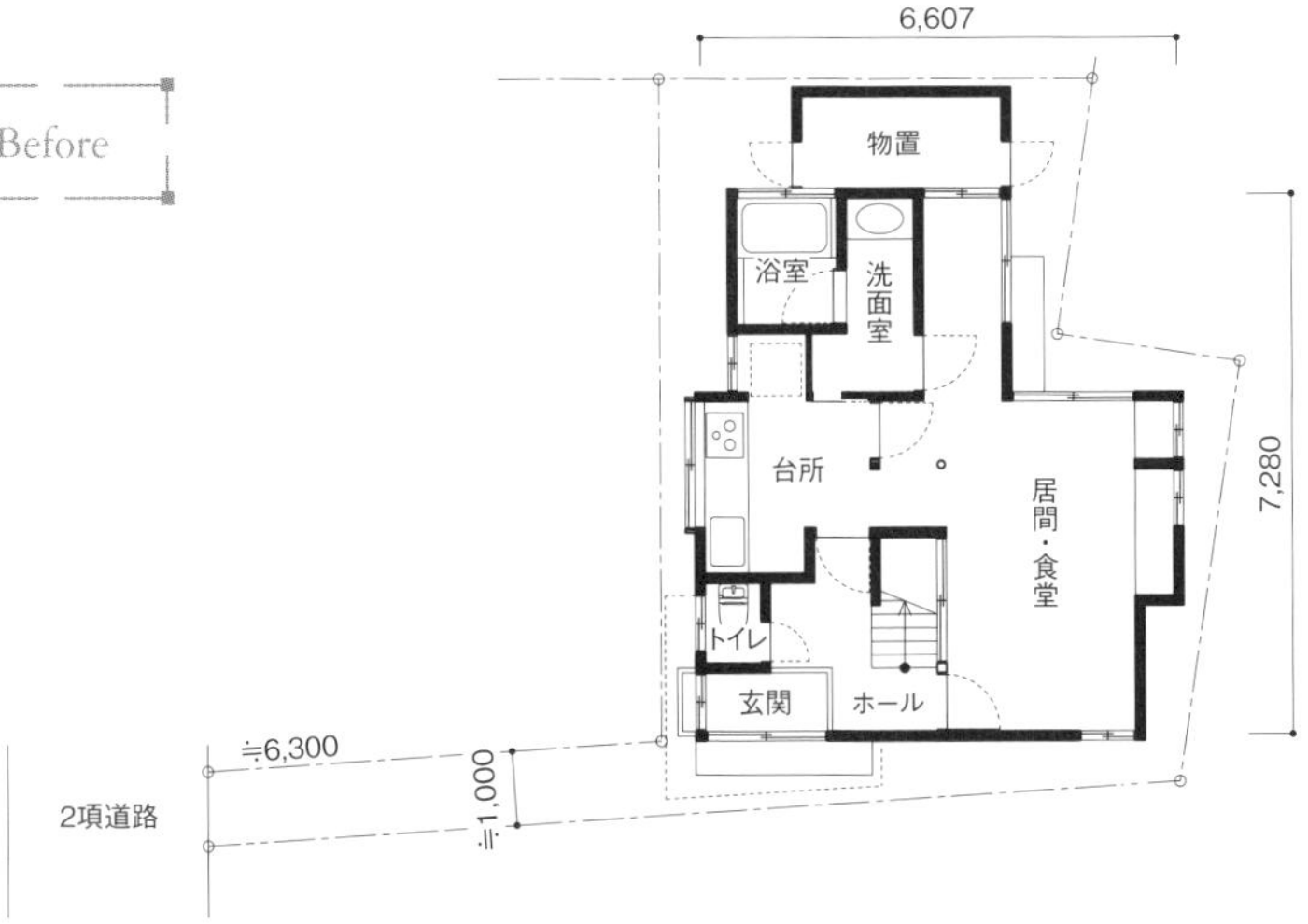
6,607
物置
浴室
洗面室
台所
居間・食堂
トイレ
玄関
ホール
7,280
≒6,300
≒1,000
2項道路

南面に居間・食堂が配置されているものの、住宅密集地であるため日当たりはほとんど期待できない

After

6,607
納戸
洗面室
トイレ
WIC
物入
寝室
クロゼット
玄関
1,365
7,280
≒6,300
≒1,000
2項道路
N

居間・食堂はリビング・ダイニングとして2階に移動する代わりに寝室を1階へと移動。寝室に最適な落ち着きがある

2 | 接道していない家は改修して価値を向上

(左)改修した「ファイナルハウス」の玄関アプローチ。隣地境界との距離はわずかで、採光・通風のためにLDKを2階に配置するようプランを変更した
(右)2階LDK。ハイサイドライトからの光が勾配天井を伝い、室内を明るくする

リノベーションをどのようなものであるとお考えですか？

中西　各務さんと同じ意見ですが、もう少し俯瞰してみると、リノベーションとは、過去と現在、未来を共存させる建築行為だと思うのです。建物が劣化したら壊してつくり替えるスクラップ&ビルドの思想とは対極をなすもの。必要に応じて手を加えることで、建物やそれにかかわる人の歴史を感じながら現在に活かす、そんな世界観がリノベーションには存在します。

菊竹先生の代表作でもある「スカイハウス」（1958年）の設計にもそのような想いが込められています。正方形平面の1室空間は夫婦を単位とした〝空間装置〟であり、ここに浴室・台所・収納という3つのムーブネットと呼ばれる〝生活装置〟が組み込まれていて、暮らし方に合わせて移動・取り換えが可能になっています。

各務　確かに。異なる時間が共存するというのは、リノベーションならではの魅力ですよね。マンハッタンにある歴史的建造物で内装を解体するにしても、装飾や金具はなるべく再利用するのが当たり前です。

以前の事務所では、由緒のある建物がヨーロッパで取り壊される際に出る古材や家具を米国に輸入する業者から、足りない部材を購入したこともありましたね。古いものを許容し、そのよさを現在に活用することがステータスになっています。

そこがリフォームとの大きな違いではないでしょうか。リフォームはただ単に古くなったものを新しいものにやり替えるのみ。見栄えは新築なみに美しくなりますが、リノベーションが表現している過去は抹殺されます。そのリフォームとリノベーションの違いに着目すれば、設計者としての職能をいかんなく発揮できる要素が色々ありそうですよね。

既存不適格と真摯に向き合う

各務　過去を未来へとつなぐために、設計者はどのような能力を身に着けていくべきか。ここからは、そのことについて考えていきたいと思いますが、新築との違いを挙げるなら、何といっても既存の建物をよく知るという能力が求められますよね。

中西　はい。構造・設備・省エネなど建物自体の性能はもちろんですが、建築基準法や消防法などの法規的な観点から、建物が適法かどうかを見分ける能力が特に必要ですよね。よくある事例として2つ挙げると、1つ目は、都市部の住宅密集地でよく見かけられる、建物が建築基準法の接道条件を満たしていないというパターンです［※1］。この

※1　敷地は幅員4m以上の道路に2m以上接する必要がある［法43条1項］

Before

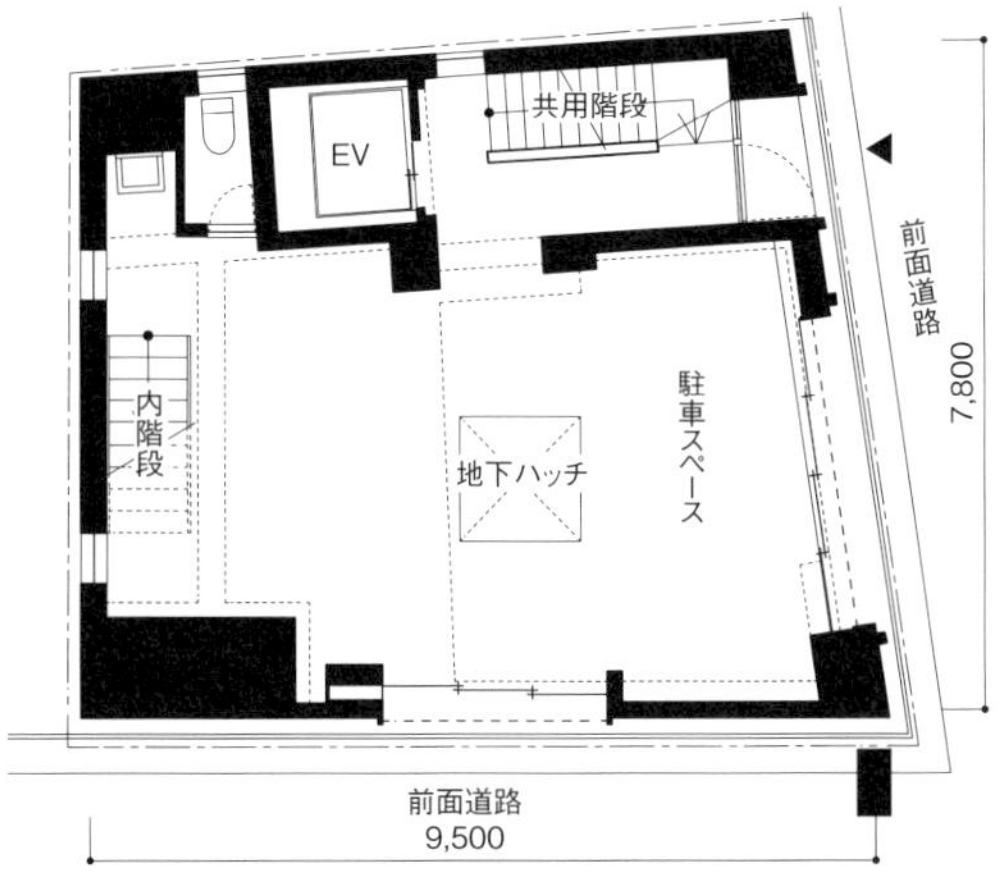

共用階段
EV
内階段
地下ハッチ
駐車スペース
前面道路
7,800
前面道路
9,500

After

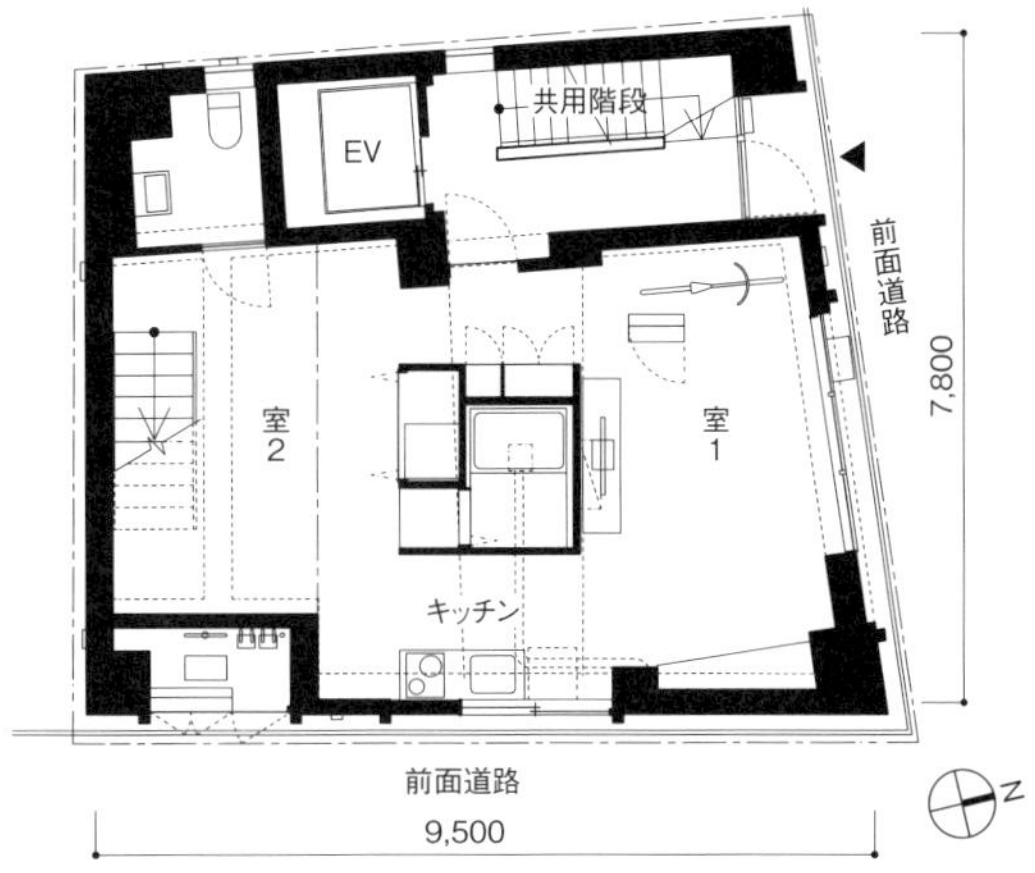

共用階段
EV
室2
室1
キッチン
前面道路
7,800
前面道路
9,500
N

実測によって描かれた現況図。コア抜きによるコンクリート躯体の状況調査を踏まえて描かれているため、解体後の躯体状況はほぼ想像通りだったという

駐車スペースの出入り口であるシャッターは撤去して、窓付きの外壁に変更。地下ハッチのあった中央部に浴室を格納するボックスを設けて行き止まりのない回遊動線を実現した

3 ｜ 既存不適格を証明すれば用途変更も可能

「IRIYA APARTMENT」におけるボックスの壁はラーチ合板。サンダー掛けを行い木目を美しく見せている。床は白いビニル床タイル「Pタイル」(田島ルーフィング)で仕上げ、壁・天井は白いEP仕上げとして、空間全体としては若年層向けの設えとした

検査済証のない建物の再生手法
中西ヒロツグ
イン・ハウス建築計画
Japan Home & Building Show 2020

「IRIYA APARTMENT」を解説したYouTube動画
――検査済証のない建物の再生手法――
はこちらから。

ケースでは建物の建替えは新たに隣地を購入しない限り、原則的に不可能です。建物を更新するには、必然的に改修という手法を選択するしかありません。

独立してから間もない頃に設計を手がけた築35年の木造2階建て戸建住宅「ファイナルハウス」（2001年）は、まさにこれに当てはまります［7頁・2］。このような建物は得てして耐震性能・断熱性能が低く、工事を行うにしてもスペースがないなど制約が多いため、計画から施工に至るまで、かなり専門的な知識が求められます。

2つ目は、中古住宅にありがちな検査済証や確認申請書類が残存していないパターンになります。「IRIYA APARTMENT」（2016年）が該当します［9頁・3］。築40年の事務所ビルを共同住宅に用途変更しましたが、建築基準法の扱いでは一般建築物から特殊建築物になるので、防火や避難の規制が厳しくなります［※2］。その前提条件として、対象となる建物が既存不適格であることを証明しなければなりませんが、検査済証がない場合、その証明を得るための作業が非常に煩雑になります［※3］。

ここでは、図面がまったく残っていなかったため実測して既存図を作成することから始め、躯体調査や耐震診断を行ったうえで既存不適格であることを証明しました。正確に既存図を作成するには、着工・竣工当時の法規についてはもちろん、建物の構造・設備、下地・仕上げ方法の知識ももち合わせていなければなりません。

各務

なるほど。補足すると、設計者が法規への正しい理解力をもつことで、設計の自由度がかなり高まるといえますよね。私がよく手がける床面積100㎡を超えるマンション・リノベーションを例に話をしてみましょう。「青山P邸」（2016年）では、室内廊下の途中に防火扉がありました［4］。このマンションは1980年代に建てられたRC造の建物です。その当時の基準を満たすように防火区画が設けられていますが、現在では、法改正によって防火区画を設置する必要がなくなっています［※4］。

設計の自由度を高めるにあたって防火区画は撤去したいと考えて管理組合に問い合わせたところ、前例がないということで当初は反対されましたが、法的な根拠を詳しく示すとともに建築指導課や消防署へのヒアリング内容を見せることで防火区画を撤去することを認めてもらいました。法規に対する理解力の高さは設計者ならではのもの。このように建物の適法性を明らかにすることで、建物の寿命も大きく伸ばすことができるので、設計者は法規への理解を深めていくべきでしょう。

※2　特殊建築物とは、用途の特殊性から防火・避難規定などで一般の建築物より厳しく規制される建築物のこと。特殊建築物では、災害時の混乱が予想されるため、規模や階数により防災上等の構造基準に対し厳しい基準が設けられている。一般建築物から特殊建築物へと用途変更を行う場合は、規模が200㎡以内の変更、もしくは類似の用途間で行われる場合を除き、用途変更確認申請の手続きが必要となる

※3　既存不適格とは、建築物が建築当時は適法だったが、その後建築基準法の部分的な改正や都市計画による用途地域の変更などにより、現行法規に適合しなくなることをいう。2014年7月に「検査済証のない建築物に係る指定確認検査機関を活用した建築基準法適合状況調査のためのガイドライン」が策定され、これに基づいた調査によって検査済証がなくても増改築が認められるようになった

※4　役所や消防署に相談したところ、現行の建築基準法では設置の義務がなく撤去している。マンションによっては、防火扉が消防設備と連動していることがあり、そのような場合は容易には撤去できない

Before

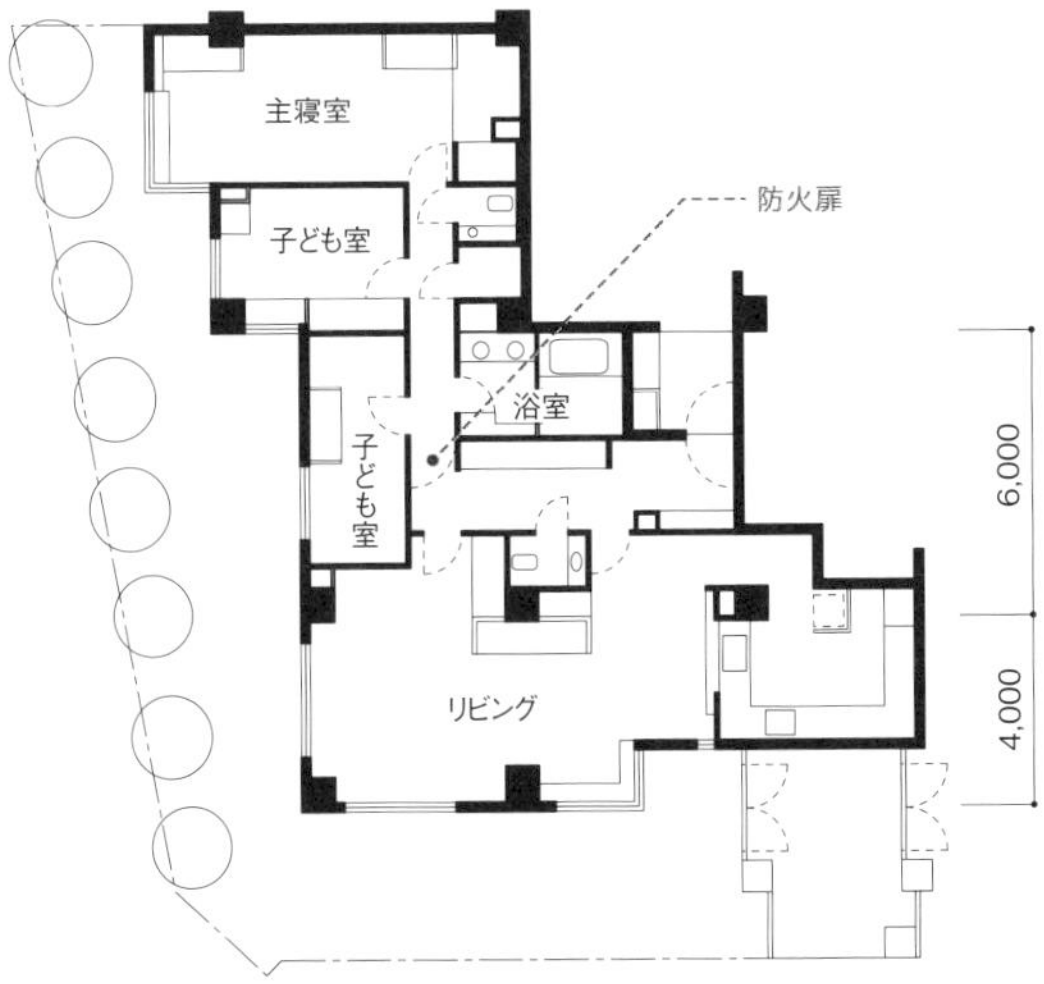

防火扉が廊下の壁に収まっており、玄関ホールからみてアイストップとなる壁にデザインを施すことができなかった

After

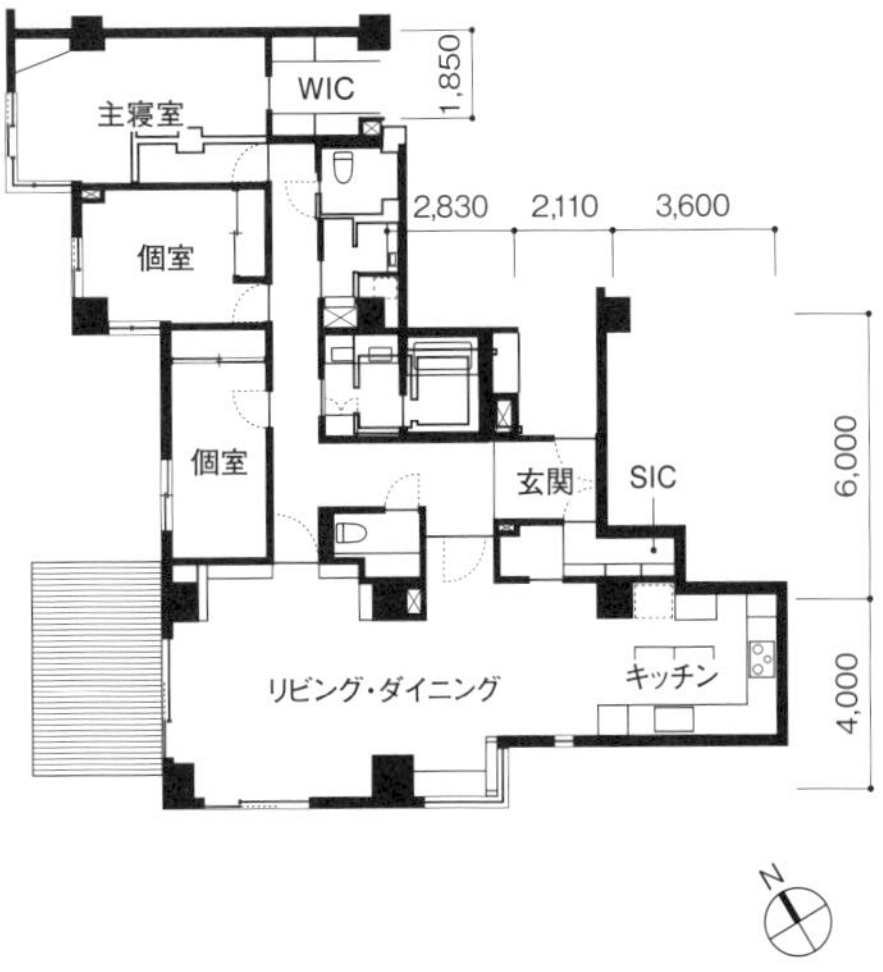

防火扉を撤去できたため、アイストップとなる壁に大理石調磁器質タイルを張ることで、玄関に入ってすぐに展開する空間のグレード感を上げることができた

正面に見える防火区画（写真左）を撤去することによって生まれたフラットな天井の廊下（写真右）。左側の壁面を大理石調磁器質タイルで仕上げ、ユニバーサルダウンライトでライトアップしている

4 | 防火扉を撤去してフラットな天井を実現

写真＝傍島利浩

「青山P邸」のリビング・ダイニング。左側の梁の奥行を生かした収納とキッチンの棚の位置をそろえることで、撤去できない梁によって生じる凸凹を視覚的に消去している

臨機応変に現場で対応する

各務　続いて必要な職能としては、現場で臨機応変に対応するという能力が挙げられるでしょう。新築に比べて工期が短く、工事の節目ごとに判断が必要となります。リノベーションでは解体が始まってから問題が判明する問題がかなり多いのです。

先ほど中西さんに、確認済証が残っていないという話をしていただきましたが、図面の管理がしっかりされていると思われがちな分譲マンションでも、竣工図が保管されていないケースや竣工図が現況と一致していないケースはよくあります。

竣工図どおりであっても、躯体が歪んでいるケースなどは多々あります。壁のつくり方をどのようにするのか、などの対処法はその場で判断しなければなりません。解体後に、壁下地をＬＧＳとする部分やコンクリートの壁にそのまま仕上げを行う部分を見極めているのはよくあるケースです。


中西　私が手がけることの多い木造戸建住宅も例外ではありません。実際に建物を解体してみないと分からないことは多いので、常にさまざまな可能性を想定するように心がけています。そのためにはプランを複数もっておくことが必要です。シロアリによる食害はよく見受けられるケース。原状回復については見積りには含まずに実費精算とし、別途予算枠を設けておくようにしています。

壁が倒れているケースもよくありますし、「上鷺の家」（２００６年）のように、解体してみるとどういうわけか、梁成が途中で変わっていて、当初予定していた柱を抜くというプランが難しいケースがあります［5］。柱を残すか、取るにしてもまくら梁で補強するかなど、複数案のなかから最善の答えを導いていくことが必要です。

必然的に新築に比べて現場監理の回数は多くなりますし、現場で方針を決めるという即決力も求められます。現場での対応力といえば、マンション・リノベーションでは工事中の音にも気を使わなければなりませんよね。

各務　それはいつも悩ましい問題です。マンションで発生する工事音の問題は非常にデリケートです。解体工事において、シンダーコンクリートを斫るときや躯体にアンカーを打つときには特に注意を払います（管理規約でアンカー打ちが禁止されていることもあるので要注意）。近隣からのクレームにもなりかねませんから……。できるだけ音を小さくする工夫が求められます。
シンダーコンクリートは通常、斫り機械で解体を行うのですが、管理組合が厳しく、近隣からのクレームが入るケースも想定された「青山Ｐ邸」などのように、場合によっては比較的騒音が発生

5 ｜ 抜けない柱はアクセントとして生かす

(左)「上鷺の家」の解体時写真。梁成が中央付近の柱を境にして異なっていることが分かる。ここでは、まくら梁を抱かせたうえで柱を新たに立て、梁が鉛直荷重でたわまないようにしている
(右)改修後はリビング、ダイニングと一体のオープンキッチンへと変更。手前の柱は梁が交差する部分にあるため、撤去できない独立柱として露し、空間のアクセントとした

6 ｜ 床を斫るときには騒音に要注意

パッカー工法で解体を行った在来工法浴室の床。床は三層に分かれており、上から保護モルタル、防水層、嵩上げコンクリートで構成されている。壁際はパッカーを使えないので、コアを連続にして抜いている

7 ｜ 小屋裏を利用した勾配天井の吹抜け

「田園調布の家」のリビングを見る。天井を撤去してつくられた勾配天井の大きな吹抜け。トップライトからの光が空間を包み込む。勾配のラインを視覚的に強調するように、天井仕上げはシナ合板(クリアラッカー塗装)とした

写真＝傍島利浩

しづらいコア抜きとパッカーを組み合わせた工法を用いて、シンダーコンクリートの斫りを行っています［13頁・6］。

あらかじめ壁際や梁際にはコンクリートのコア抜きを行い中央部は、油圧を駆動力としたパッカー（圧砕機・セリ矢）を差し込んで、コンクリートにひびを入れて割っていく工法です。工事中に求められうるこうした臨機応変な対応力は、ぜひとも必要な能力なのです［54頁］。

暮らし方をより具体的に提案する

中西　続いて挙げられる職能として、各務さんも先ほど指摘されていたような、建物の使用方法を再提案する能力が挙げられると思います。住宅においては、「暮らし方をより具体的に提案する能力」といい換えられるでしょう。クライアントの暮らしを丁寧に観察して、現状よりもよりよい提案をすることが求められます。

新築では、まっさらな敷地に建物の骨組を構築し、建物の内外を自由に仕上げていくことができますが、リノベーションでは、そのような思考パターンが成立しにくいというのが実感です。その建物のもっているポテンシャルを活かし実現可能な答えを導きだしていくことが重要です。

各務　各務さんとの共同設計による「田園調布F邸」（2012年）では、天井裏の大きなスペースが有効に活用されていませんでした［13頁・7］。天井を撤去して大きな吹抜けをつくり、リビング・ダイニングと移動空間・寝室が1つにつながる開放的な空間を提案しました。

マンション・リノベーションでも、手を付けられるのは専有部分のみですから、デザインとして手を加えられることは限られています。提案内容は必然的にクライアントの暮らしに寄り添います。設計の段階からクライアントと一緒に、仕上げ材だけではなく家具やファブリック類まで一緒にショールームを回って検討を重ねているのは、こうした意識の現れです。

加えて自分はよく料理をするので、キッチンの使い勝手には特に気を配ります。油汚れによる掃除を想定すると、キッチン廻りの仕上げに天然石は扱いにくいので、「青山P邸」のように天然大理石のような質感で、掃除もしやすい磁器質タイルやカラーガラスを採用しています［8］。通路幅が中途半端な場合は、床付けコンセントから電源コードを引っ張って使える、キャスター付きの移動式のカウンターを設えることもあります。

マンションの玄関は収納スペースが少ないことが多いので、ウォークインタイプのシューズイン

8 | キッチンは使い勝手のよさが第一

「青山P邸」のL字型キッチン。ガスレンジ側の壁面は磁器質タイル「イ・マルミ グリジオ」(アドヴァン)、シンク側の壁面はカラーガラス「JCW ピュアクリアホワイト」(NSGインテリア)で仕上げ、見た目の美しさと清掃性のよさを両立させた。通路部分には天板をクォーツエンジニアドストーン「シーザーストーン4230 シイタケ」で仕上げたキャスター付きの移動式カウンターを造作で設けた

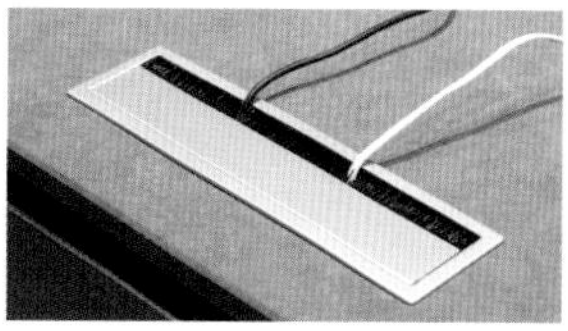

「青山P邸」のキッチンカウンター。電源コードを天板へと取り出している様子。ゴミが内部に入らないように、ブラシ付きの配線孔キャップ「PC2000Z 180型EZ002」(スガツネ工業)を採用した

9 | 耐震補強のたすき掛け筋かいを見せる

「山中湖の家」でダイニングの脇に設けられた筋かい耐力壁。接合部を天井裏に隠すこと、柱の位置にライン照明用のスリットを設けていることがポイント

10 | ファイバースコープを利用した配管内部の調査

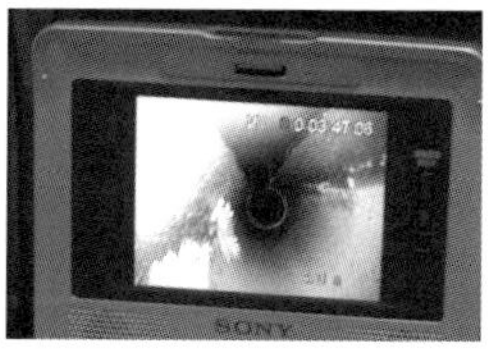

ファイバースコープを使って配管内部を調査している様子。管の材料や、逆勾配による水溜りの有無、錆の膨らみによる内部有効寸法の減少などを確認できる

11 | マンションの断熱改修は吹付けが合理的

「杉並区S邸」の吹付け硬質ウレタンフォームでコンクリート躯体の内側から断熱層を形成している様子。窓や開口スリーブなどはすべてマスキングした状態で断熱材を吹き付けている。隙間なく断熱層を形成できるので、熱橋が生じない

クロゼットを設える、というのも常套手段の1つです。いずれも建物の使用方法を再提案する能力に当てはまるものでしょう。それを可能にするのもクライアントとの密なコミュニケーションを伴った、設計者の観察力だと思います。

付加価値を分かりやすく伝える

中西　逆にいうと、新築との比較になりますが、高価な素材や特殊なデザインの提案をなかなかしづらいことが設計者にとってのジレンマになります。リノベーションでは性能向上という目的も果たさなければならないので、デザイン以外の見えない部分にどうしても費用がかかってしまいます。

戸建住宅でいうと、耐震性能や断熱性能など付加価値をどのようにして可視化するかも重要な職能の1つではないでしょうか。現在、耐震性能では耐震診断による上部構造評点［※5］、断熱性能では一次エネルギー消費量の計算による光熱費の算出［※6］が技術的に可能となっています。

ただし、設計者の矜持を見せるのであれば、見えない部分の付加価値をデザインとして分かりやすく伝える、という領域に達したいものです。分かりやすい例では、耐震性能を向上させる筋かいを露しにして、インテリアのアクセントとして生かすという手法が挙げられます［15頁・9］。

マンション・リノベーションでも、インテリアや家具につい目がいきがちですが、目に見えない部分にも費用はかかります。特に注意すべきは、設備配管の老朽化への対応です［15頁・10］。

各務　排水管の詰まりは致命的ですから、マンションの管理組合に問い合わせて、長期修繕計画のなかで配管の修繕が行われているのか、将来的な予定を含めて確認し、排水管の劣化状況を予測します。ファイバースコープを使用して排水管内部の様子を正確に把握し、排水管の現況が再利用に堪えないと判断した場合には、専有部分内の排水管をやり替えるケースがあります。「杉並区S邸」（2012年）のように吹付け硬質ウレタンフォームで外部に面した躯体面の断熱性能を高めるケースもあります［15頁・11］。

見えない部分の可視化に関しては、中西さんがご指摘されたように、デザインとして見せることも重要ですが、私は、ブログを積極的に活用して情報発信するように心がけています。工事中の様子をできるだけ詳細に報告することで、見えない部分になぜ費用がかかっているのかを、クライアントに理解してもらえることができます。同業者に、苦労して獲得したノウハウを無料で公開しているともいえますけれどね（笑）。

※5　上部構造評点とは、建物が耐震診断時に保有している耐力を、建物に必要とされる耐力で割ったもので、木造住宅の耐震性能を示す指標。耐震診断の結果、上部構造評点のうち最も低い値が採用される。「倒壊しない（1.5〜）」「一応倒壊しない（1.0〜1.5）」「倒壊する可能性がある（0.7〜1.0）」「倒壊する可能性が高い（〜0.7）」の判定基準がある。一般的に1.0以上で耐震性能が確保されているという判定になる

※6　一次エネルギー消費量とは、冷暖房、換気、給湯、照明などの設備機器のエネルギーを熱量換算した値のこと。一次エネルギー消費量算定プログラム「住宅に関する省エネルギー基準に準拠したプログラム」で算出可能。住宅・建築SDGs推進センター「省エネサポートセンター」のホームページ上に公開されている

Standing on the Shoulders of Giants

リノベーションが創造する過去のある未来

其の二 ― 過去を未来に生かすデザイン

写真・傍島利浩

成功する〝間取り〟の法則

各務　私たちの主戦場であるマンションと戸建住宅、それぞれのデザイン手法を分析してみましょう。まずマンションの間取りについてですが、日本のマンションは北側に共用廊下を、南側に掃き出し窓とバルコニーを設けるケースが多く、居室は南側にパブリックな空間としてリビング・ダイニング、その北側にプライベートな空間として水廻りや洋室を配置するのが一般的です。

必然的に北側の玄関から続く廊下が生まれます。玄関からプライベートな空間の横を通り抜けて、パブリックな空間へと人を招くという、プライバシーの点ではあまり評価できない間取りになっています。廊下の取り扱いは、間取りを再構築するうえで重要なテーマだと考えています。

中西　南面信仰は根強いですからね。木造戸建住宅でも同じことがいえます。従来の間取りでは、日当りのよい南側をパブリックな空間の応接間、北側をプライベートな空間とするのが一般的でした。応接間は来客の接遇を主目的とした設えで、現在のような〝家族のだんらん〟という、キッチンとの一体感があるリビング・ダイニングとは趣が異なります。

そのような間取りでは、家族は日当りのよくない部屋で、日中過ごさなければならないということになりがちです。日当りの悪い和室が物置になってしまうケースや、技術的な問題［※1］や家事動線への配慮などから、キッチンが1階に配置されるケースが多いのも木造戸建住宅ならではの特徴です。話を具体的な手法に移しましょう。マンションの間取りについて、各務さんは廊下をどのように取り扱っていますか?

各務　「廊下をなくす（少なくする）」「廊下の付加価値を高める」という2つの手法を選択しています。前者は全体の面積が比較的小さなケース（目安80㎡以下）で有効な手法です。無駄なスペースがなくなるので、居室が広くなります。「神戸M邸」（2013年）では、空間の中央にあった廊下の代わりに、浴室・トイレを集約した水廻りボックスを設け、リビング・ダイニングをL字形に配置しました［1］。

水廻りボックスと向かい合うように、洗面台・キッチンが一体となったロングカウンターを壁面の長さを利用して設けています。行き止まりのない回遊動線を可能にするだけではなく、給排水計画の観点からも、住戸の中央を通るPS近くに水廻りを集約できるので合理的です。

後者は居室の面積が比較的大きなケース（目安80㎡超）で有効な手法です。居室の大きさが十分

※1　給水圧不足や漏水のリスクなどから避けられていたと想定される。現在では、システムキッチンやユニットバスの普及に伴い、技術的な障害はほぼ解消されている

1 ｜ 廊下をなくして水廻りボックスによる回遊動線をつくる

改修前の「神戸M邸」は中央に廊下が通り、その両側に寝室と水廻りがレイアウトされる典型的な間取り（左）を、PSを中心に水廻りをまとめた（右）。なかには脱衣室もあり、使い勝手もよい

2 ｜ 廊下のギャラリーは大理石がお似合い

（左）空間の中央にある廊下の壁一面に大理石を張り、その壁に絵画を掛けられるようにピクチャーレールを仕込んだ「六本木N邸」。天井を柔らかく照らすコーブ照明と床面からのアッパーライトが空間に華やかさをもたらす
（右）廊下の壁一面に絵画を飾った「代官山T邸」の廊下。正面に見える壁一面を鏡張りとすることで、映り込みの効果が生まれ、廊下が実際以上に長く感じられる

ならば、空間全体をやみくもにワンルーム化する必要はありません。絵を飾るギャラリーとして活用したり、クロゼットや本棚を設けてウォークスルータイプの収納、あるいは通り抜け型の洗面[38頁]として活用したりすれば、視線は自然と壁面に導かれ、隣り合うプライベートな空間には意識が向かわなくなります。

　このとき重要になるのが仕上げです。内廊下はどうしても薄暗いので「六本木N邸」（2015年）のように光沢のある素材で仕上げ、間接照明などの光を利用して明るさを最大限に得たいものです[19頁・2]。

　仕上げ材としては、大理石のほかにも艶のある磁器質タイルやカラーガラスなどがお薦めですね。「代官山T邸」（2013年）のように、廊下の突き当たりの壁に壁・天井いっぱいの姿見鏡を張ると、実際以上に廊下が長く続くようにも見せることができます[※2]。

中西

　木造戸建住宅では、構造が在来軸組構法であれば間取りを大きく変えることも不可能ではありません。先ほどお話ししたように、リビング・ダイニングを移動するというのが大きなテーマになりますが、具体的には2つのパターンが考えられます。A：1階の日当りのよい場所にリビング・ダイニングを配置する、B：住宅密集地で採光が期待できない場合は2階にリビング・ダイニングを配置する、というパターンです。

　Aでは、玄関に近い位置にリビング・ダイニングを配置し、パブリックな空間を経由してプライベートな空間に至るようにすることがポイントです。「田園調布F邸」（2012年）はそれを具現化した建物で、リビング・ダイニングで家族と必ず顔を合わせられるよう、玄関から直接個室にアクセスできないようになっています[3]。

　Bでは日当りのよい場所に窓を配置するというのが重要なほか、構造的に1階は2階に比べて耐力壁が少なくて済むので、「新小岩の家」（2005年）のように、南北に抜ける開放的なプランとするのがより効果的でしょう[4]。

マイナスをプラスに変える知恵と技

各務

　なるほど。ただし、リノベーションでは〝間取り〟を再構築するうえで、どうしても障害になるものがありますよね。マンションではPS、柱形・梁形、窓の3要素です。すべて共有部分に該当するので、原則として手を加えられません。

　PSでは、排水勾配を1／50〜1／100程度確保することを考えると、水廻りを自由に動かすのは難しいのが実状です。この問題を解決するための

※2　廊下突当りの姿見は風水的に嫌がる方がいること。また、大きな面の姿見は壁下地の不陸や接着剤の具合で歪む場合があるので、要注意

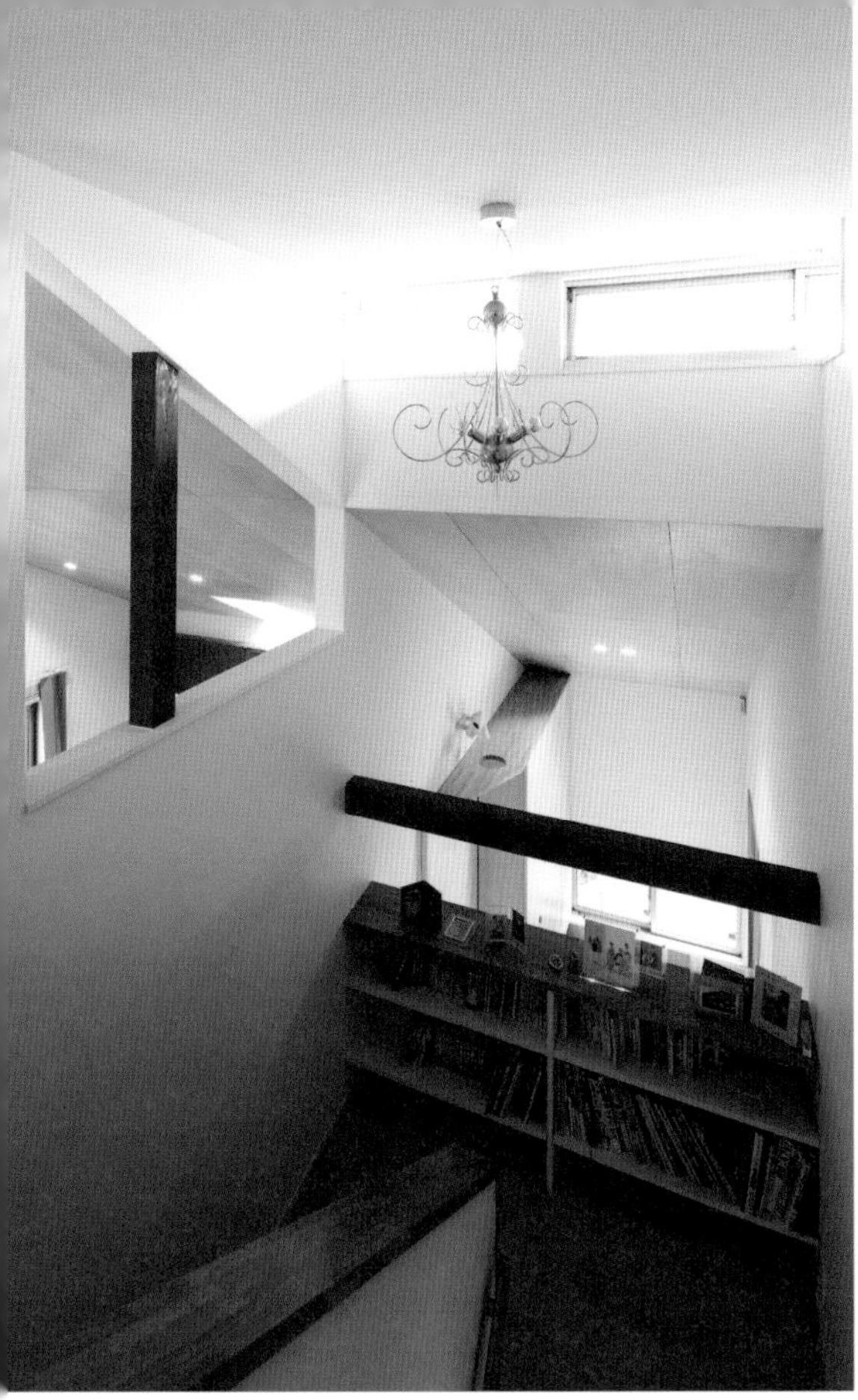

写真＝傍島利浩

3 ｜ 居室と移動空間がつながる開放的な空間

2階から折返し階段の踊場越しに玄関を見る。左側の壁も一部開口して、既存の柱を露しとし、その向こう側にはリビング・ダイニングが見える。折返し階段へは、必ずリビング・ダイニングを経由しなければならない。リビング・ダイニングと玄関ホールの天井高・勾配(約5寸)・仕上げ(シナ合板)をそろえて空間全体の一体感を高めている

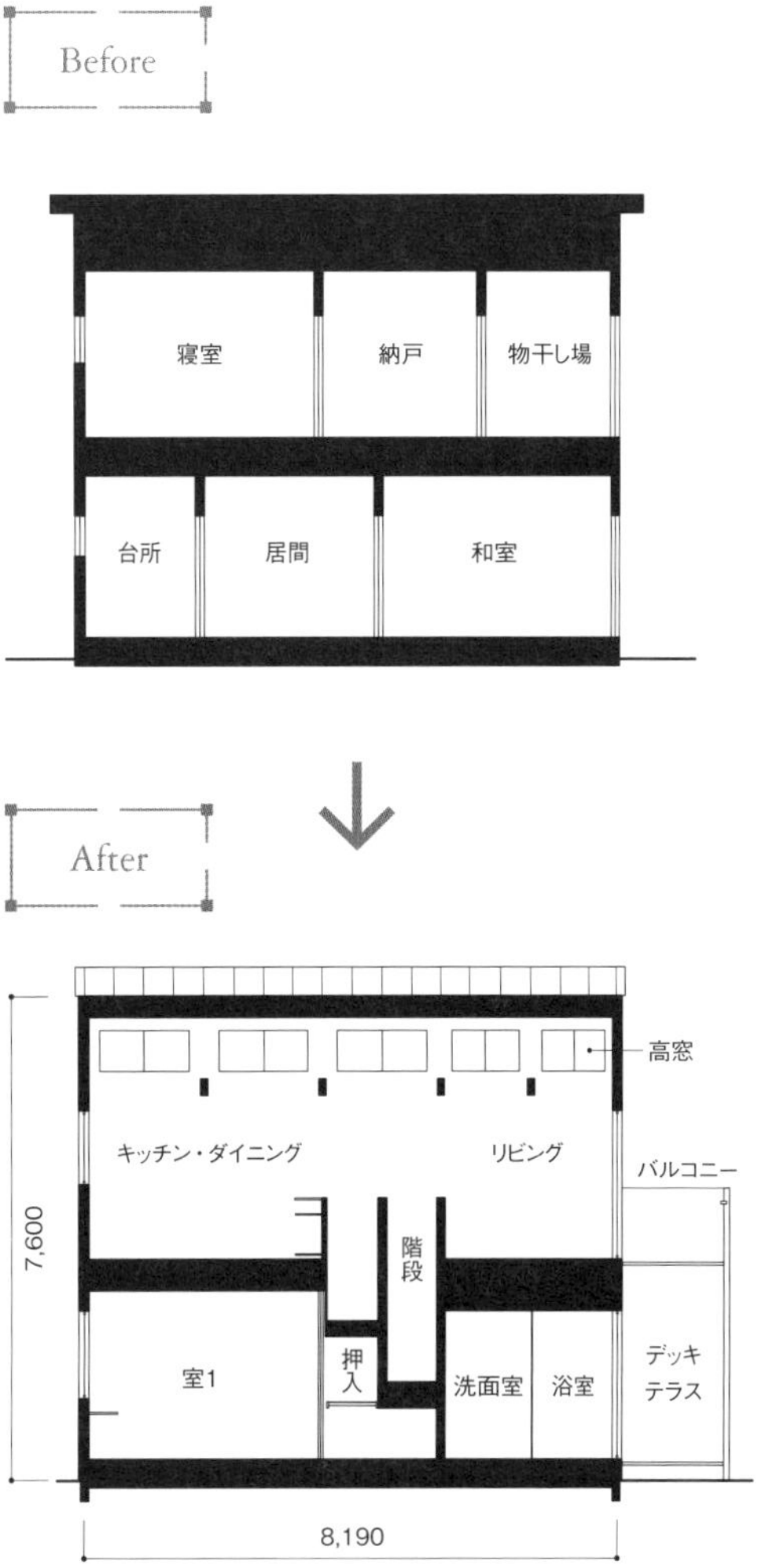

Before
寝室
納戸
物干し場
台所
居間
和室
After
高窓
キッチン・ダイニング
リビング
バルコニー
階段
7,600
室1
押入
洗面室
浴室
デッキテラス
8,190

改修前の「新小岩の家」は1階に台所と居間がレイアウトされた間取り。居間は窓から離れているため薄暗い(上)。改修後は台所と居間を一室空間のリビング・ダイニングとして2階に移動。天井を撤去して小屋組を見せ、高窓を壁一面に設けたことで、空間全体を光が包み込む(下)[**44頁参照**]

4 ｜ 1階のLDKは2階に移動する

階段の間仕切壁を腰壁とすることでリビングとダイニングが一体の空間となる。リビングは収納引戸で区画することも可能

考え方は2つ。階高が3m以上あり、床下に十分な懐を確保できるのであれば、乾式2重床として床下で排水管などを引き回すのがよいでしょう。マンション特有の問題である騒音の問題も、ある程度解決してくれます。排水管を家具（高めに設けた台輪）や小上りなどの中に隠蔽し、その懐を利用して排水管を横引きするという方法も考えられます。

柱形・梁形に関するデザインの解決方法としては、壁や天井の下地・仕上げを解体して露しにするという手法も人気があります。ただし、やや無骨すぎて高級感には欠ける印象があります。「杉並区S邸」（2012年）のように、梁をモルタルや塗装で均質に整え、壁面に残るGLボンドをケレンで磨いて印象をやわらげるなどのバランス感覚も求められるでしょう［5］。

柱形・梁形のかたちを生かしたインテリアを構成するという方法も考えられます。「南平台N邸」（2014年）のように、柱形と梁形のサイズをそろえて1つのフレームとして見せ、それぞれの存在感を薄めつつ、フレーム内をニッチのように見せるという方法です［6］。

最近は天井面をすっきり見せるために、逆梁工法で計画されたマンションも増えつつあります。逆梁の真上はデッドスペースになっていることが多いので、「代官山T邸」のように、その奥行を利用して壁面いっぱいの収納を設える場合もあります［7］。

最後の窓については、マンションでは外観を重視して配置・大きさが決められていることが多く、居室に対して窓が不必要に大きいケース、隣り合う窓の大きさが異なるケースなどが多々あります。原則的にサッシは交換できないので、窓を意識させないようなデザインを心がけています。

RCラーメン構造では窓を囲むように柱や梁が存在するので、「白金台P邸」（2016年）のように柱形や梁形をつないで1つのフレームとして見せるのがよいでしょう［8］。

2面採光の場合は、家具のレイアウトが難しくなりがちです。その場合は「白金台S邸」（2009年）のように、窓の1面をつぶして壁を立て、家具を設えるというのもアリだと思います［9］。

中西

木造戸建住宅で障害となるのは主に柱です。確かに、柱の位置を比較的自由に動かせるのは在来軸組構法ならではですが、やみくもに動かすわけにはいきません。その重要な指標となるのが〝直下率〟［※3］です。

間取りを大きくつくり変えようとする場合は、内壁の大部分は解体されます。解体してみると、上下階で柱の位置がずれていて、2階の床梁が屋

※3　2階柱と1階柱の位置が一致する割合を示すもの。直下率が高くなるほど、2階の柱を梁のみで受ける割合が減るので、鉛直荷重の下部構造への伝達がスムーズになる

5 ｜ コンクリート打ち放しは上品に

既存のコンクリートを露しとした「杉並区S邸」。壁にはGLボンドの跡が残るが、ケレンをかけているのであまり目立たない

6 ｜ 柱形と梁形はニッチに生かす

RCラーメン構造の柱形・梁形を利用してウォルナット突板の門型フレームを設えた「南平台N邸」。その内側の壁には大型のTVを掛け、フレームの天井内に埋め込んだ薄型のLEDダウンライトで壁面を印象づけた

7 ｜ 逆梁を利用した腰壁と本棚

逆梁の高さを利用して腰壁を設け、その奥行を利用して腰壁の上部にウォルナット突板を利用した本棚を設えた「代官山T邸」

8 ｜ 柱形・梁形は空間を引き立てるフレーム

外部の緑に視線を導くため、窓廻りにある柱形・梁形を利用して白いフレームを設け、窓廻りに視覚的なノイズが発生しないようにした「白金台P邸」

9 ｜ 窓をつぶして収納を造作する

「白金台S邸」は2面採光のリビング・ダイニング。ウッドデッキにつながる正面の窓はそのままとする一方、左側の窓前には壁を立て、腰高さの長いカウンターを設けて収納容量をアップさせた

根の荷重を負担しているケースが少なくありません。梁成が足りない場合は、時間が経つにつれて床梁がたわみ、建具の開閉不良といった問題を引き起すおそれがあります。

木造戸建住宅の改修では耐震性能の向上が非常に重要で、対象となる建物の多くが1981年以前の旧耐震基準で計画されていることから、耐力壁の壁量を増やすことに主眼が置かれがちです。しかし、建物の耐久性を高めるには、柱の位置を上下階でそろえることも重要。現行の建築基準法には〝直下率〟に関する規定はありませんが、『安全な構造の伏図の描き方 改訂第二版』（エクスナレッジ）によると、柱の〝直下率〟は50％以上確保することが望ましいとされています［※4］。

柱の位置を上下階でそろえるメリットとして、A：梁成を抑えられる、B：耐力壁の配置をそろえやすくなり、水平力をスムーズに下部構造に伝えられる、C：四隅の柱で囲まれた〝構造ブロック〟［※5］と呼ばれる単位を設定することで荷重の流れが明快になり、不要な柱や梁を撤去できる、ということが挙げられます。

「田園調布F邸」も例外ではありません。直進階段の廻りで1・2階の柱位置がずれているところがあったのですが、大きな〝構造ブロック〟に沿って位置をそろえ、梁を補強することで、折返し階段の廻りに、玄関とリビング・ダイニング、2階がつながる大きな吹抜けを設けました［10］。

補足になりますが、〝直下率〟が低くなる要因は、建物の1階に広い部屋があることです。1階にあるリビングを2階に移動し、小部屋を1階に配置すれば、1階の柱の数が2階よりも多くなるので、〝直下率〟を高めやすくなります。

柱と梁のデザイン処理も当然重要です。すでに述べたように、撤去できない柱や梁、新設した筋かい耐力壁を露しにするほか、面材耐力壁の場合は収納と組み合わせ、その存在を感じさせないようにする手法も考えられます［91頁］。

工業製品を使いこなす利点

各務

ここからは空間の設えについて話を進めてみましょう。分譲マンションでは、エントランスやエレベータホールなどの共用部分は、大理石などによる仕上げによって高級感を感じさせる一方、専有部分の室内では床が複合フローリング［※6］、壁・天井は白いビニルクロス仕上げと、あまりにも無味乾燥な設えになっているケースがほとんどです。

これは、マンション販売側としては、パンフレットに掲載する（販促ツールになる）共用部分には費用をかけるが、売り物にはならない専有部分に

※4　2016年4月に起きた熊本地震では、強化新耐震基準（2000年）で計画された建物も倒壊してしまうというケースが散見されたが、その原因の1つとして"直下率"の低さが指摘されている

※5　四隅に配置される柱とその上下を結ぶ横架材（梁・土台）で構成されるブロックのこと。木造では一辺の長さが約2間（3,640㎜）以内のサイズであれば安定しているといえる

※6　最近はシートフローリングも増えている

Before

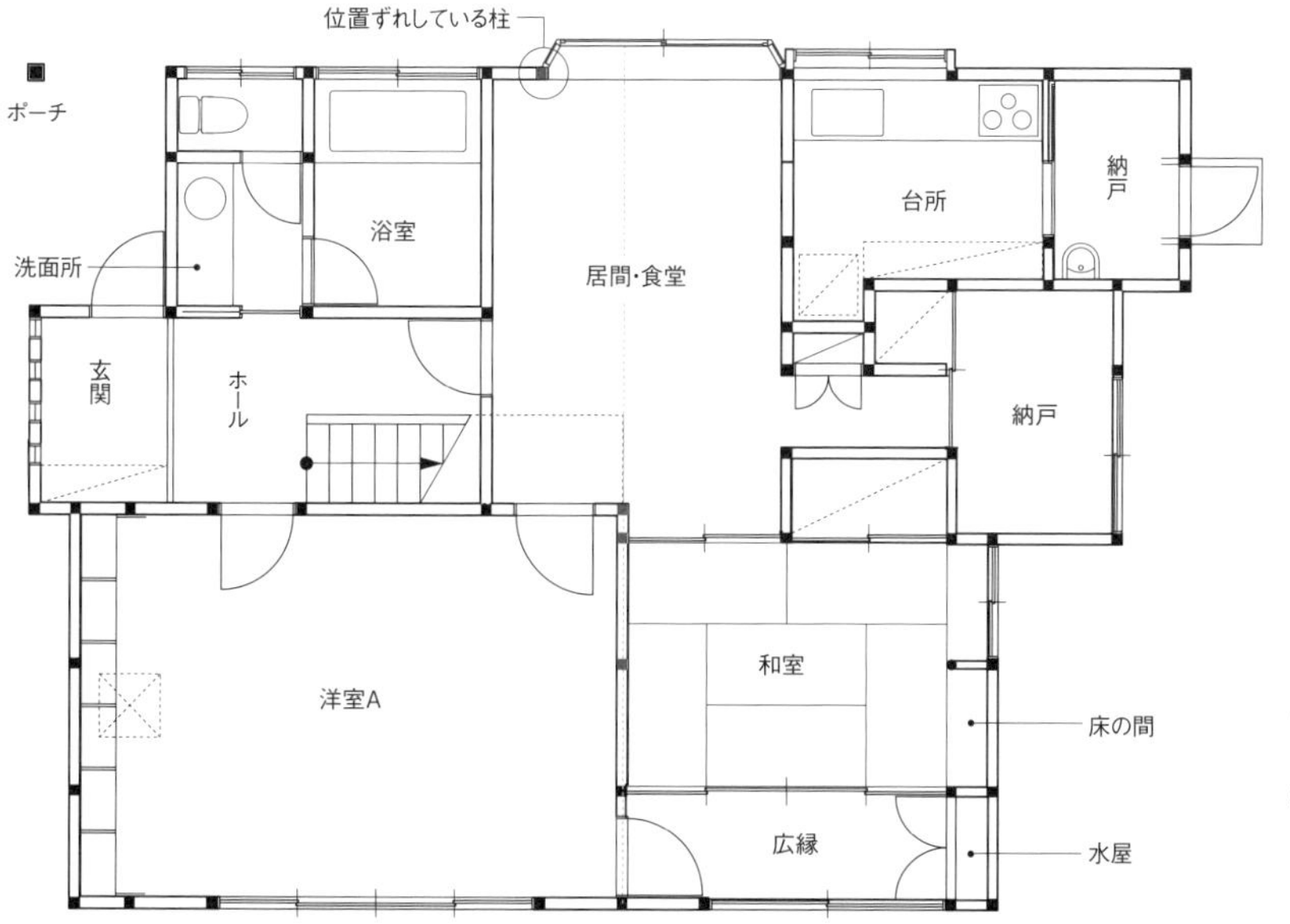

■：位置ずれしている柱

改修前の「田園調布Ｆ邸」。居間・食堂の柱が微妙にずれている。このままでは、2階の床梁に負担がかかるので、間取りを大胆に変えられない

After

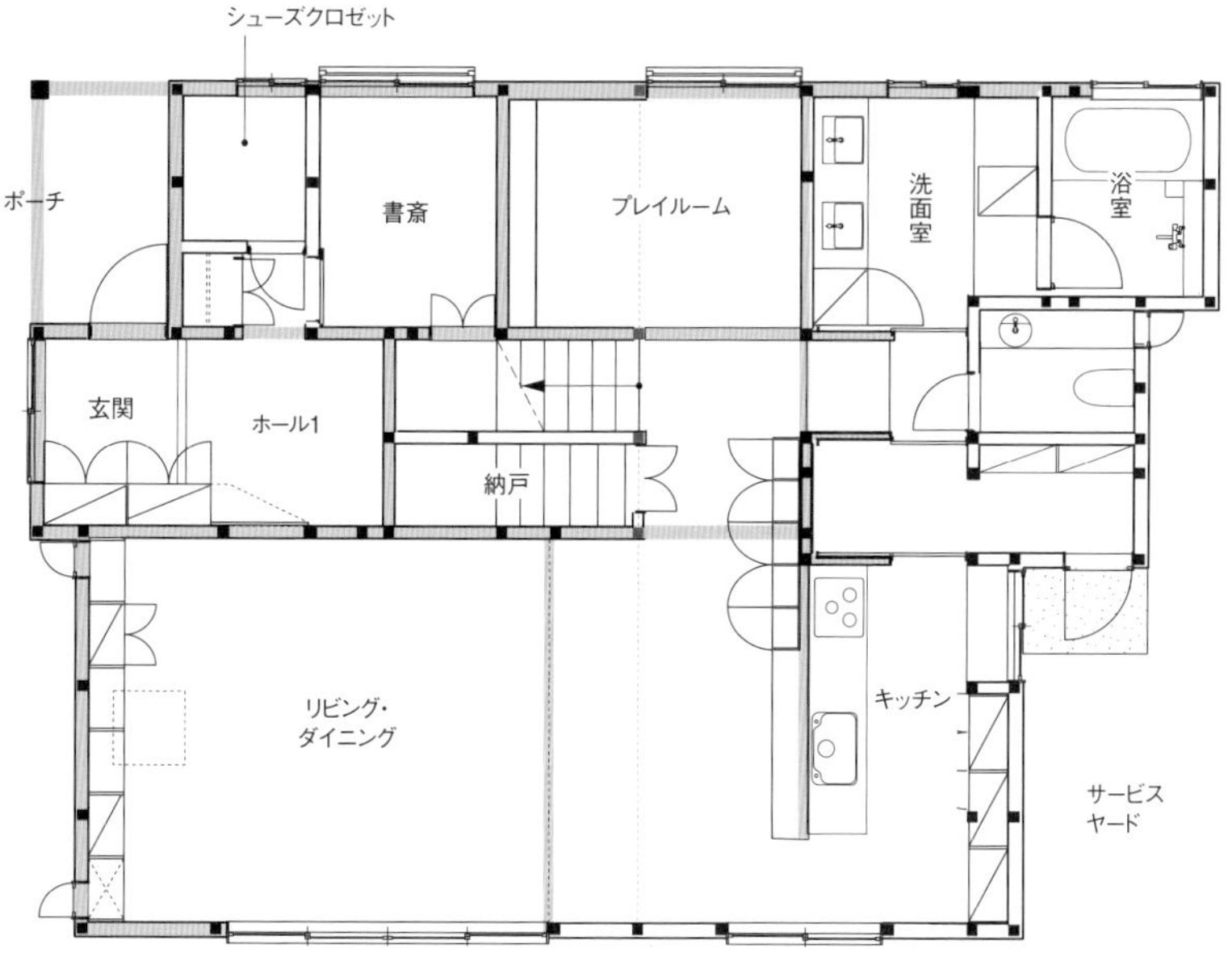

：構造ブロック

実際の改修では、梁を入れ換えるとともに、柱の位置を移動させて一直線上に並べた。これによって大きな構造ブロックが生まれ、玄関と2階、リビング・ダイニングが視覚的につながる折返し階段を設けられた［21・131〜133頁参照］

は費用をかけないという考えと、白い空間は、誰にでも受け入れられやすいデザインであることを念頭に設計が進められているからです。真っ白な空間に飽き足らないクライアントへのリノベーションでは、住まい手の個性や価値観を空間で表現することが求められるので、さまざまな素材を組み合わせていきます。

特に重要なのが共用部分と専有部分が接する場所でもある玄関。玄関の正面に見えるものの第一印象はとても大切です。玄関とリビングが正対するような間取りの場合は、「代官山T邸」（2013年）のように、間仕切を兼ねる建具に希少な突板を利用して高級感を印象づけたり［11］、「一番町Y邸」（2015年）のように建具を全面ガラス張りにして、リビング・ダイニングの雰囲気が感じられるようにしたりします［12］。

仕上げ材の選び方について話をすると、複合フローリングや磁器質タイルなどの工業製品を随所に使うのが、私の基本姿勢です。大理石や無垢材などの自然素材のみで空間全体を仕上げると、素材の個性やムラが強く出すぎ、まとまりに欠ける印象を与えかねないからです。

ただし、複合フローリングといっても質感は大切にしたいところ。表面の突板の厚さが2㎜以上あるものがいいですね。ホワイトソープ仕上げの白拭き取り具合が絶妙で上品さが際立つ「スカンジナビアンフローリング ワイドプランクOAEWS」（スカンジナビアンリビング）や［13］、B&C級グレードの突板を混ぜながらも木ならではの風合いを表現した「複合フローリング20シリーズ」（IOC）などがお薦めで、後者は壁仕上げ材としても重宝しています［14］。

磁器質タイルは大理石の代わりとなるもの。大理石は確かに高級感のある素材ですが、産地での大量採取により最近ではきれいな柄のものが入手困難になっているうえ、仕上げ厚が50㎜程度にもなるため、下地やそのほかの仕上げ材との取合いが複雑になります。

一方、磁器質タイルは仕上げ厚も15㎜でそのほかの仕上げ材と面で納めやすいですし、最近はインクジェット技術の向上がめざましく（美しい柄を何通りも写真で撮影して、それを表面に印刷するなど）、本物の天然石と見間違えるような質感の磁器質タイルが比較的安価に入手できます［15・※7］。

中西

私も各務さんと同じで工業製品をよく使います。「複合フローリング20シリーズ」や、コストが厳しい場合は「ライブナチュラルMSX」（朝日ウッドテック）［117頁］などの複合フローリングは定番。コストパフォーマンスが抜群です。

工業製品を使う理由は、個人的に営繕の経験が

※7　伊グラニティ・フィアンドレ社製のものでは、インクジェット印刷によって、表面のみならず内部にまで柄模様を染み込ませることで、同じ柄でもグロスもしくはマットといった質感の違いを表現できるようになっている

11 ｜ 黒檀の突板でつくる扉

「代官山T邸」で大きな存在感を放つ黒檀の突板を面材とする天井いっぱいの開き扉。両袖は左側が姿見となる鏡、右側は奥にあるリビング・ダイニングの雰囲気がうかがえるガラス張り

12 ｜ 全面ガラス張りの扉で空間をつなぐ

「一番町Y邸」における建具本体・袖壁すべてをガラス張りとした開き扉。枠は天井や壁、床に埋め込んで視覚的なノイズを極力排除した。天井および床の仕上げを玄関ホールと居室で連続させた。床材は磁器質タイル「ミネラルDリビング ブラウン 磨き」（アドヴァン）

13 ｜ オーク突板の複合フローリングは定番

「北青山X邸」のLDK。床材は「スカンジナビアンフローリング ワイドブランクOAEWS」を採用

14 ｜ 突板の複合フローリングは壁材にも使える

「一番町Y邸」のLDK。床材には「複合フローリング20シリーズ オーク20ホワイトオイル」、左側の壁材には「複合フローリング20シリーズ ウォールナット20クリアオイル」（いずれもIOC）を採用

15 ｜ 磁器質タイルで水廻りを彩る

「北青山X邸」の水廻り。床材には磁器質タイル「サンロック」（ABC商会）を採用しており、間仕切とタイルの目地の位置がそろうように割り付けた

意識に刷り込まれているのかもしれませんが、竣工後に起こり得る不具合のリスクが少ないことと、メンテナンスが比較的容易なことです。素材のクセを見極めて施工してくれる職人が減少傾向にあることも理由の1つです。

各務

それが最もよく現れるのが建具です。製作のフラッシュ戸は、面材の反りによる開閉不良などが少なくありません。一方、既製品の建具は非常に進化しており、面材の反りはまず起こりません。なかでも、各務さんがインクジェット印刷技術による描画力の高さをご指摘されましたが、「ベリティス」（パナソニック ハウジングソリューションズ）は、建具の表面を覆う特殊シートが天然木や漆喰の質感を忠実に再現しています。

加えて、リノベーションの現場では、躯体の状況に合わせて部材寸法を細かく調整する必要がありますが、㎜単位でサイズオーダー可能。納期も1週間程度と短いのが魅力です。今後のさらなる進化にも期待大です。そういえば、各務さんも既製品の建具を使いますよね。

玄関正面にあるメインの建具には使いませんが、建具がそれほど目立たなくてもよい場所では「フルハイトドア」（神谷コーポレーション）を使っています。建具について補足すると、面材として多用するのがカラーガラスです。商業施設で使われることの多い素材ですが、ガラスがもつ透明感と光沢感は空間のアクセントとして映えます。ただし、小口が見えると興ざめなので、小口はアルミアングルでカバーしています。お薦めは「ラコベル」（AGC）など。色はブラウンや白、ブラックやネイビーを多く用います［16］。カラーガラスを建具に張る場合、重量増への対応には苦労するものの、従来比60％の重量を削減した「ラコベル・プリュム」（AGC）は軽量で施工性も悪くありません。

中西

設えとして目に見える部分ではありませんが、木造戸建住宅では耐震性能や断熱性能を向上させる建材選びも重要です。耐震性能を向上させる耐力壁は、基本的な考え方として外壁を構造用合板で固め、内部の耐力壁を少なくして、将来的にもプランニングの自由度を高めています。

もちろん、建物形状（建物が長方形の場合など）によっては、内部にも耐力壁を設ける必要があるので、その場合は、設備配管による欠損が避けられる筋かい耐力壁を使います。より高い安全性を求めるのであれば、制震ブレース「ミューダム」（アイディールブレーン）がお薦めです。地震力による揺れ幅を85％低減できるほか、壁倍率の認定を取得しているので補強設計のうえでも有効です。

断熱改修では、外張り断熱を採用する場合もありますが、コストの観点から外壁仕上げは部分的

16 ｜ カラーガラスで天井を艶やかに仕上げる

「南平台N邸」のリビング・ダイニング。ダイニングの天井にはカラーガラス「ラコベル クラシックブラック」（旭硝子）を採用したほか、スポットライトおよびスポットライトを納める照明ボックスを黒で統一し、男性好みのシックな設えとした

17 ｜ 過去を未来に生かす

（上）小屋組を露しにした「田園調布F邸」の寝室。プレカット加工による製材では入手困難な丸太のような梁は、サンダー掛けのみの表面処理で欧米風に見せた
（左）トップライトと壁面いっぱいの造作家具が印象的な「田園調布F邸」のリビング・ダイニング。シナ合板仕上げの天井とトップライトによる垂壁の取合いには廻り縁を設けず、屋根に孔があいたような意匠としている。造作家具はチーク製

写真＝傍島利浩

マンション・リノベーションの考え方や手法をまとめた『世界でひとつだけのプレミアム・リノベーション』（各務謙司／著）はこちらから。
https://www.xknowledge.co.jp/book/9784767821689

な解体にとどめる（断熱性の高いサッシを取り付ける場合に窓廻りを解体するなど）ことが多いため、室内側からの施工が可能な充填断熱とするケースが多くなります。高性能グラスウールの「アクリアネクストα」（旭ファイバーグラス）などをよく使います。防湿・気密シートに適度な硬さがあり、施工中に破れにくく、コストパフォーマンスが高いところがいいですね。1階床下は、布基礎などで基礎断熱が難しいことが多いため、基本的に根太間を利用した床断熱としています。フェノールフォームの「ネオマフォーム」（旭化成建材）なら、根太の成と同じ45㎜厚で、省エネ基準（6［Ⅳb］地域）で必要な熱抵抗値2.25（㎡・K）／Wが担保されているので、重宝しています［67〜69頁］。

〝かたち〟を変えて生き続ける建築

各務　色々と話してきましたが、そろそろ総括に入りましょう。リノベーションのよさとは、過去を未来に生かすことにあると思います。設計者がかかわる大規模なプロジェクトでは、スケルトンリノベーションになりがちですが、過去のよいところは積極的に活用すべきだと考えています。

１９８０年代までに建てられたヴィンテージマンションも、また「田園調布F邸」（２０１２年）も例外ではなく、家具や建具、小屋組などその当時でしか実現できないデザインが随所にあります［29頁・17］。

解体は部分的にとどめて、新しい技術と組み合わせると、コストが抑えられるだけではなく、〝世界にひとつだけのプレミアム・リノベーション〟を表現することができるでしょう。

中西　まったく同じ意見です。リノベーションのよさとは過去に学ぶことにあると思います。先人たちが長い時間をかけて築き上げた知恵を現代の状況に合わせて読み替え、新しい価値として未来につなげていく行為には、大きな使命感を覚えます。ですから、完成品をつくるというよりは、手を加えやすいよう〝かた〟［※8］を整える姿勢で仕事に臨んでいます。

これからの時代は、新築を設計する場合にもリノベーションを想定する必要があると思います。自分の作品を世の中に顕示しようとする意識が強すぎると、後から手を加えることが難しい計画になりがちですが、設計者は〝数十年後に建て替えられる建物を設計すべき〟なのか、〝世代を超えて、目的を変えながらも受け継がれる建物を設計すべき〟かをよくよく考えるべきでしょう。西洋の格言にもあるように、私たちは、巨人の肩に乗っている［※9］のですから。

※8　菊竹清訓氏が提唱した“か　かた　かたち”の方法論。“か”は原理や構想を指し、“かた”は法則やシステム（ここでは直下率やモジュール）を意味する
※9　副題の「Standing on the sholder of the giants」より。英国の硬貨（1ポンド・2ポンド）の側面にはこの言葉が刻み込まれている

Part 1

「間取り」の再生術

マンション編

古典的な装飾要素であるモールディングやパネリング、ケーシングをふんだんに取り入れたネオ・クラシカルな雰囲気が漂う「乃木坂U邸」のLDK。左扉の奥にある廊下には、タブルシンクの洗面があり、無駄のない間取りとなっている［38頁参照］

首都圏や京阪神などの大都市圏では、マンション（団地も含む）・リノベーションへの需要が特に高い。近年では、住宅専門誌に限らず、ファッション誌やTV、SNSなどでも数多くの設計事例が紹介されるなど、市民権を得たといっても過言ではない。プランニングのコツを的確に押さえておけば、ビジネスチャンスは確実に存在する。

マンション・リノベーションには大きく分けて2つの特徴がある。まず、戸建住宅のリノベーションに比べて、ある程度パターン化しやすい。既存空間の間取りには一定の傾向があるほか、共用部分には手を加えらないことで、かえってデザインの方向性をある程度絞り込めるためだ。クライアントのニーズを的確に把握しながら、PSや排気ダクトの位置、柱・梁・窓など、「動かせないものを軸に間取り・ディテールを決定する」というのは、マンション・リノベーションでの鉄則である。

もう1つは、キッチンを含めた水廻りの移設に制約があることだ。具体的には排水・排気という2つの制約条件があり、各機能を再配置する際はこれらの課題にうまく対処しなければならない。ここでは、マンションの「間取り」を再生させるための考え方について紹介したい。

図1 団地型集合住宅3LDKタイプの特徴

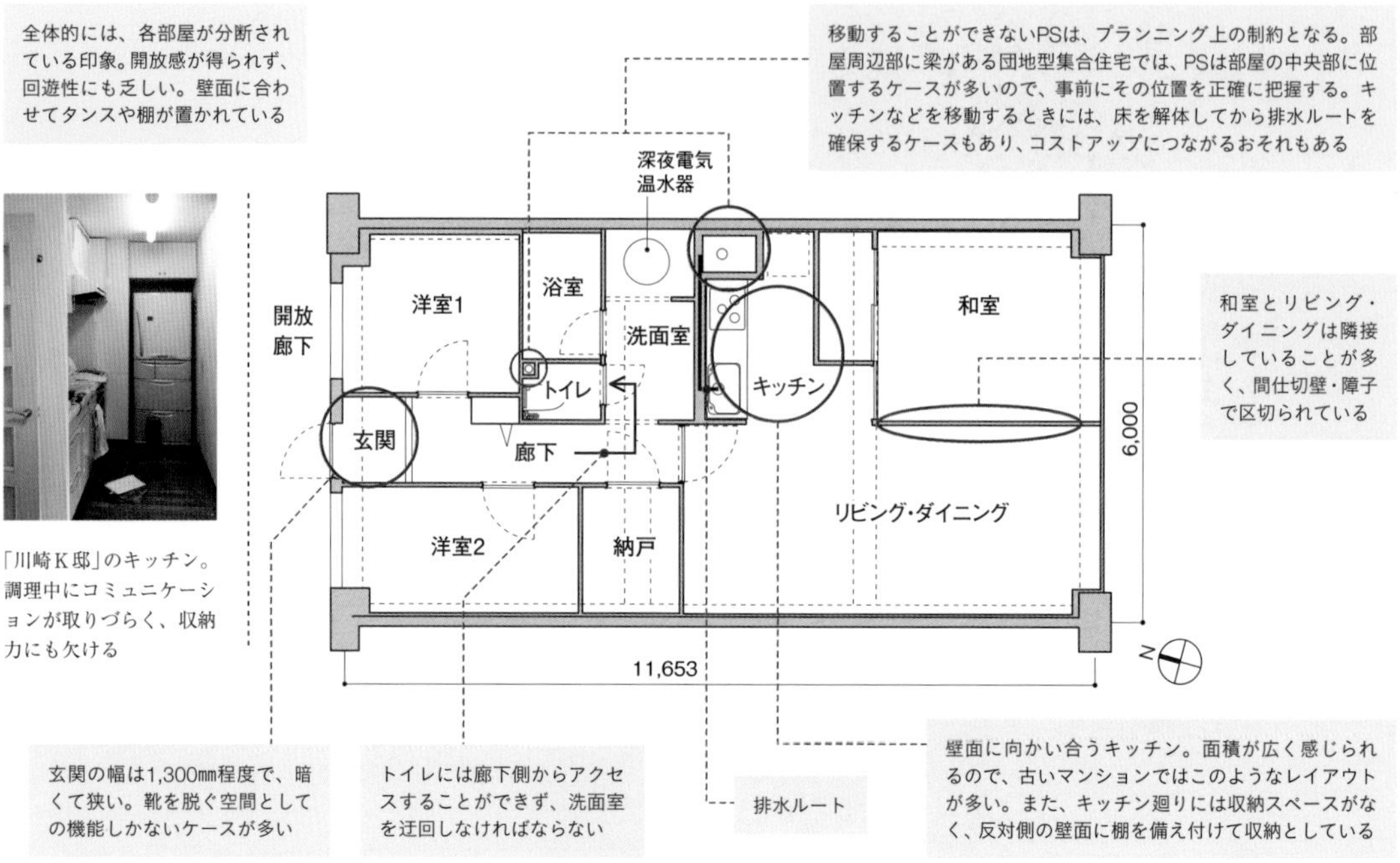
全体的には、各部屋が分断されている印象。開放感が得られず、回遊性にも乏しい。壁面に合わせてタンスや棚が置かれている
移動することができないPSは、プランニング上の制約となる。部屋周辺部に梁がある団地型集合住宅では、PSは部屋の中央部に位置するケースが多いので、事前にその位置を正確に把握する。キッチンなどを移動するときには、床を解体してから排水ルートを確保するケースもあり、コストアップにつながるおそれもある
深夜電気温水器
開放廊下
洋室1
浴室
洗面室
トイレ
玄関
廊下
洋室2
納戸
キッチン
和室
リビング・ダイニング
6,000
11,653
N
和室とリビング・ダイニングは隣接していることが多く、間仕切壁・障子で区切られている
「川崎K邸」のキッチン。調理中にコミュニケーションが取りづらく、収納力にも欠ける
玄関の幅は1,300㎜程度で、暗くて狭い。靴を脱ぐ空間としての機能しかないケースが多い
トイレには廊下側からアクセスすることができず、洗面室を迂回しなければならない
排水ルート
壁面に向かい合うキッチン。面積が広く感じられるので、古いマンションではこのようなレイアウトが多い。また、キッチン廻りには収納スペースがなく、反対側の壁面に棚を備え付けて収納としている

平面図[S＝1：150]

閉塞感・収納の少なさが問題

「リノベーションの設計手法は、物件ごとに対応の仕方が変わるので、マニュアル化しづらい」とよくいわれるが、マンションの場合はある程度、パターン化が可能だと考えている。変形した間取りも見受けられるが、リノベーションの需要は、築30年以上の団地型集合住宅に典型的な、3LDKタイプが最も多いのではないだろうか。このタイプの間取りや設備の特徴を把握すれば、プランニングの筋道はつけやすいと考えられる。

団地型集合住宅は板状にすべての棟が南向きに並んでいる。居室の面積は70㎡前後のものが多く、間口は約6.5m、奥行が約11mの長方形といったところが一般的だろう。

平面的に見た場合の特徴は**図1**のとおり。北面に位置する開放廊下に向かい合う面の中央部に玄関があり、玄関を上がると、中央にLDKへと続く廊下、その左右に廊下側から光を取り込む4～6畳の部屋が2つ設けられている。廊下からは洗面室・浴室・トイレにアクセスできるようになっている。

LDKにあるダイニング・キッチンは、壁に面したI型プランが多いのが一般的。リビング・ダイニングの横にある個室は、襖の開放で一体化が可能な和室であることも多い。

以上を総括すれば、限られた面積のなかで3LDKを実現するために、よく考えられた間取りといえるが、①玄関の狭さや暗さ、②廊下の占める面積の多さ(10％弱)、③各個室の狭さ、④造作家具が少ないため、壁際にタンスや棚がならび室内がスッキリ見えないことが主な欠点だといえる。②に関してさらに指摘すれば、廊下を単一の機能にとどめておくのは非常にもったいない。

改修を前提としていない設計

断面的に見ると、いかに典型タイプ**図1**の住宅が、改修を前提としないプランニングになっているかが、手に取るように理解できる。典型タイプよりも新しい築15年程度のマンションになると、階高が3m以上あり、二重天井・二重床としているケースが多いが、典型タイプでは、天井は梁が露出し、梁がない部分の天井高は平均で2千250㎜程度しかない。床も二重床ではなく、スラブに対して直仕上げとしているケースが多い。

二重天井・二重床の場合は、給排水・ガス・配線ルートの引き回しは比較的容易に行えるが、典型タイプでは

図2　収納力の向上を目指した改修プランA

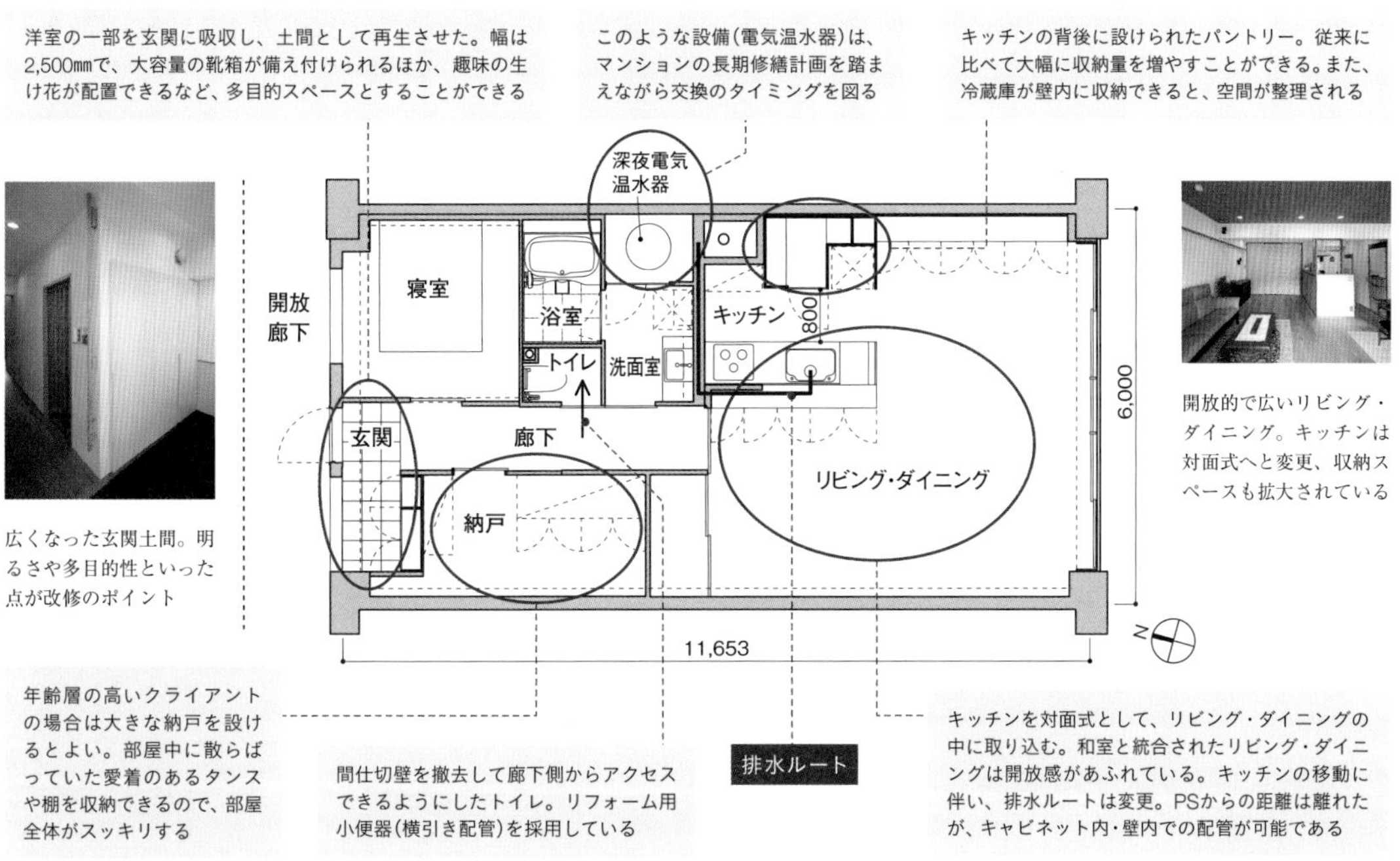
洋室の一部を玄関に吸収し、土間として再生させた。幅は2,500㎜で、大容量の靴箱が備え付けられるほか、趣味の生け花が配置できるなど、多目的スペースとすることができる
このような設備（電気温水器）は、マンションの長期修繕計画を踏まえながら交換のタイミングを図る
キッチンの背後に設けられたパントリー。従来に比べて大幅に収納量を増やすことができる。また、冷蔵庫が壁内に収納できると、空間が整理される
深夜電気温水器
寝室
浴室
トイレ
洗面室
キッチン
800
開放廊下
玄関
廊下
納戸
リビング・ダイニング
6,000
11,653
N
広くなった玄関土間。明るさや多目的性といった点が改修のポイント
開放的で広いリビング・ダイニング。キッチンは対面式へと変更、収納スペースも拡大されている
年齢層の高いクライアントの場合は大きな納戸を設けるとよい。部屋中に散らばっていた愛着のあるタンスや棚を収納できるので、部屋全体がスッキリする
間仕切壁を撤去して廊下側からアクセスできるようにしたトイレ。リフォーム用小便器（横引き配管）を採用している
排水ルート
キッチンを対面式として、リビング・ダイニングの中に取り込む。和室と統合されたリビング・ダイニングは開放感があふれている。キッチンの移動に伴い、排水ルートは変更。PSからの距離は離れたが、キャビネット内・壁内での配管が可能である

平面図［S＝1：150］

そうはいかない。水廻りの排水ルートを下階の天井裏にとる方法や、床仕上げを一段上げてPSへと接続させる方法を採用しているケースも多く見受けられる。水廻りの移設を盛り込んだリノベーションプランを想定する場合、排水経路が限られることで、水廻りの移設可能範囲が狭いことが大きな障害になるだろう。

　最後に、水廻りの移設に関して必ず確認しておきたいのはPSの位置である。PSの位置は移動できないので、水廻りの位置はPSの位置を基点に考えなければならない。典型タイプでは、部屋の周辺部には梁があるので、部屋の中央部にPSを配置するケースが多い［78頁参照］。

収納を確保しつつ開放的に

　マンション・リノベーションのプランニングとは、「既存空間をクライアントが望むライフスタイルに合わせてカスタマイズすること」にほかならない。間仕切壁の撤去などで開放感をもたらすという点は、多くのクライアントに共通するテーマといえるが、それ以外は、クライアントのライフスタイルに合わせながら、柔軟な設計提案を心がけるべきである。ここからは、典型タイプを基にした改修案2つを紹介することにしよう。

　1つ目は、約30年間住み続け、2人の子供が独立したことをきっかけにリノベーションすることになった60代の夫婦を想定した改修案A［図2］。ここでは、収納が大きなポイントになる。

　キッチンは既存の位置から90度回転させて、対面式へと変更している。これは夫婦が会話しながら調理できるというメリットを引き出すとともに、収納スペースを十分に確保することを目的としている。キッチン背面に冷蔵庫・食器棚置き場、奥行のあるパントリー収納を設けると、片付けにくいキッチン収納の問題は一気に解決できる。ダイニングにはカウンター収納を設け、デスクワークコーナーにしている。キッチンの移動に伴い、排水ルートの引き回しも変わるが、この場合は排水スタートの位置を高く設定し、キャビネット内から壁内部に配管を通して、PSに接続すれば問題はない。

　また、子供の独立によって不要になった北側の2つの小部屋（洋室）については、1つの部屋のスペースを拡大し、もう1つの部屋を大きな納戸とする。納戸は、これまで壁面に沿って備え付けられていた複数のタンスや棚を収納できるので、それらを納戸に移動

図3　回遊性&可変性を重視した改修プランB

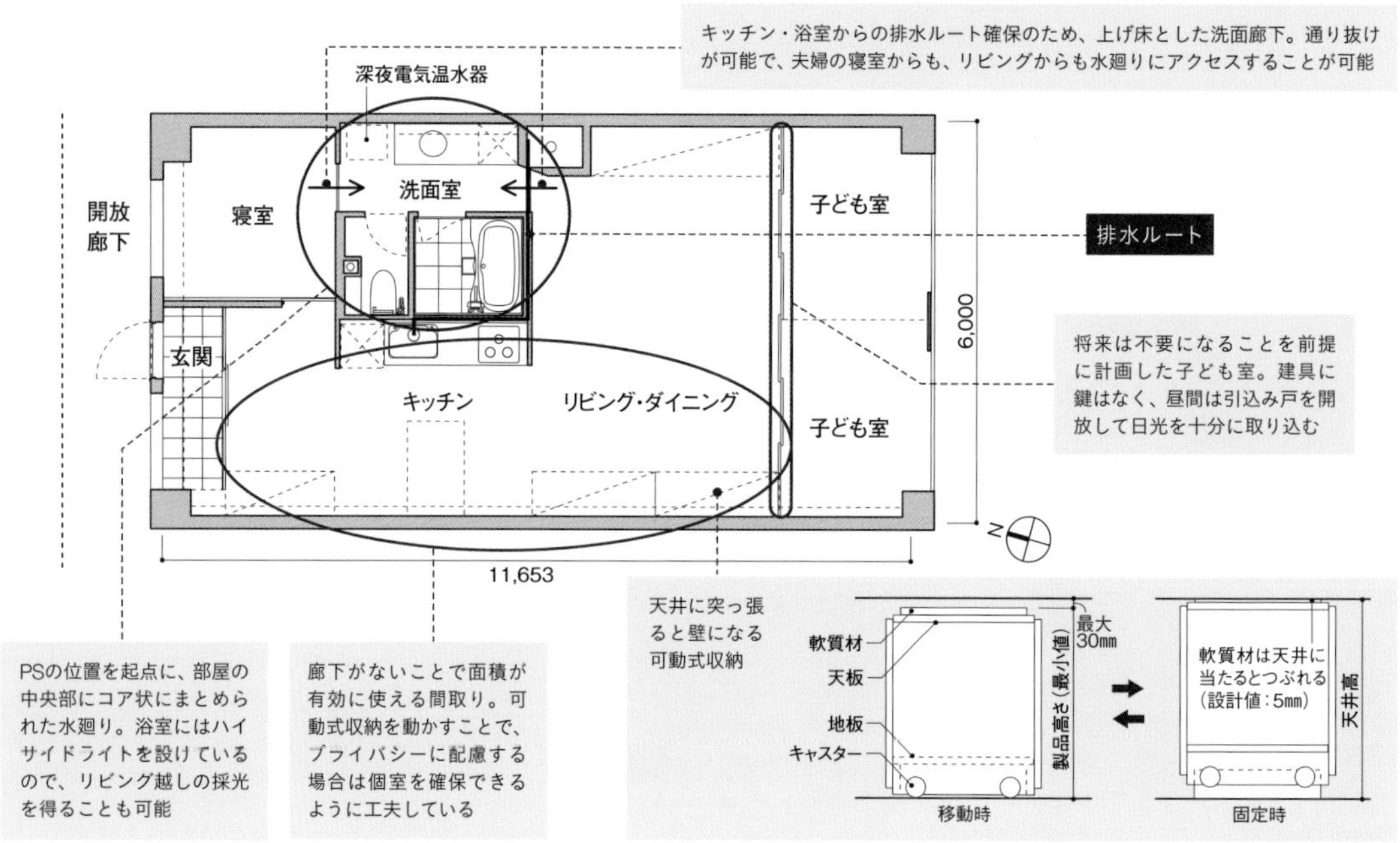

キッチン・浴室からの排水ルート確保のため、上げ床とした洗面廊下。通り抜けが可能で、夫婦の寝室からも、リビングからも水廻りにアクセスすることが可能
深夜電気温水器
洗面室
寝室
開放廊下
子ども室
排水ルート
玄関
キッチン
リビング・ダイニング
子ども室
6,000
将来は不要になることを前提に計画した子ども室。建具に鍵はなく、昼間は引込み戸を開放して日光を十分に取り込む
11,653
N
PSの位置を起点に、部屋の中央部にコア状にまとめられた水廻り。浴室にはハイサイドライトを設けているので、リビング越しの採光を得ることも可能
廊下がないことで面積が有効に使える間取り。可動式収納を動かすことで、プライバシーに配慮する場合は個室を確保できるように工夫している
天井に突っ張ると壁になる可動式収納
軟質材
天板
地板
キャスター
最大30㎜
製品高さ（最小値）
移動時
軟質材は天井に当たるとつぶれる（設計値：5㎜）
天井高
固定時

平面図［S＝1：150］

すれば部屋全体がスッキリとした印象になる。

　これに合わせて、玄関にも手を加えたい。具体的には、暗い玄関を明るくするために、玄関土間部分を横方向に延長する。収納力のある棚を備えると、明るい土間として再生させることが可能になる。

　一方、水廻りについては、洗面室を迂回しなければアクセスできなかったトイレもポイントの1つ。PSとの位置関係で移設が困難なトイレは小型便器へと変更し、廊下から直接アクセスできるようにしている。浴室と洗面室の移設は段差とバリアフリーの兼ね合いが難しいため、ユニットバスと洗面台の交換のみにとどめている。

回遊性・可変性の実現も重要

　2つ目は、30代のカップルで子どもが2人いるケースを想定した改修プランBを提示したい［図3］。年配のクライアントと大きく異なるのは、子どもも楽しめるような回遊性に富む間取り、子どもの成長や将来の転売も考えた可変性に富む間取りがポイントになること。すでに指摘したように、この世代のクライアントは投資的発想を強くもっているので、将来を見据えた提案が必須だ。

　回遊性については、PSの位置に合わせるように、水廻りの機能を部屋の中央部に集約させて、その両側は開放したままとし、引込み戸で必要に応じて開閉できるようにする。行き止まりがない回遊性のあるプラニングとすることで、子どもたちにとっても楽しい空間へと変化するだろう。また、浴室にハイサイドライトを設けると、リビング・ダイニング越しからの採光を得ることも可能になる。一方、キッチン・浴室からの排水ルートを確保するには、水廻り部分を上げ床とする必要が生じるが、これによって生じる段差はリビング・ダイニングとを緩やかに仕切る役目と考える。

　可変性については、面積の多くを占めていた廊下をなくすことがポイント。このとき、可動式収納（固定時には軟質材が天井に突っ張って壁のように納まり、可動時には軟質材がはずれる仕組みを持つ可動間仕切収納）を用いれば、時間帯に応じてプライバシーに配慮しながら、空間を自由に配分することができる。子ども室の設計も工夫すべきだろう。南側に配置した子ども室は、鍵のかかった個室とはせずに、日中は開放して、将来的に撤去できるようにしておくとよいだろう。

図4　ゾーニングを明確にした改修プラン

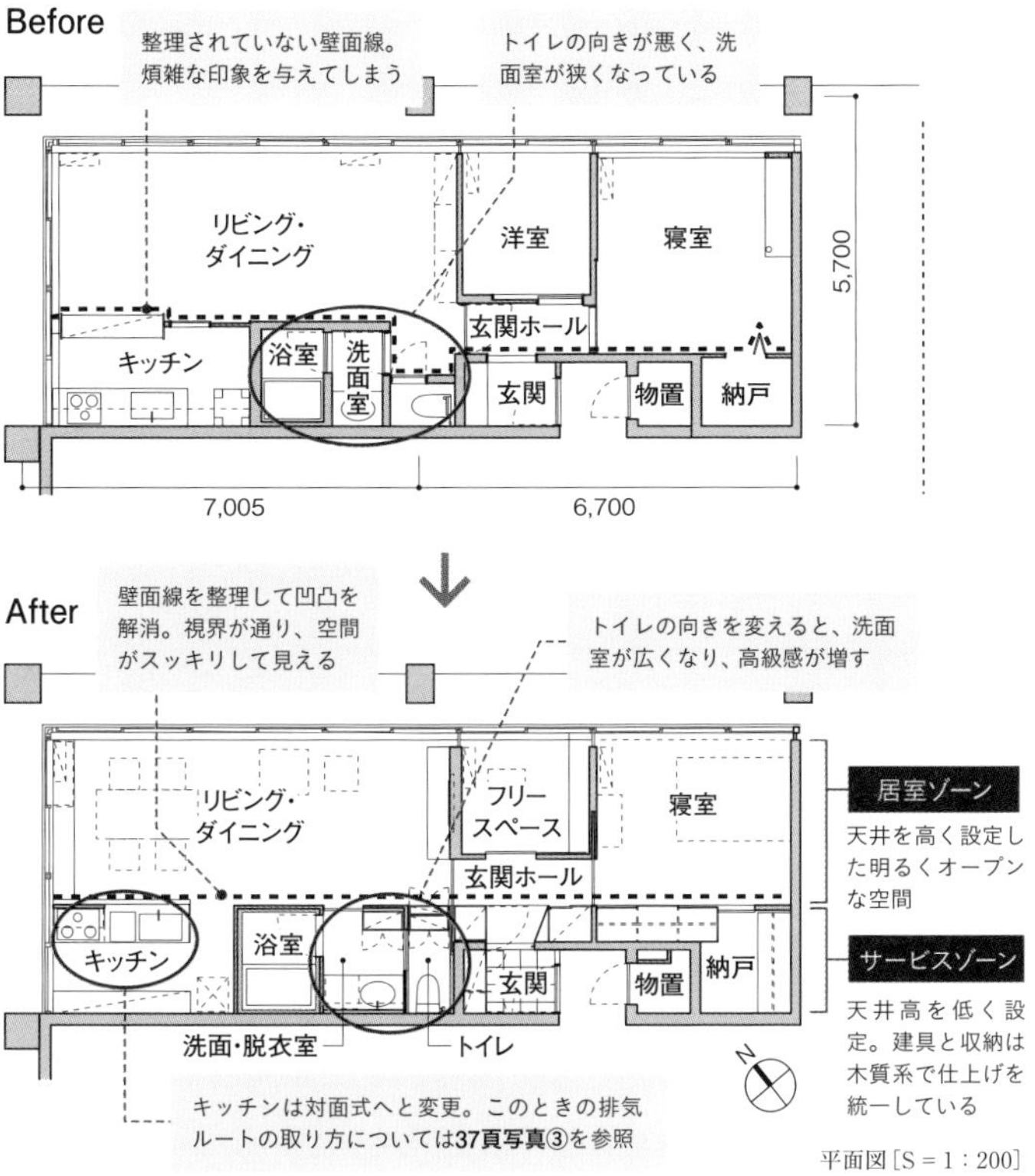
Before
整理されていない壁面線。煩雑な印象を与えてしまう
トイレの向きが悪く、洗面室が狭くなっている
リビング・ダイニング
洋室
寝室
キッチン
浴室
洗面室
玄関ホール
玄関
物置
納戸
5,700
7,005
6,700
After
壁面線を整理して凹凸を解消。視界が通り、空間がスッキリして見える
トイレの向きを変えると、洗面室が広くなり、高級感が増す
リビング・ダイニング
フリースペース
寝室
玄関ホール
キッチン
浴室
玄関
物置
納戸
洗面・脱衣室
トイレ
居室ゾーン
天井を高く設定した明るくオープンな空間
サービスゾーン
天井高を低く設定。建具と収納は木質系で仕上げを統一している
キッチンは対面式へと変更。このときの排気ルートの取り方については37頁写真③を参照
N

平面図［S＝1：200］

①木質系の素材で統一感を演出

廊下部分の天井はウォルナットの羽目板で統一。リビングと寝室のつながりが生まれる

寝室から見た廊下の様子。左側は収納スペースでナラの突板扉で壁面をそろえている。すべての戸を引き込むと廊下を介して寝室とリビングが一体につながる。天井はウォルナットの羽目板仕上げ、壁は「ポーターズペイント」(NENGO)による塗装仕上げ

②壁面線を整理して視界を通す

以前はガタガタだった壁面線をそろえた。視界が通りスッキリした空間に

視界が通ると閉塞感は一気に解消される。さらに、天井・壁・建具・床の仕上げに統一感・メリハリをつけるとより印象的な空間に変わる。床は「複合フローリング20シリーズ」(IOC)を採用。樹種はオーク

③明確になったゾーニング

天井高を低く設定したサービスゾーン
天井高が高く明るくオープンな居室ゾーン

水廻りはキッチンと揃った白い壁の後ろ側にコンパクトに納め(右側)、塗装で仕上げている。居室は開放感を増すために、TVとエアコンを壁に埋め込んでいる(左側)

ゾーニングも有効な手段

マンションでの有効な手法をもう1つ紹介する。機能ブロックごとのゾーニングを明確にする手法だ。マンションの多くは、独立した各部屋とそれらの陣取り合戦の末に残った廊下という構成で、煩雑な印象を与えがちだが、ゾーニングを明確にすれば、統一感とメリハリが同時に生まれる。

具体的には、メインとなる居室ゾーン、水廻りや収納などのサービスゾーンに分けるとよい。「目黒S邸」の改修前は、単純な構成の割には壁面に凹凸があり視界が通らず、空間がスッキリしない印象である。この場合は、壁面線を整理したうえで、ゾーニングの境界線上に通路空間を配置し、空間の仕上げもゾーンごとに異なるものとする。サービスゾーンは意図的に天井高を低く設定。木質系の素材で建具と収納をつくり、閉じて落ち着く空間とする。一方、天井高が高い居室ゾーンは明るくオープンな空間とし、エアコンやTV、収納などは壁面に埋め込むことで凹凸のない平滑面をつくる［**図4**］。

このとき、引込み戸を多用すれば、開放時には空間がスムーズにつながる。**図3**のように、使い勝手に応じて空間を仕切ることも可能だ。

図5 水廻り移設可能範囲イメージ

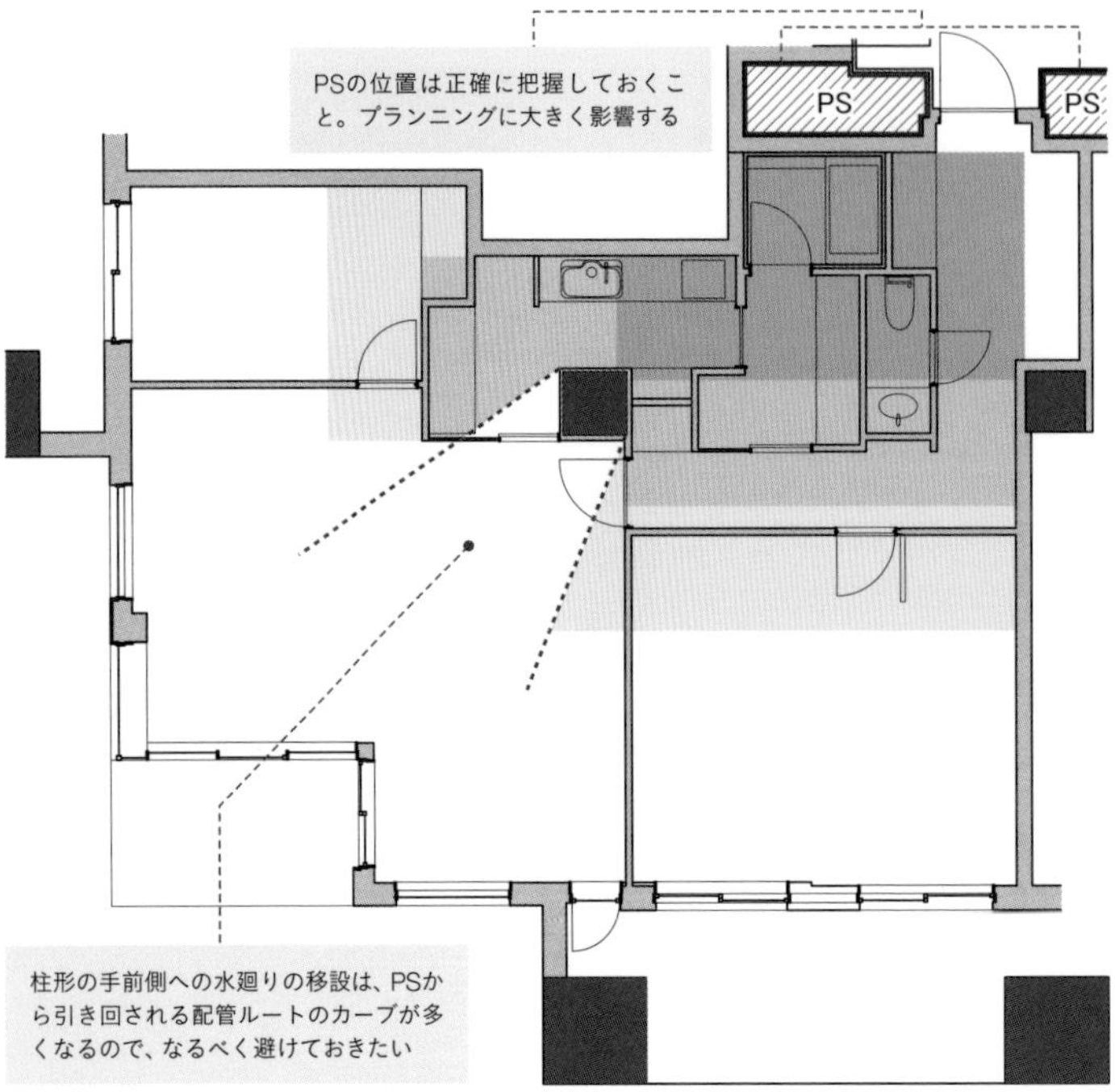
PSの位置は正確に把握しておくこと。プランニングに大きく影響する
PS
PS
柱形の手前側への水廻りの移設は、PSから引き回される配管ルートのカーブが多くなるので、なるべく避けておきたい

- 床スラブが下がっていて、FL±0レベルで水廻りを容易に移設できる範囲
- 家具内やトイレ横引き配管、ユニットバスの工夫などで、何とかFL±0レベルで水廻りを移設できる範囲
- 床レベルを100程度上げることで、水廻りを移設できる範囲

MEMO 乾式二重床の利点

乾式二重床とは高さ調整が可能なボルトとゴム脚でできた支持脚によって、パーティクルボードを支える仕組みをもつ床。床下の隙間には、大きく2つの意味がある。1つ目は、配管・配線スペースとして利用できること。乾式二重床を採用すれば、排水ルートの引き回しが容易になるため、右図のように水廻りの移設範囲が拡大できる。

2つ目は、遮音の効果が高められること。軽量床衝撃音（ΔLL［旧LL］＝比較的軽めで高音域の音）のスラブへの直接の伝達が抑えられるので、下階への音漏れが低減される。

水廻り移設は正確な現調から

マンションの間取り変更で、最も難しいのが水廻りの更新・移設。正確な事前調査が求められる［47〜54頁参照］。

まずは、排水ルートがコンクリートスラブを貫通して下階の天井裏（ほかの居住者の専有部分）にあるのか、スラブの上（自分の専有部分）にあるのかを確認する。床点検口がない場合は水廻りの天井裏を確認する。特に、ユニットバスには天井点検口が設置されている。天井裏に上階の排水管が通っていれば、当該階の排水管も下階へと抜けていると判断してよい。

同時に確認したいのが水廻り床下の構造。①直床、②シンダーコンクリートでのかさ上げ床二重床、③二重床という3つが存在する。

築30年以上の団地やマンションで、浴室が在来工法であったり、浴室・トイレが上げ床である場合は、①・②の可能性があるが、それ以外は③と考えよう。③は、水廻りの移設が最も容易とされているが、ダウンスラブ（水廻り部分の床下が一段下がっているスラブ）であるかどうかを確認したい。一般的な二重床の床下懐は80〜100㎜程度だが、ダウンスラブでは+150㎜程深くなるので、浴室やトイレの排水を横引きできる［※1］。上階が同じような間取り、かつ水廻りの天井高が低い場合は、その範囲がダウンスラブの可能性が高い。ダウンスラブの範囲外に水廻りを動かしたいなら、床全体をかさ上げするか、洗面などの排水管径の小さいものを通常の二重床の懐内で、勾配を確保しながら廻せるかを確認しよう。

①では床全体を一段上げる。元々が上げ床なら、問題は少ないが、フラットだったものはかさ上げしにくい。部屋全体の床を一段上げる場合はサッシ廻りとの取合いと天井高（特に梁下）を注意したい。

②も厄介。排水管に加えて、給水・給湯管もシンダーコンクリートに埋設されていることが多く、水漏れの可能性が高いので、シンダーコンクリートごと解体するのが理想的だが、費用が嵩む。筆者の経験では、大規模リノベーションの相談を管理事務所にした際、「大規模な工事であれば、他の住戸でも水漏れが多発しているので、是非シンダーコンクリートから解体して水廻りの設備を全て刷新して欲しい」と依頼されたケースもある［※2］。

PS内を通る竪管までの横引き排水管は専有部分になる。築30年以上のマンションで、かつスケルトンにしない場合は、そのときに横引き配管を交換

※1 ダウンスラブの範囲を確認するには、マンション竣工図を確認するのがベスト。竣工図（構造図）の冊子に含まれる床伏図を見付けることができればダウンスラブの範囲と深さを確認することが可能

※2 ①と②で排水管をそのまま使うことになりそうな場合は、ファイバースコープ（内視鏡）を使った調査を行いたい［50頁参照］

写真　設備配管の上手な隠し方

①床上排水でアイランドキッチンを実現

排水管を踏み台で隠す
ステップ内で排水ルートを確保

床下に配管スペースがなくても、給排水管の上に踏み台を設ければ、アイランドキッチンは実現できる。このとき、メンテナンスを考慮して、踏み台を分割式にすることが重要

②段差を利用した洗濯機の排水

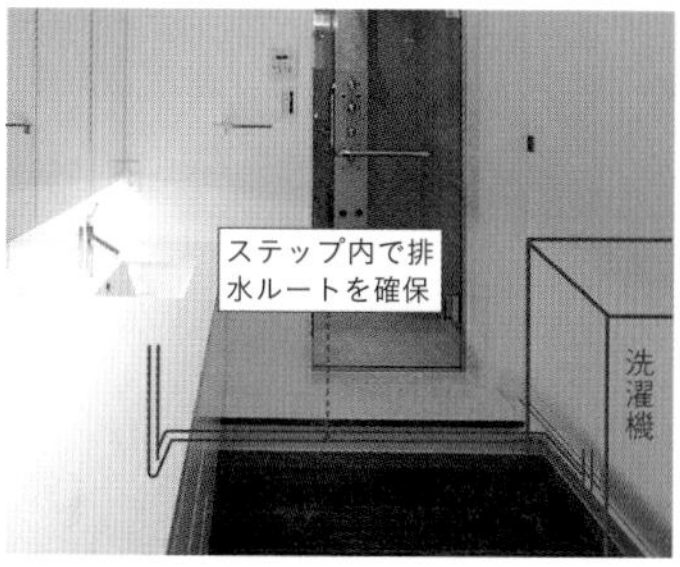
ステップ内で排水ルートを確保
洗濯機

一段上がった浴室とフラットになるステップを洗面室側に設け、その内部で洗面台の反対側に設けた洗濯機の排水を処理している［53頁参照］

③天井高を落として排気ルートを確保

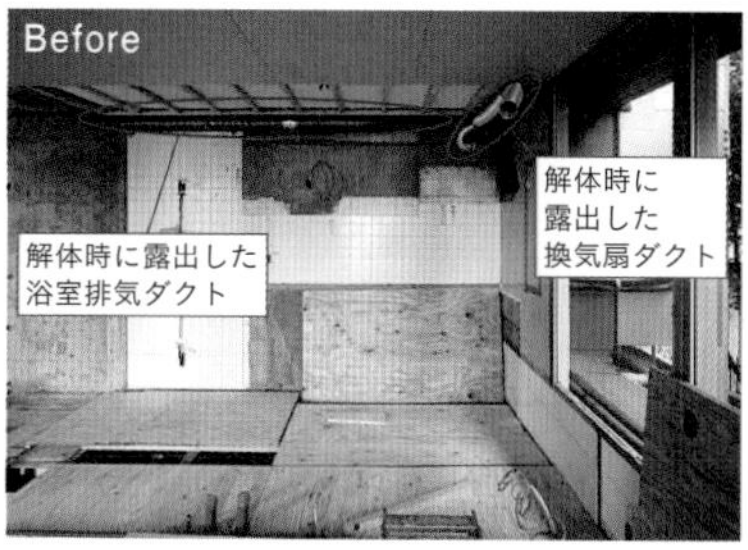
Before
解体時に露出した浴室排気ダクト
解体時に露出した換気扇ダクト

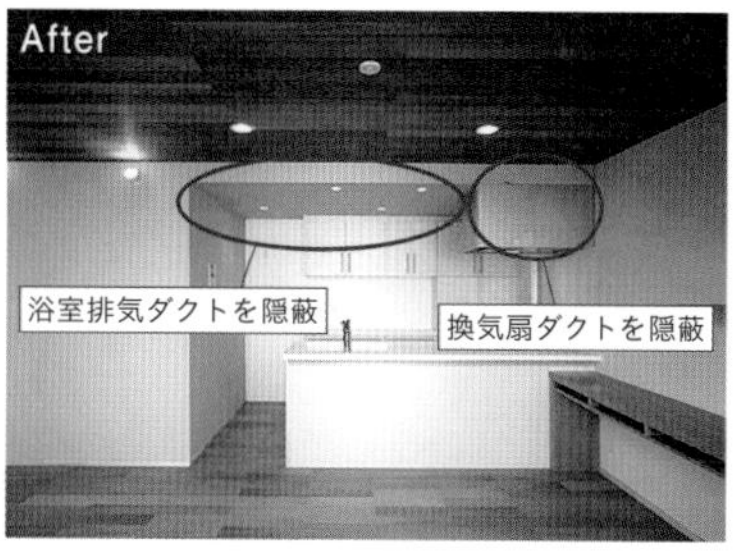
After
浴室排気ダクトを隠蔽
換気扇ダクトを隠蔽

キッチンおよび浴室のレンジフードからの排気ルートは、天井高を低くして中に経路を確保する

しないと、漏水すると、工事した部分を再度解体することになる［※3］。

調査の結果、配管が傷んでいた場合は高周波洗浄・樹脂ライニングなどで補修するか、配管を更新するかを即座に判断する。配管を更新するには、管理組合と管理会社の協力のもと、下階の居住者に水漏れの可能性があることを説明し、同時期に工事させてもらう［※4］。竪管との継手が傷んでおり、配管の更新が容易でない場合もある。その際は、管理組合と管理会社が策定する長期修繕計画で配管を交換する時期を見計らって、対応してもらおう。

実際に水廻りの移設を検討するときには、水勾配を考慮しながら、PSからの距離に従って排水ルートを確保していく［図5］。キッチンを遠くに移動する場合は、上げ床として配管（雑排水）を通す方法もあるが、シンクから横に配管を引き出すことで、排水スタート位置を高くすれば、配管をキッチンや造作家具などのキャビネット内を通し、壁厚を確保して壁内を通すこともできる［74頁参照］。排水管の個所だけに床段差を設ける方法もある［写真①・②］。

トイレを既存の位置から少し移動させる場合は、アジャスターで排水心を調整できるリフォームタイプ、大きく移動させる場合は、排水高さを高くでき、背後や横の壁に排水を抜くリフォーム用トイレが役に立つだろう。ただし、トイレの排水（汚水）は配管径が大きく、排水のスタート位置も高くできないので、制約は大きい［85頁参照］。

浴室は、漏水の危険性が高い在来浴室よりも、ユニットバスのほうが望ましい。ただし、バリアフリー仕様としたくても、排水勾配を確保できなければ、段差を設ける。その高さは、竪管への接続心との関係で決まるので、段差が生じる可能性があることをクライアントに伝え、解体時に段差の寸法を割り出すのが最も無難である。

給水・給湯は大規模リノベーションなら新しく配管を引き直すケースが多い。追い炊きやTESを使った浴室暖房乾燥機などを導入する場合は、給湯システムの交換と同時に、架橋ポリエチレン管を用いれば、天井裏にルートを確保する効率的な配管が可能だ。

キッチン・浴室の移設で忘れがちなのが、排気ダクトの経路［写真③］。特に、キッチンの排気ダクトは径が150mmあること、外壁のスリーブはキッチン用のものにしか対応していないこと、に注意が必要だ。天井をコンクリート露出とし、工場風に露出ダクトを引張る方法もあるが、住宅では天井をふかすのが一般的だろう［※5］。

※3　診断を調査会社に依頼する場合の費用は、チェックする個所と配管長にもよるが、15〜25万円程度である

※4　スラブ下を排水管が通っている共同住宅では従来、当該部分の排水管は専有部分とされていたが、2000年の最高裁判例で共用部分とされる判決が出されており、判断には細心の注意が求められる

※5　梁をまたいでキッチンを移設する場合も、梁にスリーブがなければ天井を低くして、ファルコン型などの低天井用のレンジフードを使うのがよい

COLUMN

廊下を洗面スペースとして有効に使う

洗面廊下で〝おもてなし〟

洗面脱衣室は洗面カウンター、リネン収納、洗濯機置き場、脱衣スペースなど、さまざまな用途が集中する空間である。新築・中古問わず、一般的な住宅(マンション)では、これらの要素が一体化されているケースがほとんどだ。

こうした一体化によるデメリットとして、コロナ禍にあって来客も使用する可能性がある洗面というパブリックな一面もある用途と、通常は脱衣室・洗濯機置き場という完全にプライベートな用途が混在してしまうことがある。内装も機能性や耐水性・清掃性が優先され、白くて無機質になりがちだ。

一方、単なる移動空間として存在する廊下に洗面の用途を移し替えると、多機能で込み合った脱衣スペースを効率的に設計できる。洗面廊下はコロナ禍以降の帰宅時に手を洗う習慣ともマッチ。生活動線の改善も期待できるだろう。ほかの機能が優先されて、洗面カウンターに十分な広さが確保できないのであれば、洗面機能と脱衣&洗濯機能を分離し、廊下の壁面に洗面を移設してみよう。

結果として、洗面室をパブリックな空間として、脱衣室・洗濯機置き場をプライベートで実用的な空間として整理できるので、空間設計の考え方が明確になる。内装に関しても、洗面室は〝おもてなし〟を意識して、装飾的な要素を盛り込んだラグジュアリーな雰囲気とする一方、脱衣室・洗濯機置き場は機能性を優先してシンプルかつローコストにつくりこむ、という考え方が実現するのだ。

「乃木坂U邸」は2つの個室をつなぐ廊下を、個室のクロゼットを60㎝移動することによって、廊下にダブルボウルの洗面カウンターを設けた例[①]。壁面も装飾(モールディング)と照明(壁付けブラケット)を設けることで、海外のホテルのような雰囲気を醸し出している。「世田谷区N邸」は壁面の上部に表面を鏡で仕上げた吊戸棚収納、下部に洗面カウンターを設けて、通り抜け型の洗面室とした例[②]。吊戸棚収納には間接照明を仕込むなどして、華やかに演出している。

[各務謙司]

① ダブルボウルの洗面廊下

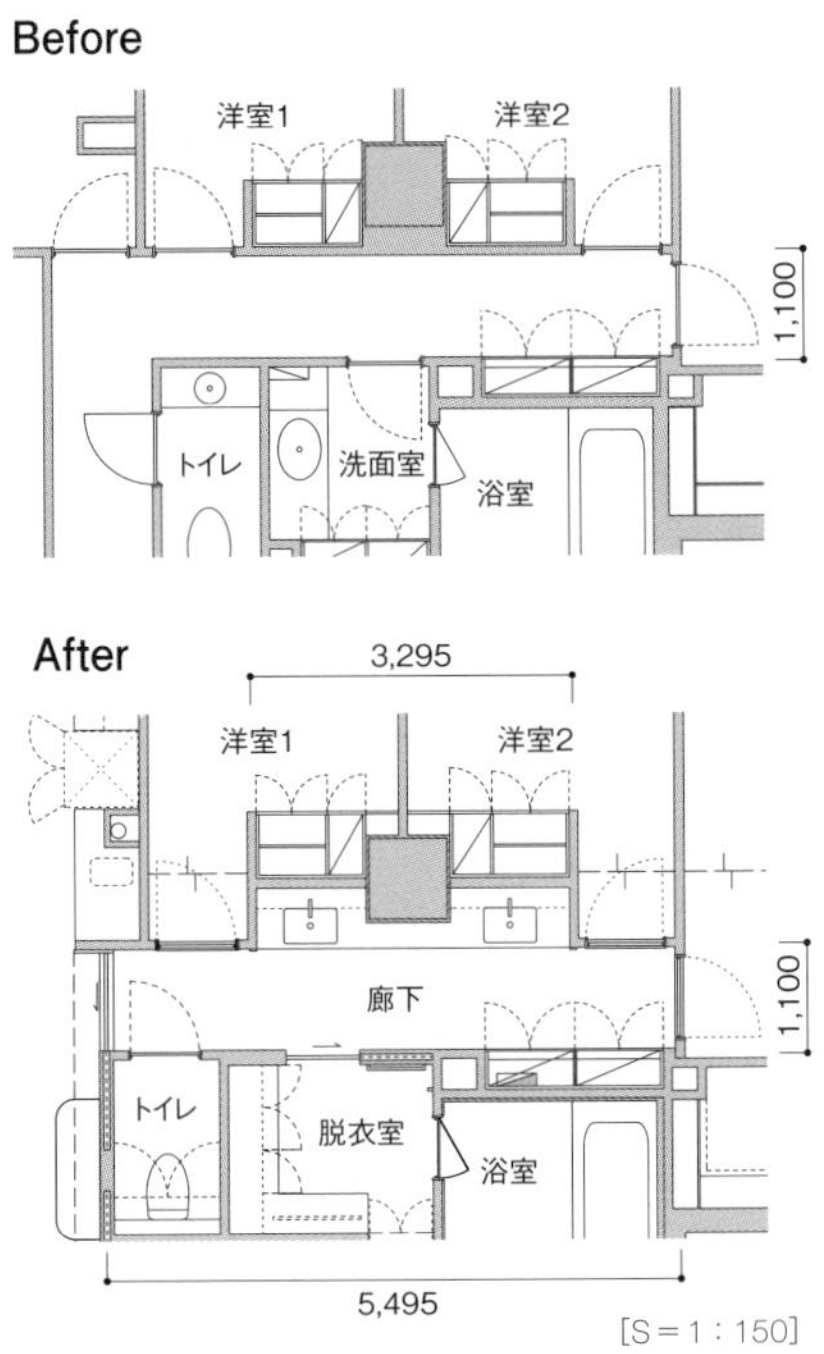
Before
洋室1
洋室2
1,100
トイレ
洗面室
浴室
After
3,295
洋室1
洋室2
廊下
1,100
トイレ
脱衣室
浴室
5,495

[S＝1：150]

「乃木坂U邸」では壁の裏面にある収納の位置を移動して柱形をかわしながらダブルボウルの洗面スペースを設けた。トイレからの動線も短い

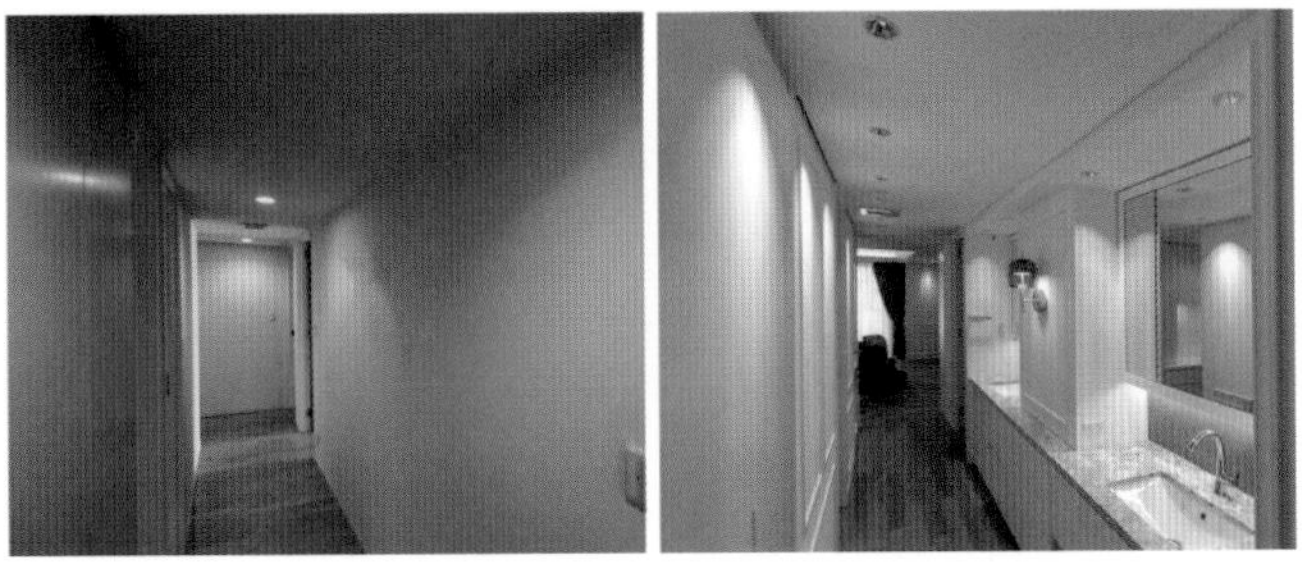

改修前の廊下は両面が単なる壁のため、圧迫感を感じる(左)。一方、洗面廊下ではモールディングや照明(ユニバーサルダウンライト)の効果もあり、華やいだ印象がある(右)

② シングルボウルの洗面廊下

「世田谷N邸」ではリビング・ダイニングに接する廊下に洗面スペースを配置。開口部からの光も差し込むので、洗面室特有の暗さをあまり感じない

Part 2

「間取り」の再生術

木造戸建住宅編

木造2階建て戸建住宅を改修した「つつじヶ丘W邸」。1階のLDKを2階に移動しつつ、天井を撤去して小屋組が見えるLDKとした。奥に見える和室や階段室とのつながりも感じられる開放的な空間［**42・43・153頁参照**］
写真＝中村風詩人

マンションであればリノベーションに違和感を感じない設計者も、戸建住宅となると、リノベーションよりも建て替えを勧めているケースが多いのではないだろうか。しかし、リノベーション会社は建築家以上に戸建住宅のリノベーションを避ける傾向が強いので、戸建住宅こそ、設計者が積極的に関わるべきものと考えている。専有部分のみを改修するマンションとは異なり、戸建住宅では、住宅性能そのものに目を向けなければならないのが大きな理由である。専門的かつ総合的な知識に長ける設計者の力が発揮できる仕事といえるだろう。

具体的には耐震性能・断熱性能の向上が求められる。特に、木造戸建住宅、なかでも在来軸組構法の4号建築物で、築年数の古いものは、こうした性能が十分でないケースが非常に多い。耐震・断熱改修のノウハウは絶対に欠かせない。

当然、設計者が向き合うべき問題は、住宅性能の向上のみにとどまらない。使い勝手を含めたデザイン性や、費用対効果といった視点が求められる。ここでは、住宅性能・デザイン性・費用対効果をベースとした、木造戸建住宅の「間取り」を再生するための考え方について紹介したい。

図1　築年数の古い木造住宅は“通り”が悪い

改修前の外観はくたびれた印象を受ける［117頁参照］

1階に比べて2階がかなり小さい典型的な和風住宅のプロポーションとなっている「常総の家」。屋根も瓦葺きで2階の大きな荷重が1階にかかっている。2階南面壁の水平力をすべて梁で受けている状態だった

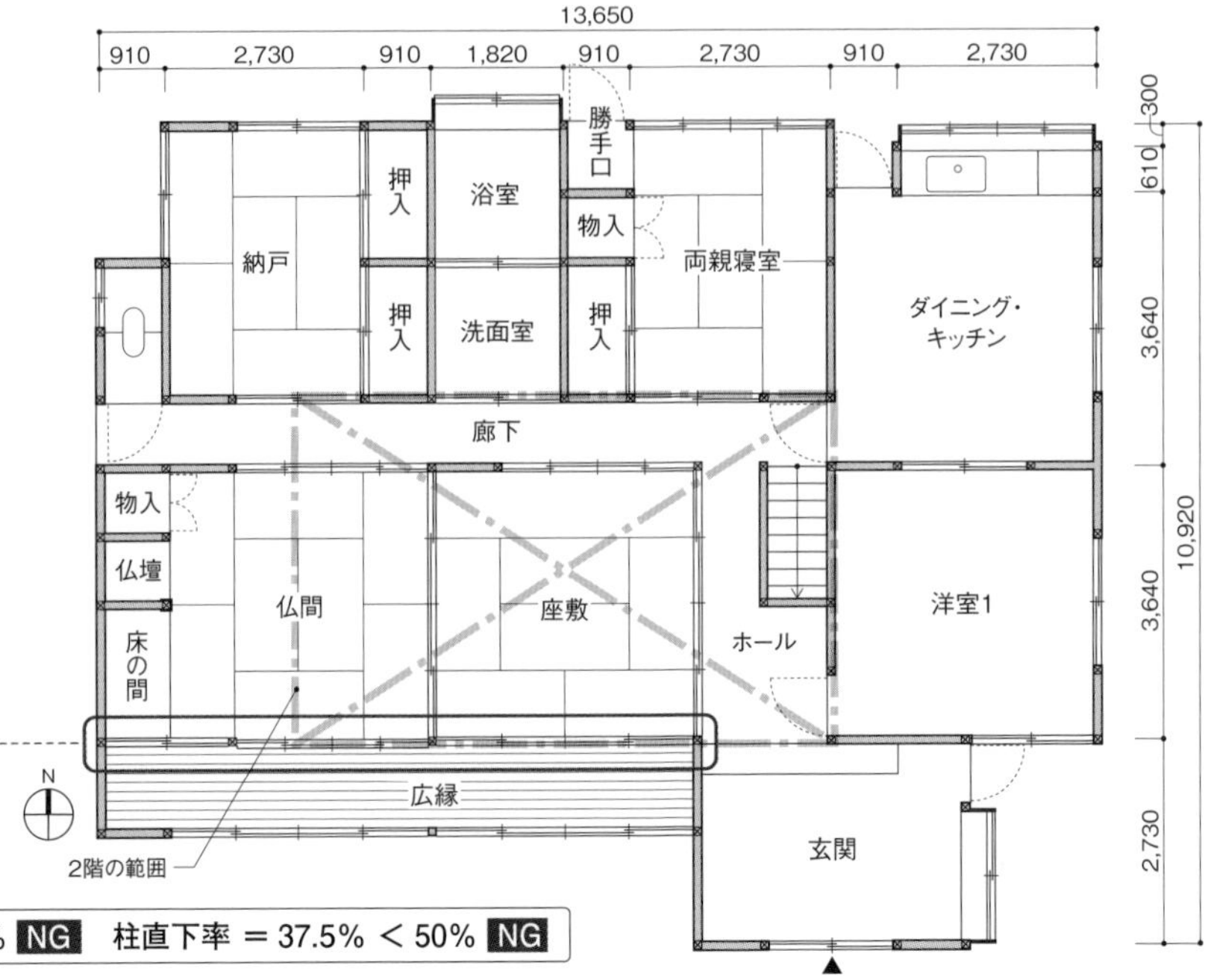

13,650
910
2,730
910
1,820
910
2,730
910
2,730
300
610
3,640
10,920
3,640
2,730
勝手口
押入
浴室
物入
納戸
両親寝室
押入
洗面室
押入
ダイニング・キッチン
廊下
物入
仏壇
床の間
仏間
座敷
ホール
洋室1
広縁
玄関
N
2階の範囲

壁直下率 ＝ 58.7％ ＜ 60％ NG　柱直下率 ＝ 37.5％ ＜ 50％ NG

平面図［S＝1：150］

バランスの悪い木造戸建住宅

築年数で判断した場合、在来軸組構法の木造戸建住宅において、リノベーションに対する需要が多いのは築40年前後ではないだろうか。これらの建物では、耐震改修を必要とするものが多いと推測されるが、計画の際には、デザイン性・費用対効果も頭に入れておかなくてはならない。そのためにも、このタイプの構造的な特徴を的確に把握する必要がある。

絶対に確認すべき部位は、基礎と主要構造部（柱・壁・梁）。各部位の劣化状況だけではなく、それぞれの配置を把握することもポイントになる。布基礎（この築年数だと布基礎が一般的で、ベタ基礎はまだ少ない）の位置、主要構造部の位置を確認する。すると、基礎立上りと2階床梁の位置がそろっていない建物が多いことが分かる。この場合、躯体にかかる力の流れが複雑になるほか、力の偏りも生じるので、床の不陸や建具開閉の不具合が発生しやすい。和風住宅などでは、外観上のプロポーションを意識するあまりに、1階に比べて2階が小さく、2階の耐力壁を梁で受けていることが多い［図1］。

耐力壁の配置にも注意したい。新耐震基準（1981年）以降の建物では、壁量自体は建築基準法で定められている基準を満たしているものの、採光のため南側に開口部が多くなり、耐力壁が北側に集中しているケースが少なくない。配置のバランスが悪く、偏心率［※1］も高くなる。地震などで応力がかかると、力の流れ方が不均等になるうえ、ねじれ変形も生じ、部分破壊や建物倒壊のリスクが高まっている。

耐力壁の配置はバランスよく

構造的な特徴から判断すれば、耐震性能については「基礎・主要構造部の位置をそろえること」「バランスのよい耐力壁の配置」の2点が改修のポイントになる。前者については、上下階の柱や壁の位置をそろえると、一定の耐震性能を保ったまま、合理的な架構を形成できるので、力の流れが整理される。後者については、やみくもに耐力壁を配置するのではなく、基礎立上りの位置を基準に耐力壁を配置する。基礎立上りがない部分に、耐力壁を配置しても、十分な強度は期待することができない。

一方、この2つの手法はデザイン性とも表裏一体の関係にある。基礎・主要構造部の位置を上下階でそろえることができれば、余計な柱・壁・梁を追

※1　構造物の重心（質量の中心）が剛心（剛性の中心）から離れている度合いを示したもの。重心と剛心が一致している場合には偏心が0となり、重心が剛心から大きく外れた位置にあるほど偏心率は高くなる

図2　直下率を高めて耐震性能を無理なく高める

2本の梁をかけることで、物入と押入の柱を撤去。南北に抜ける開放的なワンルームのダイニング・キッチンを設けた

撤去できない柱に合わせて、内側に等間隔で柱を並べて、空間を緩やかに分節している［45頁図6②参照］

座敷をリビングに変更。仏間や廊下・広縁とひとつながりの空間

耐力壁が入っていなかった通りに耐力壁（構造用合板［両面張り］）を追加して、2階にかかる水平力を基礎に伝わるようにした

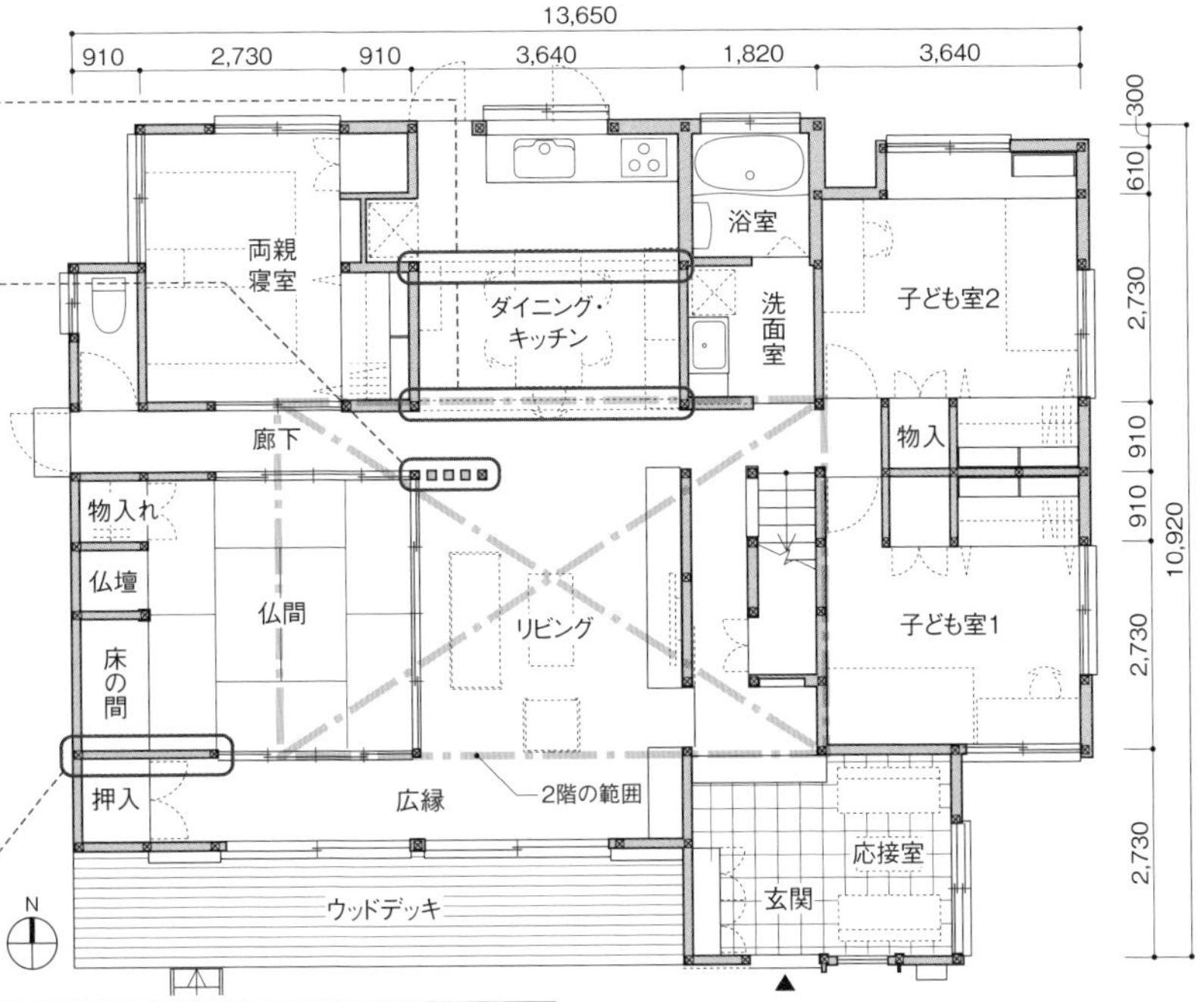

壁直下率 ＝ 70.2％ ＞ 60％ OK　柱直下率 ＝ 55.2％ ＞ 50％ OK

平面図［S＝1：150］

加する必要がなくなり、耐力壁をバランスよく配置できれば、耐力壁そのものの量を減らすことができるので、必然的に広い空間をつくりやすくなる。

費用対効果という観点からも、これら2つの手法は汎用性が非常に高い。一般的に、スケルトンリノベーションを行う場合、基礎・主要構造部の改修には関連工事を含めると、300〜400万円程度の費用がかかる。この額は工事費全体の3〜4割程度と最も高く、最終的な工事費の増減を大きく左右する。経験的に判断すれば、基礎は構造的に問題ない限り、既存の基礎を利用すべきである。基礎立上りがない場所に耐力壁を追加する場合には、基礎立上りを新たに設ける必要があるが、工事費の大きな増額につながってしまう。

主要構造部の改修も全体の1／2以下に抑える。改修範囲が1／2以上になると、改修部位が多岐にわたり、建替えた場合と工事費があまり変わらない。新たに追加する柱・壁・梁などの数量は、可能な限り少なくしたい。

設計業務的には、構造計算を誰が行うのかという問題がつきまとう。リノベーション工事の期間は、設計期間を含めて数カ月から半年程度と短いうえ、費用的にも構造計算の外注は難しい。意匠設計者が補強計画を立案する必要があるので、架構は可能な限りシンプルであるべきだ。以上を勘定しても、耐震改修のキモは「基礎・主要構造部の位置をそろえること」「バランスのよい耐力壁の配置」に行きつく。

直下率・構造ブロックの考え方

以上に挙げた補強計画の方針は、「直下率」と「構造ブロック」という考え方に裏づけされている。直下率とは、「2階の壁・柱と1階の壁・柱の位置が一致する割合を示すもの」。簡易かつ的確な判断が可能で、複雑な構造計算も必要としない。この考え方を提唱しているNPO法人木の建築フォラムの現代木割術研究会では、直下率は壁60％、柱50％の確保を推奨している［※2］。基礎・主要構造部の位置をそろえるにあたっては、これらの数値が目安となるだろう［図2］。具体的には、基礎伏図上で、基礎の立上り部分を確認し、それに合わせて柱・壁・梁の位置を決めるとよい。

構造ブロックとは、「四隅に配置される柱とその上下を結ぶ横架材で構成される構造単位」のことを指す。壁は構造ブロック上にあることが望ましい。耐力壁を配置するときには、このことに注意してほしい。

※2　密集地の住宅の場合は総2階の建物が多く、外壁のラインが1・2階でそろうため、壁直下率が高くなる傾向がある。一方、田舎の和風住宅（1階に比べて2階が小さい家）は、直下率が低くなりやすい。また、間取りや梁伏せが無計画だと、柱の直下率が低くなるとみられる

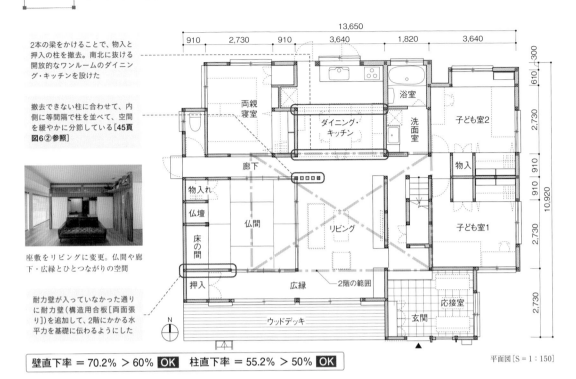

図3　日当たりの悪い1階にLDKを集約した改修前のプラン

「つつじヶ丘W邸」の2階折返し階段廻り。洋室には日光が入るものの、階段廻りには届かず、薄暗い印象を受ける

玄関はホールが無駄に広く、スペースが有効に活用されていなかった

リビング(左)とダイニング(右)は窓も小さく、日中は照明がないと薄暗い

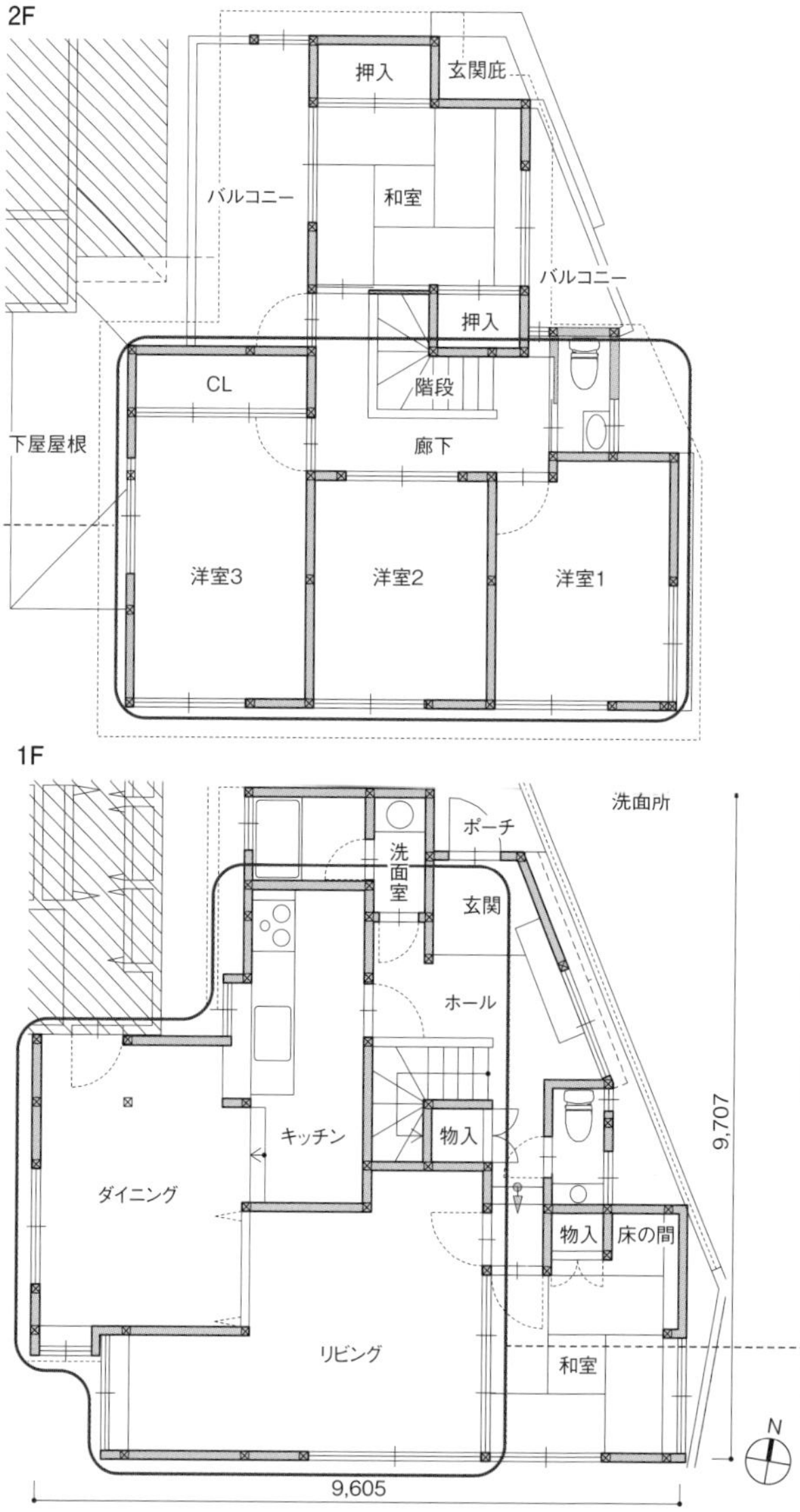

2階の日当たりがよい南側は2つの間仕切壁で仕切られていた

キッチンとダイニング、リビングは壁で仕切られており、キッチンから直接リビングにアクセスすることはできない

平面図［S＝1：150］

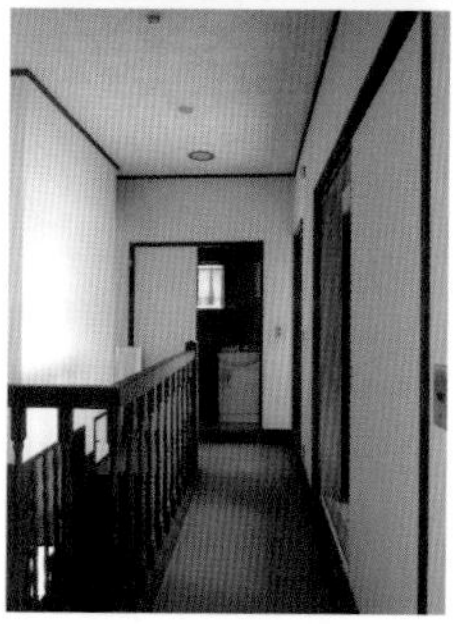

廊下の先にある押入のある和室(上)。押入によって折返し階段による吹抜けは小さくなっていた(下)

ダイニングからリビングを見る。以前に増築された部屋で、キッチンに出窓の後や段差が残る

密集地の木造住宅は採光不足

木造戸建住宅の改修におけるプランニングは、マンションと比較すると立地や規模がさまざまで、パターン化することは難しい。ただし、筆者の経験から判断すれば、リノベーションの需要が多い都心部の住宅では、敷地条件による同様の問題点を抱えているのが実状。住環境および空間的な視点から、ある程度プランニングの方向性は見出せるであろう。

都心部にある既存住宅の大きな問題点としては、採光や通風の悪さが挙げられる。木造戸建住宅はマンションと違って比較的窓は多いが、住宅密集地では隣地との距離がなく、特に1階部分は十分な採光を得ることができない。そのうえ、部屋数の確保を重視するあまり、間仕切壁が多く、風通しも悪いケースが目立つ。

既存の間取りの典型例は図3の通り。1階にLDKと洗面・浴室・トイレがあり、2階は階段を中心に細かく4部屋に区切られている。1階は日中でも照明が欠かせない。風通しも悪く、夏は暑く、冬は寒い住まいとなっている。

また、リビング・ダイニングとキッチンのつながりがよくない。使い勝手の悪い間取りである。

図4　LDKを2階に配置した図2の改修プラン

2階の折返し階段廻り。FIXガラス・ガラスの引き戸と天井との取合いがすっきり見えるように工夫

1階に移動した寝室から庭を見る。日中は明るさが感じられる

折返し階段下のスペースを活用して床下収納を設けた

写真＝中村風詩人

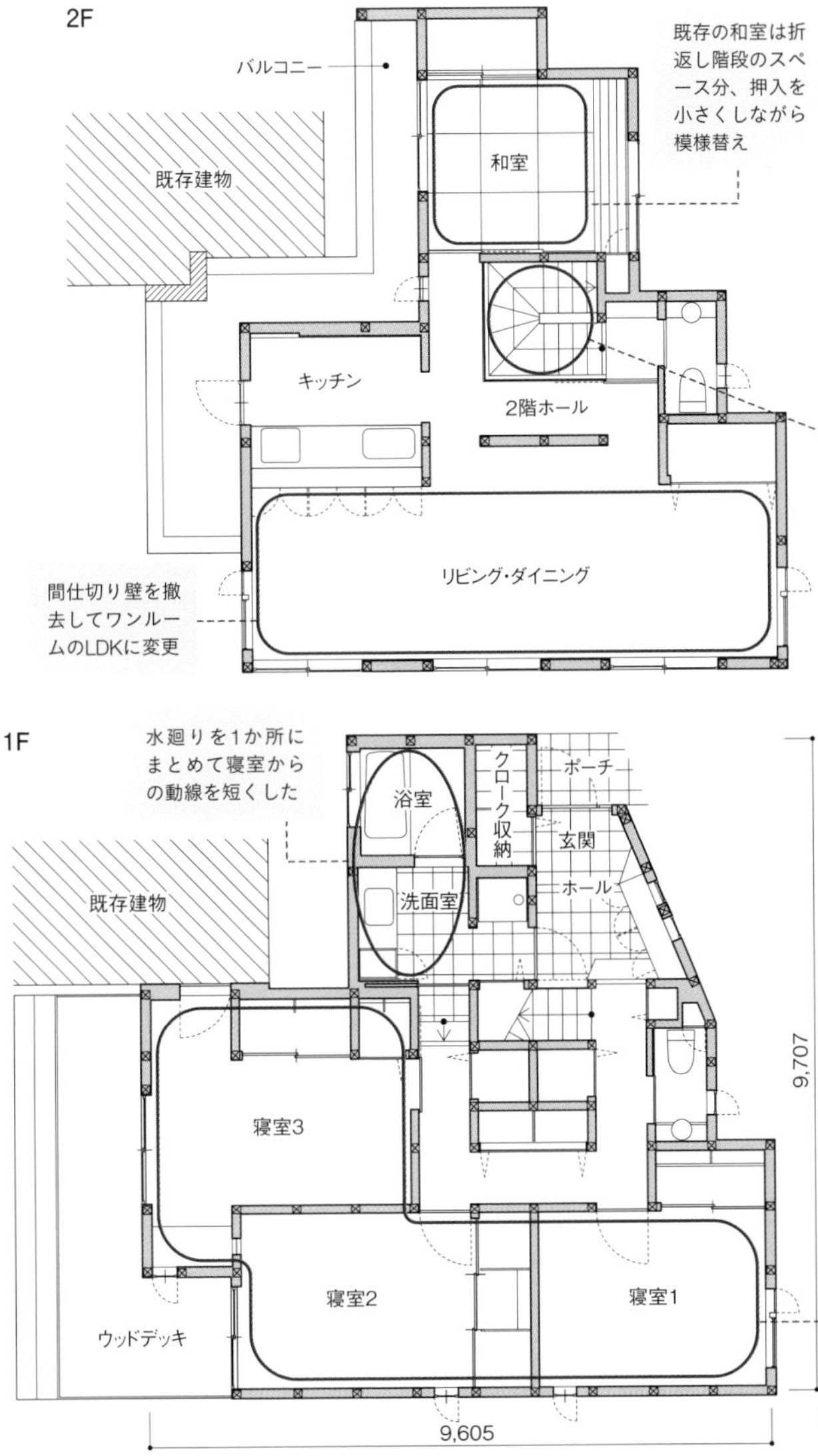

2F
バルコニー
既存建物
和室
キッチン
2階ホール
リビング・ダイニング
既存の和室は折返し階段のスペース分、押入を小さくしながら模様替え
折返し階段の廻りは天井いっぱいのFIXガラスとガラスの引き戸で間仕切りを構成し、2階の冷気が1階に下りないように配慮しつつ、2階の光を1階へと落とす
間仕切り壁を撤去してワンルームのLDKに変更
1F
水廻りを1か所にまとめて寝室からの動線を短くした
浴室
クローク収納
ポーチ
玄関
ホール
洗面室
既存建物
寝室3
寝室2
寝室1
ウッドデッキ
2階の寝室を1階に移動。窓面積も小さくして落ち着きのある空間に
9,707
9,605
N

平面図［S＝1：150］

和室は天井を解体し、小屋梁を露しとしたロフト付きの空間に［148頁参照］

玄関ホールの床仕上げは土間や隣の水廻りと同じ磁器質タイル仕上げに

こうした例に見る通り、特に、水廻りをすべて1階に集約させているのが、築年数の古い木造戸建住宅の特徴である。これは、防水や給排水の技術的問題に加え、家事動線によるところが大きかったためだと推測される。昔は、勝手口のある台所が一般的であった。また、在来工法によるタイル張りの浴室は、解体すると周囲の土台や柱がほとんど腐っているのが実状だ。念入りに防水を施していたとしても、内部結露が生じている可能性が高い。

2階を見てみると、和室や洋室3室は手狭で、寝室やクロゼット、物置にしか利用されていない。階段が急勾配（1間1千820mmを13段で昇る）で昇降しづらいのも、この時代の特徴の1つである。

LDKは2階に配置

住宅密集地にある木造戸建住宅の間取りを再生するには、採光条件の改善が重要。日中過ごすLDKを2階に配置するのが有効だ［図4］。構造的な側面からも、2階の壁量は1階に比べて少なくできるので、LDKなどの広い空間は相性がよい。1階にある柱・壁の真上に柱・壁（2階）を配置しやすく、直下率も高めやすい。

屋根の材料も瓦などの重いものでは

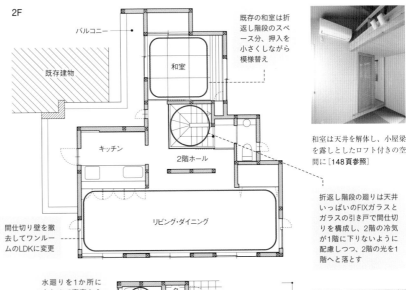

図5　2階LDK＋高窓で劇的に明るいLDKを実現

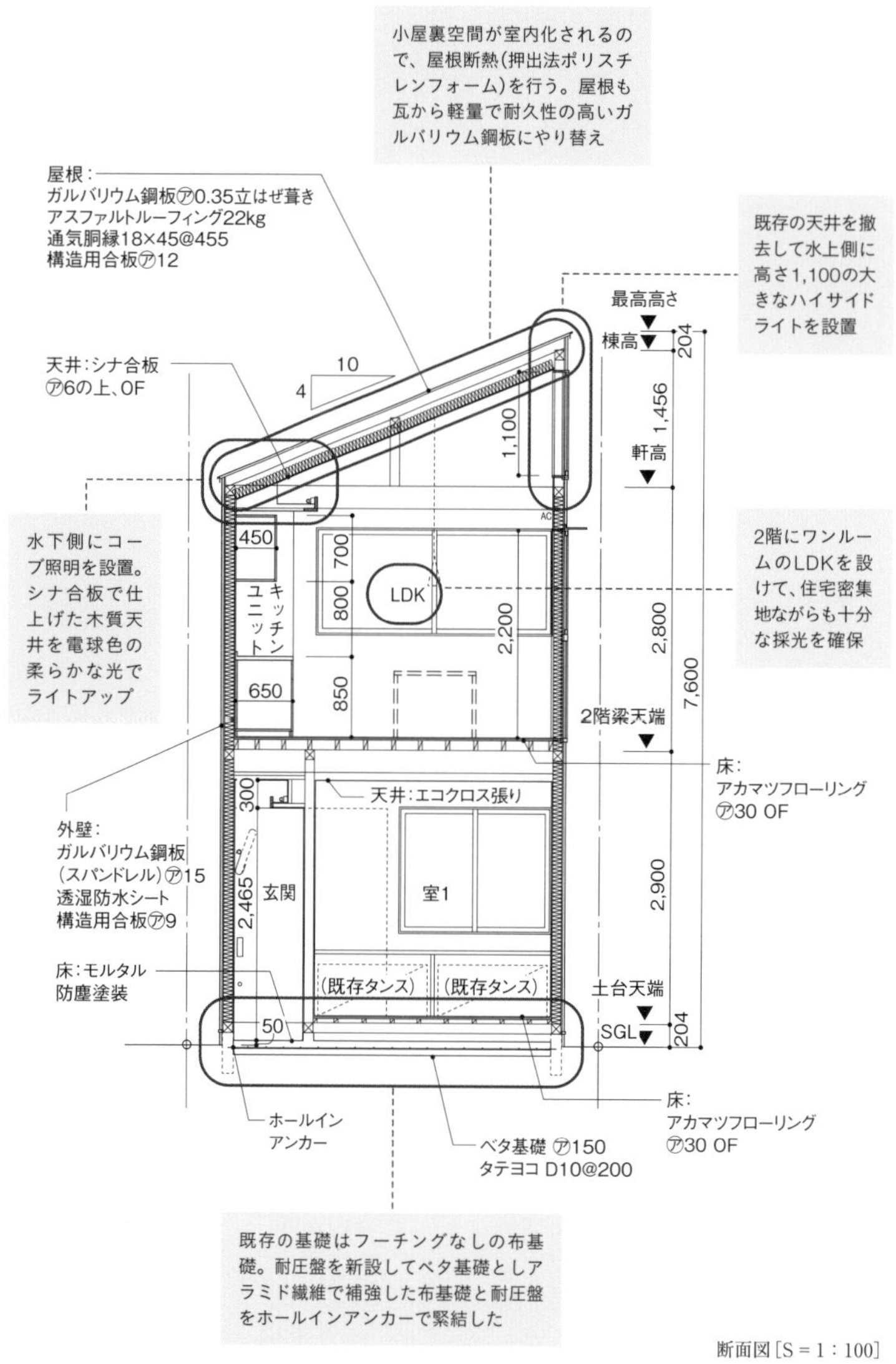
小屋裏空間が室内化されるので、屋根断熱(押出法ポリスチレンフォーム)を行う。屋根も瓦から軽量で耐久性の高いガルバリウム鋼板にやり替え
屋根：
ガルバリウム鋼板㋐0.35立はぜ葺き
アスファルトルーフィング22kg
通気胴縁18×45@455
構造用合板㋐12
既存の天井を撤去して水上側に高さ1,100の大きなハイサイドライトを設置
最高高さ
棟高
軒高
天井：シナ合板㋐6の上、OF
10
4
1,100
1,456
204
水下側にコーブ照明を設置。シナ合板で仕上げた木質天井を電球色の柔らかな光でライトアップ
450
700
800
LDK
キッチンユニット
650
850
2,200
2,800
7,600
2階にワンルームのLDKを設けて、住宅密集地ながらも十分な採光を確保
2階梁天端
床：
アカマツフローリング
㋐30 OF
300
天井：エコクロス張り
外壁：
ガルバリウム鋼板
(スパンドレル)㋐15
透湿防水シート
構造用合板㋐9
2,465
玄関
室1
2,900
床：モルタル
防塵塗装
(既存タンス)
(既存タンス)
土台天端
50
SGL
204
ホールイン
アンカー
ベタ基礎 ㋐150
タテヨコ D10@200
床：
アカマツフローリング
㋐30 OF
既存の基礎はフーチングなしの布基礎。耐圧盤を新設してベタ基礎としアラミド繊維で補強した布基礎と耐圧盤をホールインアンカーで緊結した

断面図［S＝1：100］

片流れ屋根の勾配を利用してハイサイドライトを設けたことによって、隣地の建物に影響されることなく、日中は安定して自然光が室内に入り込む

2階はワンルーム空間だが、梁をガイドにした上吊りの引戸で空間を可変的に間仕切ることが可能になっている

なく、金属板やスレートなどで軽量化するのが好ましい。瓦屋根をガルバリウム鋼板に葺き替えれば、ほぼ外壁のみで2階の必要壁量を満たせる。その根拠は「建築基準法で定められた必要壁量」にある。必要壁量は、その階の床面積に係数を掛けて算出するものであるが、軽い屋根と重い屋根で係数が異なっていることに注目してほしい。

2階建ての場合、床面積に掛ける係数は、軽い屋根では1階が29㎝／㎡、2階は15㎝／㎡であるのに対して、重い屋根では1階が33㎝／㎡、2階は21㎝／㎡となっている。床面積が同じ条件下では、軽い屋根を採用すれば、重い屋根に比べて、①2階の壁量そのものを少なくできる、②1階に対する2階の壁量の割合をより小さくできる、というメリットが読み取れる。

軽い屋根としたうえでトップライトやハイサイドライトを設ければ、採光と通風が確保され、平面的な広さに加えて立体的な空間のつながりが生まれ、内部空間は劇的に変わる［**図5**］。LDKを2階に配置すると、階段の昇り降りを懸念されるが、昇降しやすい勾配にしたうえで手摺を取り付ければ、ほとんど支障はないようだ。

狭小住宅の場合は、1階に寝室や浴室［**※3**］などのプライベート空間を配

図6　主要構造部はインテリアの一部として生かす

① 丸太梁を露してアクセントをつける

露出させた
既存の小屋梁

ダイニングの真上に吹抜けを設けて昔ながらの丸太梁を露しとした「滑川H邸」。小屋裏までが一体の空間になっているので、室内側から屋根断熱を行うことが重要[**75頁参照**]

② 柱を追加して空間を仕切る

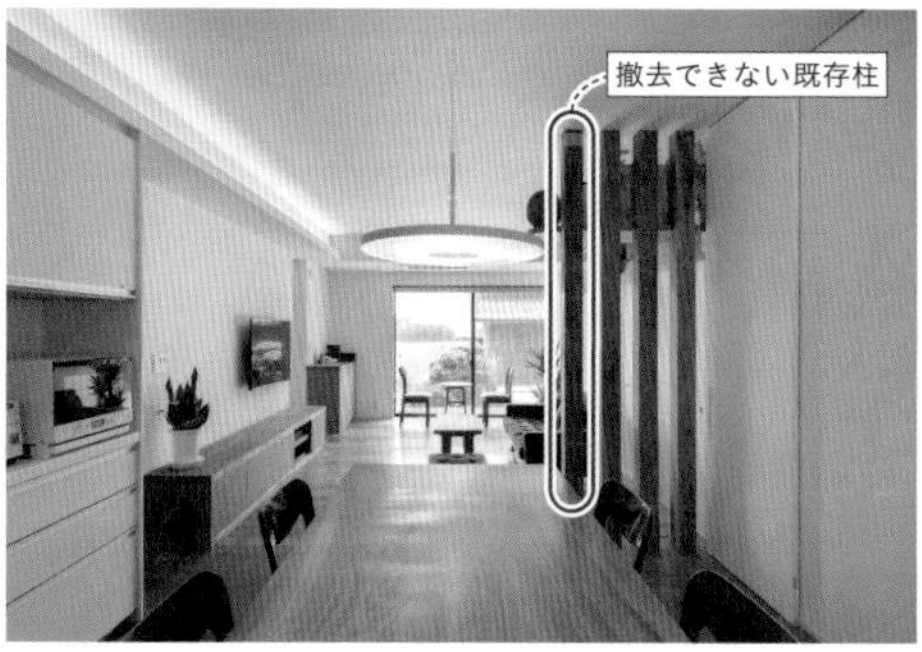
撤去できない既存柱

廊下を挟んで一体化したリビング・ダイニングで露出した柱と柱の間に3本の間柱を227.5㎜ピッチで並べて空間を緩やかに仕切る列柱のスクリーンを設けた「常総の家」。上部には雲形の神棚を取り付けている

③ 既存の柱でつくる手摺を兼ねる収納

階段廻りの手摺は、落下防止機能だけではもったいない。壁厚を使用して家具を造作すれば、空間の付加価値が上がる。「神宮前の家」では階段と廊下の間に配置されていた既存の柱を利用して収納家具を造り付けた。収納と手摺という役割を兼ねつつ、デッドスペースを有効活用している

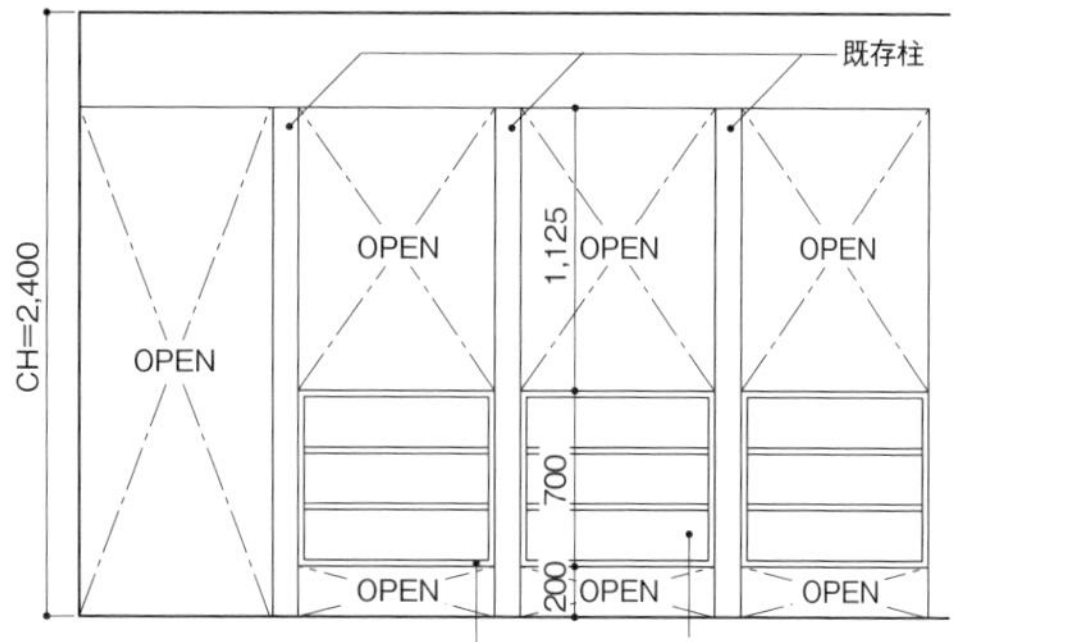
既存柱
OPEN
OPEN
OPEN
OPEN
CH=2,400
1,125
700
200
OPEN
OPEN
OPEN
手摺収納棚：ナラJAS集成材㋐30
背面：ツインポリカーボネート㋐4

既存の柱間に大工工事で棚を挿入しただけの簡単な棚。奥行きは150㎜だが、文庫本やCD、DVDの収納には重宝する。現場で柱の倒れに合わせて、調整しながら納めた

展開図[S＝1：60]

置する。主に夜間に使用する寝室は、最小限の採光でも支障はない。断熱性能が十分であれば、快適で落ち着いた雰囲気の就寝スペースになる。また、採光が期待できない部分は、収納スペースとして有効に利用したい。細かく間仕切られるので、1階の耐力壁を分散できるという効果も生まれる。

既存建物のポテンシャルを生かす

在来軸組構法の改修では、構造的に撤去できない柱・壁・梁が生じる場合がある。独立柱であれば、必要な補強を行うことで、比較的容易に撤去することはできるが、通し柱はもちろん、梁継手部分を受ける柱は、可能な限り移動させたくはない。しかし、解体後に改めて補強を計画せざるを得ないケースも多い。機能的に影響のない範囲で、構造材にデザイン性をもたせよう。

まず、天井裏に隠れていた小屋裏の丸太梁を露しとして、インテリアのアクセントに生かすのはよく行なわれている手法である[**図6①**]。複数ある撤去できない柱の利用方法としては、さらに同じサイズの柱を並べて、空間を仕切るスクリーンに利用する方法や、柱のピッチを利用して収納スペースを造作するという方法もある[**図6②・③**]。

※3　浴室はユニットバスであれば、2階にも設置が可能になる。特にハーフユニットバスは、壁や天井は自由にできるので、大きな窓を設けることも可能だ。内部結露の不安や木造の耐久性の観点から、在来工法を採用するのは避けたほうがよい[**83頁参照**]

COLUMN

“昭和の古民家”を生かす方法

古民家改修の3か条

都心を離れた郊外には瓦屋根の和風住宅、いわゆる〝昭和の古民家〟が点在していることに気がつく。構造材のプレカットが当たり前になった現在の木造住宅とは趣を画す建築。昭和の古民家に手を加えて新たな暮らしを始めたり、カフェをオープンしたりするニーズには根強いものがある。

しかしながら、昭和の古民家には大きく分けて3つの問題点がある。A：直下率が低く、旧耐震基準であるため、耐震性能が低い[40・41頁参照]、B：断熱・気密性能がないに等しい、C：間取りが現代のライフスタイルに合わず、床段差も大きい[75頁参照]、である。リノベーションの際には、こうした問題を解決する必要がある。

ここで、昭和の古民家を再生するプロジェクトとして、「エアコンのいらない家」というブランドを紹介したい。ベストセラー書籍『エアコンのいらない家』(エクスナレッジ)の著者である設備設計者・山田浩幸氏(Y.M.O.合同会社)が中心となって提唱する、文字通り、エアコンの力に頼らない、パッシブハウスである。筆者は「古民家〈断熱〉リノベーション」の設計を担当しており、「古民家をなるべくエアコンを使わずに過ごせるように改修してほしい」というニーズに応えられる空間を提案している。

とりわけ、Bに関して、昭和の古民家は隙間だらけ。新築を設計する感覚で、やみくもに断熱材を詰め込んでしまうと、逆に内部結露のリスクが高まり、工事費も高くなってしまう。開口部の性能強化(サッシ交換もしくはインナーサッシの追加)を必須として、建物の内側から断熱材を用いて断熱・気密性能の強化を図る一方、和風住宅のプロポーションを生かして、建物の中央に吹抜けをつくり、光や風の流れを生み出す、というのが「エアコンのいらない家」の基本理念である。

結果として、夏は熱い空気を、吹抜け経由で2階に上昇させ、2階の窓から放出することが可能になる(重力換気)。その風は体を効果的に冷やしてくれる。冬は上部にたまった暖かい空気をシーリングファンで吹き下して空気を循環させる。建物内上下間での温度ムラが解消され、建物内が暖かく感じられる。

後は、直下率を意識して耐震性能を現在の基準に引き上げつつ(A)、古民家の魅力をどのように引き出していくか(C)。既存の土間を生かして水廻りスペースを設ける、縁側を残す、畳敷きとフローリングのスペースを共存させる、プレカットでは見られない丸太梁を露しとする[45頁参照]…など。昭和の古民家を、工事費を抑えながら魅力的に再生するには、以上のような姿勢が求められるのである。[中西ヒロツグ]

エアコンのいらない家
古民家〈断熱〉
リノベーションの
情報はこちらから

古民家の骨格はそのまま生かした間取り―滑川H邸―

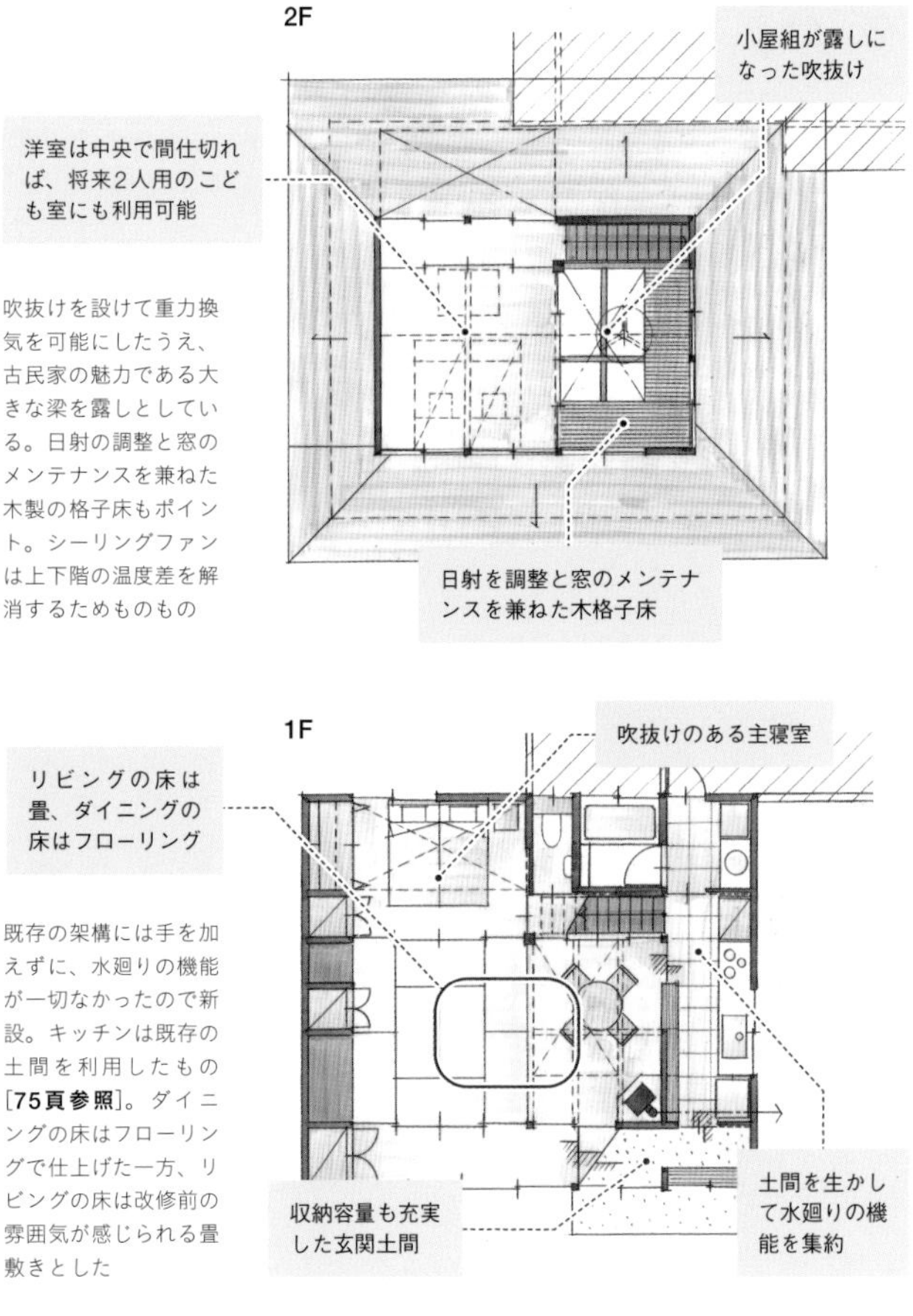
2F
小屋組が露しになった吹抜け
洋室は中央で間仕切れば、将来2人用のこども室にも利用可能
日射を調整と窓のメンテナンスを兼ねた木格子床
1F
吹抜けのある主寝室
リビングの床は畳、ダイニングの床はフローリング
収納容量も充実した玄関土間
土間を生かして水廻りの機能を集約

吹抜けを設けて重力換気を可能にしたうえ、古民家の魅力である大きな梁を露しとしている。日射の調整と窓のメンテナンスを兼ねた木製の格子床もポイント。シーリングファンは上下階の温度差を解消するためものもの

既存の架構には手を加えずに、水廻りの機能が一切なかったので新設。キッチンは既存の土間を利用したもの[75頁参照]。ダイニングの床はフローリングで仕上げた一方、リビングの床は改修前の雰囲気が感じられる畳敷きとした

Part 3

スマートな設備計画

マンション編

キッチンを移動してワンルームのLDKとした「一番町Y邸」[73頁参照]。リビングには全館空調の吹出し口が露出しているので、それが目立たないよう、垂壁と吹出し口の色を白で統一している。垂壁より下の部分は空間の基調色となるグレーで仕上げている

最近の新築分譲マンションは設備計画がとても充実。玄関ホールでの照明オールオフのスイッチや、インターホンと連動したセキュリティーシステムなど、現代のライフスタイルに見合った快適な暮らしが実現しやすい。一方、築年数の古いマンションは、住宅設備機器の老朽化・不具合が顕著であり、省エネ性能にも優れてはいない。リノベーションの際には新築分譲マンションに劣らない設備計画が必須となる。

まず、既存住宅における設備機器、配管・配線、インフラの供給能力などの現状を的確に把握することが重要。竣工図や現地での点検口やメーターボックスを覗いての確認が求められる。

マンションでは、老朽化した給排水管やダクトなどは、現行の基準に適合していない部分はすべてやり直すべき。特に技術的発展が著しい弱電配線は、共用部分の配線が最新でない場合でも、工事の際には最新の型式のものに変えたい。将来的に予想される共用部分の改造に対応できるようにすべきだ。一方、共用部分である躯体・設備には手を加えられないという大きな制約がある。天井裏や床下の配管スペースにも限りがあり、設備配管の引き回しが難しい。それは意匠面にも配慮して、計画を丹念に練り上げていこう。

図1　事前調査で把握すべき設備のチェックリスト

評価項目	確認部位・場所設備	現地調査でのポイント（確認すべき内容）	注意点
ガス	ガスメーター	□ガス管の口径（流量）・ガス種類の確認	ガス管の口径は個別番号をもとにガス会社に問い合わせる。ガス配管のルートは途中分岐することができないので、移設個所には十分に注意
	ガス配管ルート	□スラブ下配管・床下配管・天井裏配管の確認とルート	
	ガスコンセント	□リノベーション後の使用希望の有無	
排水	管理組合	□定期的な高圧洗浄の実施状況	ファイバースコープによる調査は水道工事事業者の同行が必要。スラブ下配管やシンダーコンクリート内部配管の場合は、交換工事が大掛かりになる
	排水管	□床転がし配管orスラブ貫通階下配管 □配管内部の状況（ファイバースコープを使用して、逆勾配の有無、管の種類などを調べる）［50頁写真2⑨］	
電気（弱電含む）	分電盤・電力メーター［50頁写真2⑦］	□アンペア数とリミッターの有無 □回路数（予備回路の個数確認） □単相2線式（100V）or単相3線式（100V/200V） □電灯と動力に分かれているかどうか	分電盤はサイズが大きくなるほど移設が難しくなる。リミッター（契約用開閉器）があれば、契約容量の変更は容易。弱電盤については、①大きな移動を可能な限り避けること、②インターネット回線との関係が重要なポイント。後者については、弱電盤の設置位置とインターネット接続用各種機器の設置位置を必ず想定しておく。火災報知機の移設については、消防局への申請が必要なケースもあるので要注意
	弱電盤	□型式・製造年［50頁写真2⑧］	
	インターホン	□集合インターホンor単独インターホン	
	電話回線	□端子の個所・引込み線の位置	
	インターネット回線	□宅内LAN配線のケーブル・モデム・ルーター・ハブの位置	
	テレビ配線	□各種放送形式の確認（地上波、衛星［パラボラアンテナ］・ケーブル［CATV］、アナログ放送、地上デジタル放送など）	
給水（給湯）	水道メーター	□メーター口径（13㎜ or 20㎜） □水圧テスト（トイレの水圧） □バルコニー散水栓の有無 □給湯ルート（分岐式orさや管ヘッダー方式）	水栓の個数には限りがあるほか、水圧が足りない場合は便器の選択肢が狭くなる。ベランダ散水栓の有無により植栽計画が左右される
	ガス給湯器	□給湯ルート（分岐式orさや管ヘッダー方式） □号数 □追い炊きの必要性の有無 □水圧テスト（大型シャワー使用の場合） □形式（室内型or室外型）	給湯機と使用個所の距離が長い場合は、即湯ユニット設置での対応を検討する。追い炊きの必要性がある場合は、給湯器の交換も検討する
	電気温水器	□貯水型（型式・製造年・貯水量）or 個別式瞬間給湯器（型式・号数） □搬入経路（交換を予定する場合）	深夜電力利用の場合は、現地調査時に動作確認できないこともある
空調	個別エアコン	□型式・製造年 □スリーブ径（加湿機能が必要な場合。通常は60φ、加湿の場合は70φが必要） □スリーブ数（新たに必要な場合は個数と室外機置き場を確認）	新たにスリーブあけが必要な場合は、マンションの管理組合への申請およびレントゲンによる検査の必要性について確認
換気	外壁	□給気孔の位置［写真1①］ □動作チェック（各排気ファンと各グリルの対応）［写真1②］	水廻り（キッチンなど）移設の場合、排気ルートも事前に把握する。給排気のバランスや、全熱交換型換気システムについては、必要に応じてダクトを清掃する
	レンジフード	□形式（シロッコファン・プロペラファン・給排気一体型・防火ダンパーなど）	
	全熱交換型換気扇	□流量（必要に応じてダクトを清掃する）	
そのほか	床暖房	□形式（温水循環型or電気ヒーター型orそのほか） □床暖房パネル範囲とスイッチの位置	床暖房については、移設や範囲拡張のニーズをクライアントに確認。加熱調理機の熱源を電気（IH化）にすると、キッチンの移設が容易になる（レンジフードには要注意）。電気式の洗濯乾燥機をガス式に変更する要望は多いが、マンションではほぼ無理といってよい。スプリンクラーの移設には、消防局への申請が求められる。スプリンクラーと火災報知器の移設工事はマンションの指定業者制の所が多いので要注意
	加熱調理機	□形式（ガス式or電気式）	
	浴室暖房乾燥機	□形式（ガス式or電気式）	
	洗濯乾燥機	□形式（ガス式or電気式） □ガス式の場合は排気ルート	
	ホームセキュリティー	□セキュリティー会社・電話回線などとの接続	
	スプリンクラー（PS・DS内）	□カバー範囲（刻印のr2.6やr3.25の数字） □位置・大きさ・区別	
	火災報知器	□形式（熱感or煙感） □防火扉との連動性や管理室への通報の有無	
	警報ベル	□管理室への通報やインターホンへの連動	
	アンテナ	□衛星放送への対応	

外壁周りの調査からスタート

マンション・リノベーションにおける設備計画を策定するうえで、事前に調査すべき項目・内容は**図1**の通りである。現地調査時にまず確かめるべきは外壁周り。意外と見落とされがちであるが、給排気の取出し・取込み位置が把握できるので、専有部内での調査を行う前に必ず確認したい[**写真1①・②**]。

外壁周りの確認後は、専有部内にあるPS・DSの位置関係を把握する[**写真1③**]。点検口が設置されていれば、内部の状況を確認する。①排水管のレベルが既存床からどれだけ下がっているのか[**写真1④**]、②排気方式(防火ダンパーの有無)などが判明する可能性がある。

続いては水廻り。トイレについては、排水方式を必ず確認する[**写真1⑤**]。通常、便器からの排水は床排水が一般的だが、二重床になっていないマンションの場合は、壁排水のケースが多いので、それらを見極めるためにも、便器裏の調査を忘れないでおきたい。排水心の位置を確認しておくことも非常に重要。トイレについては排水のスタート位置があまり高くできず、プランニング上の制約になりうる。ユニットバスについては、天井点検口から天井裏を覗き、排気ダクトの方向を確認する[**50頁写真2⑥**]。

電気については、計画を大きく左右する電気容量を最初に確認する。マンションの場合は、最大可能容量が定められていることが多く、管理組合の承認なしには容量を引き上げられないので注意が必要だ。分電盤については、蓋や内部に記載された回路情報だけでなく、蓋を開けて実際に内部回路の様子を把握すべきだ[**50頁写真2⑦**]。特に、200Vの機器を使用する場合は、主線用電源ブレーカーも調べ、単相2線式か単相3線式かも確認する。弱電盤については、内部を目視して、幹線引込みの種類や、どの部屋へ配線されているかを確認する[**50頁写真2⑧**]。

場合によって破壊検査も実施

専有部分以外の調査も大きなウェイ

写真1　現地調査で確認すべきこと①

① 外壁周りの給排気口

平面図を参考に、窓の位置と見比べながら、給排気のグリルやベントキャップの位置を事前に把握しておきたい

② 排気ルートの確認

室内で各換気スイッチを順次オンにしていき、屋内にある換気ファンと屋外にある排気口との対応関係を確認する

③ 専有部内PSの排水管

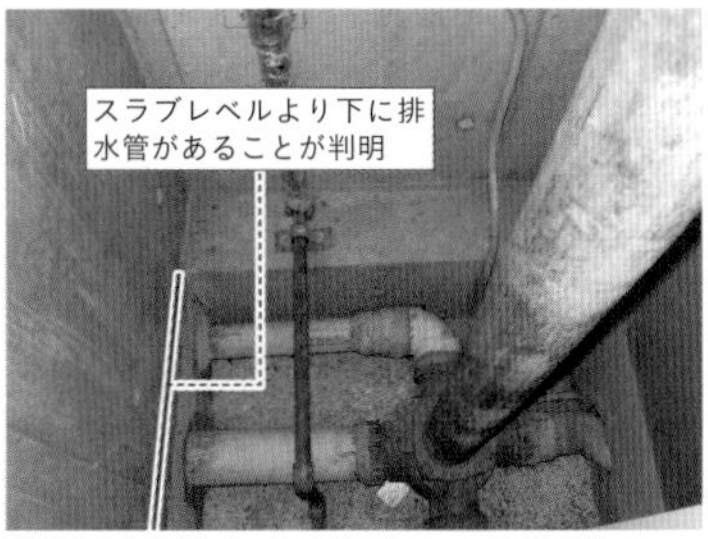
スラブレベルより下に排水管があることが判明

室内のPSやDSは、点検口から内部を覗き、設備配管ルートの推察情報を集める。この事例では、床スラブが一部下げられており、そのレベルに排水管があることが判明した

④ 床下配管

宙に浮いた排水管

共用部分の階段下にある点検口から見えた床下配管。この事例では、地面とRC躯体の間にあるスペースに、排水管が適当にレイアウトされていたことが判明した

⑤ 便器背部の排水管

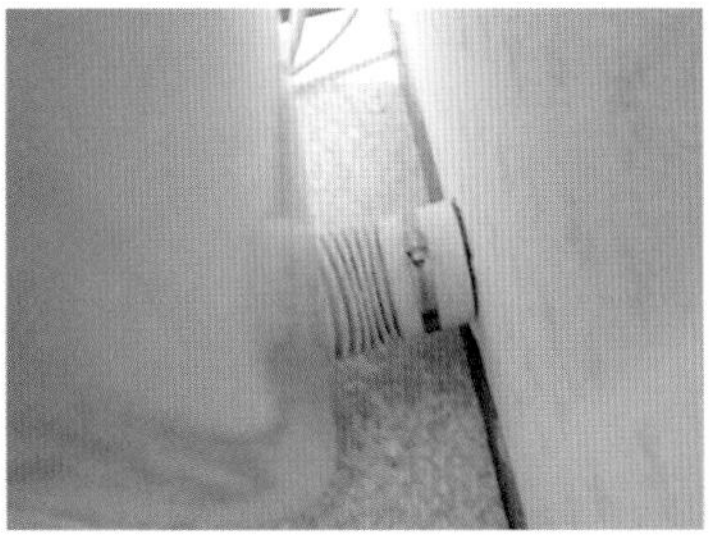

便器の裏側にある排水管は、排水ルートを推定する重要な要素。パッと見では分からないこともあるので、デジタルカメラやスマートフォンを突っ込んで撮影し、アタリをつけておきたい

写真2　現地調査で確認すべきこと②

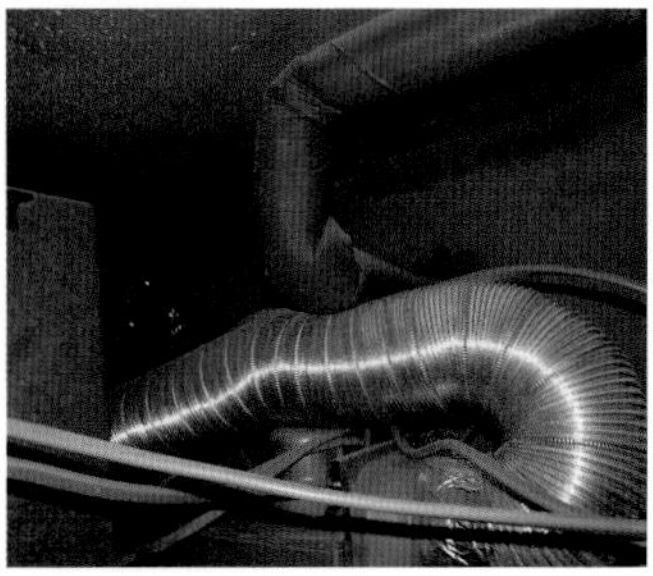

⑥ 浴室天井裏の排気ダクト

換気扇のダクトの方向を確かめる。上階の排水管が見つかった場合、当該階の排水管も床スラブ下にレイアウトされている可能性があるので要注意

⑦ 古いタイプの分電盤

古いタイプのブレーカーでは、漏電ブレーカーがついているかを要確認。回路を細かく分けていないケースも多い

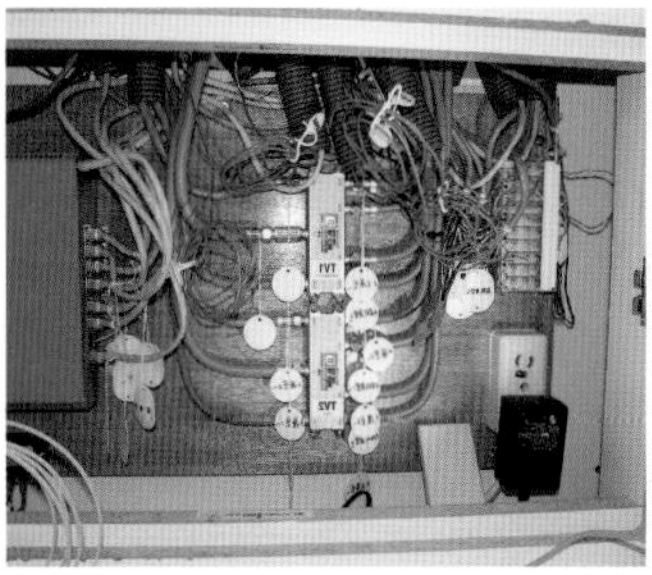

⑧ 弱電盤の内部

電話線やインターネットの配線先情報、火災報知器や警報関係の情報を読み取ることができる

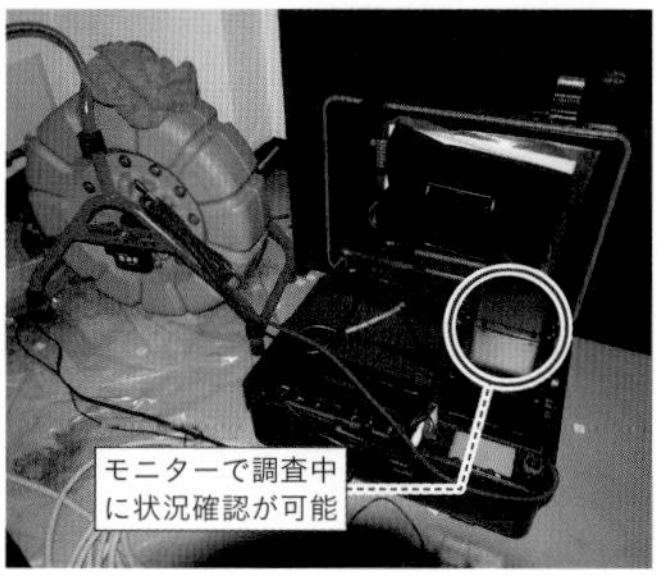
モニターで調査中に状況確認が可能

⑨ 排水管の状態確認

ファイバースコープを使って、既存排水管の状態を調査している様子。トラップの形式や配管の曲がり角度によっては、十分な調査が行えないケースもあるので、事前に調査会社に状況を説明しておきたい

トを占める。専有部分内のみでの調査では、床下の状態を満足に確認しづらいケースもあるためだ。共用部分で、床下の状態をチェックできる場所がないかも探しておきたい。メーターボックスからコンクリートスラブの位置と室内の二重床でできる段差位置・高さを推察できることもある。マンションの管理組合・管理人へのヒアリングも重要。特に、引替えに手間のかかる排水管の状態については必ず確認する。具体的には、排水管がどの程度の頻度で高圧洗浄されているのか、長期修繕計画で配管の交換が予定されているか、などを問い合わせる。これによって、排水管の劣化状況をある程度は推測できるだろう。

必要に応じてファイバースコープ（内視鏡）などを使って配管内部を調査すれば、より正確な情報が得られる[写真2⑨]。管の材料や、逆勾配による水溜りの有無、錆が膨らんで内部有効寸法が確保されていないなどの状況が明らかになるであろう[※1]。

点検口などからチェックできる内容には限度がある。既存の設備図がなく、目視などによる非破壊検査のみの場合では不安なケースも少なくない。この場合は、クライアントの了解を得て、一部を解体しながら、設備状況の調査を行いたい。実際には、大工と設備会社の担当者立会いのもと、必要だと想定される数カ所の壁・床・天井に穴を開けて、内部の設備配管を、1つひとつ丁寧に確認していく。筆者の設計事務所では、この一連の作業を5～10万円の費用で行っている[※2]。

物件購入時に確認すべきこと

最後に、中古物件の購入を想定した場合のチェックポイントを挙げる。①竣工時の設備図の有無、②外壁（ベランダ）におけるスリーブ・設備用スペースの有無、③リフォーム履歴、④管理会社・管理人へのヒアリングである。

①では、破壊しなければルートが判明しない設備関連の図面が、管理組合に保管されているかどうかを確認し、②では、自室だけではなく、ほかの部屋のバルコニーも覗いて状況を確認する。全館式空調機が旧式で使えずに、個別エアコンの室外機を置く場合に役立つ。

③は、リフォームが何度か行われている物件で重要性が高い。以前の持ち主へのヒアリングや管理組合が保有する記録の閲覧で、その内容を把握したい。④は、古いマンションほど重要。設備関係のリフォームがほぼ同時期に

※1　一度チェックすると"絶対安心"とは断言しづらくなるので、結果的に排水管を全面的に交換するケースが多くなる
※2　現地調査終了後は、調査報告書を作成し、設備計画に必要なための情報整理や、クライアントへの説明資料として活用すればよい

図2　全館空調から個別エアコンに切り替えるときの注意点

変更プランを示した空調設備図

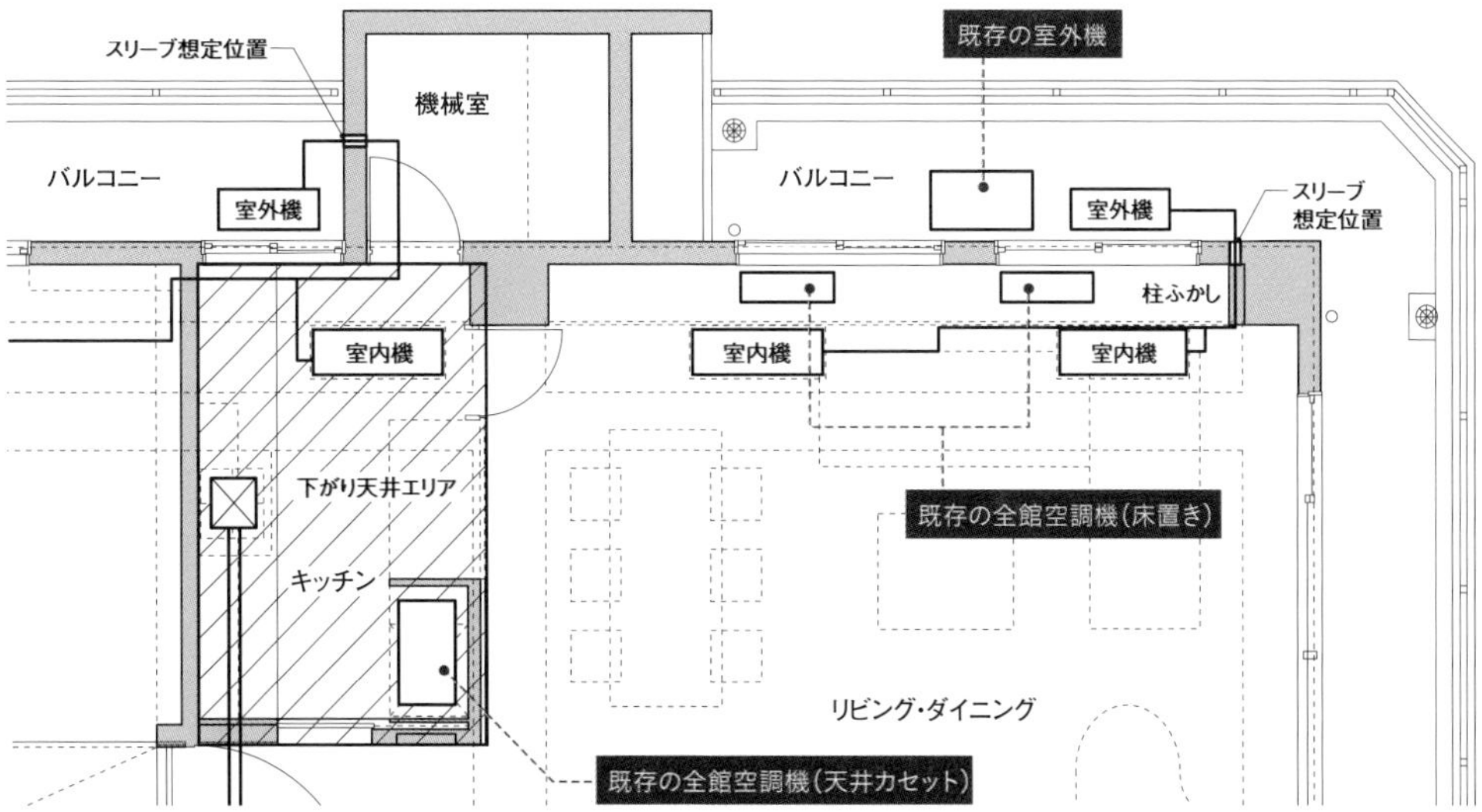
スリーブ想定位置
機械室
既存の室外機
バルコニー
室外機
バルコニー
室外機
スリーブ想定位置
柱ふかし
室内機
室内機
室内機
下がり天井エリア
既存の全館空調機（床置き）
キッチン
リビング・ダイニング
既存の全館空調機（天井カセット）

全館空調から、天井カセット式の個別エアコンへとやり替えたマンション・リノベーションの空調設備図。空気容量から計算した空調機の容量、平面的バランスと梁位置を考慮した機器のレイアウト、壁スリーブ位置と室外機の設置場所までを同時に考える必要がある

RC躯体壁のレントゲン写真

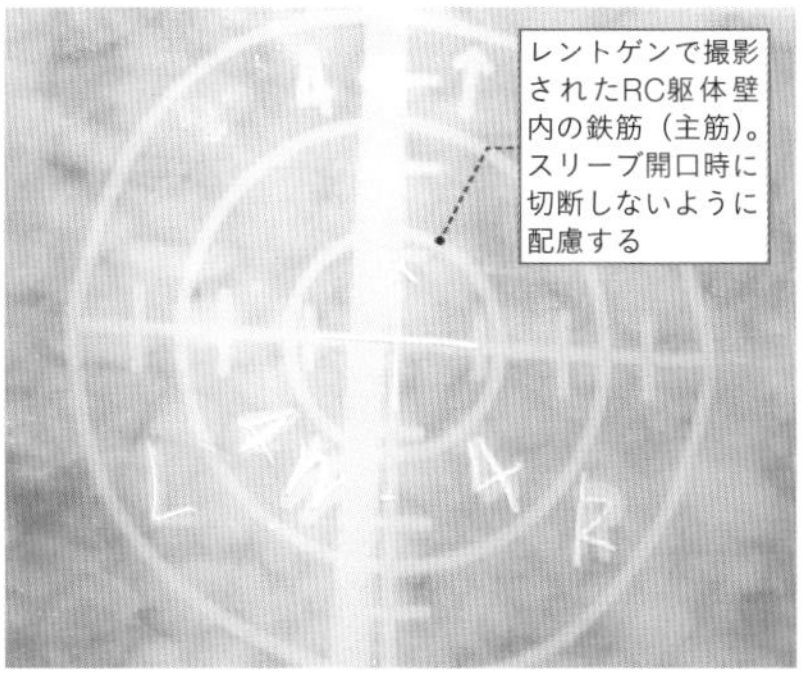
レントゲンで撮影されたRC躯体壁内の鉄筋（主筋）。スリーブ開口時に切断しないように配慮する

壁に新規のスリーブをあける場合は、RC躯体壁の主筋を切らないようにすることがポイント。管理組合から、主筋を切らない証拠として、レントゲン写真の提供を求められることもある

RCのコア抜きについて解説したWeb記事

「RCのコア抜きと遮音」各務謙司のマンションリノベ②は**こちらから➡**

MEMO　全館空調→個別エアコンの鉄則

①室外機用の外壁スリーブをあけられるかどうかを管理組合に確認
②RC躯体壁の主筋を切らないようにスリーブ開口（場合によってはレントゲンで位置を確認）
③スリーブを少なくするための、マルチシステムの採用も検討
④冷媒・ドレンはふかし壁や下がり天井で意匠的にうまく処理する
⑤既存の全館空調と同じ電源設定で個別エアコンを選ぶ（200Vのときは200V）

必要となるケースが極めて多いためだ。最近の状況には特に注意しよう。

マンションでは空調から考える

マンションの大規模リノベーションにおいて、既存の空調システムを利用できるかどうかは大きなポイントである。全面的にシステムをやり替える場合は、費用と時間がかかる。壁掛け式の個別エアコンの交換であれば、リノベーション工事から切り離して、クライアントに対応してもらうことが可能となるが、全館空調が採用されている場合は一筋縄ではいかない。

故障が多くなる旧式の全館空調を個別エアコンへと変更する場合は特に注意が必要だ［図2］。この場合、室外機を置くバルコニー側の外壁にスリーブがないケースがほとんどなので、最初に、共用部分であるRC躯体の壁にスリーブ開口が可能かどうか、管理組合に必ず確認したい。規定が厳しいマンションでは、スリーブ開口ができないこと、RC躯体壁の主筋を切らないように、レントゲンで鉄筋の位置を確認するなどの作業を要求されることがある。

スリーブの数を少なくするためには、マルチシステム（1つの室外機で複数のエアコンに対応できるシステム。必然的にスリーブの数を少なくすることができる）の採用も有効な手段だ。天井裏に全館空調のダクトを残しておくのか、撤去すべきかも、費用と照らし合わせて決断すべきである。

意匠的な面では、壁掛け式や天井カセット式における冷媒・ドレンの隠蔽が重要になる［写真3①］。実施設計時に、ルートを考えながら露出する部分の寸法を考慮して壁をふかす、梁をうまく回避しながらスリーブの位置まで冷媒管を引き回すなどの対応を考えておきたい。最後に、旧式の全館空調は200Vの電圧で動作する機種が多いので、個別エアコン200Vで動作する機種を選択したい。

給湯器・給湯管は同時に交換

ガス関連のリフォームで、クライアントからよく要求されるのは、給湯器の交換であろう［写真3②］。旧式の給湯器は同じ号数でも熱効率が悪く安全性も低い。おおよそ製造年が1980年より前のものは、追い炊き・床暖房に対応していない機種も多いので、熱効率のよいものに交換する。ただし、屋内型の交換は要注意である。比較的容易な屋外型の交換とは異なり、給排気方式や寸法といった点で問題が生じかねないので、事前にガス会社に既存給湯器の番号、写真や寸法のデータを送り、給湯器の交換が可能かどうかを確認する。

給湯器を交換する場合は、給湯管の交換も同時に行うとよい。特に、架橋ポリエチレン管（PE管）は耐候性・耐久性・施工性に優れている［写真3③］。さや管ヘッダー方式［※4］を採用すれば、使用状況による水圧の低化も抑えられるほか、配管を更新することも容易になる。給湯器から浴槽の距離は、可能な限り15m以下に設定すべきだ。仕様上は25mまで配管を延長できるが、15mを超えると機能が低下するとされる。

照明計画は将来を見据えて

電気に関しては、使用する電気製品やその使用頻度の増加に合わせて、電気容量をアップさせていくというのが基本プラン。しかし、エネルギー価格の上昇という問題があり、節電・省電力がより一層問われることになり、今までの定石が通用しにくい状況にある。

現実的に考えて、電気容量を現状よりも小さく設定変更することは考えにくい。むしろ、電気回路を細かく分岐させてブレーカーが落ちないように注意すること、照明計画を見直すことがポイントになる。具体的には、進化が目覚ましいLED照明の技術動向をキャッチアップしておくとよい［95〜102頁参照］。

ただし、LED照明については、群雄割拠の状態であり、知名度が低い中小のサプライヤーが提供する製品にも

写真3 各種設備の改修

① 全館空調のダクト

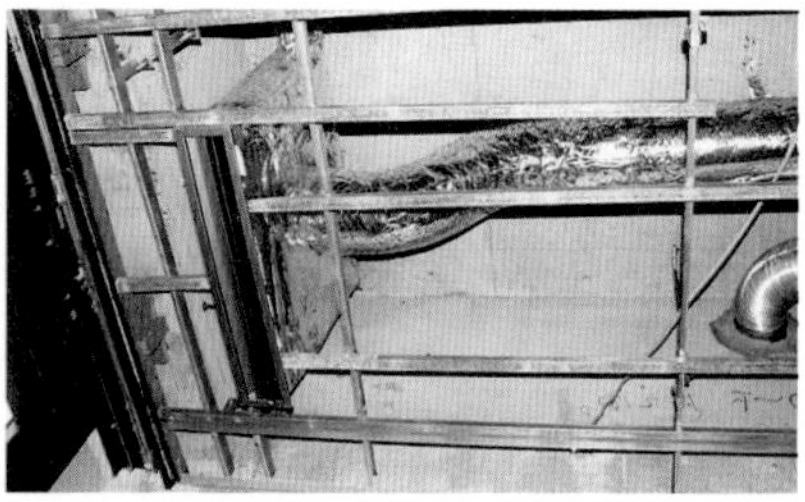

剥がした天井裏に現れたダクト。撤去するのか、そのまま埋めるのかの判断が必要になる

② 給湯器の交換

バルコニーに面した機械室にあった給湯器周辺の寸法を実測して、機器交換が可能かどうかを必ず確認する

③ 架橋ポリエチレン管によるヘッダー配管

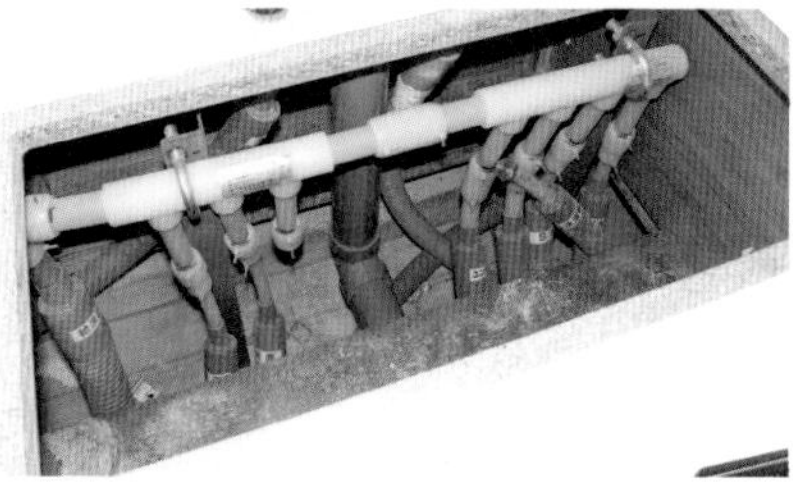

さや管ヘッダー方式の給水管［※3］。ヘッダーを点検できる位置に配置することがポイントになる

④ LED照明のトランス（変圧器）

間接照明に使用するLEDライン照明のトランス［※5］。写真のように個数が多くなるケースもあるので、点検口の位置も重要になる

※3　スラブ下排水管の場合、水廻りの位置の変更は、床が上がることを意味する。排水管のスラブ貫通位置はなるべく早い段階で確認して、間取りを考えるうえでも考慮しておきたい。段差のステップも階段1段分の18cm以下になるよう調整したい

※4　さや管ヘッダー方式はメリットもあるが、配管の本数が増え費用が嵩むデメリットもある。小規模の住宅であればヘッダーを使わない選択肢もある

優れたものがある、新製品が毎月発売されるなどの要因で、なかなか最新の情報を網羅的に把握できないのが現状だ。そこで、照明の専門家に協力してもらえるような体制を整えておきたい。

LEDダウンライトでも、灯具のみをLED電球にしたタイプと器具一体型が混在している。間接照明用のLED灯具は低圧用が多く、トランスの量も増えるので、容易に交換できるよう対策を講じておきたい［写真3④］。

床の段差を利用して配管

図3は、築40年のヴィンテージマンションをリノベーションした例。設備は基本的に刷新するなかで、給水給湯管と排水管はすべてを引き直した。給水・給湯管はコンクリート躯体壁に埋設されており、撤去が難しかったので、内部の遊び水をすべて吸い取ったうえで埋め殺しとして、新規に引き回した。しかも、直床で床下に十分な配管スペースがないマンションだったので、天井裏と、新しく造作した壁内を活用している。

最も難しかったのは、配管が梁をまたぐ個所。新規の壁と造作の壁はすべて梁の位置を基準に設計をしており、造作家具内などで通すことはできなかったので、梁の高さを50㎜下げて、その中にエルメックス管を通す方針で臨んでいる。

マンションの管理規約では、躯体壁のコア抜き禁止の条項がなかったので、レントゲンで鉄筋位置を探ったうえ、壁にコア抜きで穴をあけて新規に配管を引き回すためのルートを設けられている［51頁参照］。在来工法でつくられた浴室は、シャワーや水栓が取り付けられる側の壁内側にステンレス下地の壁を新たに立て、その背面の高い位置で壁にコア抜きをして、給水・給湯管を新しく引き直している。洗面室では、洗面カウンターの位置を変えたので、浴室前にステップをつくり、その内部で給水・給湯管と排水管を処理した。

キッチンの排気はこう考える

最後に、意外と忘れやすいのが排気と換気のルート確保だ。天井高を確保するために、梁下端ギリギリまで天井を上げ、ダクトを通すスペースがなくなって困ったというミスは、筆者も何度か経験している。特に、キッチンの排気は径が大きいので、事前にルートを確認して、梁下をくぐらせる場合はその個所に造作家具を設けるなどして、うまく隠す必要がある。

間取りの都合上、どうしても排気ルートが取れない場所にキッチンを移動する場合は、裏ワザも一手。熱源を電気（IH）として、排気を必要としない循環型のレンジフードを使う方法も検討の価値がある。

［各務謙司］

図3 床段差が生じる水廻りの位置変更指示の例

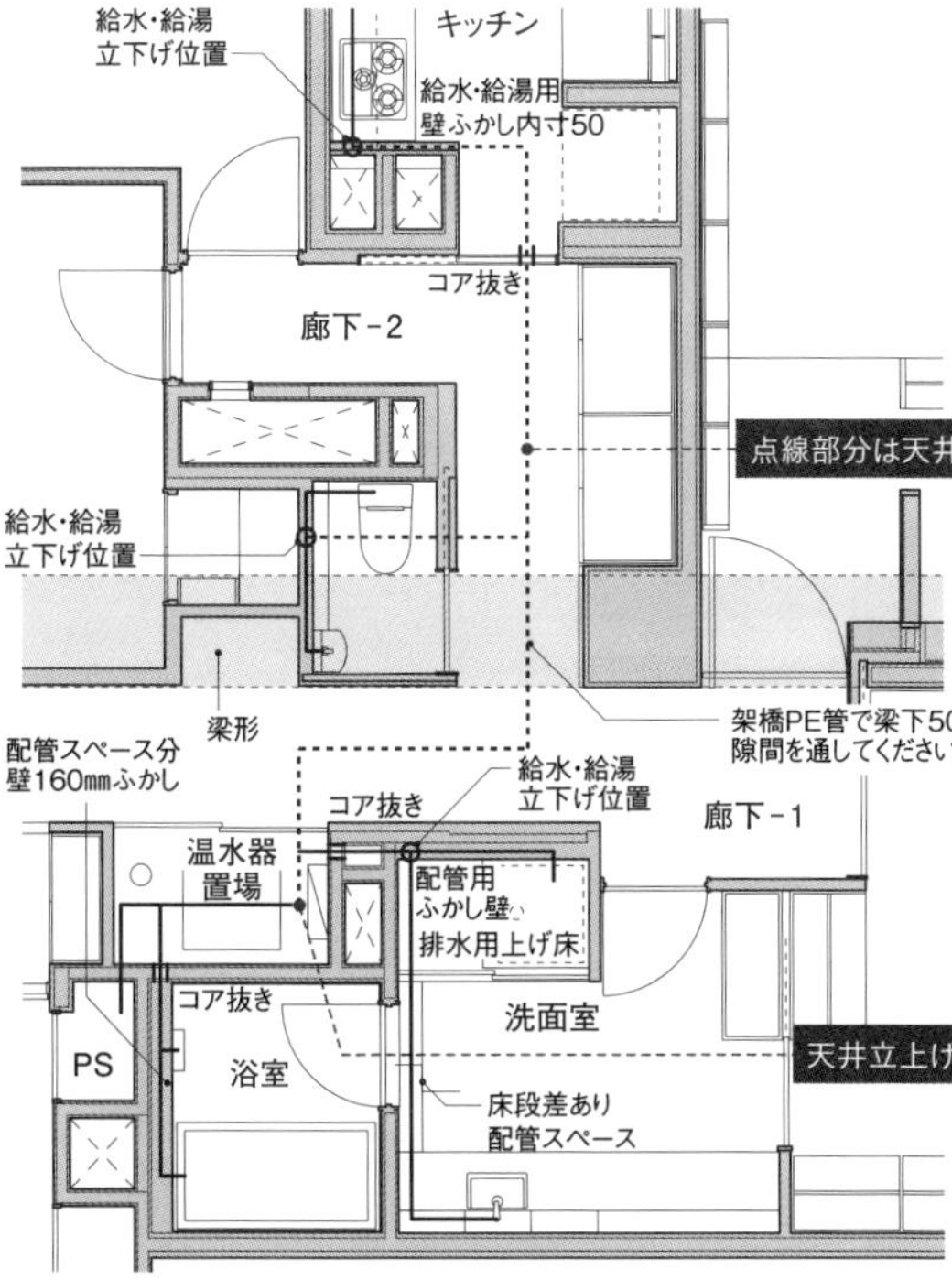

給水・給湯
立下げ位置
キッチン
給水・給湯用
壁ふかし内寸50
コア抜き
廊下－2
点線部分は天井配管
給水・給湯
立下げ位置
梁形
架橋PE管で梁下50の
隙間を通してください
配管スペース分
壁160㎜ふかし
給水・給湯
立下げ位置
コア抜き
廊下－1
温水器
置場
配管用
ふかし壁
排水用上げ床
コア抜き
洗面室
PS
浴室
天井立上げ位置
床段差あり
配管スペース

解体状況に応じて、描き直した給水・給湯管のルートスケッチ。ふかし壁や下がり天井をうまく使って無理のないルートを計画したい

浴室出入口の床段差（高さ40㎜）を利用して排水管を引き回している様子［37頁写真②参照］

※5 動作電圧が100VよりもLEDライン照明（12Vや24Vなど）を利用するケースでは、トランスが必要になる

COLUMN

シンダーコンクリート埋設管の改修は慎重に！

斫り機械は騒音と振動が問題

目安として築年数が30年以上のマンションでは、水廻りの床をかさ上げするために、シンダーコンクリート（軽量コンクリート）を打設し、その中に排水管を埋設しているケースがある。埋設管には、耐用年数を超えているような鋳鉄管や鉛管もある。

埋設管はシンダーコンクリートの中で水漏れを起こす可能性があるので、早急に交換したいところ。しかし、排水管がどこを通っているかは図面からは読み取れない。

埋設管を交換する手法としては、斫り機械（コンクリートハンマー）で強引にシンダーコンクリートを斫る、というのが常套手段。しかし、排水管の接続口は重要だ。排水管自体は破損してもよいものの、共用竪管との接続口が歪んでしまうと、新しく敷設する排水管を接続することができない。

ここで、斫り機械による作業は、シンダーコンクリートを撤去するスピードは速い一方、コンクリート躯体を通して近隣住戸への激しい騒音と振動の問題がある。躯体を通じての騒音は直接隣接した住戸だけでなく、かなり離れた住戸にも伝わり、騒音へのクレームで工事がストップしてしまう可能性を考えると、余程短時間で終わる工事でない場合は、安易に選択はできない。

コア抜き＋パッカーが理想的

代替手法としては、コア抜き機械とパッカー（セリ矢）を使った工法がお薦め［①・②］。時間と費用は斫り機械の場合に比べてそれぞれ3倍ほどかかるものの、騒音と振動のレベルは格段に低いので、クレームを受けにくい。

まずは、躯体壁とシンダーコンクリートが接している個所を連続してコア抜きする。続いて、シンダーコンクリートの中央部にも何カ所かコア抜きをして、そこに油圧ポンプ式のパッカーを差し込んで圧力を掛けて、シンダーコンクリートにヒビを入れて、破壊する。

ただし、乾式の作業となる斫り機械の場合とは異なり、コア抜きは水を使った湿式の作業となる。防水層のある浴室では水漏れの可能性が少ないが、防水層がない洗面室では掃除機で水を吸い取りながら作業を行う必要がある。

最後に注意点を2つ。1つ目は、シンダーコンクリートと図面に記載があっても、普通コンクリート（骨材入り）に排水管が埋設されている場合があること。シンダーコンクリートに比べて硬くて斫りにくいので、時間と手間がかかり費用も増大するのでクライアントへの事前説明は重要だ。2つ目は、斫ったシンダーコンクリートは産業廃棄物になること。埋設された配管のルートが、事前のコア抜きで分かった場合は、配管ルートに沿って溝斫りすることで、産廃の量を少なくできるので、廃棄のことも考慮して埋設管の更新を計画したい。［各務謙司］

① まずは周辺部のコア抜きを行う

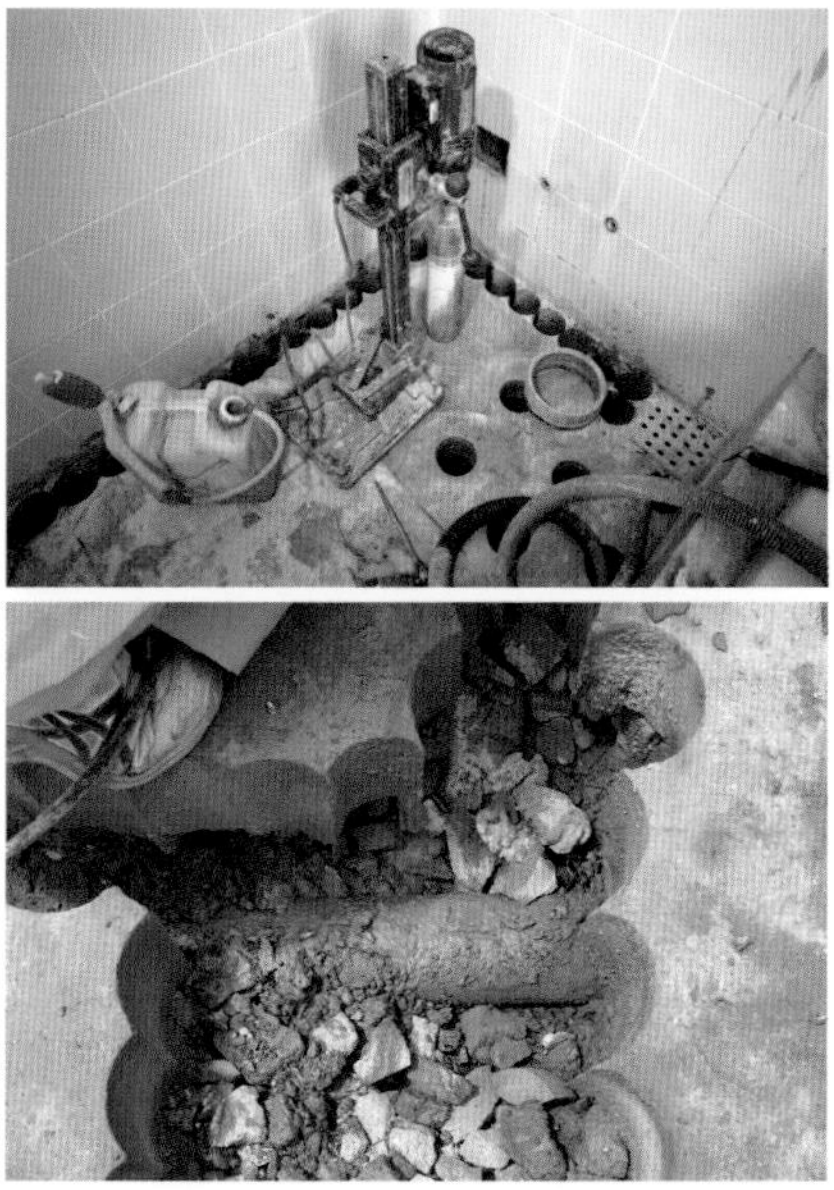

浴室床の壁際をコア抜きしている様子。後で行うパッカー工法の圧力を逃がすのが目的。コアを連続させるようにすることで、シンダーコンクリートの斫りを効率よく行うようにしている（上）。洗面室の床をコア抜きしている最中の様子。配管のルートがある程度分かっている場合は、コア抜きだけで溝を斫りたい（下）

②コア抜き後にパッカーで床面を破壊

コア抜きを行った後に、パッカーを用いてシンダーコンクリートにヒビを入れる。ほとんど音が発生することなく、シンダーコンクリートを破壊することが可能

Part 4

スマートな設備計画

木造戸建住宅編

ガス衣類乾燥機「乾太くん」(リンナイ)を洗面カウンターの上に取り付けた「桜上水の家」。排気ダクトは通常通り、露出しているが、アルミの梁や水栓金物、ドラム式洗濯機の蓋縁などと同色系なので、それほど違和感は感じない[62頁参照]

戸建住宅のリノベーションにおける設備配管の計画では、マンションのように定期的なメンテナンスが行われていないことがほとんどなので、老朽化した設備配管の更新が第一となる。特に築年数が古い建物では、現在のライフスタイルには適応しない仕様であり、更新は不可欠である断言してよい。一方、設備配管の引き回しについては、マンションに比べて自由度は高くなるが、配管の引き回しルートを検討する際に、構造躯体に手を加えるときには十分な配慮が求められる。

このとき、注意したいのは改修範囲が広範囲に及ばないようにすること。敷地の引き込み口までを改修範囲としてしまうと、必然的に外構工事が発生してしまう。手を加える範囲は可能な限り最小限に留めたい。また、最近では単世帯住宅を二世帯住宅としてリノベーションする事例も増加傾向である。この場合は、すべてのインフラについて大容量化が求められる。

最後に、建築物の省エネ化が進むなかで、太陽光発電システムをはじめとする省エネ・創エネの設備へのニーズが顕在化しているのも最近の特徴。こうした情報には常にアンテナを張り、設計者ならではの家計にやさしい設備活用術も提案できるようにしたい。

図1　事前調査で把握すべき設備のチェックリスト

評価項目	確認部位・場所設備	現地調査でのポイント（確認すべき内容）	注意点
ガス	ガスメーター	□ガス管の口径（流量）・ガス種類の確認［**写真1③**］	引込みルートは外構工事に影響を与える。プロパンガス地域では、都市ガスの引込みが可能かを確認。ガス会社負担で本管延長が可能な場合は、都市ガスにやり替える。無理な場合はオール電化を検討する。白ガス管は移設に手間がかかるので、ガス用ポリエチレン管にやり替えたほうがよい
	引込みルート	□スラブ下配管・床下配管・天井裏配管の確認とルート	
	ガスボンベ	□ガスボンベの有無 □プロパンガス会社の連絡先	
	内部配管	□コックの位置 □配管種別	
上水	量水器	□メーター口径（13㎜ or 20㎜）［**写真1①**］	古い建物では口径が13㎜のものが多い。水栓数が増えたり、タンクレストイレだと水圧が不足するため、20㎜径以上が望ましい。既存配管が基礎に埋め込まれている場合は、別途引込みを検討する
	引込みルート［**58頁図2①**］	□埋殺し配管の有無 □配管種別	
下水	公設桝	□下水道台帳との整合性［**58頁図2②**］	公設枡の新設・廃止ともに、道路掘削や復旧が伴い工事費が高額になるので、原則は既存利用とする。排水ルート・勾配は、桝の蓋を開けて、1カ所ずつ水を流しながら確かめる。雨水の放流が認められない地域では、浸透桝を新設する
	桝	□位置と排水勾配［**写真1②**］	
	排水ルート	□排水ルートの接続方法 □雨水流出抑制の有無	
電気（弱電含む）	引込みルート	□形式（架空or埋設）［**写真1④**］	単相2線式は200Vに対応しておらず、30Aまでしか引き込めないので、容量アップ時には、単相3線式に変更が必要。ブレーカー契約の場合、最大60Aまで対応できる。引込みルートが埋設されている場合、地中配管径が対応可能かを確認する。テレビ・電話・インターネットについては、方式によって必要な設備が異なる点に注意。電気錠を設置する場合は、門扉・玄関扉と制御盤間で配管が必要になる
	分電盤・電力メーター［**写真1⑤**］	□アンペア数 □大容量設備の有無 □回路数 □単相2線式（100V）or単相3線式（100V／200V） □動力の有無	
	アンテナ	□アンテナの有無 □電波障害の可能性	
	電話	□配管の有無	
	LAN	□配管の有無	
	インターホン	□端子の個所・引込み線の位置	
	火災警報機	□設置の有無	
	電気錠	□設置の有無	
給水（給湯）	給水管	□形式	水道局への申請図があれば、給水管ルートを把握できる。製造年から10年以上経過した給湯器は取替えが必要。温水式床暖房を新設する場合も、給湯器の取替えを検討する
	給湯管	□供給能力	
	給湯器	□製造年	
空調	エアコン	□型式 □能力 □製造年 □配管ルート	冷媒にR410Aを使用している場合はR32に取替えを検討する。製造年から10年以上経過したエアコンは省エネ性能が低く、能力の低下も考えられるので、交換が望ましい
換気	換気扇	□型式 □口径 □製造年 □配管ルート	製造年から10年以上経過したものは、老朽化による騒音や発火のリスクもあるので、交換が望ましい。リノベーションに伴い、24時間換気を導入する
	給気口	□配管ルート	

屋外給排水の調査から開始

戸建住宅のリノベーションにおける設備計画を策定するうえで、事前に調査すべき項目・内容は図1の通りである。戸建住宅では、マンションの管理規約による制約がないほか、床下や天井裏に十分なスペースがあり、配管・配線の引き回しはさほど難しくはない。ただし、設備図が残っていることはほとんどなく、インフラ改修にはコストがかかりやすいので、可能な限り目視による現状把握が求められる。

最初に確認すべきは、多くの戸建住宅に見受けられる給水圧の不足や排水の詰まり具合。特に、屋外給排水管の改修については、口径不足による給水管の引き直しや勾配不足による配水管のやり替えなど、道路掘削や外構工事で工事費の増額や手戻りが生じることがあるので、居住者へのヒアリングは欠かせない。

一方、中古物件を購入する場合は、前居住者へのアプローチが難しいので、不動産業者を通じて給排水の不具合がないか、十分に確認しておきたい。しばらく空き家になっていた物件では、給排水管が詰まっていることもあるので、その洗浄や交換が必要になることも少なくない。

配管・配線の調査は丁寧に

現地調査では、まず公共インフラとの接続を確認しよう。調査に先立って、水道局や下水道局、ガス会社などで、引込み配管の図面を入手し、図面と照合しながら、現地での状況を確認することが必要不可欠である［58頁図2・※1］。

水道については、止水栓と量水器を確認し、引込み管の口径をチェックする［写真1①］。給排水管が室内で引き回されている場合は、天井裏や床下を覗き込んで、可能な限りルートを確認する。築年数の古い住宅の内部では、

写真1　現調での見るべきポイント

① 水道の引込み口径

量水器で引込み口径を確認。蓋に記された口径（20／25㎜）と異なる場合がまれにあるので、蓋を開けて必ずメーターを確認する。上水道台帳と照らし合わせて、引込みルートを確認する

② 公設桝

公設枡の位置を確認。
建物周囲の雨水枡、汚
水桝の位置も確認し、
図面に落としていく

下水道台帳と齟齬がないかを確認。使われていない桝があるかどうかもチェックする

③ ガスメーター

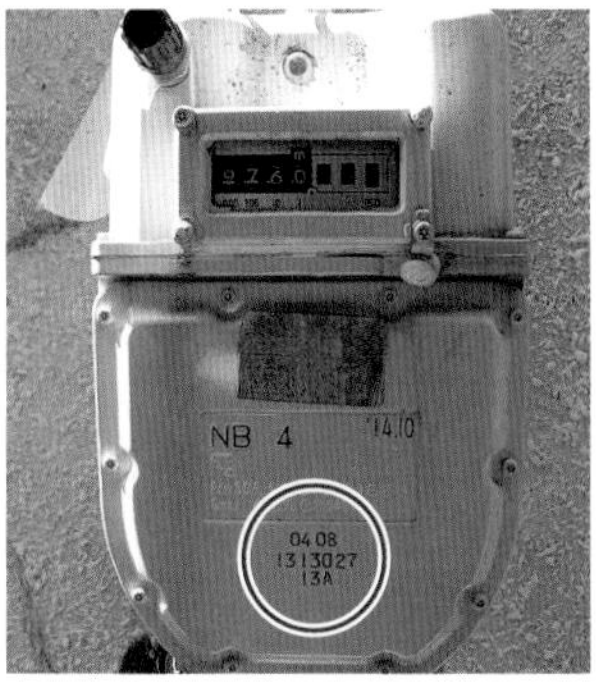

ガスの種類（ここでは13A）を確認。使用量でメーターサイズが変わるので、ガス会社への問合せも必要。メーターと同時に配管種類と引込み位置もチェックする

④ 電気の引込みルート

引込み位置と高さに支障がないかを確認する

⑤ 電気メーター

単相2線式（30A）のもの。電気容量の不足が生じるので、3線式への取替えが必要となる。検針しづらい位置にあるメーターは移設を検討する

※1　各関係局・会社に問い合わせる際には、クライアントから「使用量のお知らせ」にあるお客様番号を入手しておくと、スムーズに確認ができる

図2　現地調査前に入手すべき情報（資料）

① 上水道台帳

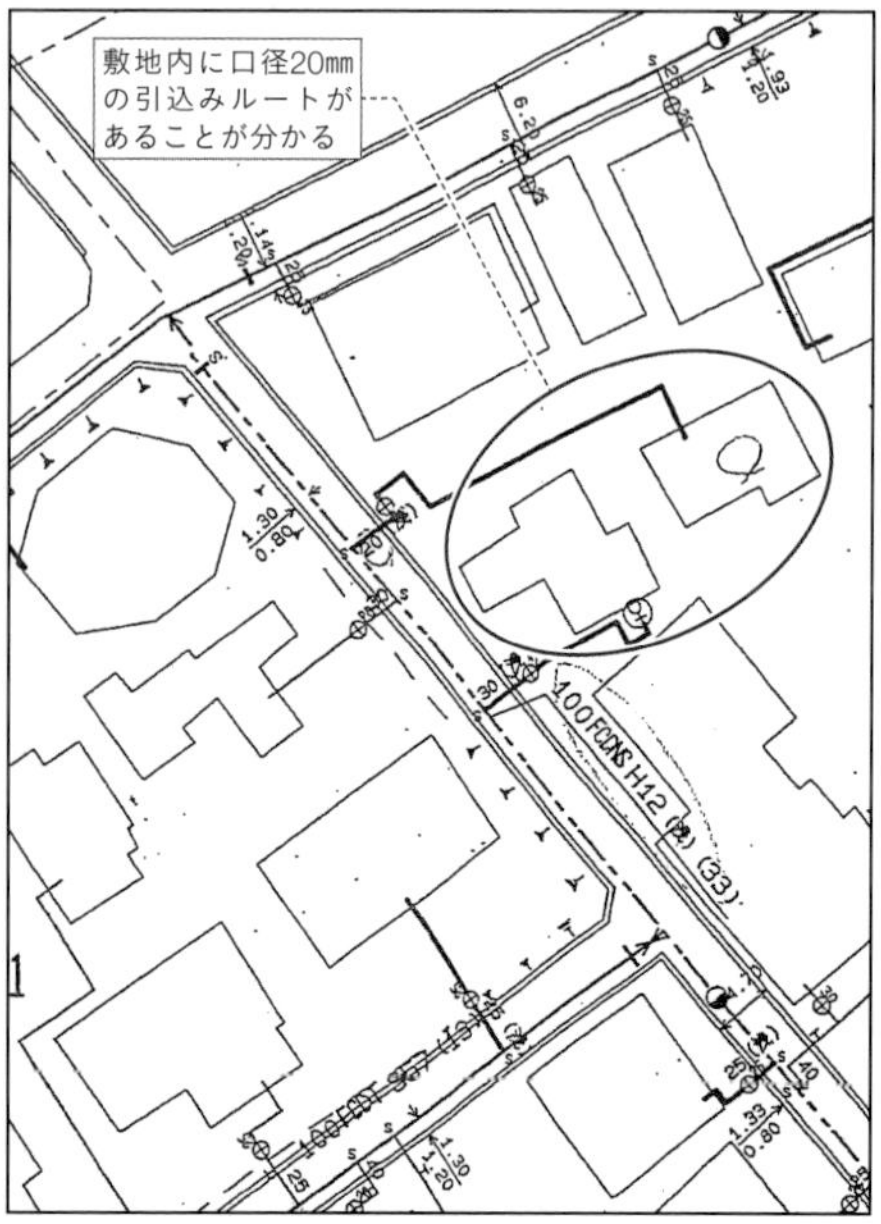
敷地内に口径20㎜の引込みルートがあることが分かる

② 下水道台帳

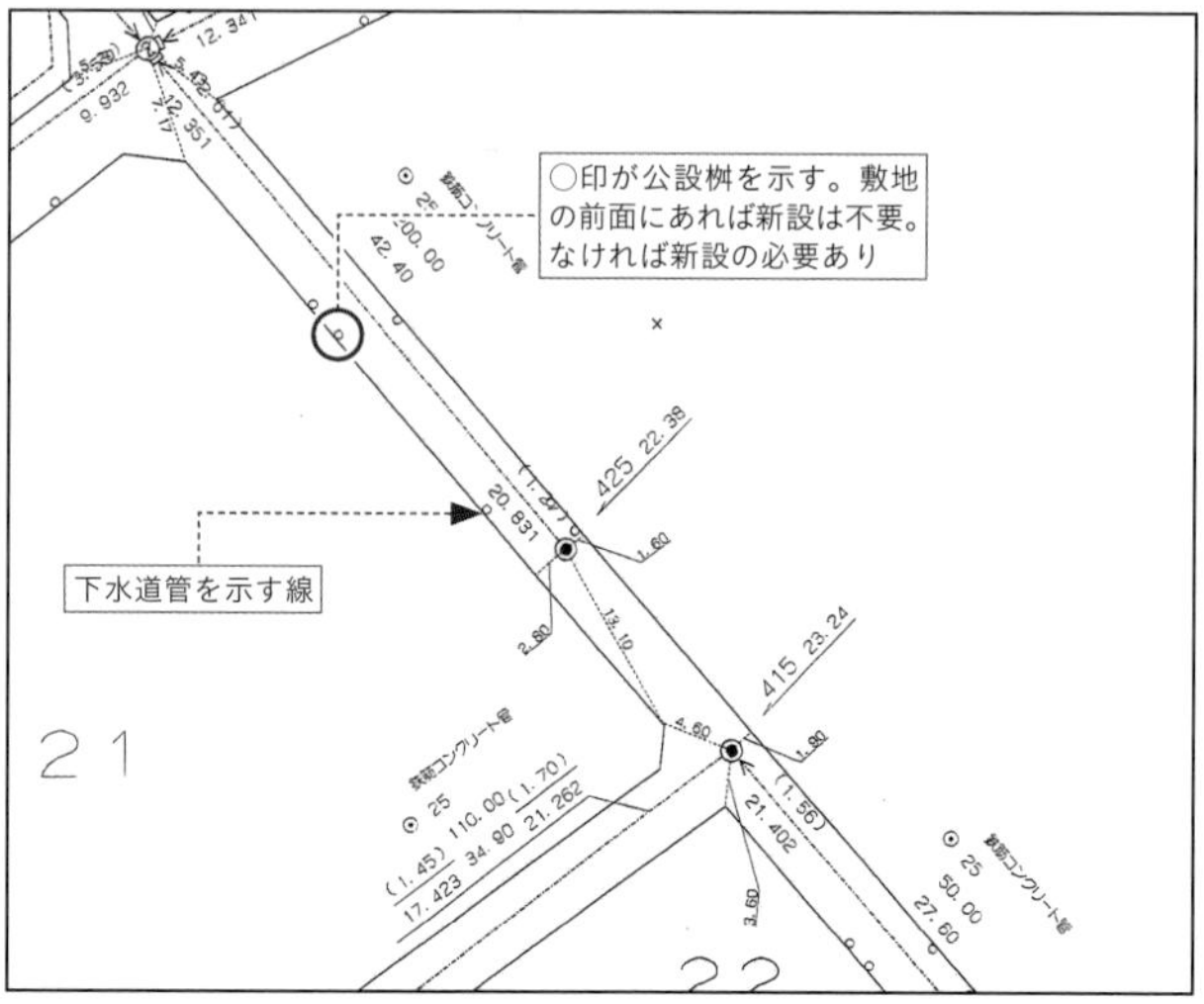
○印が公設桝を示す。敷地の前面にあれば新設は不要。なければ新設の必要あり
下水道管を示す線

上水道台帳とは上水道本管や引込み管などが書かれた資料。市区町村の水道局で入手できるが、委任状が必要になる。下水道台帳は下水道管と公共桝の位置が書かれた資料で、合流式（排水と雨水を一本の管で集める方式）か分流式かも分かる。入手先は市区町村の下水道局（最近ではWebでも閲覧可能）［※2］

鉛管が使用されている場合があるので、配管の種類も忘れずに把握しておく必要がある。

排水については、公設桝の位置を確認し、建物外周の汚水桝・雨水桝の位置を図面に落とし込む［**57頁写真1②**］。特に、排水桝への接続配管は、可能な限り既存の配管を利用するのが望ましいので、配管ルートを必ず確認する。排水の流れ具合がよくない場合は、桝の蓋を開けて1カ所ずつ水を流し、状況を念入りに確かめる。

ガスについては、メーターの種類と、建物への引込み位置を確認する［**57頁写真1③**］。室内のガスコックの位置に加えて、給排水管と同じく、可能な限り配管ルートを把握する。給湯器については、リノベーションを機に取り替えることが多いが、既存のものが利用可能な場合は、給湯器の能力（号数）をチェックする。電気温水器の場合は、タンク容量のチェックと設置スペースを確認し、エコキュートへの変更も選択肢に入れておくとよい。

電気については、引込み形式（架空・地中）と引込み位置を確認［**57頁写真1④**］。住宅密集地では引込み線が越境していることもあるので、その場合は電力会社と協議を行いながら、改善案を講じる必要がある。電気メーターは、契約内容（ブレーカー契約か開閉器契約）、配電方式（単相2線式か単相3線式）と位置を確認する［**57頁写真1⑤**］。

水廻り位置変更時には要注意

戸建住宅の設備については、大規模改修を行うマンションとは異なり、あまり定期的なメンテナンスは行なわれていない。リノベーション需要が最も多いのは築40年前後であるが、これらの住宅については設備の老朽化が予想されるので、給排水管は基本的にやり替える方針で調査を進めるべきだ。

電気設備についても、家電製品の増加に伴い電気容量が増大し、電灯コンセント回路数も倍増させる必要があるので、基本的にはすべてやり替える。FTTH（光ファイバー）やCATV（ケーブルテレビ）、宅内LANなど、新たなインフラを求められる場合も多いので、その供給エリア内かどうかの確認を含めて、新築同様の事前調査が求められるのは間違いない。

水廻り位置の変更にも注意が必要。基礎立上りをまたいで排水管を敷設する場合があるので、人通口の位置は必ず抑えておく。床下点検口がなければ、押入の床などからもぐって必ず確認しておきたい。

※2　https://www.gesui.metro.tokyo.lg.jp/contractor/d1/daicyo/（東京都の場合）

図3　既存住宅における設備・配管の主な問題点とその対処法

	既存住宅（築20年前後）の問題点	検討事項	ポイント
給水管	鋼管の老朽化	最新の給水管への交換	費用対効果を考慮して配管方式を決定
給水管	給水箇所の増設や水量・水圧の不足	口径アップ	水栓5カ所以上なら20㎜径が目安
排水管	ポリ塩化ビニル管の老朽化	やり替え	ポリ塩化ビニル管の耐用年数は15～30年
ガス管	白ガス管の使用（施工性・耐震性能に問題）	ポリエチレン管（PE管）へのやり替え	地盤が軟弱な地域では必須
ガス管	プロパンガスへの不満（火力不足、地域による価格差、業者の対応）	都市ガスへのやり替え	引込み可能かを確認
		オール電化への切り替え	都市ガスの供給エリア外のときに検討
電気	電気メーターの位置（検診しづらい位置）	位置の変更	敷地外部から検針できる位置に移設
電気	電気容量や回路数の不足（単相2線式の限界）	分電盤（単相3線式）の変更	通信ユニットや連携ブレーカーが収納できる分電盤の採用も検討

戸建住宅ではまず老朽化対策

戸建住宅の設備については、大規模改修を行うマンションとは異なり、一般的に、定期的なメンテナンスは行われていないことが多い。リノベーション需要が最も多いのは築40年前後だが、一般的に見て、給排水管の耐用年数は20～30年程度なので、リノベーションの際に給排水管もやり替えたい［図3］。

給水管は、鋼管が使われている場合が多いが、塩化ビニルライニング鋼管やHIVP管（対衝撃性硬質塩ビ管）、PE管など最新のものへの交換が求められる。ただし、PE管によるさや管ヘッダー方式の採用は慎重に検討したい。軟質の管を工事中に傷つけることもあるので、ベタ基礎以外では特に注意が必要である。

確かに、主管から必要に応じて分岐させる分岐方式とは異なり、ヘッダー方式は、給水個所まで分岐することなく配管経路を構成できるので、メンテナンスは容易である。ただし、床下空間が十分に確保されていれば、分岐方式であっても、給排水管のメンテナンスは比較的容易なので、クライアントからの要望が特にない限り、ヘッダー方式を採用する必要はないだろう。

配管の更新と同時に、給水個所数と引込み口径も合わせて検討すべきである。特に、水量や水圧に不満がある場合は、口径アップを検討する。水栓を5カ所以上とする場合は、13㎜径では水圧が不足しやすいので、20㎜径にやり替える。また、水廻りの位置が別々にある二世帯住宅の場合は、同時に両方使われることを想定すると25㎜径が必要になる。

排水管についても変更が必要。代表的な塩化ビニル管も耐用年数とつまりを考慮して、リノベーションと同時に必ず新しいものにやり替える。

ガス管はポリエチレン管に変更

ガス管についても、給排水管と同様にやり替えが提案のポイント。築40年前後の住宅における建物内のガス管は、一般的に亜鉛めっき管（通称：白ガス管）である。しかし、既存配管の撤去や接続の手間を考えると、PE管を用いて新規に引き替えたほうが、工事費を抑えられるほか、ガス漏れのリスクも少なくできる。加えて、白ガス管は耐震性能が低く、地盤が軟弱な地域において液状化が発生すると、破損するリスクも高まる。この点から判断しても、PE管へのやり替えは必須だといえるだろう［※3］。

※3　マンションの場合は、白ガス管が傷みやすい土中埋設部や、異種金属との接触部分（スリーブ貫通部分がモルタルで充填されている）がほとんどないので、すぐに交換する必要はない

図4　水廻りの位置変更と配管ルート

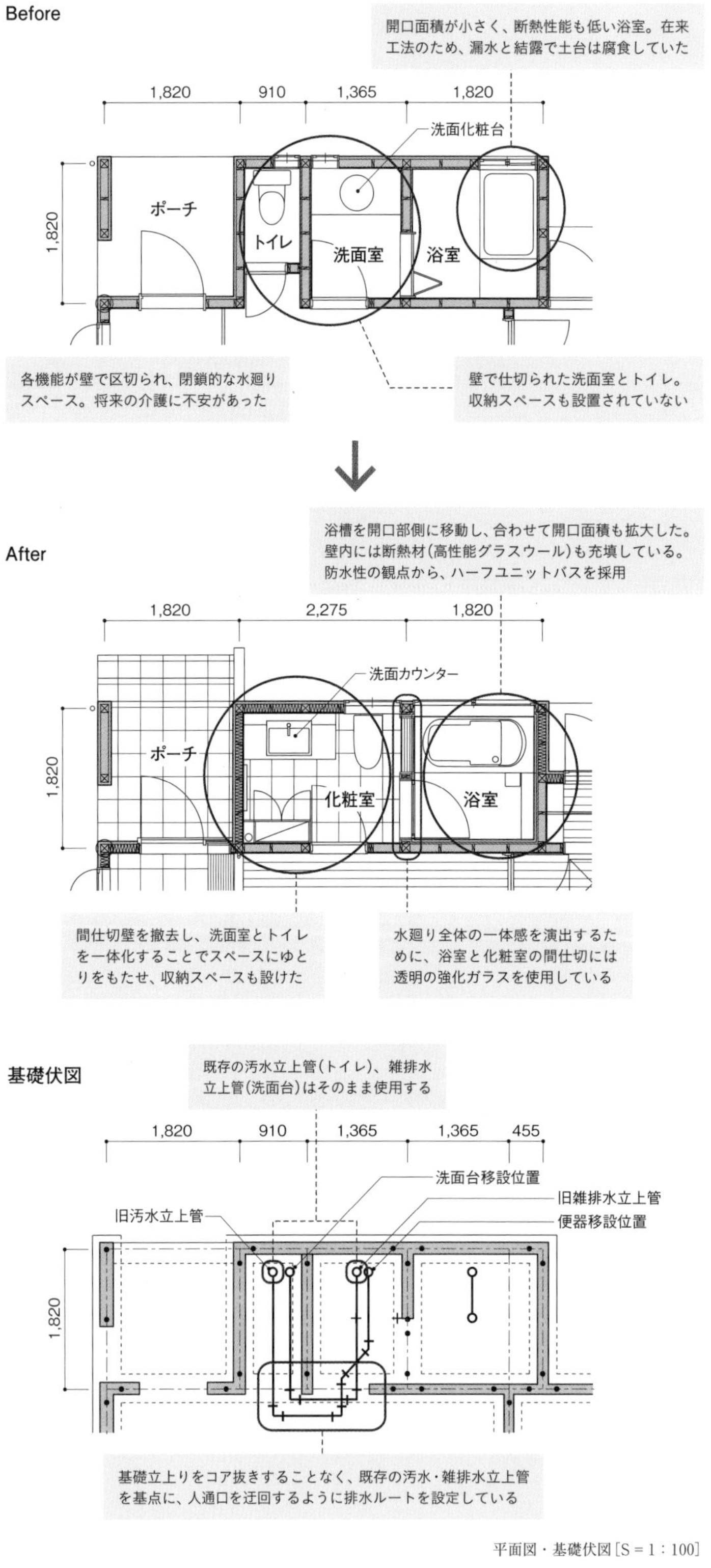
Before
開口面積が小さく、断熱性能も低い浴室。在来工法のため、漏水と結露で土台は腐食していた
1,820
910
1,365
1,820
洗面化粧台
1,820
ポーチ
トイレ
洗面室
浴室
各機能が壁で区切られ、閉鎖的な水廻りスペース。将来の介護に不安があった
壁で仕切られた洗面室とトイレ。収納スペースも設置されていない
After
浴槽を開口部側に移動し、合わせて開口面積も拡大した。壁内には断熱材（高性能グラスウール）も充填している。防水性の観点から、ハーフユニットバスを採用
1,820
2,275
1,820
洗面カウンター
1,820
ポーチ
化粧室
浴室
間仕切壁を撤去し、洗面室とトイレを一体化することでスペースにゆとりをもたせ、収納スペースも設けた
水廻り全体の一体感を演出するために、浴室と化粧室の間仕切には透明の強化ガラスを使用している
基礎伏図
既存の汚水立上管（トイレ）、雑排水立上管（洗面台）はそのまま使用する
1,820
910
1,365
1,365
455
洗面台移設位置
旧雑排水立上管
旧汚水立上管
便器移設位置
1,820
基礎立上りをコア抜きすることなく、既存の汚水・雑排水立上管を基点に、人通口を迂回するように排水ルートを設定している
平面図・基礎伏図［S＝1：100］

地域によって価格差が激しいプロパンガスの場合は、ランニングコストの安定性の面でメリットがある都市ガスへのやり替えを検討する。同時にエコジョーズ（排気ガス中の熱を二次熱交換機で回収して再利用する技術）など、高効率な設備への更新を合わせて提案したい。ただし、都市ガスの引込みに費用がかかる場合や、建物が都市ガス供給エリア外の場合は、オール電化への切り替えも検討する。この場合も、エコキュート（冷媒に二酸化炭素を用いて、空気中の熱により湯を沸かすことができる電気給湯器）など、効率のよい設備を提案したい。

今後は節電対策が重要に

電気については、電気メーターの移設が最初の検討課題。築年数の古い住宅では、電気メーターが敷地の奥深く、検針しづらい位置に取り付けられていることが少なくない。検針の容易性や防犯的な観点から、好ましくないので、可能な限り敷地の外側に移動したい。

配電方式が単相2線式の場合は、単相3線式に変更する。家電製品の増加に伴い電気容量が拡大し、分電盤の回路数は確実に不足しているため、家族構成や専用回路数に応じて、大きな分電盤に交換しておく。

今後は、太陽光発電の設置によるＺＥＨ化や、蓄電池、ＥＶ充電設備の設置に伴うＨＥＭＳ対応が求められるケースがある。通信ユニットや連携ブレーカーが収納できる分電盤の採用も検討したい。

図5　床段差が生じる水廻りの位置変更指示の例

水廻り位置を変更するときの注意点

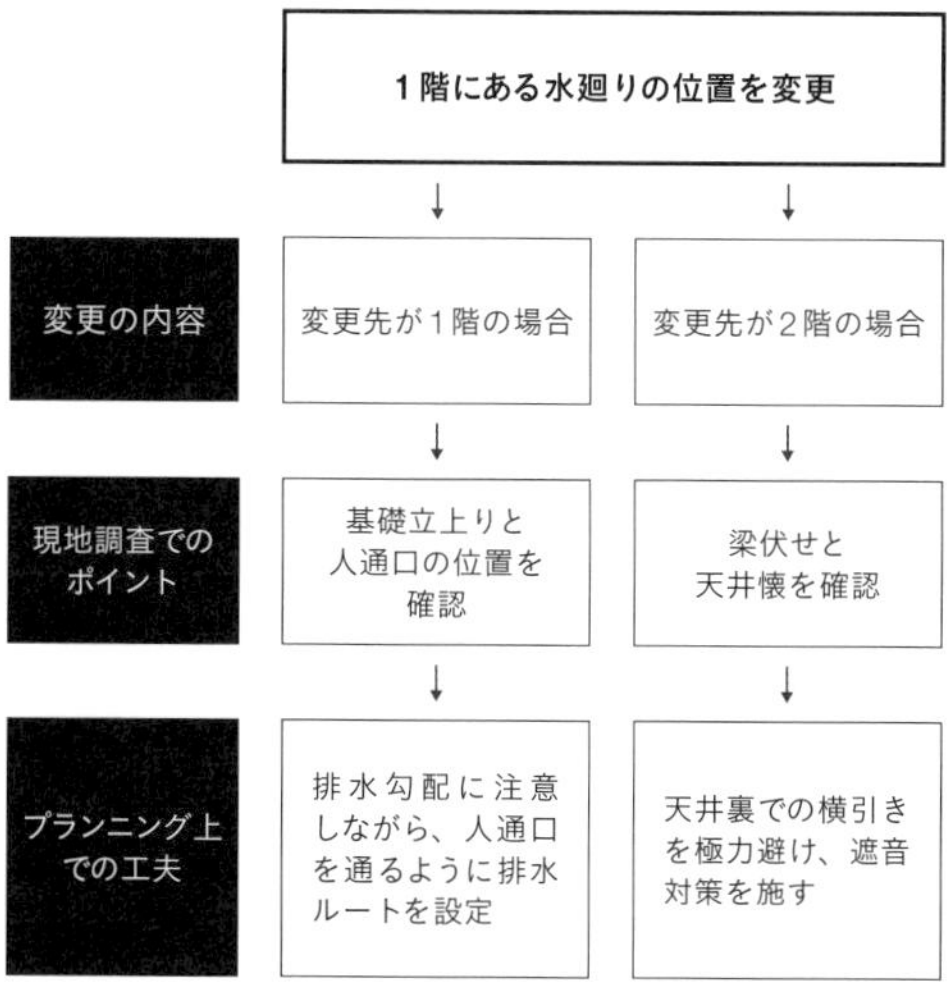

1階にある水廻りの位置を変更
変更の内容
変更先が1階の場合
変更先が2階の場合
現地調査でのポイント
基礎立上りと人通口の位置を確認
梁伏せと天井懐を確認
プランニング上での工夫
排水勾配に注意しながら、人通口を通るように排水ルートを設定
天井裏での横引きを極力避け、遮音対策を施す

注1　築40年前後の木造住宅では、水廻りが一階に集約されていることが多い
注2　寝室廻りのPSは極力避ける
注3　引回しが難しい場合は、屋外露出配管も検討

人通口を利用した排水ルート

布基礎の人通口を迂回するように引き回された排水管

1階で水廻りを移動する際は、排水管のルート変更がポイント。雑排水（キッチン・洗面室・浴室など）・汚水（トイレ）ともに既存の立上管の位置はそのままに、排水ルートを計画する。ただし、最短ルートを確保しようとして、基礎立上りのコア抜きを行うと耐力が低下してしまう。現地調査時に人通口の位置を確認し、管がそこを通るように引き回す手法が最も賢明であるといえる

基礎立上りの貫通の回避

戸建住宅のリノベーションでは、水廻りの改修を第一の目的とすることが多い。マンションに比べて給排水管の引き回しが容易とはいえ、水廻りの位置を移動する場合は、排水管のルートを十分に考慮する必要がある。特に、既存排水桝との接続配管をやり替えるには費用も手間もかかるので、極力、既存のものを利用したルートを確保すべきだろう。ただし、基礎立上りのコア抜きは耐力を低下させるので極力避けたい。現地調査時に人通口の位置をチェックし、迂回して配管できるルートを必ず検討する［図4・5］。

どうしてもコア抜きが必要な場合は、耐力壁の直下を避け、開口部下にある、曲げモーメントの小さい場所に設ける。直径は100φ以下とし、コンクリート探査機で、鉄筋のない位置を確認したうえで行う［※4］。鉄筋が確認できない場合は、床上で屋外露出配管としながら、デザイン的にうまく処理することも必要だ。

筆者はリノベーションでLDKを2階に配置することが多いが、2階に水廻りを設置する場合には、パイプシャフトの位置と遮音対策が2つの大きな注意点となる。具体的には、現地調査において、2階の梁伏せと天井懐を確認したうえで、天井裏での横引き配管を極力少なくし、トミジ管（耐火二層管）や遮音シート巻きなどを行いながら、寝室の直上を避けた位置にシャフトを設置するように計画することが重要になる。

最後に、いつも悩ましい問題となるエアコンの取付けについて説明する。機器本体のデザインや取付け位置に加えて、冷媒やドレンの処理がポイント。壁掛けの場合は、配管を壁内で立ち下げ、土台上で屋外に出すと、露出部分が少なくすっきり納められる。ただし、エアコンの寿命は一般的に10年程度なので、機器の取替えが必要となる。機器ごとで配管径が異なり、既存配管を利用できない場合もあるので、配管も取替え可能な工夫が必要だ。

最近では、工事費を抑えるため、施主支給品として家電量販店でエアコンを購入することも多いが、後付けの場合は配管が露出になってしまう。縦樋の位置に合わせるように、配管カバーなどで処理するなど、デザイン的に工夫したい。そのためにも、業者任せにせず、取付け位置や配管ルートを検討し、エアコンスリーブとコンセントは、あらかじめ所定の位置に準備しておきたい。

［中西ヒロツグ］

※4　一般にタテ筋D10は300㎜ピッチで配筋されているので、それを目安に考えるとよい

COLUMN

電気に頼り切らない。上手な“ガス”の使い方

ガスストーブは効果抜群

現代の住宅では、エアコンや床暖房で暖房を行うのが主流となっている。それらの動力源には主に電気が使用されているが、災害や電力不足に備えて、代替手段となる暖房方法を準備しておきたい。お薦めはガスストーブ。筆者も昨年の冬、自宅で使用を始めたところ、その効果が想像以上であることを実感している［表］。

まず、赤外線の輻射熱により、スイッチを入れるとすぐに身体が暖まる。風で温めるのではないので、不快な気流を感じない。しかも、しばらくすると壁や天井に熱が蓄えられ、スイッチを切ってもすぐには冷めない。大量の水蒸気を発生するので、加湿器も必要ない。断熱性能の低い建物では結露に注意が必要だが、輻射熱のおかげで換気していてもさほど寒さを感じにくい。イニシャルコストが低いのも魅力である。エアコン暖房と比較してもランニングコストに遜色はなく、快適に過ごせる分、QOLが増した。

ただし、LPガスではコストが割高なので、あくまで都市ガス地域限定の手法である。石油や薪ストーブの場合、燃料のストックや給油に手間がかかるが、都市ガスならコードを接続するだけで手軽に採用できる。もちろんガス管がない部屋では使用できないので、ガス栓を準備する必要があるが、自身の体験を受けて、最近ではガス栓を設計時に計画するようにしており、クライアントからも高評価を得ている［①・※］

ガス衣類乾燥機を引き回す

ガスといえば、SNSでも人気が高いガス衣類乾燥機「乾太くん」(リンナイ)がある。リノベーション時に「乾太くん」を要望するクライアントは多い。注意点は設置高さだ。洗濯機上に乾燥機を設置する場合、低いと洗濯機に干渉し、高いと使い勝手に影響する。また、排湿管(φ80/φ100)は本体上部に取り付くため、天井高にも注意しよう。排湿管は隠したいところだが、機器交換やメンテナンスを考慮して、無理に隠蔽せず極力短い距離で配管するのがよいと考えている［②］。

マンションの場合は、排湿管を外部へ引き回す際に梁が障害になる可能性がある。梁下を迂回する場合は、80φ8mで2曲り、100φ10mで4曲りまでと規定されているので注意が必要である。［中西ヒロツグ］

表｜エアコン・ガスファンヒーター・ガスストーブの特徴

暖房器具の種類	動力源	熱の移動手段	特徴
エアコン	電気	対流	暖めた空気を流動させることで、空間を暖めるものの、時間がかかるほか、運転を停止すると、表面温度がすぐに低下し、体感温度も下がる
ガスファンヒーター	ガス(一部電気)	対流	ガスの燃焼によって発生した熱をファンで流動させる。ガスストーブよりも短時間で空間を暖められれるものの、室内が乾燥しやすい
ガスストーブ	ガス	放射(輻射)	ガスの熱を放射させることで空間を暖める。エアコンよりも素早く空間が暖まるほか、表面温度が低下しにくい。ただし、ガス管がない部屋では使用できない

① ガスストーブ用のガス栓

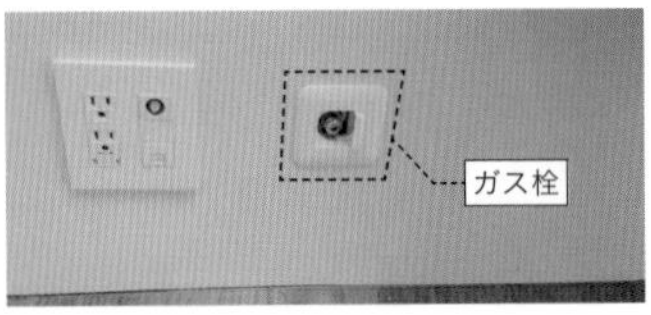

リノベーション時に、ガスストーブ用として設けられたガス栓

② ガス衣類乾燥機の配置

「乾太くん」を洗面カウンターの上に配置した「桜上水の家」。排湿管は上部の棚と外壁に貫通している。「乾太くん」を設置する場合は壁・天井との離隔距離を45㎜以上確保する必要がある

※　不完全燃焼への対応も不可欠。これには「一酸化炭素検知機能付き火災警報器」(コスモス電機)がお薦め

Part 5

費用対効果の高い断熱改修

築40年の木造戸建住宅「西調布の家」を断熱改修した例。高性能グラスウールによる外壁・屋根・床の断熱と、アルミ樹脂複合サッシへの窓交換により、改修後の計算値でのU_A値（外皮平均熱貫流率）は0.61 W／㎡・K。結果として、真冬の朝での2階リビングは16 ℃前後を保つ快適な住まいとなっている［67〜70頁参照］

写真＝長田朋子

建築物の省エネ化は業界における1つの大きな潮流であり、2025年には新築戸建住宅において省エネ基準への適合が義務となる［149頁参照］。一方、マンションを含む既存の住宅、特に築年数が古い建物は断熱・気密性能が極めて低く、スケルトンリノベーションを行う際には、省エネ性能の向上は不可欠。近年では、先進的窓リノベ事業やグリーンリフォームローンをはじめとして、省エネ改修の資金面での後押し制度も充実している。それらを有効に活用しながら、費用対効果のあるプランを提案できるようにしたい。

RC造のマンションでは、外壁面を吹付け硬質ウレタンフォームもしくはボード系断熱材で内断熱を行い、窓はインナーサッシを取り付けるのが基本となる。一方、屋根（天井）・壁・床（基礎）と改修範囲が多岐に渡る戸建住宅（木造）の場合は、屋根や外壁を解体すると費用が嵩むので、室内側から断熱を行い、窓はインナーサッシの取り付けやアルミ樹脂複合サッシ（樹脂サッシ）への交換が基本となる。

ただし、屋根や外壁の劣化が著しく、それらをやり替える場合には外張り断熱も選択肢に入るだろう。その場合は意匠性や耐久性、耐震性などを踏まえた外装の模様替えを提案したい。

断熱性能と内部結露のリスク

築年数が30年以上のマンションでは、断熱材が施工されていない、あるいは部分的にしか施工されていないことが多い［写真1①］。

当然、窓の断熱性能も低い。シングルガラスのアルミサッシが標準。外気温との差が著しい冬はサッシ廻りが結露し、内装にカビが生じていることもある。木造戸建住宅との比較では、気密性が高いゆえに家具と壁が密接していると、内部結露のリスクが高い。加えて、天井裏にダクトがなく、空調が天井チャンバー方式となっている建物では、LGS天井下地を躯体に留めるための天井インサートが結露で腐食していることもある。その場合はアンカーから打ち直しが必要となる。

一方、築年数の浅いマンションは、断熱材（吹付け硬質ウレタンフォーム）が施工されていることが多く、窓ガラスもペアガラスが標準。断熱性能はそれなりに高い［写真1②］。最上階や角部屋でなければ、住戸どうしが暖め合ったり、冷やし合ったりするので、基本的に断熱改修は必要ない。

ただし、意匠性が優先され、アルミ樹脂複合サッシではなく、アルミサッシであることが多いので、結露が発生しやすい。結露水の水抜き孔がないもの、あるいは埃で詰まってしまっていると窓枠が濡れて、カビに繋がってしまうこともある。

断熱改修は吹付けが基本

RC造マンションの断熱改修を行う場合は、内断熱となる。吹付け硬質ウレタンフォームによる断熱と、ボード系断熱材（フェノールフォームや押出法ポリスチレンフォーム、ポリイソシアヌレートフォームなど）による断熱、という2つの選択肢になるが、スケルトン状態に解体でするのであれば、前者がお薦めだ［写真2①］。

その理由は以下の通り。①柱形や梁形によって生じる凹凸や、躯体そのものの歪みや不陸に断熱材が追従するため、断熱欠損が生じにくい、②メーカーの責任施工となるため、断熱・気密の品質が安心、であること。ここで、表面を大幅に削り取る100倍発泡品（連続気泡タイプ）では別途気密処理が必要となるが、30倍発泡品（独立気泡タイプ）は表面を大幅に削り取る必要がなく、別途気密処理が必要ない。熱伝導率も0・026W／m・K以下と、100倍発泡品の0・040W／m・K以下に比べて低く、断熱性能も高い。

ただし、より多くの厚さを一度に吹き付けようとすると、断熱材が発熱するおそれがあるので注意したい。日本

写真1　既存マンションの断熱性能

① 築年数が古い場合は断熱なし

20年以上前に建てられたマンションの内装を解体した後の様子。まったく断熱材が入っていない。最上階の場合は、夏期における天井面からの放射熱の侵入も悩ましい問題となる（上）
空調が天井チャンバー方式となっている築年数の古いマンションで、天井インサートが腐食していた例（下右）

② 築年数が浅い場合は断熱あり

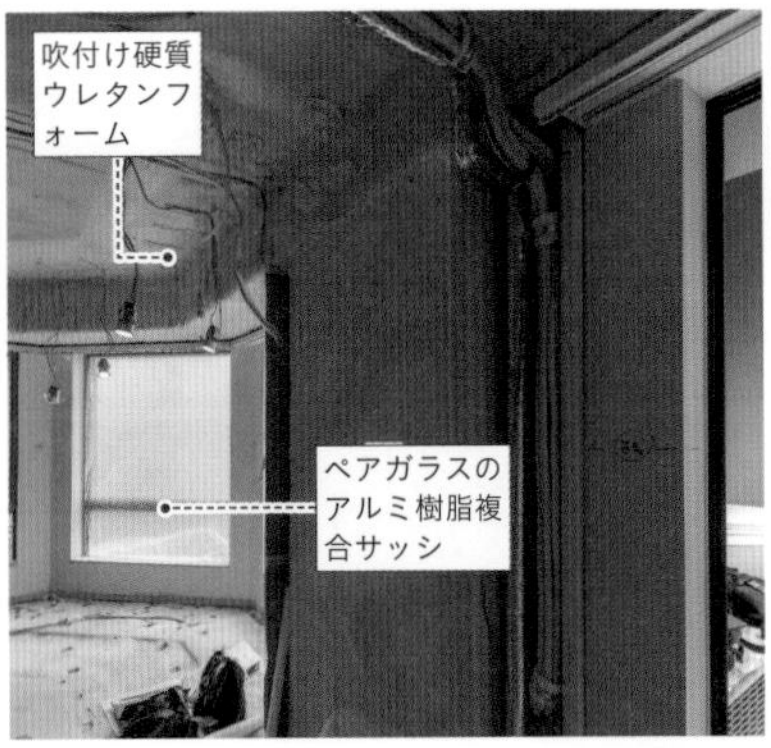

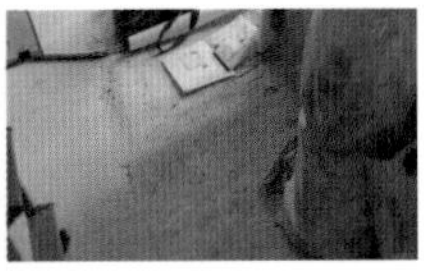

最近建てられたマンションの内装を解体した後の様子。吹付け硬質ウレタンフォームによって外壁面、外壁面に近い天井面と床面が断熱されている。ここでは、断熱材の状態に問題がなかったので、再利用することにした

写真2　断熱改修の方法は“吹付け”か“ボード”の2択

① 吹付け硬質ウレタンフォームの場合

a：吹付け硬質ウレタンフォーム「アキレスエアロンFR－FO」（アキレス）を使用して断熱を行ったメゾネット住戸の「代々木上原I邸」。上階（4階）が最上階。夏期の放射熱を考慮して、壁面だけではなく天井面にも断熱材を吹き付けている。全体の吹付け費用と面積は3階と4階合計で、壁・天井・発電機代を合わせて、1,334,000円／280㎡。平米単価は4,764円
b：吹付け硬質ウレタンフォームの施工をマンションで行う場合は、外部の加圧コンプレッサーからホースを伸ばして窓の外から室内に通す。ただし、マンション管理組合の事前承認が必要となる
c：断熱を行わない部分の下地にはビニルマスカーであらかじめ養生を行う。施工後に断熱材を削り取る部分については、剥離剤（洗髪に利用されるリンスと同じ成分）を塗布しておく
d：「アキレスエアロンFR-FO」は気泡の1つ1つが独立している“独立気泡”タイプなので、気泡がつながっている“連続気泡”に比べて気密性が高い。30倍発泡品でもあるので、100倍発泡品に比べて廃棄量も少なくて済む［※2］

② ボード系断熱材（フェノールフォーム）の場合

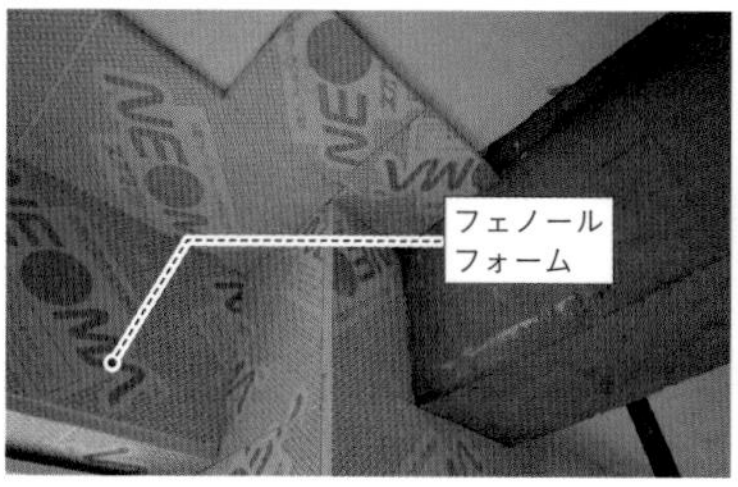

コンプレッサーのホースが届かない高層マンションの7階にある「品川区Y邸」では、フェノールフォーム「ネオマフォーム」（旭化成建材）用いて断熱を行った。熱伝導率が0.020W／㎡・K。サッシ廻り（左）やRCラーメンフレーム廻り（右）といった凹凸のある部分にも隙間なく張り込まれていることが分かる

ウレタン工業会によると、総厚さが30㎜を越える場合は多層吹きとしよう。また、1日の施工厚さは、80㎜を超えないものとする。あまり分厚くし過ぎると発熱反応による熱の蓄積で内部にスコーチが発生し、燃焼する危険性があるほか、施工面のクラック（割れ）の発生要因となる。トラック・コンプレッサーの使用料金にも関係するので、慎重に検討したい。

ボード系は不陸の解消が重要

一方、ボード系断熱材には、コンプレッサーのホースが届かない高層マンションでも施工できる点にある。トラックからのホースの長さは約100ｍで、ビルの20階くらいまでが限度である［※1］。おおむね乾式工法で、大工が下地を作る作業の流れで断熱材の施工ができる特徴もある［写真2②］。

ただし、躯体は不陸や変形があるので、断熱材をそのまま張ってしまうと隙間が熱橋になってしまう。不陸を解消するための左官下地をつくり、その上から断熱材を張り付け、ボードどうしに隙間が出ないような気密処理を行うのが理想的だ。したがって、吹付けの場合に比べて施工時間を要する点を理解しておこう。

※1　最近では持ち運び式のコンパクトなコンプレッサーも登場しているが、大面積をカバーするには出力が弱く、費用も高くなってしまう
※2　吹付け硬質ウレタンフォームとは、ポリイソシアネートとポリオール、触媒、発泡剤などを混合したウレタン原液を発泡して成形した断熱材。いくつかの種類があり、建築用としては主に「JIS A9526 A種1H」と「JIS A9526 A種3」の2種類がある。前者は30倍発泡、後者は100倍発泡の断熱材。30倍発泡品は、断熱性能（熱伝導率）および施工性において、100倍発泡品よりも優れている

図1　窓の断熱改修は“共用部分”を意識して行う

① インナーサッシによる改修が基本

「代々木上原I邸」のリビング・ダイニング。正面の窓はインナーサッシ「かんたんマドリモ 内窓プラマードU」(YKK AP)のミディアムオーク(E 9)を採用。窓際には木製(樹種はホワイトオーク)のフレームを廻し、全体の雰囲気を上品にまとめた

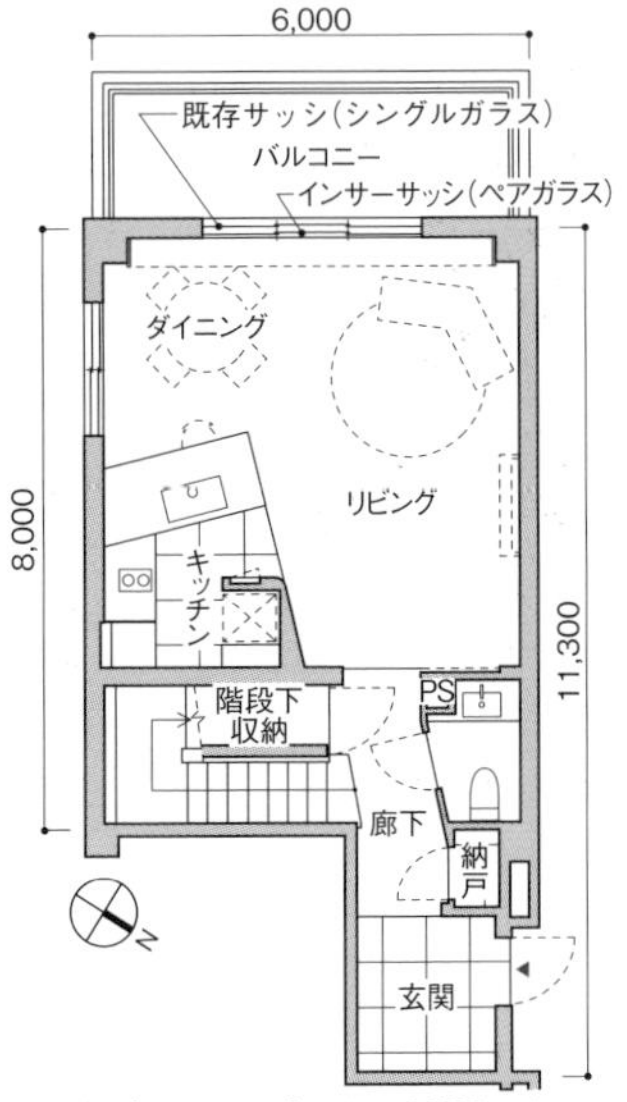

平面図[S＝1：200]

あまり広くはないリビング・ダイニング。コンパクトなL字形のキッチンを囲むように、ダイニングとリビングを配置。床材はサイザル麻。“く”の字型のソファの下には円形のラグを敷いて、リビングのエリアを規定した

② サッシを残してガラスのみを交換する方法もある

熱貫流率1.4W／(㎡・K)の真空ガラス「スペーシア」(日本板硝子)によるガラス交換を行った例。窓の外にバルコニーがあったため、窓の外に立ってガラスを交換でき、作業はスムーズに進んだ

インナーサッシはフレームの一部

窓サッシは共用部分に該当するため、新しいものに交換するのは原則的に不可となる。したがって、窓の断熱性能を上げたいときには、サッシ交換ではなく、インナーサッシ（ペアガラスなど）を内側から追加するというのが最も合理的だ。インナーサッシはサイズのバリエーションが少なく、樹脂サッシであるため、デザイン性に乏しいのが悩ましい。窓廻り全体を造作して存在感を目立たせなくしたい［図1①］。

一方、「マンション標準管理規約（単棟型）」では、断熱などの性能向上につながる改修に関しては、マンションの管理組合がその責任と負担において計画修繕として実施するものとする一方、管理組合が速やかに工事を実施できない場合は、マンションの所有者の責任と負担で実施することについての細則を定めるように管理組合に求めており、ケースによるが、サッシ交換は可能。その場合はコンクリート躯体とサッシ枠との防水のことを考えると、カバー工法で交換することになる。ただし、真空ガラスへの交換では、特に断熱＋防犯の仕様では、ガラスが3枚になるので、重量が重くなり、取り付けに手間が掛かる［図1②］。

写真3 築古の木造住宅は断熱性能が極めて低い

① 屋根

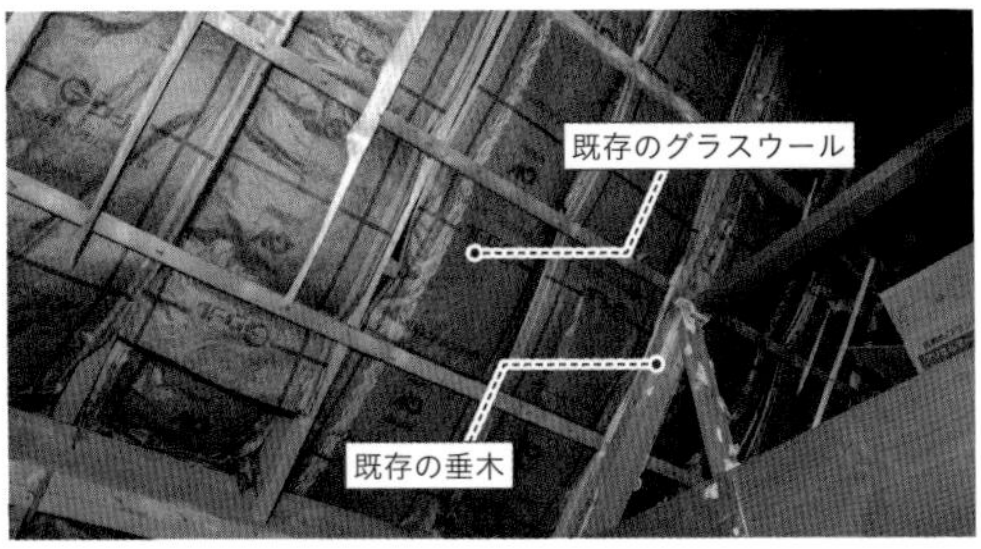

もともと袋入りのグラスウールが設置されていたが、押し込み充填で隙間があり、配線のある壁面には断熱材が施工されておらず、十分な断熱性能を発揮できていない。加えて、天井との間に空洞があり、黒く変色していたことから、壁体内に気流が発生して断熱性能が損なわれていたこと分かる

② 外壁

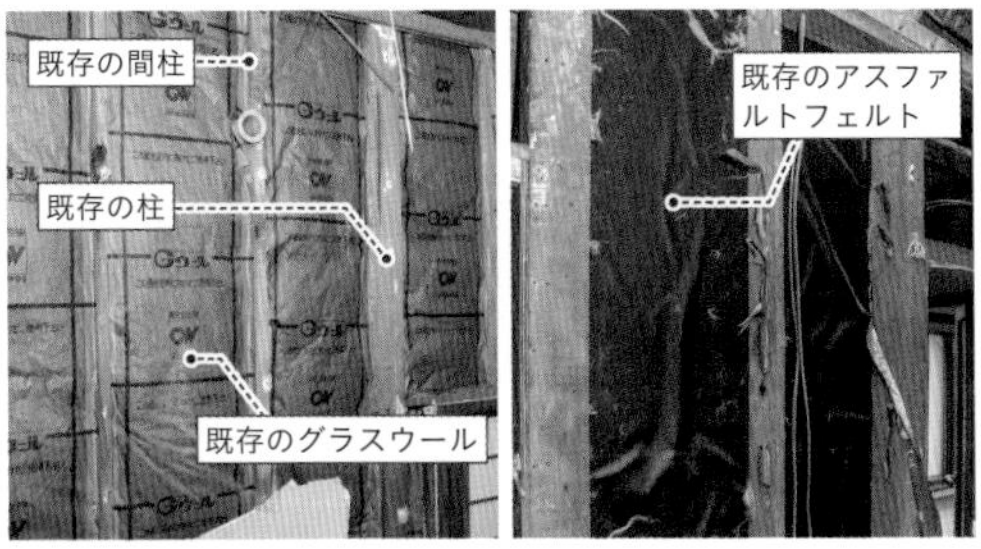

外壁にも袋入りのグラスウールが充填されているものの、厚さが足りていないことが分かる(左)。グラスウールを撤去してみると、柱・間柱の外側にアスファルトフェルトが張り込まれており、通気層が確保されていないことも分かる(右)

③ 床

浴室廻りの床下を解体した後の様子。グラスウール(10K程度)が敷き込まれていたが、湿気を含んで垂れ下がっていたため、ほとんど断熱効果はなかったと推測される。浴室入口ドア下や外壁廻りの土台に腐朽が見られたので、傷みの激しい部分は交換を行った

断熱改修は優先順位が重要

築年数の古い木造戸建住宅をリノベーションする際には、躯体そのものの断熱・気密性能を高める必要がある。第一次オイルショック（73年発生）を受けて、特に80年以降は、省エネ基準の改正に合わせ、断熱材が広く施工されるようになった。築40年前後の木造住宅では、厚さ50㎜程度のグラスウールが壁体内に充填されていることが多い。しかし、外壁側に押し込んで取付けられているため、壁体内と床下、天井裏が連結し、その中を空気が動いているのが実状だ。これが性能を引き下げている最大の要因である［写真3］。熱が最も通過する開口部もシングルガラスのアルミサッシが標準。結果として、温熱環境が劣悪なばかりか、場合によっては内部結露によって躯体が腐食しているケースが少なくない。

理想としては建物全体の断熱性能を最高レベルにまで引き上げたいところだが、多くの道連れ工事が発生し工事費も増大するため、それを実現するのはなかなか難しい。「窓を改修する」「床の断熱性能を上げる」「エリアを区切って断熱を行う」「全体的に断熱を行う」という4つのグレードに分け、予算に応じて最適な選択肢を提案したい。

気流止めは最低限のマナー

外壁や天井（屋根）では、内壁を解体して柱径と同厚の高性能グラスウールを隙間なく充填するというのが最も一般的である。このとき、防湿層付きのもの（袋入り品）、もしくは防湿気密シートを別張りとするもの（袋なし品）、のどちらかを選択することになる。既存の木造住宅はほぼ間違いなく、躯体にゆがみや間崩れがあるので、袋なし品を充填して、手間はかかるものの、防湿気密シートを張るのが理想的である［68頁写真4①］。柱・間柱間の寸法がバラついていたとしても、臨機応変に対応しやすい（外壁側の透湿抵抗が大きい場合は夏型結露に有効な調湿気密シートを張る場合もある）。

ただし、予算の関係で、袋入り品を採用することも少なくない［68頁写真4②］。この場合は、躯体にしっかりと密着させつつ、袋どうしを気密テープで連続させるなどして、断熱層・防湿層の一体化を図ろう。

加えて、空気が自由に動いてしまわないよう、壁と天井、壁と床（土台）の取合い部などに気流止めを施工しよう。断熱材を全面的に充填するのが予算的に厳しい場合でも、気流止めは必ず施工すべきだ。方法としては、圧縮パッ

写真4　断熱改修の基本は室内側から

① 高性能グラスウール(袋なし)による改修

袋なしの「アクリアウールα」(旭ファイバーグラス)で外壁と屋根の断熱を行っている様子。躯体と窓廻りに隙間なく断熱材が充填されていることが分かる。この後は防湿気密シート(調湿気密シート)張りが必要
［写真＝加々美義人］

調湿気密シートを張り込んだ後の様子。窓枠にもしっかりとシートが張り込まれている。透湿気密シートは、冬は気密を確保しながら湿気を通さない一方、夏は湿気を通し、壁体内の湿気を室内に排出する。ここでは「デュポン™タイベックRスマート(現VCLスマート)」(旭・デュポン フラッシュスパン プロダクツ)を採用　［写真＝加々美義人］

② 高性能グラスウール(袋入り)による改修

袋ありの「アクリアネクストα」で断熱を行っている様子。柱・間柱の表面で防湿層を連続させるようにするほか、スイッチ・コンセントボックス廻りも断熱層・防湿層の欠損がないようしている

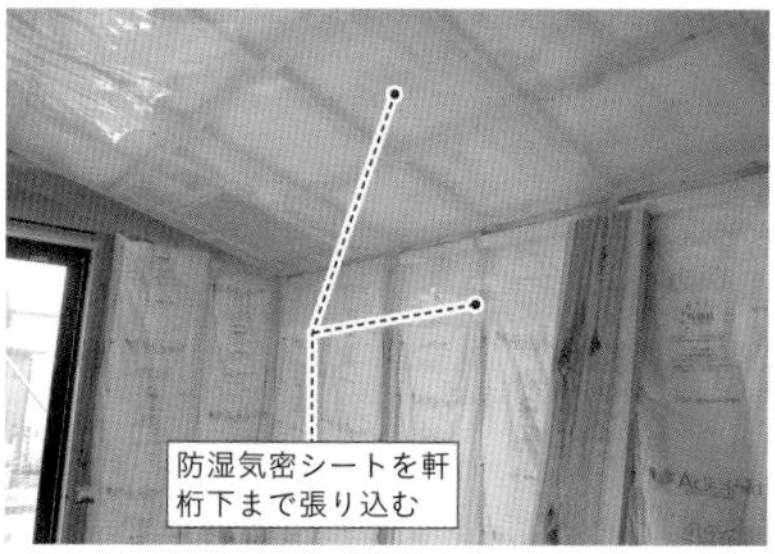

袋入りグラスウールの場合は防湿気密シートを別張りする必要はないものの、天井面(屋根面)は、高性能グラスウールを野縁上に敷き込むと隙間が生じるため、石膏ボードとの間に防湿気密シートを別張りし、気密性を高める必要がある。その場合は軒下まで張り込む

③ 圧縮パックで気流を止める

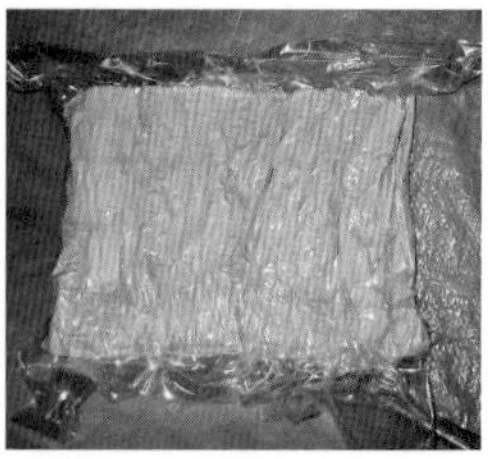

高性能グラスウールを真空パック化したもの。各断熱材メーカーから商品化されている。写真は「マグ気流止め」(マグ・イゾベール)。高性能グラスウールをポリエチレンフィルムで圧縮梱包している

＊　気流止めの方法としては、気流止めの木材を打ち付けたり、防湿フィルムでパックされた断熱材を折って隙間に差し込む方法もある

↓

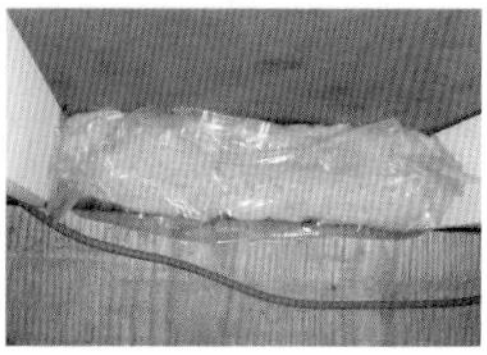

「マグ気流止め」を壁の隙間に挿入し、カッターナイフなどでポリエチレンフィルムに切れ目を入れると、パックごと瞬時に膨張し、隙間がほぼ完全に埋まる。これにより、空気の流れは遮断される。施工は非常に容易で、狭いスペースにも対応可能

④ 基礎断熱よりも床断熱

高性能グラスウール「アクリアU ボードNT」(旭ファイバーグラス)で床断熱を行っている様子。高性能グラスウールの強みは透湿性に優れており、床下の湿気をため込まないことにある(上)。フェノールフォーム「ネオマジュピー（現ネオマフォーム）」(旭化成建材)で床断熱を行っている様子。高性能グラスウールよりも熱伝導率が低いので、同じ厚さでより高い断熱性能が得られる

※3　引違いのインナーサッシを取り付けると、サッシのクレセント位置の関係で、窓を開放したい時には左側を必ず先に開けなければならない。雨戸などがある場合は3枚の建具を開閉する必要も生じるので、高齢者には不向き。また、内窓とサッシの間は枠が複雑に入り組んで掃除しづらい。風を取り込む部分に埃がたまると、衛生的とはいえない状態にもなる

クされた高性能グラスウールを隙間に差し込むのが一般的。カッターで切れ目を入れると、グラスウールが膨張、隙間はほぼ完全に埋まる[写真4③]。

基礎断熱よりも床断熱

床・基礎では、基礎断熱よりも床断熱を選択するケースが多い[写真4④]。その理由は、既存の基礎は不陸が多く、気密性を確保しにくいので、基礎断熱を行ったとしても、室内化するのが難しいからである。そのため、1階の床組を解体して、大引・根太の間に断熱材を充填する方法が基本となる。断熱材の選択肢は、ボード系断熱材や高性能グラスウールなどのいずれか。前者のほうが価格は高いものの、熱伝導率が低く、根太(45㎜)の間で高い断熱性能が得やすい。

床断熱を行う際に注意したいのが、浴室床下との関係である。木造戸建住宅の浴室は1階にあることが多く、特別な理由がない限りは浴室を移動することはない[80頁参照]。そこで、床断熱を行う場合、浴室床下との断熱ラインを連続させることが重要となる。幸いにも、最近のユニットバスは断熱性能が高いので、ユニットバスを採用する場合は、浴室床下を別途断熱する必要はない。ただし、ユニットバスと外壁・床の取合いで、空気が流出入してしまうおそれがある。気流止めを忘れないようにしたい[図2]。

天井・屋根では、外壁と同様に高性能グラスウールを採用することが多い。とりわけ、天井を解体して小屋裏をロフトや吹抜けなどに利用する場合は、屋根の断熱・遮熱性能が重要となる。

特に、屋根面からの放射熱の侵入には十分に配慮すべきだ。屋根断熱は天井断熱に比べて15%増の熱抵抗値が求められるうえに、昼夜の温度差で内部結露が起こりやすいため、確実に小屋裏換気ができるよう、棟換気金物と通気部材を採用すべきだ。

開口部はサッシ交換がベスト

開口部の断熱は特に重要である。費用がない場合でも、最低限、窓の断熱・気密性能は向上しておきたい。築年数の古い木造戸建住宅の多くでは、シングルガラスのアルミサッシが標準的に採用されている。したがって、ペアガラスのアルミ樹脂複合サッシ、予算が許せばトリプルガラスの樹脂サッシへの交換を検討したい[写真⑤]。

一方、断熱性能を向上する方法としては、インナーサッシ(ペアガラス)を用いる方法もある。安価で、外壁を解体する必要がなく、ガラスが3重になるため、防音効果も高いという利点もあるが、使い勝手やメンテナンス性を考えると、サッシを丸ごと交換するのが望ましい[※3]。ただし、この方法では外壁の解体・再仕上げという道連れ工事が発生するので、外壁の改修と併せて提案したい。

外壁に手を加えずに、取り外した枠廻りをモールで隠す工法や既存枠をカバーする工法もあるので、工事範囲や要望に応じて選択したい。サッシ交換が難しい場合は、断熱スクリーンが有効な手段。断面が中空ハニカム形状のスクリーンで、内障子と同様の断熱性能を期待できる[※4]。[中西ヒロツグ]

図2 床断熱の場合は浴床下の断熱ラインをつなげる

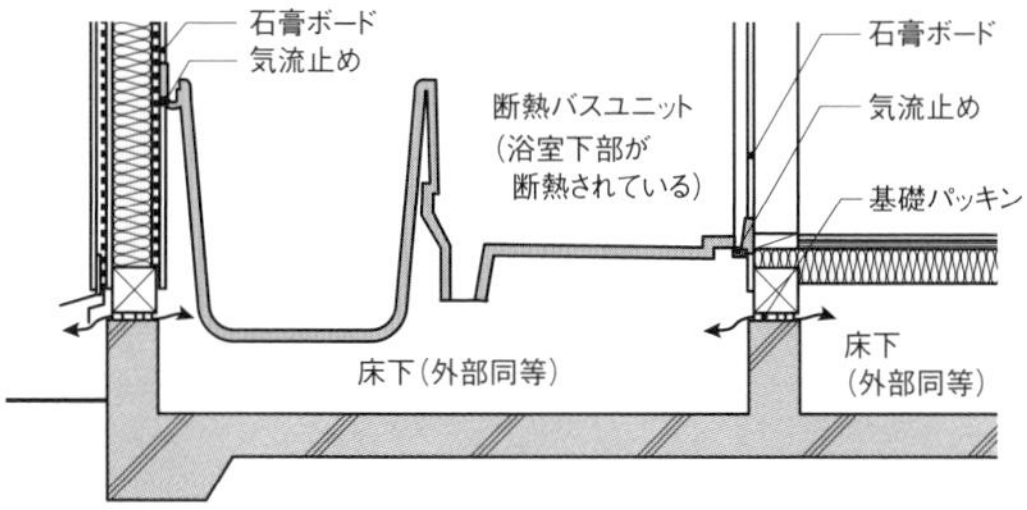
石膏ボード
気流止め
断熱バスユニット
(浴室下部が断熱されている)
石膏ボード
気流止め
基礎パッキン
床下(外部同等)
床下
(外部同等)

下部が断熱されているユニットバスの場合は、床下を外部空間と考えてよく、別途、基礎断熱などを行う必要はない。ただし、気流止めは必要。その部材は、各ユニットバスメーカーからオプション部材として提供されている

写真5 窓は高性能なサッシへの交換が理想

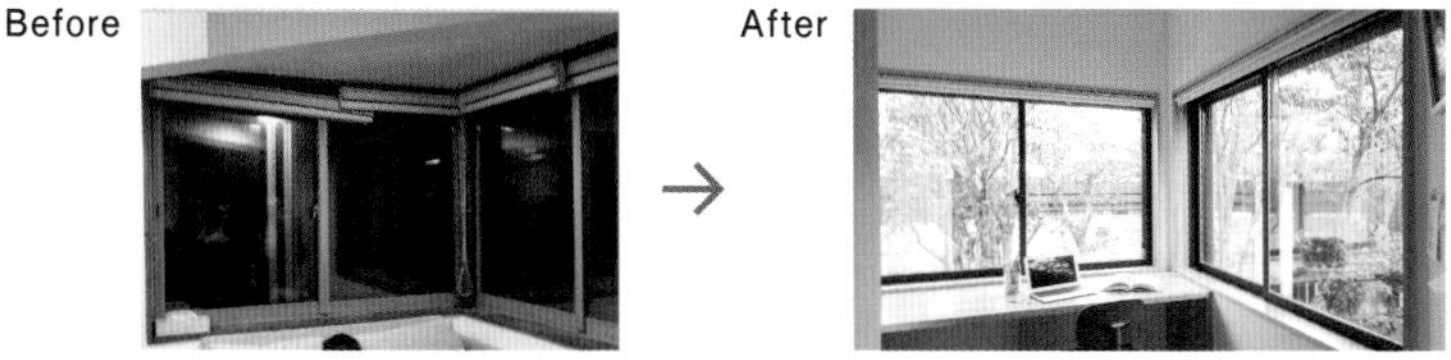
Before
After

「西調布の家」では、シングルガラスの木製建具に、一部インナーサッシが取り付けられていたが、断熱・気密性能は低く、夏と冬は快適ではなかった

インナーサッシを含めて既存の窓をすべて撤去して、ペアガラスのアルミ樹脂複合サッシ「防火戸FG-L」(LIXIL)に交換。断熱・気密性能に加えて、デスクスペースも設けて使い勝手も向上 [写真=長田朋子]

※4 外部に取り付けるスクリーンは日射遮蔽できるので、夏期には有効だが、冬期には不向き。製品自体も高価なほか、2階の窓に取り付けるには足場が必要になる

COLUMN

費用対効果の高い屋根・外壁の改修方法

化粧スレートは再塗装が基本

木造戸建住宅のリノベーションで、難しい判断が求められるのが屋根・外壁の改修である。耐震性能や断熱性能の向上に合わせて仕上げ材もやり替えたいところだが、工事費の大幅な増額となり、建て替える場合と比べてコストメリットがなくなる。基本的に屋根・外壁ともに雨漏りがなければ、下地や仕上げ材は既存を利用するのが得策だ。

屋根に関しては、既存建物の多くは瓦屋根か化粧スレート。瓦自体の耐久性は割れやズレがなければ問題がないものの、壁量計算では重い屋根に位置づけるため、開放的なプランを実現しつつ耐震性能を向上するには、化粧スレートもしくはガルバリウム鋼板に葺き替えるのが得策だ［①・44頁参照］。

一方、化粧スレートも、かつては耐候性が低く変褪色性に乏しいものがあったが、近年では塗膜技術が進歩しており、割れやズレがなければ無機系塗料による再塗装が基本となる。意匠的にガルバリウム鋼板にしたい場合は化粧スレートを撤去したいところだが、2004年までに製造されたものにはアスベストが含まれている場合があるので、撤去費用を見込んでおく必要がある。代替手法としては、ガルバリウム鋼板によるカバー工法がある。たとえば、「スーパーガルテクト」（アイジー工業）は、断熱材（ポリイソシアヌレートフォーム）が裏打ちされているので、外皮計算には算入できないものの、温熱環境の向上にも寄与する。

既存のモルタルは下地に

一方、築年数の古い木造住宅は、通気層のないモルタル外壁が多い。理想的には外壁をすべて解体し、建物外周に耐力面材を貼って通気層を設けるのが理想だが、費用が増大するので、こちらも再塗装（シリコン樹脂塗料）が基本となる。ただし内部結露の可能性があるので、調湿気密シートの採用を検討する。サッシを交換する際は、解体範囲を最小限に留めて、止水処理を確実に行うことが重要だ。意匠性を高めたいのであれば、モルタルの上に塗り壁「ジョリパット」（アイカ工業）で美しく化粧直ししてもよい［②］。

また、アスベストが含まれている場合などで、外壁材の上に胴縁を打って仕上げ材を張る方法もある［③］。この場合、外壁材の選択肢としては窯業系サイディングもしくは金属系サイディングとなるが、重量や既存下地に対する釘の保持力という観点において、後者がお薦めである。

［中西ヒロツグ］

① 屋根はできるだけ軽量に

既存の瓦屋根をガルバリウム鋼板横葺き（下屋は立はぜ葺き）に変更して、耐久性向上と建物の軽量化を実現した「滝野川の家」。内部に耐力壁を大幅に追加することなく、元の雰囲気をそのまま残した

② モルタル外壁の化粧直し

モルタル外壁の状態に問題がなかったので、それを下地として「ジョリパット」を上塗りした「結城の家」。しっくい調で、濃いブラウンで仕上げた柱・窓枠との対比を強調した

③ 改修前の趣を残す

Before　　After

既存の押出し成形セメント板は状態に問題がなかったものの、アスベスト入りだったので、それを下地として縦胴縁を打ち、改修前の見た目と同じような雰囲気のガルバリウム鋼板「SF-ビレクト（現SP-ビレクト）」（アイジー工業）で仕上げた「西調布の家」。色はネオホワイトを採用した

Part 6

キッチン改修の発想術

既存の土間を生かして段差のあるLDKとした「滑川H邸」のリビング・ダイニングからキッチンを見る。段差は20㎝。ダイニングテーブルの椅子に座ったときの目線とキッチンで立ったときの目線の高さが近くなり、住人どうしの親近感が高められる［75頁参照］

リノベーションでは、クライアントの生活に変化をもたらすという意味において、キッチンの重要性は非常に高い。具体的な改修手法としてまず思い浮かぶのが、使い勝手のよい設備の導入や、壁面のI型キッチンを対面式へと変えること、などである。

しかし、いっそうの差別化を図るのであれば、もう一歩踏み込むべきであろう。クライアントの家族構成や食生活のあり方、料理の頻度などを細かく読み解き、ダイニングや周辺空間まで一度間取りを解体し、最適なキッチンレイアウトへと落とし込んでいくというスタンスが求められる。

採用する設備のグレードによって、全体の工事費が大きく左右されるというのも忘れてはならない。コストコントロールも重要なテーマになる。費用が高くなりがちなオーダーキッチンだけに頼らず、造作工事や既製品の利用などで対応するケースも多い。

今回は、リノベーションの成否を握るといっても過言ではないキッチンについて、その発想法と設計・施工術について紹介したい。クライアントの満足度が確実に上がるパントリーの提案や、マンションで悩ましい問題となりがちな露出配管の対処法についても触れる。

図1　木造戸建てでローズドキッチンをオープンキッチンに

勝手口の位置に合わせるように、1階の奥に配置されていた改修前の台所。居間・食堂と間仕切られているほか、空間自体もかなり薄暗い

キッチンからリビング・ダイニングを見る。レンジ廻りはキッチンからの油や煙がリビング・ダイニング側に行き渡らないように、コンロの前には強化ガラスの壁を設置

ガスコンロ、シンクなどのキッチン本体はオーダーキッチンとする一方、キッチン前面カウンターは大工造作とした。キッチンとダイニングを区切る役割も担う4m以上の長さのカウンターは、白いモザイクタイルで仕上げている

各部屋が細かく仕切られているほか、キッチンが北側に配置され完全に孤立している築年数の古い木造戸建住宅に多い間取り

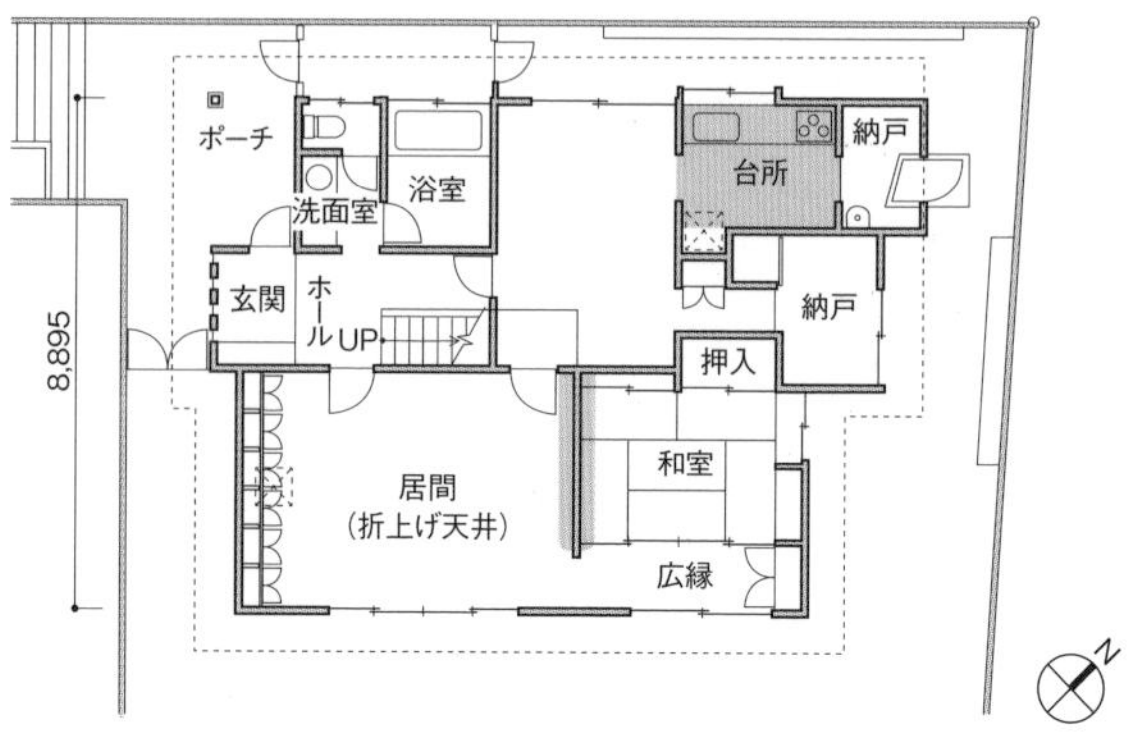

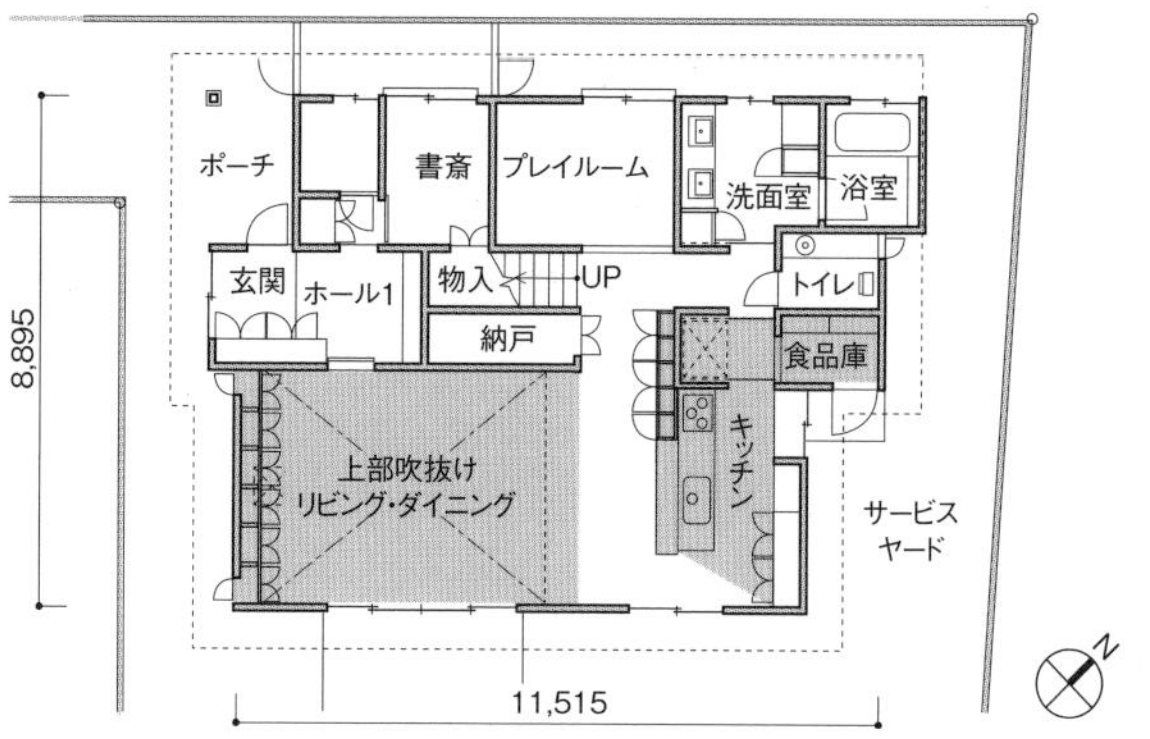

キッチンを移動して大きなLDKとしたほか、玄関から直接階段で2階にアクセスするのではなく、リビングを経由しないとたどり着けない折り返し階段に変更

平面図［S＝1：250］

オープンキッチンと内装制限

木造戸建住宅のリノベーションにおいて、王道ともいえるのがクローズドキッチンからオープンキッチンへの変更であろう。一般的にキッチンは日当たりの悪い北側に配置されていることが多いので、南側のリビング・ダイニングと一体化すれば、劇的な変化が感じられる［**42・43頁参照**］。さらに、「田園調布F邸」のように、LDKを介さないと玄関と2階を行き来できないように階段の配置や形状を工夫すれば、家族のコミュニケーションも取りやすくなる（ここでは折返し階段としている）［**図1**］。

一方、オープンキッチンに変更するには、建築基準法における火気使用室の内装制限に注意。2階建て戸建住宅で1階をLDKとする場合は、ガスコンロを採用すると、空間全体が火気使用室となり、壁や天井の内装に木材などが自由に使用できなくなるので、適切な対処法が求められる（ここでは緩和規定を適用してリビング・ダイニングの仕上げをシナ合板とした）［**148頁参照**］。加えて、ガスコンロを壁際ではなく、リビング・ダイニング側に配置する場合には、**図2**と同様に、油や煙がリビング・ダイニング側に行き渡らないようにしたい。

［各務謙司・中西ヒロツグ］

図2　マンションでクローズドキッチンをオープンキッチンに

壁と天井をアイスグレーで仕上げ、クールでスタイリッシュにしつつ、既製品のキッチンを採用したので、腰壁で隠し、背面収納と合わせて色味に統一感を持たせた。腰壁（カラーガラス）の天板（クォーツエンジニアードストーン）の取合いには間接照明を仕込み、華やかさを演出

キッチンは、機能性を重視するがゆえに、照明器具が増え、天井のデザインが雑然としたものになりがち。ここでは、エアコンの吹き出し口に合わせて、天井に1本の帯状のメラミン材を流し、ダウンライトを取り付けるようにした

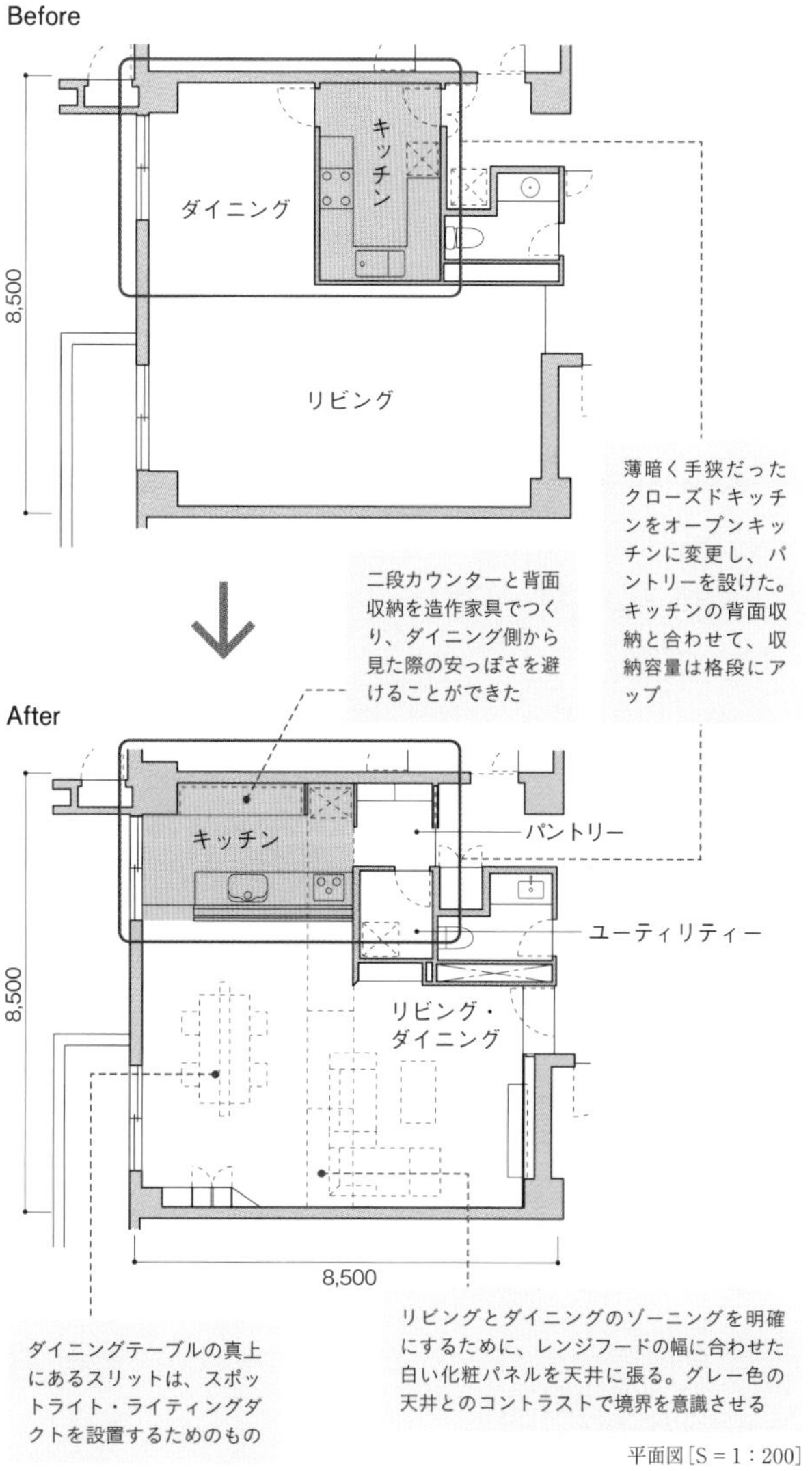

Before
キッチン
ダイニング
リビング
8,500
薄暗く手狭だったクローズドキッチンをオープンキッチンに変更し、パントリーを設けた。キッチンの背面収納と合わせて、収納容量は格段にアップ
二段カウンターと背面収納を造作家具でつくり、ダイニング側から見た際の安っぽさを避けることができた
After
キッチン
パントリー
ユーティリティー
リビング・ダイニング
8,500
8,500
ダイニングテーブルの真上にあるスリットは、スポットライト・ライティングダクトを設置するためのもの
リビングとダイニングのゾーニングを明確にするために、レンジフードの幅に合わせた白い化粧パネルを天井に張る。グレー色の天井とのコントラストで境界を意識させる

平面図［S＝1：200］

オープンキッチンでは油はねに注意

マンションでも、クローズドキッチンは敬遠される傾向が強く、オープンキッチンを提案することは多い。ただし、クローズドキッチンの「油はねや匂いがダイニングに廻りにくい」「片付けしにくいキッチン内を来客から隠せる」という利点は、尊重したい。

「一番町Y邸」ではダイニングで食事だけでなく勉強もする子どもたちの様子を見ながら調理ができるオープンキッチンを実現したが、ガスコンロ前にはレンジフードとデザイン的に絡めたガラス壁を設けることで、油はねや臭いの拡散を避けている［図2］。キッチン本体は既製品のシステムキッチンを使っているが、ダイニング側にキッチン本体より200㎜高い二段カウンターを設け、かつ背面収納を造作。システムキッチンの無機的な味気無さを消して、空間に馴染ませている。

二段カウンターは、質感のあるクオーツエンジニアードストーンの甲板と透明感のあるカラーガラスの腰壁。腰壁はLED間接照明で煌びやかに演出している。キッチンの奥には収納量のある通り抜け型パントリー、洗濯作業ができるユーティリティーも設け、家事動線をまとめた。［各務謙司］

図3　キャビネットを利用した横引き配管の壁付けロングキッチン

水廻りボックスの壁面は、冷蔵庫と色を合わせた淡いグリーンで着色。冷蔵庫をボックス内に格納することで壁面の凹凸がなくなり、スッキリとした印象を受ける

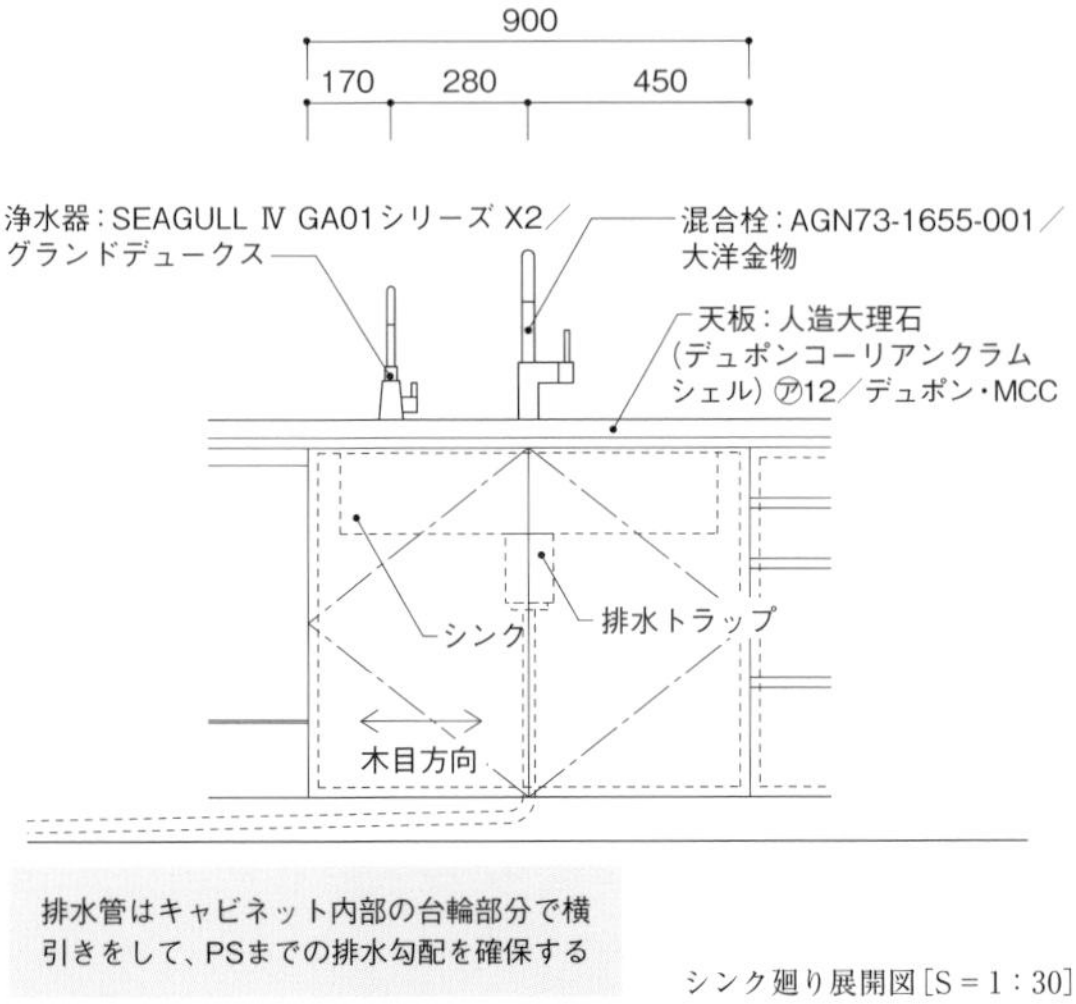
900
170
280
450
浄水器：SEAGULL Ⅳ GA01シリーズ X2／グランドデュークス
混合栓：AGN73-1655-001／大洋金物
天板：人造大理石(デュポンコーリアンクラムシェル)㋐12／デュポン・MCC
シンク
排水トラップ
木目方向
排水管はキャビネット内部の台輪部分で横引きをして、PSまでの排水勾配を確保する

シンク廻り展開図[S＝1：30]

洗面とキッチンの段差をバックガードの立上りに合わせてまるで一体成形したように見せている。カウンター素材の人工大理石にスリットを彫り込んでおき、ガラスを差し込んでいる

リビング・ダイニングから水廻りボックスを見る。水廻りボックスを囲むよう天井を折り上げて端部にRを付け、コーブ照明で華やかに演出している

家具内で排水管を引き回す

北側に外廊下があり、南面にリビングがある形式のマンションでは、専有部分の中央に廊下が1本通り、その両側に寝室と水廻りがレイアウトされるという画一的な間取りになりがち。全体の部屋面積の配分を考えると、廊下の面積は大きい。廊下の面積を最小限とするには、キッチンと洗面部分に1本の機能廊下を通し、ダイニングからリビングへと回遊動線を設けるというプランが浮上する[19頁参照]。退屈で暗い廊下はなくなるほか、PSを中心に水廻りを再配置すると、大きな水廻りボックスが空間のコアとなる。

　このとき、悩ましい問題となるのが水廻り移設の制限である[36頁参照]。ただし、排水管を横引きとしてキャビネット内に隠せば、一定以上の排水勾配が確保できるので、水廻りの配置は比較的自由になる。「神戸M邸」では、壁面にキッチンと洗面を兼ねるロングカウンターを設けて、キャビネット内の台輪部分で排水管を横引きした[図3]。長さが8mにもおよぶカウンターの面材は、シームレスで一体に見える人造大理石を利用。特注のダイニングテーブルも同素材でつくり、一体感を高めている。

[各務謙司]

図4　昔ながらの土間を生かした段差のあるLDK

Before

改修前の土間はうまく活用されておらず、単なる物置であった。室内側との大きな段差(400mm)も確認できる

After

通り土間を利用した、収納スペースも十分に確保されたキッチン。天井は羽目板張りの勾配天井として梁の一部が見えるような設えとしている

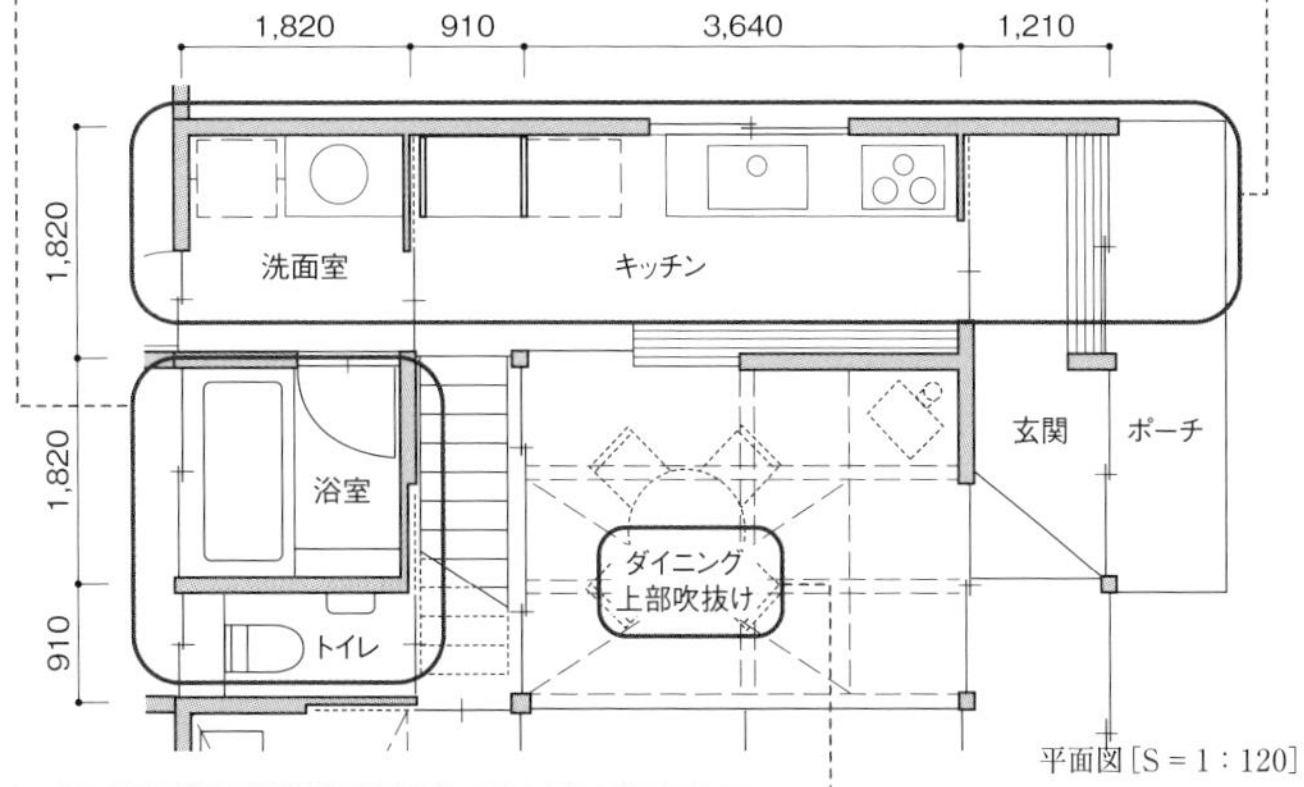
改修前にはトイレ・浴室がなかったので洗面室に接するスペースに新設
通り土間の間口を利用してキッチンと洗面室が隣り合うスペースを設置。ダイニングとの床レベルは−200mmで設定
1,820
910
3,640
1,210
1,820
1,820
910
洗面室
キッチン
浴室
トイレ
ダイニング上部吹抜け
玄関
ポーチ
吹抜けは住戸内の空気を循環させる機能ももち合せている

平面図[S＝1：120]

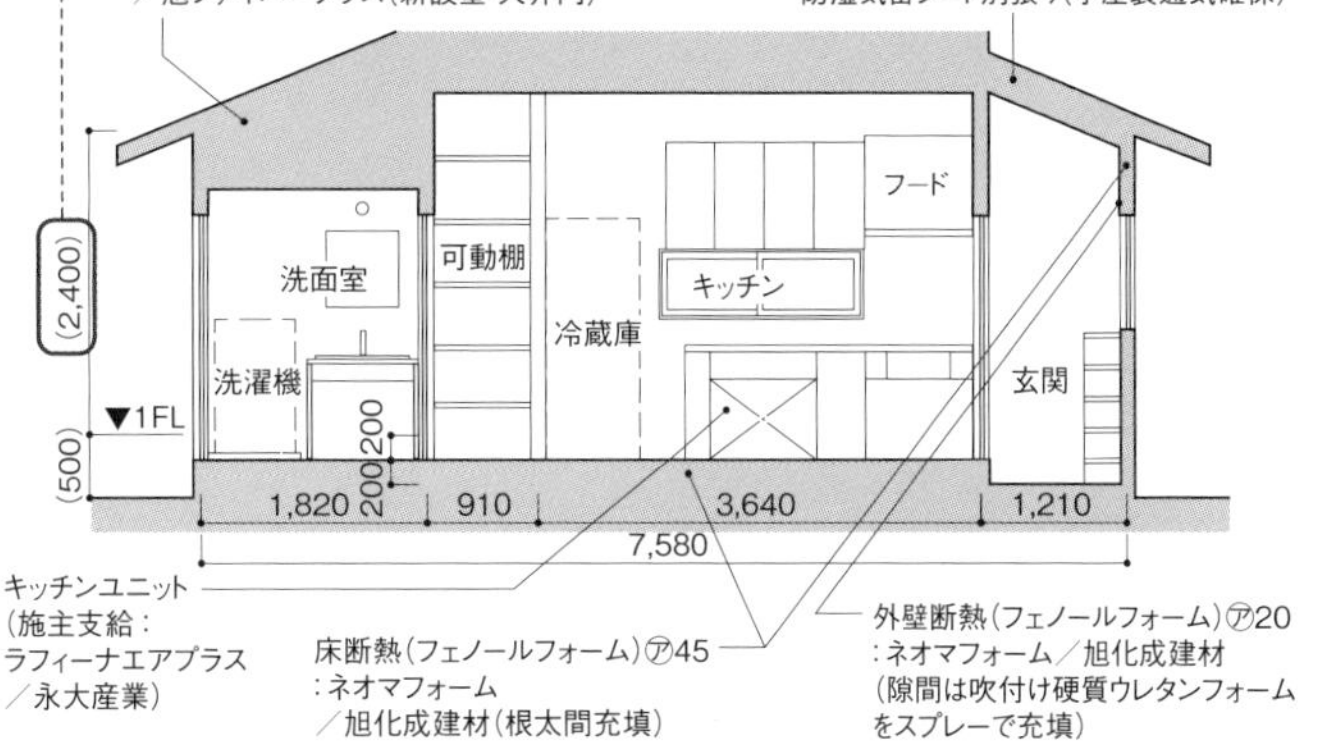
キッチンの最低天井高は2,400mm。キッチンの床レベルをさらに200mm上げると、天井高は2,200mmとなってしまう
外壁や屋根の断熱性能を引き上げることで、水廻り空間の温熱環境を安定的なものとした
天井断熱(高性能グラスウール20K)㋐105
:アクリアマットα
／旭ファイバーグラス(新設壁・天井内)
屋根断熱(高性能グラスウール20K)㋐155
:アクリアマットα
／旭ファイバーグラスの上、
防湿気密シート別張り(小屋裏通気確保)
(2,400)
▼1FL
(500)
洗面室
洗濯機
可動棚
冷蔵庫
フード
キッチン
玄関
200
200
1,820
910
3,640
1,210
7,580
キッチンユニット
(施主支給：
ラフィーナエアプラス
／永大産業)
床断熱(フェノールフォーム)㋐45
:ネオマフォーム
／旭化成建材(根太間充填)
外壁断熱(フェノールフォーム)㋐20
:ネオマフォーム／旭化成建材
(隙間は吹付け硬質ウレタンフォーム
をスプレーで充填)

断面図[S＝1：120]

段差で目線の高さを操作

古民家に共通する特徴として、建物の奥行いっぱいに広い通り土間が設けられている点がある。そのスペースは、かつては作業場や物置に使われていたため、大抵雑然としている。有効に活用しない手はない。「滑川H邸」では、建物の東側に位置していた奥行1千820mm、幅6千370mmの通り土間を利用して、キッチン・洗面室を一体化した水廻りスペースを設けている[図4]。

注意したいのが居室との床段差。木造戸建住宅では通常450〜600mmの段差があるが、居室との床レベルをそろえようとすると、水廻りスペースの天井高が不足するおそれがある。そこで床下の給排水管スペースを確保するためにも、200mm程度(階段1段分)、水廻りスペースの床をかさ上げするとよい。

居室との床段差は、ダイニングテーブルに座っている人とキッチンで立って作業をしている人の視線の高さがそろう、という効果をもたらし、空間を緩やかに分節する。一方、水廻りの床をかさ上げした分は床断熱を行い、冬場の冷気でキッチンでの作業がおっくうにならないように配慮したい。天井も梁を生かしながら、断熱も確実に行いたい。　[中西ヒロツグ]

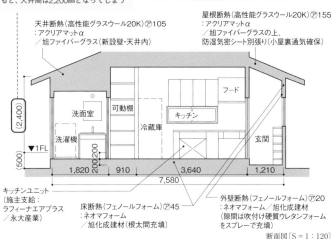

図5　既製品をオープンキッチンで採用する際は色合わせが重要

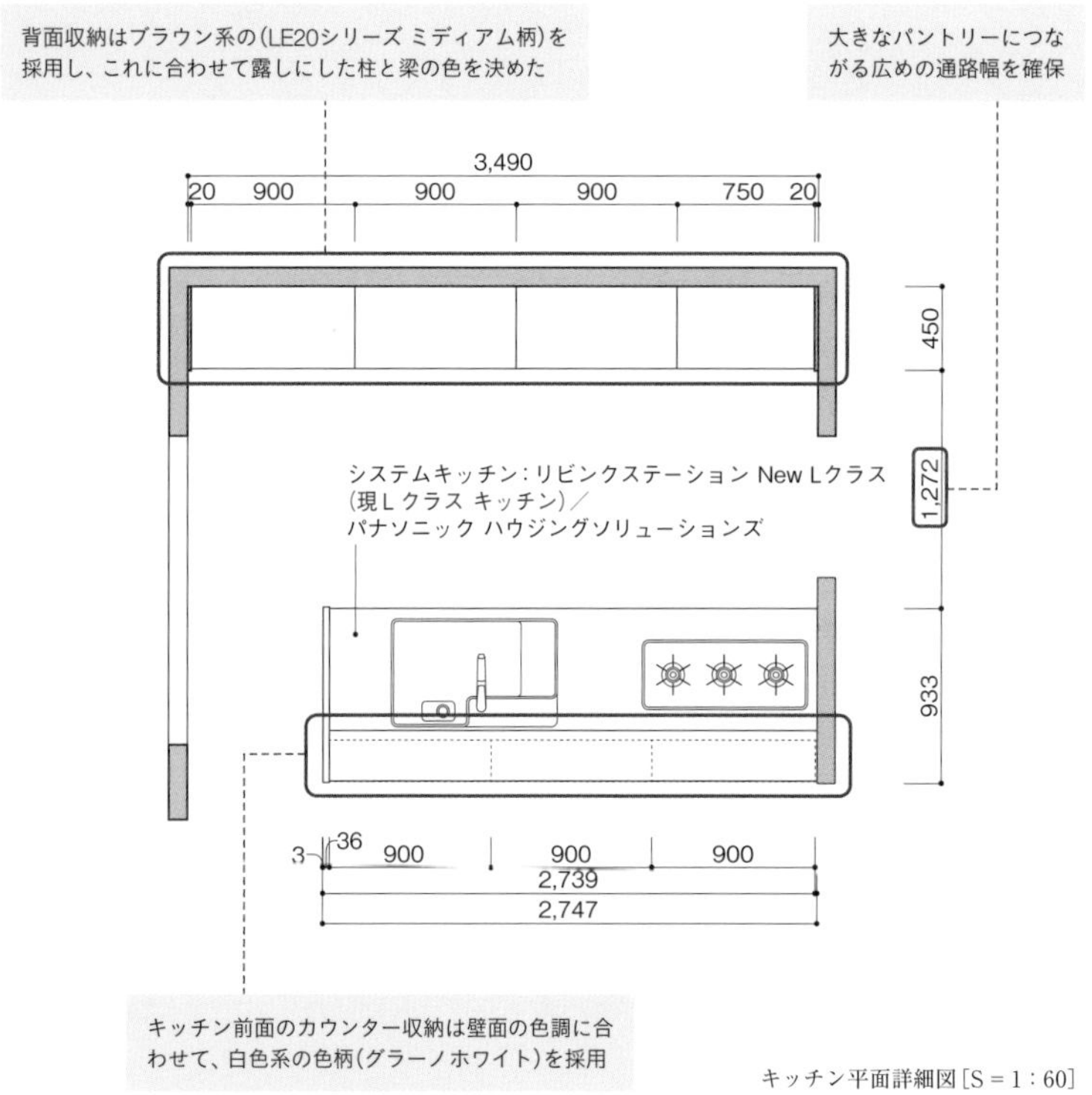
背面収納はブラウン系の(LE20シリーズ ミディアム柄)を採用し、これに合わせて露しにした柱と梁の色を決めた
大きなパントリーにつながる広めの通路幅を確保
3,490
20　900　900　900　750　20
450
1,272
933
システムキッチン：リビンクステーション New Lクラス(現L クラス キッチン)／パナソニック ハウジングソリューションズ
3　36　900　900　900
2,739
2,747
キッチン前面のカウンター収納は壁面の色調に合わせて、白色系の色柄(グラーノホワイト)を採用

キッチン平面詳細図［S＝1：60］

キッチンの隣は改修前、仏間(和室)として使用されていたが、大きなパントリー(家事室)に変更。広さは8.28㎡。背面収納と合わせてかなりの収納容量を実現している

水栓金物はカウンターの高さよりも低いので、ダイニング側からは見えない。カウンターの立上りにはハンガーレールを取り付けておくと便利

ダイニングからキッチンを見る。背面収納の色は柱・梁の色と、キッチンカウンターの色は壁・天井の色と調和しており、既製品の採用による違和感はない

既製品の背面収納は色が重要

キッチンはクライアントの要望や思い入れが強い部分のひとつである。すでにお気に入りの既製品のシステムキッチンの目星をつけていることも少なくなく、あえてオーダーキッチンを提案するには、十分な説得力が求められる。とりわけ、面材や機器にこだわらなければ、既製品のシステムキッチンは、機能や価格面ではかなり魅力的。また、いずれキッチンは取替えが必要になることを想定すると、納まり的にも汎用性があったほうが都合はよい。

ただし、オープンキッチンで既製品を採用する場合は、LDK全体のイメージに大きく影響を及ぼすので設計者ならではの視点が求められる。まず、キッチンがあまり主張しすぎないようにしたい。これには、造作でカウンターを設ける方法［73頁参照］、イメージに合う対面型カウンターの既製品を選ぶ方法［図5］のいずれかとなる。これであれば既製品でも違和感なく空間になじませることができる。

一方、ダイニング側から見える背面収納は、全体イメージに合わせた素材や色で統一感を図ろう。「結城の家」では露しにした梁の色と合わせてブラウン系とした。

［中西ヒロツグ］

図6　満足度が確実に上がるパントリーの提案

① デスクワークも可能なパントリー

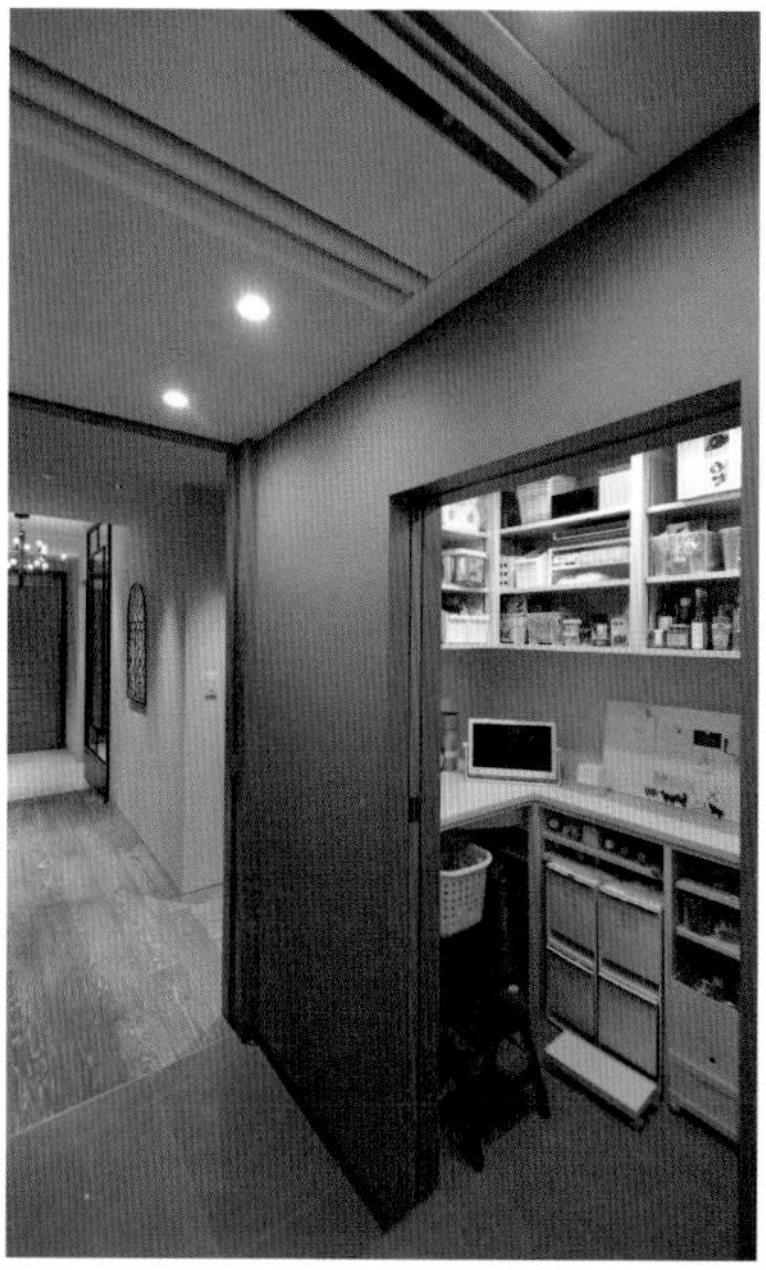

玄関からキッチンに通じる位置に設けた大きなパントリーのある「渋谷区Q邸」。オープンキッチンをすっきりと見せられるほか、デスクスペースも設けて作業ができるようにしている。引込み戸付きで、収納物が玄関や廊下から見えないようにも配慮にも配慮。

［各務謙司］

Before

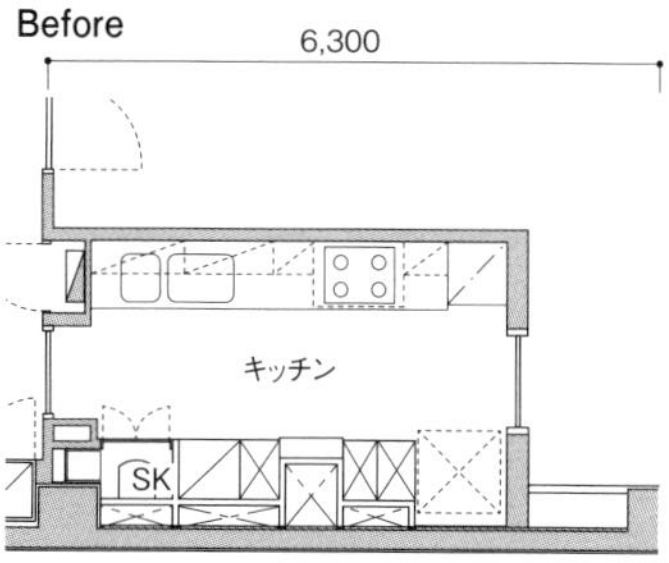
6,300
キッチン
SK

After

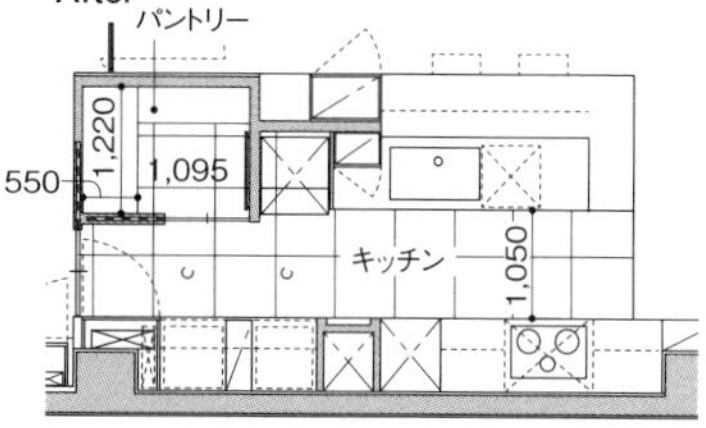
パントリー
1,220
1,095
550
キッチン
1,050

クローズドキッチンをオープンキッチンに変えたほか、通路幅を必要最小限に狭くして（1,270㎜から1,050）、大きなパントリーを設けた

平面図［S＝1：150］

② クロゼットの一部をパントリーに

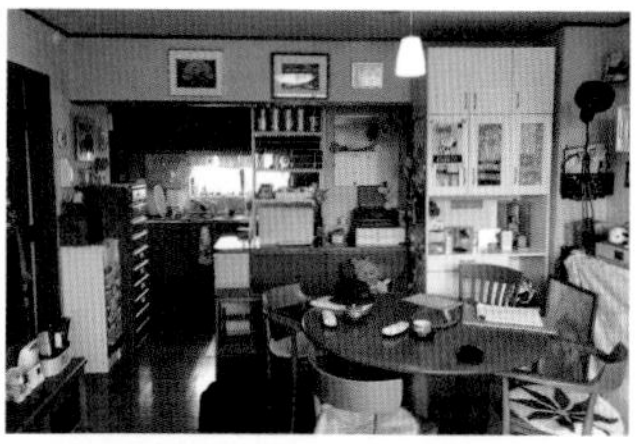

オープンキッチンにおけるデメリットの1つが、キッチン廻りにモノが溢れて、空間全体が雑然としてみえてしまうこと。「宇奈根の家」ではキッチンの前面にカップボードが設置されており、ダイニングの広さを圧迫していた。

改修後のキッチンよりパントリーを見る。パントリーの中にモノが整然と収納されてることが分かる。ダイニング側に造作で設けたカウンター下も収納スペースとして活用。キッチンとパントリーの天井仕上げはともに羽目板張りなので、空間が一体感が生まれている。　［中西ヒロツグ］

Before

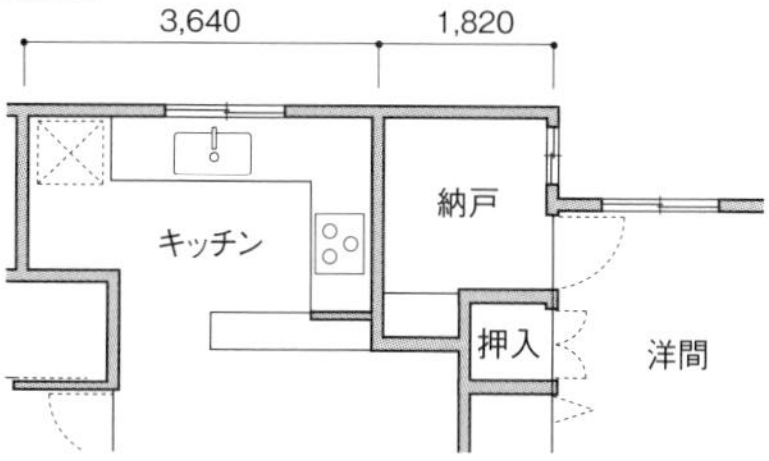
3,640
1,820
キッチン
納戸
押入
洋間

キッチンは手狭で収納スペースが少なく、間仕切壁越しには、必要以上に大きな納戸が設けられていた

After

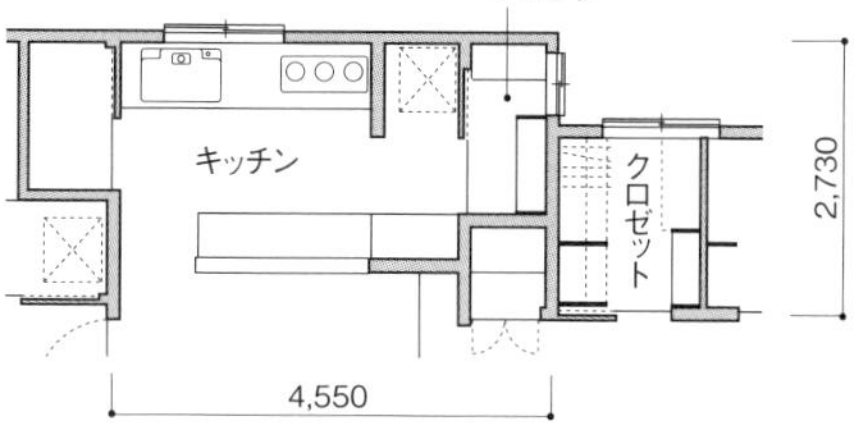
パントリー
キッチン
クロゼット
2,730
4,550

間仕切壁を撤去して納戸をキッチンとパントリーに変更している。パントリーの出入り口には上吊りの引込み戸を設置

平面図［S＝1：150］

COLUMN

露出する共用竪配管は化粧柱として生かす

共用竪配管は被覆可能？

　マンションの専有部分内にあるPSには2つの種類がある。1つは内部に共用竪管が通るPSで、もう1つは専有部分であるエアコンのドレイン管や冷媒管が通るPSだ。

　前者は水廻り周辺にあることが多く、マンション竣工時の登記面積図にて、PS部分が専有部分から除外されている場合は、PSそのもの（内部の竪管だけでなく、周りを囲んだ壁も含む）が共用部分に該当するので、基本的に手を加えられない［146頁・※］。間取りの変更によって空間内に露出してしまう場合は、造作家具の中に隠ぺいするようにデザインして、部屋の中央に四角い柱が残ることを何とか避ける程度の処理しかできない。

　一方、登記面積図からPSが除外されていない場合は、竪管のみが共用部分になるので、竪管の周りを囲んだ壁はつくり直すことが可能。内部の竪管の周りを造作材で被覆して、独立柱のように見立てて、インテリアのアクセントとして生かすという方法がある。後者は外周部に多く、PSも内部配管も専有部分に該当するので、ドレン管の排水勾配さえ満たせば、移動することは可能だ。

化粧柱は下地で遮音対策

　広々としたワンルームのLDKにアイランドキッチンを設けた「杉並区S邸」では、竪管（排水管）が空間の中央部を貫通するようになっていたため、共用竪管を内包する白い丸柱がキッチンカウンターを貫通するようなダイナミックな設えを提案した［①］。水道工事に使うVU管を使って、最小寸法で円形シャフトを造作している。VU管は硬質塩化ビニールの肉薄管で経済的（安価）、軽量で扱いやすく、強度も信頼できる。

　最終的には、VU管の周りに厚さ15㎜の合板を割いた木下地を取り付けた後に、曲げ合板を木下地にビス止め（2枚張り）。その上から、強度と柔軟性（水で濡らすと自由に曲げることが可能）、遮音性に優れる石膏ボード「エフジーボード」（エーアンドエーマテリアル）を巻き付け、塗装（EP）で仕上げている。キッチンカウンターと円柱は隙間なく取り合っているので、円柱はキッチンの一部にしか見えない。

　「駒沢X邸」では、玄関ホール周りに露出した竪管を造作家具屋に作って貰った人工レザー巻きの枠材でカバー［②］。上質な造作家具が据え付けられているような設えとなっている。「エフジーボード」を使った現場造作は大工手間と工事日数が掛かる一方、造作家具の組み立ては、工程の大幅な短縮は可能だが、費用は3倍ほど掛かる。

　竪管が排水管の場合は、内部に排水が流れるたびに水が流れる音がするので、キッチンや部屋中に柱型にして見せる場合、遮音対策は忘れてはならない。重量のあるものを竪管に巻くことが一番遮音的に有効となるので、鉛を帯状に巻きつけるケースが多い。

［各務謙司］

① 竪管を内包する白い柱

ドイツ製の高級オーダーキッチンのアイランドカウンターを力強く貫く白い丸柱。天板のクオーツエンジニアドストーン、収納扉面材のオリーブ突板とのほどよい対比が感じられる（上）VU管の厚みだけでは曲げ合板を固定するには脆弱なので、ビスが効くように下地を組んでから曲げ合板を張り付けている（下）

② レザー巻きの造作棚のような柱

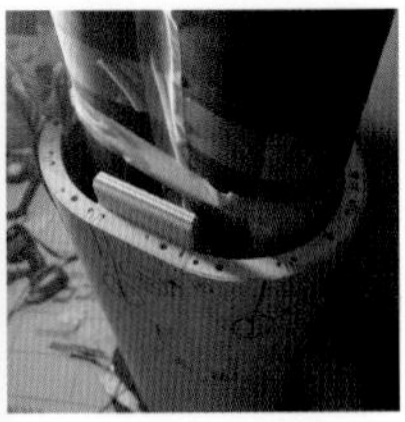

竪管を隠ぺいした人工レザー仕上げの化粧柱がアクセントとして映える「駒沢X邸」。灰桜のような淡い色合いは、洋館を思わせる木製建具と調和している（左）。特注で製作した枠材（シナランバー）。取り付け時には2分割して竪管を包み込む（右）

※　最上階住戸には上階からの排水管は理論的にはないものの、排水管からの通気管がPS内を通っており、これも移設禁止なので注意が必要

Part 7

失敗しない浴室・洗面室・トイレの改修

「渋谷R邸」の浴室。浴槽は独カルデバイの鋼製ホーロー浴槽。壁・床は大理石調の磁器質タイル仕上げとしている。洗面から浴室の扉と、浴室からサウナへの扉をステンレス枠と強化ガラスで製作[86頁参照]

浴室は、キッチンとともに、リノベーションのニーズが多い場所である。設計者が差別化を図るためには、浴室も大きな鍵を握っているといえよう。

設計における第一のポイントは、何よりも防水である。マンション・戸建住宅ともに、浴室から下階への漏水が大きなトラブルにつながることを強く意識して設計にあたるべきだ。

防水の観点から判断すれば、特別な要望がない限り、浴室は防水性能の高いユニットバス、ハーフユニットバスの採用を基本とするのがよい。在来工法による浴室のつくり直しは、施工の難易度や将来的な漏水のリスクという観点から、特殊テクニックとしてとらえるべきであろう。

最近では、浴室設計の守備範囲も拡大している。浴室単独のリフォームにとどまらず、ライフスタイルの変化に伴って、浴室・トイレ一体の2インワンルーム、浴室・トイレ・洗面所までを含めた3インワンルームへの対応など、水廻り全体の包括的な提案力が問われるようになってきた。

今回は、リノベーションにおける浴室の設計・施工手法について解説する。最近、富裕層の間で人気の高まる一方のドライサウナの提案に触れておきたい。

図1　浴室の移動には明確な根拠が必要

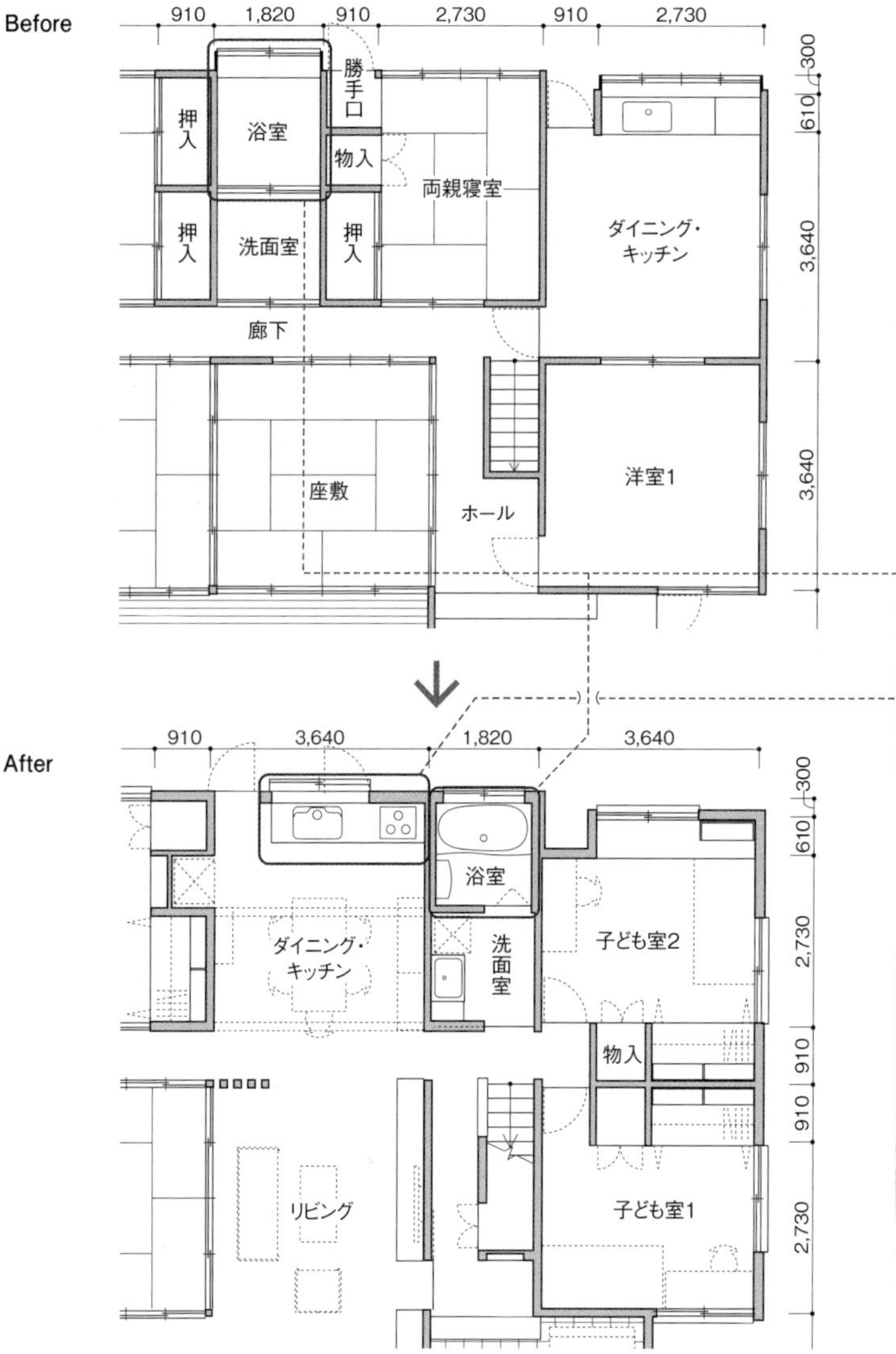
Before
910
1,820
910
2,730
910
2,730
300
610
3,640
3,640
勝手口
押入
浴室
物入
両親寝室
押入
洗面室
押入
ダイニング・キッチン
廊下
座敷
ホール
洋室1
After
910
3,640
1,820
3,640
300
610
2,730
910
910
2,730
浴室
ダイニング・キッチン
洗面室
子ども室2
物入
リビング
子ども室1

もともとの浴室は2世帯が共有するダイニング・キッチンの配置に伴って動線の中央に移動。浴室はヒートショックやメンテナンス性を考慮してユニットバスを採用している

南北につながるようにキッチンを移動して、二世帯が交わる位置にダイニング・キッチンを設けている

ダイニング・キッチンは子ども室に変更。キッチンの出壁を利用して造作収納を設けたほか、小屋組も露しとした

浴室のあった場所にキッチンを移動し、ワンルームのLDKとした［40・41頁参照］

平面図［S＝1：150］

木造の浴室は元の位置が基本

木造戸建住宅では、ゾーニングや間取りに支障がない限りは浴室などの水廻りの大きな移動は得策ではない。

それは排水桝の位置が決まっているため。既存利用の場合、一定の排水勾配（1／50）を得る必要があるので、移動範囲には制約が付きまとう。浴室は1階に配置されていることが多いため、移動するには基礎の改修が必要になる。コスト的にも元の位置を守ってプランニングすることが基本となる。

一方、ゾーニングの観点から浴室の位置を変更するケースもある。「常総の家」では二世帯住宅で浴室を共用するため、両世帯が使いやすい位置に浴室を移動した［図1］。LDKによって、キッチンと浴室の場所を入れ替えることもある［72頁参照］。

デザイン的に浴室は、在来工法でつくり替えたいところ。だが、防水や給排水管の取り回しに課題が残るため、あまりお勧めしていない。構造の耐久性やメンテナンス性を考慮すると、ユニットバスが基本線だ。最近ではデザイン性や断熱性能も高まっており、使い勝手も抜群だ［69頁参照］。個性を表現したいなら、ハーフユニットバスも検討したい［83頁参照］。［中西ヒロツグ］

図2 マンションで浴室を窓際に大きく移動

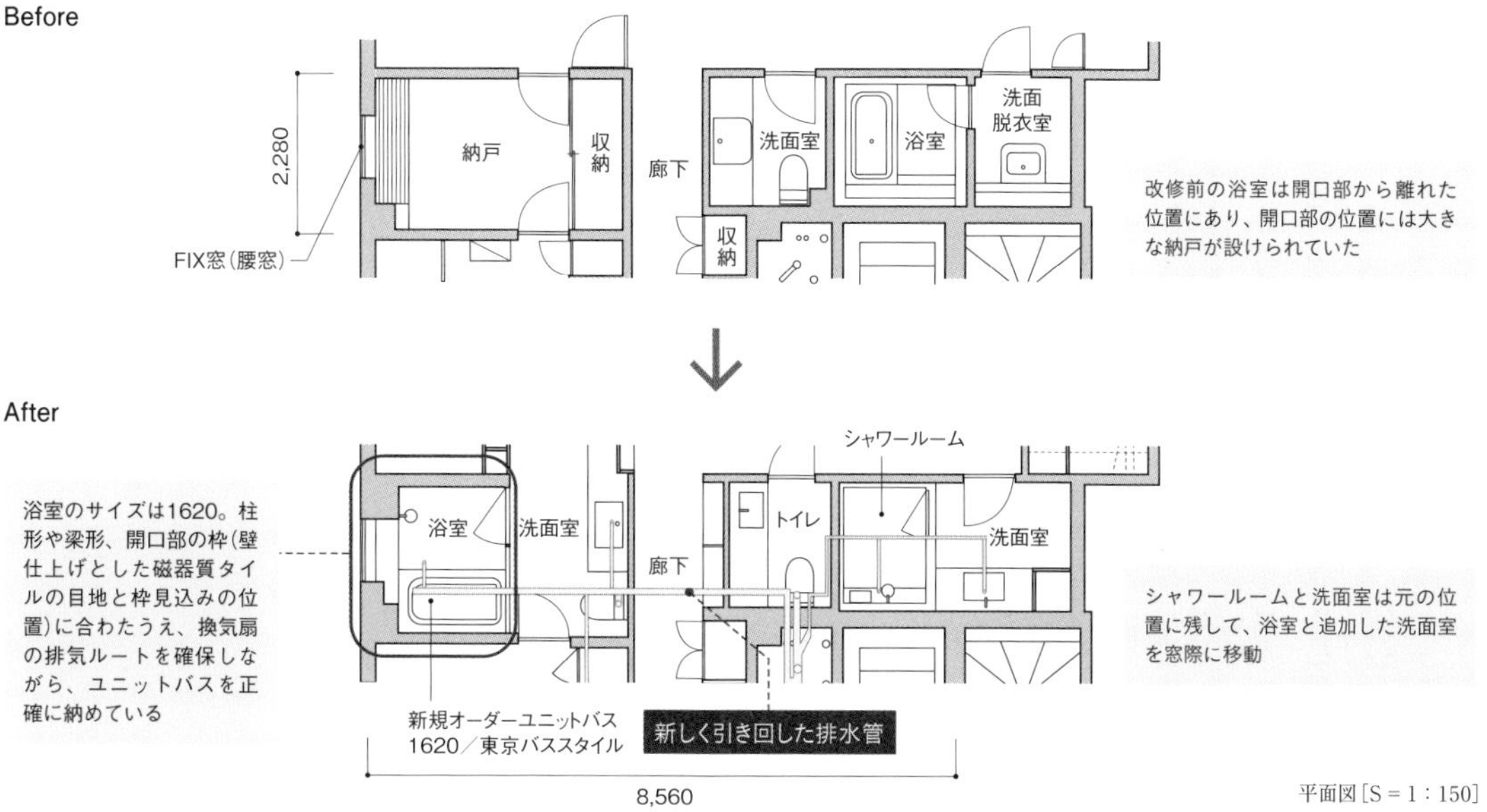
Before
2,280
納戸
収納
廊下
洗面室
浴室
洗面
脱衣室
収納
FIX窓(腰窓)
改修前の浴室は開口部から離れた位置にあり、開口部の位置には大きな納戸が設けられていた
After
シャワールーム
浴室
洗面室
トイレ
洗面室
廊下
浴室のサイズは1620。柱形や梁形、開口部の枠(壁仕上げとした磁器質タイルの目地と枠見込みの位置)に合わたうえ、換気扇の排気ルートを確保しながら、ユニットバスを正確に納めている
シャワールームと洗面室は元の位置に残して、浴室と追加した洗面室を窓際に移動
新規オーダーユニットバス
1620／東京バススタイル
新しく引き回した排水管
8,560

平面図[S＝1：150]

浴室の移設は排水経路の確保次第

マンションの浴室・洗面所は、光も風も入ってこない場所に配置されていることが多いが、窓際に移動することも可能である。「広尾N邸」は、浴室と洗面室、トイレを併設して窓際に配置した例[図2]。主寝室からキッチンへ抜ける動線上にも位置している。自然光で明るくなった浴室に加えて、浴室と洗面の間仕切りのステンレス枠+強化ガラスの窓面で光を通過させることで、水廻り全体が実に開放的だ。

実際にはスケルトンに解体した際、床スラブ上に150㎜厚のシンダーコンクリートが全面に打設されていることが判明。それを排水ルートに沿って溝状に斫れば、浴室+洗面+トイレを窓際に配置できることが分かっていたから実現したプラン。

シンダーコンクリートはバブル期前後に建てられた高級マンションで多用されており、特に水廻りでは在来工法浴室の下地と排水勾配のために大きく嵩上げされていることがよく見受けられる[54頁参照]。その中に給水給湯管・排水管が埋設されていると、水漏れの補修も大工事になる。「広尾N邸」でも既存の排水管はシンダーコンクリート内部に埋め込まれていたので、ルートに沿ってシンダーコンを斫って、排水管を全面交換している。

浴室はオーダーユニットバス(東京バススタイル)。既存の梁形や柱形、窓に併せて内装が美しく仕上げられている

シンダー
コンクリート

手塗りの左官材で床レベルをフラットに調整

浴室のガラス窓から自然光が入り込む洗面室

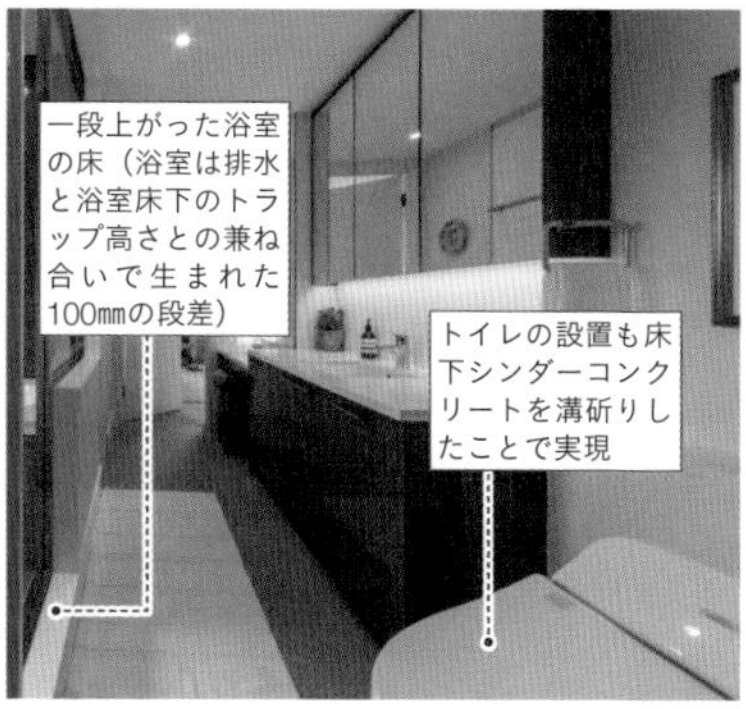
一段上がった浴室の床(浴室は排水と浴室床下のトラップ高さとの兼ね合いで生まれた100㎜の段差)
トイレの設置も床下シンダーコンクリートを溝斫りしたことで実現

図3　寝室とウォークスルークロゼットをつなぐ

ウォークスルークロゼットから、洗面室、浴室を見る。それぞれの空間はガラス扉で仕切られており、視覚的には空間の一体感と奥行感が得られる

ウォークスルークロゼットでは、生活動線を合理的にしただけではなく、飾り棚やガラス張りのアイランド収納を設け、服や装飾品を眺める楽しみをプラスしている

寝室からウォークインクロゼットを見る。RCラーメン造の梁形と柱形を利用して、木質系のフレームを門型に設えつつ、天井はエアコンの吹出し口の高さを利用した折上げ天井とした

Before

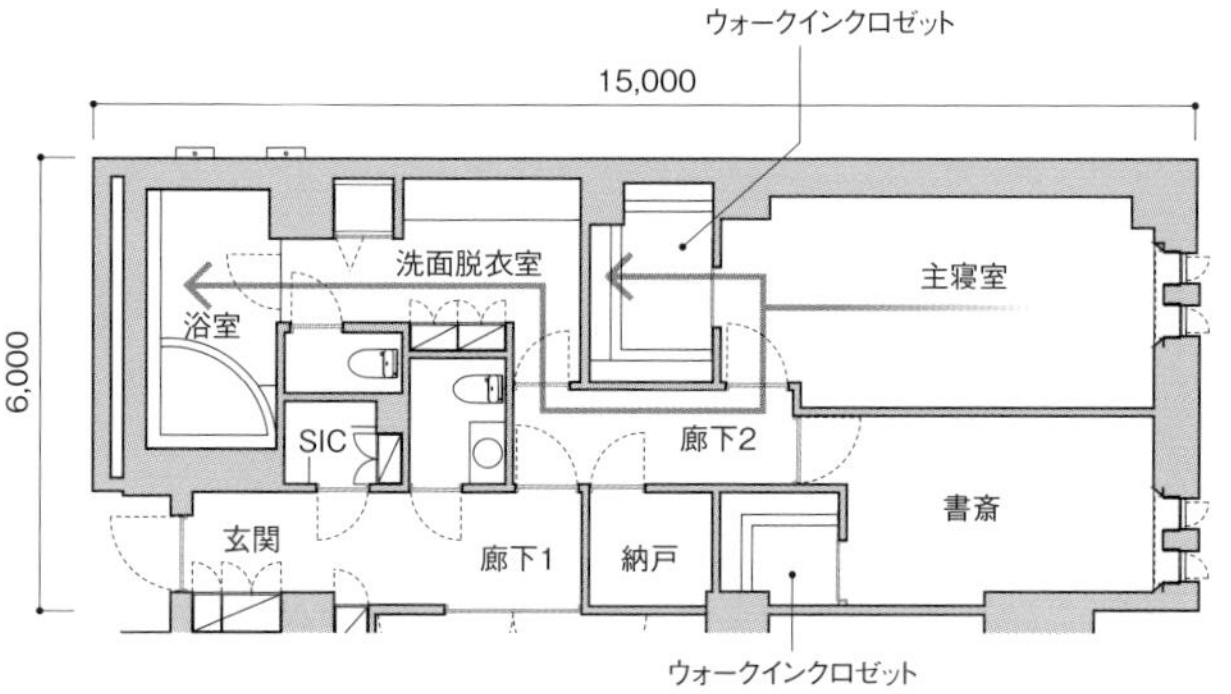

改修前は水廻りとクロゼットの間に間仕切壁があり、寝室から水廻りに行くには、廊下を迂回する必要があった

↓

After

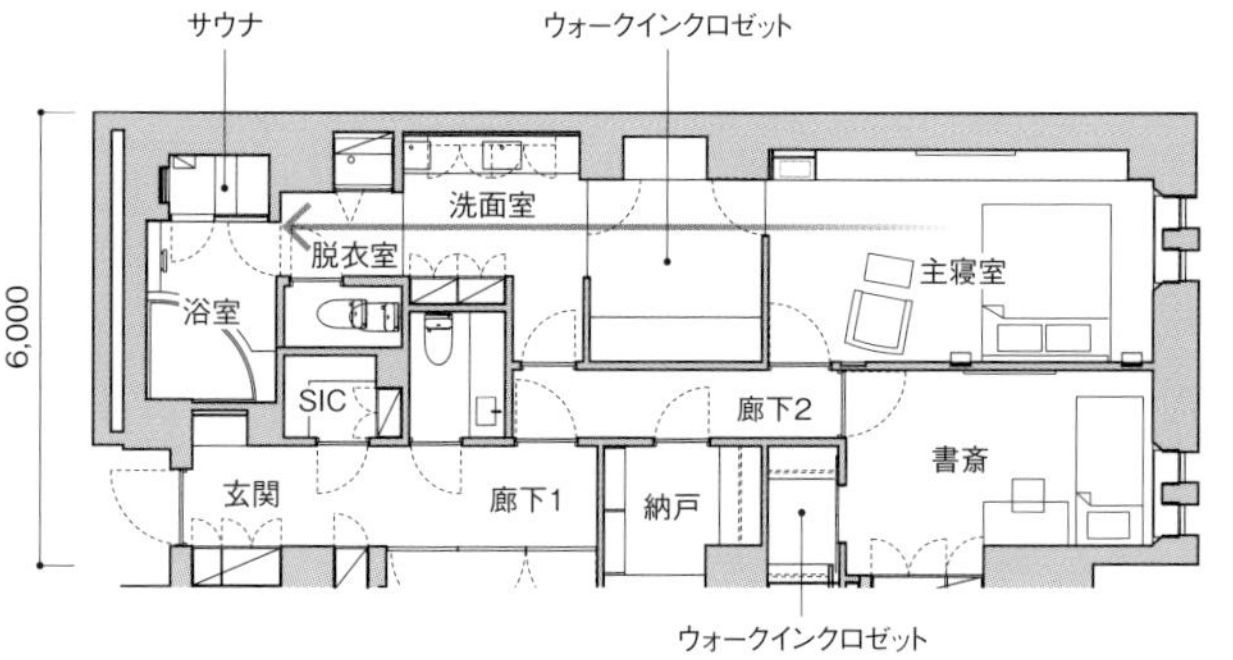

水廻りとウォークインクロゼットの間にある間仕切壁を撤去して、水廻り・ウォークスルークロゼット・寝室がひとつながりにした。ウォークスルークロゼットの面積を大きく確保したほか、浴室にはドライサウナを設けている[86頁参照]

平面図[S＝1：200]

浴室と寝室の間にクロゼット

浴室と洗面脱衣室を動線上に繋げるというプランは余りにも一般的であるが、このプランでは、洗面脱衣室から先は、残念ながら廊下となってしまうことが多いように見受けられる。家族の人数もあって、このような間取りになるのは十分に理解できるが、洗面脱衣室の先を単なる廊下にしてしまうのは、限られた空間の有効活用という点においても実にもったいない。

「南平台N邸」のように、浴室と洗面脱衣室の隣にウォークスルークロゼットを設け、その先に主寝室を配置してみてはどうだろう[図3]。廊下を介することなく、浴室と主寝室を行き来でき、クロゼットで着替えもできるという合理的な間取りである。

もう1つの洋室からは廊下を経由して洗面脱衣室にアクセスするようにはなっているものの、最も頻繁に浴室(ドライサウナ)を使う夫婦の利便性を高めることができた[86頁参照]。浴室から裸にタオルを巻いただけの状態でクロゼットを通り抜けて寝室に行くことができる。それぞれの空間をガラス扉で区切ると、主寝室から浴室に至るまで視線が抜け、空間の付加価値はグッと高まる。

[各務謙司]

図4　ハーフユニットでつくる開口部と間接照明のある浴室

天井のデザインは自由なので、間接照明の利用が可能
タイルと浴槽立上り部分には必ずシーリング処理を行うこと

ハーフユニットバスを採用した「田園調布F邸」の浴室。奥に見えるのは新設した開口部。その開口部と取り合うように鏡を納めていることがデザイン上のポイント。鏡と開口部が一体化することで、広がりを感じさせる

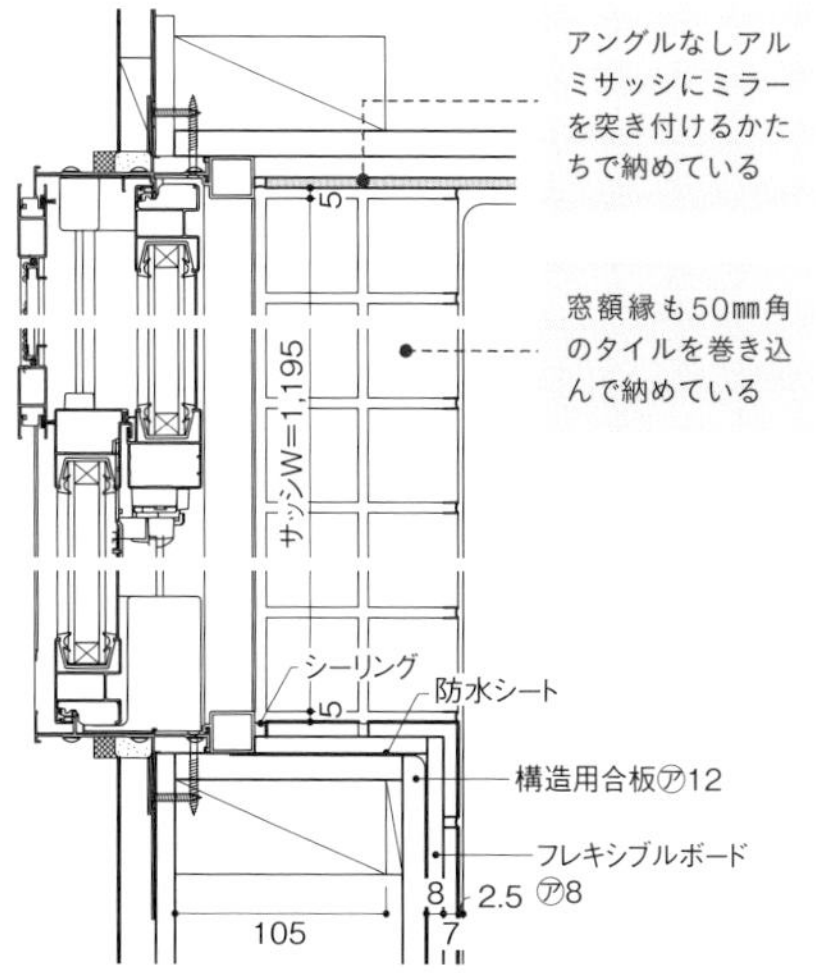

アングルなしアルミサッシにミラーを突き付けるかたちで納めている
窓額縁も50㎜角のタイルを巻き込んで納めている
サッシW=1,195
5
5
シーリング
防水シート
構造用合板㋐12
フレキシブルボード
8
2.5 ㋐8
105
7

窓廻り詳細図［S＝1：8］

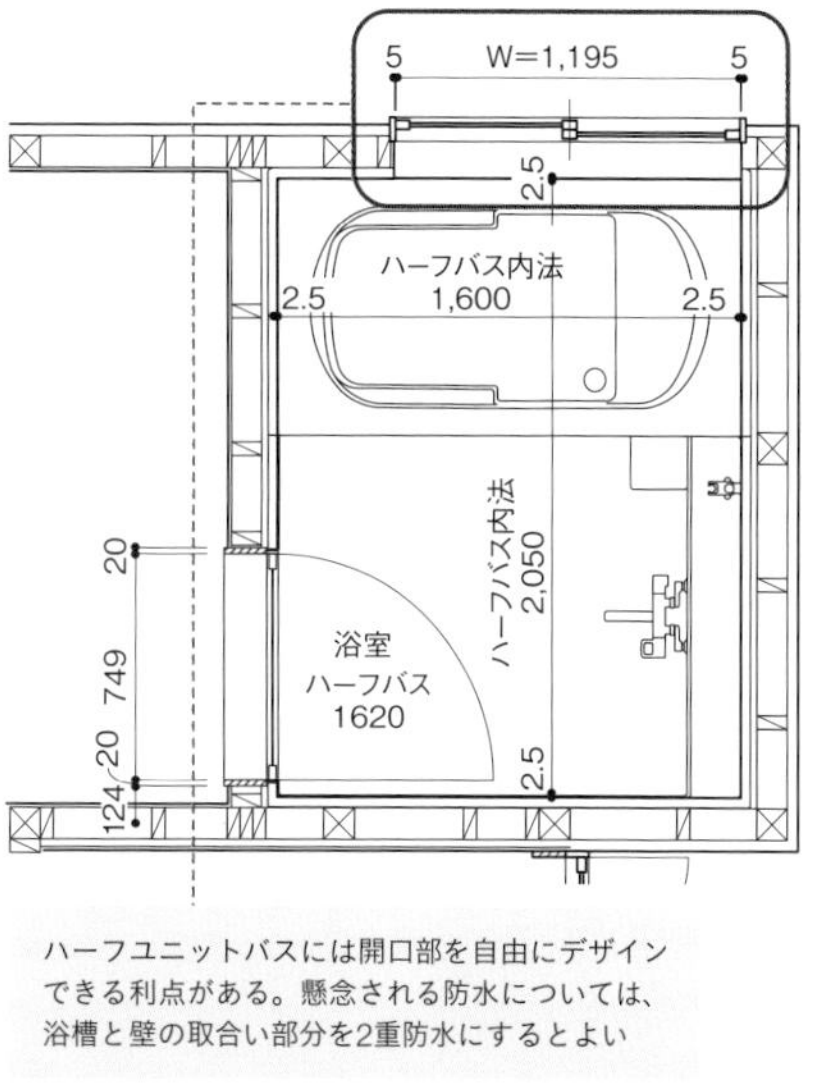

5
W=1,195
5
2.5
ハーフバス内法
1,600
2.5
2.5
ハーフバス内法
2,050
20
749
20
124
浴室
ハーフバス
1620
2.5
ハーフユニットバスには開口部を自由にデザインできる利点がある。懸念される防水については、浴槽と壁の取合い部分を2重防水にするとよい

平面図［S＝1：50］

「田園調布F邸」のように、通常の尺モジュールとは少し違った寸法で既存建物が建てられている場合は、下地合板を先行して張ってしまうと納まらない可能性がある。ここでは、ユニットバスを取り付けてから合板を張る、という順番で施工を行った

ハーフユニットは自由度大

ハーフユニットバスには、壁や天井、開口部を自由にデザインできる利点がある。洗面室との連続性の確保や外部からの採光や眺望、間接照明での演出など、提案の幅は広がる［図4］。

防水性能についてはユニットバスと同等の性能がある（浴槽部分）。筆者の経験では、古い木造戸建住宅でも浴槽から上部が腐朽していることはほとんどないので、デザインの自由度を考慮すれば、最適解といえるだろう。

ただし、浴槽と壁の取合い部分については、防水性能とメンテナンス性を十分に確保しておく必要がある。シーリングや防水シートを二重に納めて、漏水のリスクを可能な限り低減する。羽目板張りとする場合は、壁が先に傷みやすいので、天井勝ちとして、取替えできるように納めるとよい。

以上のように、一見いいことずくめのハーフユニットバスだが、問題もある。それは、取扱いメーカーと製品のバリエーションが少ないことだ。設計者の立場から判断すれば、ハーフユニットバスは理にかなったシステムといえるが、選択肢が限られてしまうことは、悩ましい問題である。今後の商品開発を期待したい。［中西ヒロツグ］

図5　在来工法の浴室を化粧直しする方法

① 御影石の浴槽内側に樹脂製の浴槽を追加

Before

御影石の浴槽と、磁器質タイルで壁を仕上げた「小日向の家」の浴室。在来工法でつくられており、そのやり替えには防水層のつくり直しが必須になるほか、高い防水性能が求められる2階に配置され、大きな窓があったため、冬期はなかなか温まらず、御影石ならではの高級感はありながらも、使用上の問題を抱えていた

After

浴槽の内法（1,400×750）に合わせて新たに樹脂製の浴槽「CERA ORIGINAL COLLECTION／CEY21400V7」（セラトレーディング）を挿入。既存浴室とは浮かせて設置しているので、断熱性能が改善されたほか、エプロン壁などは御影石のままなので、改修前の趣を残した浴室となっている。正面の壁はホテルライクな印象のある石目調磁器質タイル「ピエトレナチュラーレ クリーム」（アドヴァン）仕上げ。［中西ヒロツグ］

② 既存在来工法浴室の模様替えと扉サッシの交換

Before　After

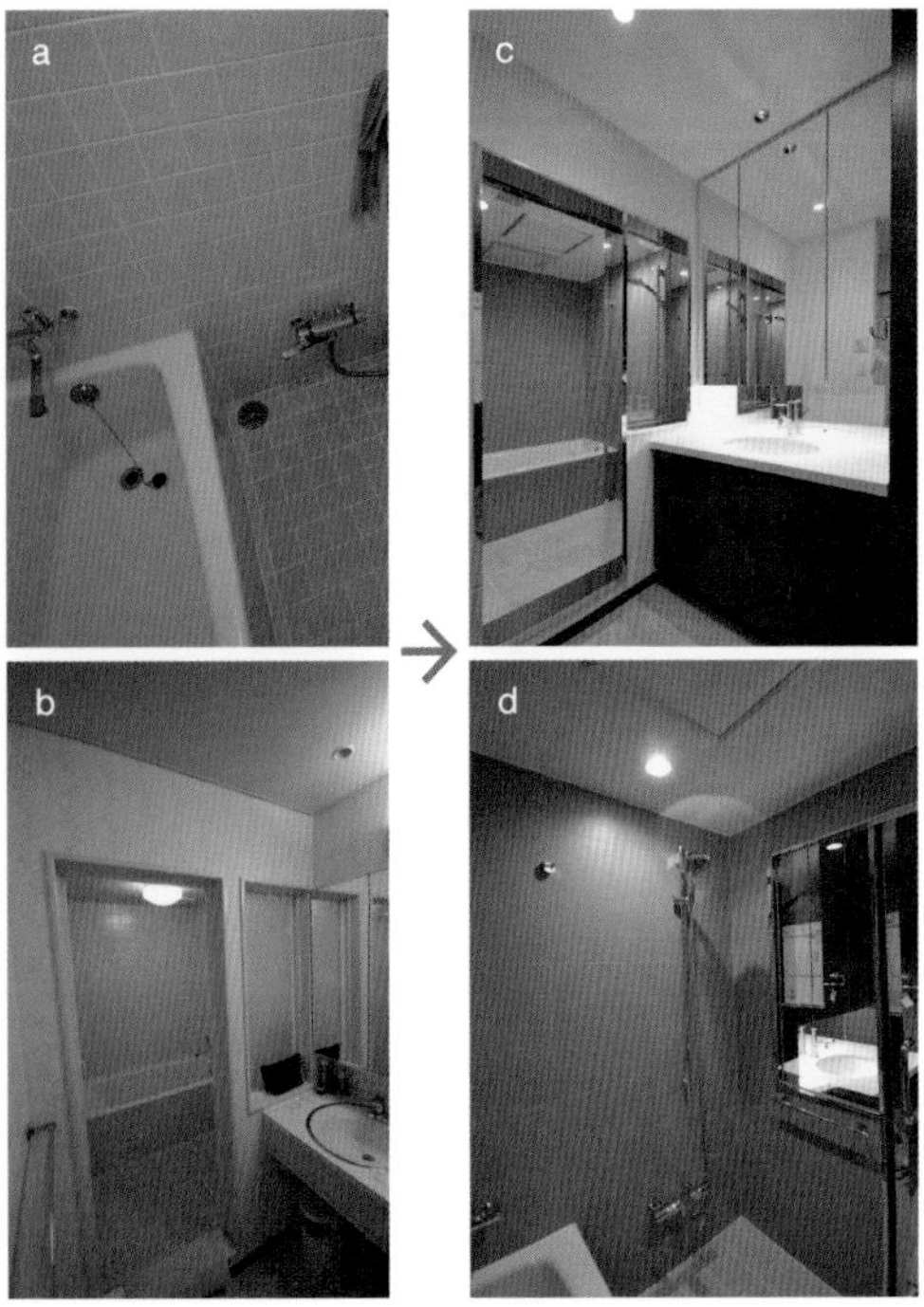

機能性や防水性には問題がないものの、古びた印象のある「白金台E邸」の在来工法浴室（a・b）。浴槽はコーティング塗装、床と壁仕上げは既存浴室タイルの上から薄型タイルを張るというカバー工法を採用。一方、扉はステンレス枠と強化ガラスを組み合わせたものに交換して、コストダウンを図りながら、高級ホテルにある浴室のような設えとした（c・b）。［各務謙司］

扉サッシを撤去した様子。床からの立上りは防水層と共に残している

浴室の模様替えという媚薬

戸建住宅・マンションどちらにおいても浴室のつくり直しは費用もスケジュールも左右する大きな要素となる。間取り提案の際に、既存の浴室の場所を動かさない場合、既存浴室を模様替えして再利用することも考えてみるべきだろう。ユニットバスであれば交換は比較的容易だが、既存の浴室が在来工法の場合は、解体も含めてつくり直しは膨大な費用がかかる。

その際、最も重要なのは、防水層がしっかりしているかどうかを確認すること。戸建住宅の場合は、床下から潜って浴室下の下地を見れば、防水層の堅牢性が確認できるだろう。マンションの場合はこうした調査はできないものの、クライアントを通じて、管理事務所や管理会社にヒアリングをして、ほかの住戸で過去に水漏れ事故があったかどうか、などを確認することをお勧めしたい。

ただし、①・②の方法で浴室を模様替えすると、まるで新しく作りなおしたかのような快適な浴室を実現可能であるが、防水層は既存のままで、性能の向上はなされていない。水漏れのリスクはリノベーション前と変わらないことは十分に説明し、クライアントに納得して貰ったうえでの実施とすべきである。

［各務謙司・中西ヒロツグ］

図6 トイレの床排水を壁排水に変える

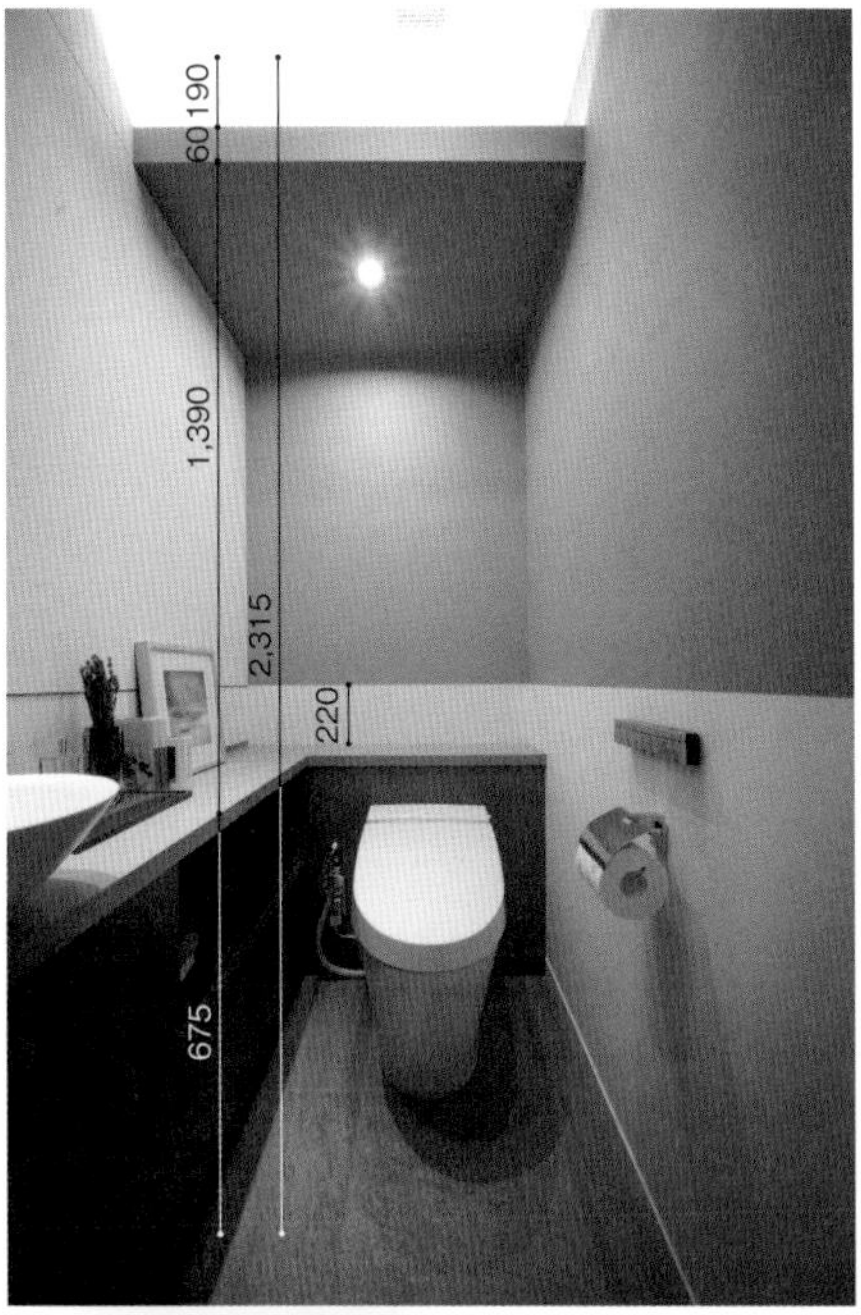
60
190
1,390
2,315
220
675

壁排水に変更した「SATIS Sタイプ」背面のライニング、洗面カウンターをL字にして一体化したトイレ。カウンター材は高級感のあるクォーツエンジニアードストーン。床材は磁器質タイルを使用[上]。カウンターの腰壁は清掃性を考慮してキッチンパネル仕上げ。壁に埋め込んだ鏡も含めて、全体を面で納めて“プレミアム”な雰囲気を演出[下]　写真＝平林克己

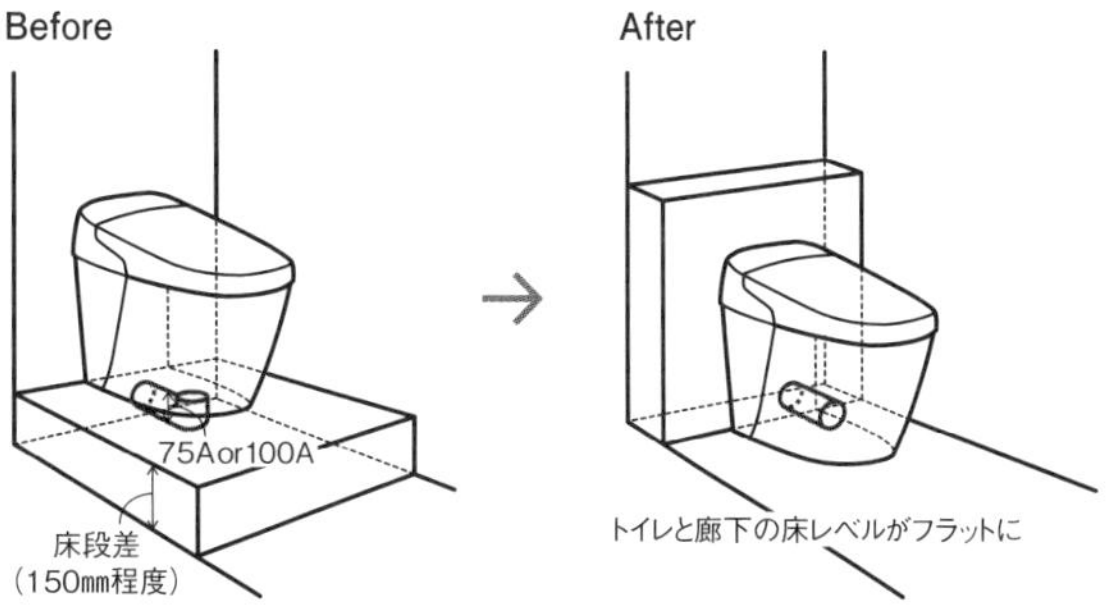
Before
After
75Aor100A
床段差
(150㎜程度)
トイレと廊下の床レベルがフラットに

床排水の場合は、床に150㎜程度の懐を確保する必要があり、廊下との間に床段差が生じてしまう。壁排水に変更すれば、その段差を解消できる可能性がある

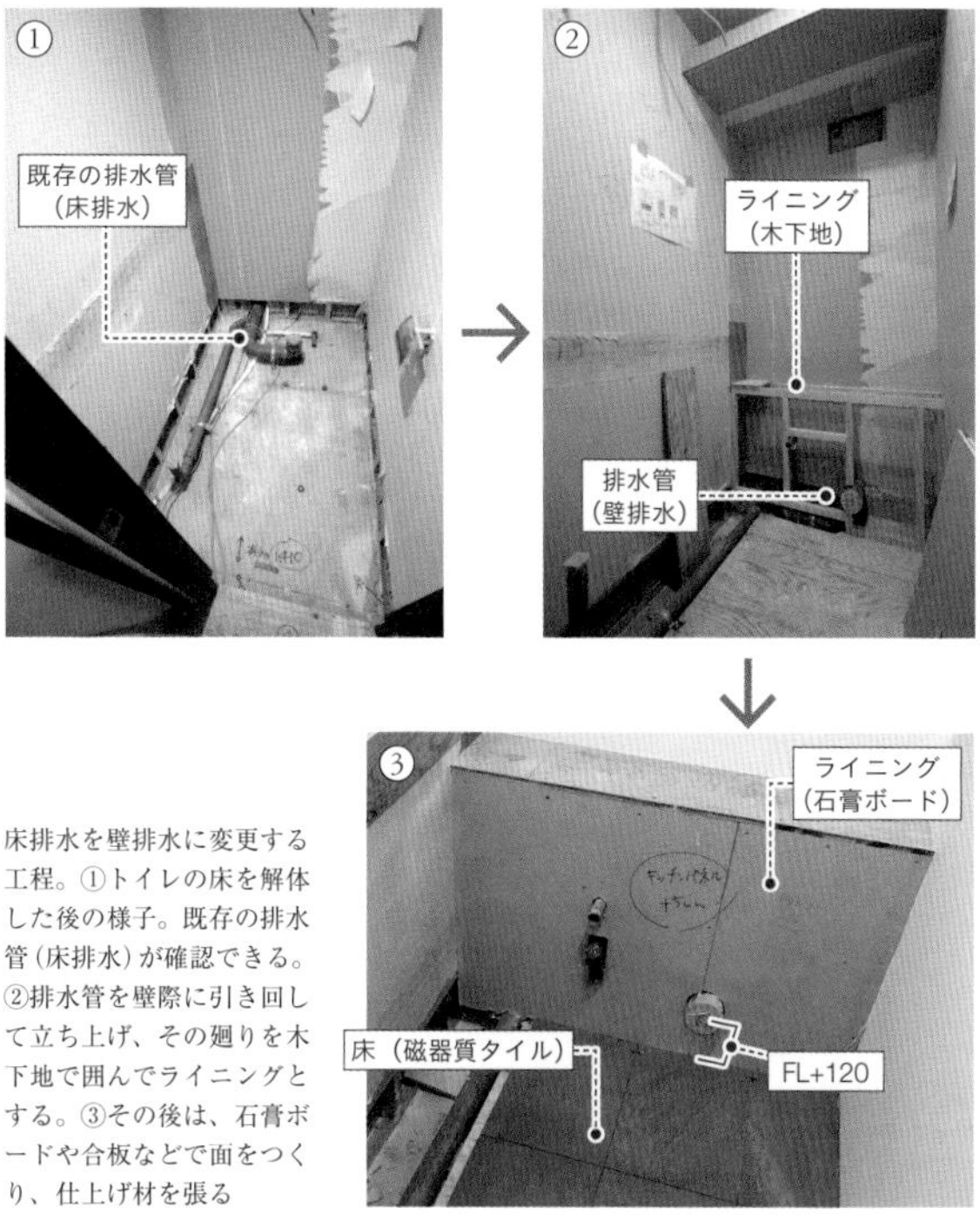
①
既存の排水管
(床排水)
②
ライニング
(木下地)
排水管
(壁排水)
③
ライニング
(石膏ボード)
床(磁器質タイル)
FL+120

床排水を壁排水に変更する工程。①トイレの床を解体した後の様子。既存の排水管(床排水)が確認できる。②排水管を壁際に引き回して立ち上げ、その廻りを木下地で囲んでライニングとする。③その後は、石膏ボードや合板などで面をつくり、仕上げ材を張る

トイレを壁排水にする利点

水廻りの床段差の解消は、リノベーションの付加価値を高める手法の1つ。床段差が生じる原因は、スラブ上での排水管の横引きだ。配管長さにもよるが、約150㎜床が上がっていることが一般的で、床段差による不便さが生じるのに加え、天井高も低くなってしまう。そこで有効なのが、ライニングを活用した床上での排水管引き回しである。

「松濤D邸」では、ほどよい丸みとコンパクトさが魅力のタンクレストイレ「SATIS Sタイプ」(LIXIL)の背面にライニングを設置して、床排水を壁排水に変更。トイレと廊下の間に生じていた床段差を解消した。ライニングは、便器脇の洗面カウンターとL字形に一体化して家具のように見せた。

このとき、ライニングの上にできるスペースは有効にしたい。ここでは、下がり天井を設けてコーブ照明を仕込み、空間を華やかに演出している。壁排水の場合、天井高が足りず、間接照明に必要な高さを確保できないケースも想定できることから、トイレの床排水と壁排水に変更するというメリットは少なくない。ここでは、天井高やコーブ照明に必要な天井とのクリアランスは十分に確保されている。[各務謙司]

COLUMN

“プレミアム”な提案 —ドライサウナ—

ドライサウナは造作が可能

世の中では、健康への関心の高まりと精神的な「整い」の影響から、サウナへの需要が高まっている。実際にマンション・リノベーションでも、サウナの設置を希望するクライアントは確実に増えている。特に富裕層に人気なのがドライサウナである。防水工事が不要であり、造作できることができるのが大きな特徴である。スチームサウナは気密性が重要となるので、ユニットを入れなければならないほか、浴室暖房乾燥機の付属的なミストサウナも、手軽に採用できるものの、人気の度合いは低い。

ここで、マンションでドライサウナを後付けするときの注意点を挙げよう。当然ながらマンションの管理規約にサウナの新設が禁止の場合は提案することは不可能である。禁止されていない場合でも、サウナのためのスペースと200Vの電源が確保できるか、を確かめる必要がある［※］。とりわけ、高層マンションの場合は、スプリンクラーの設置が必要となるので、消防署へのヒアリングも必要となる。

浴室と一体のドライサウナ

「南平台N邸」は、無駄に広すぎる浴室のスペースを有効活用するために、浴室の一角にドライサウナを設けた例［①］。浴室全体のデザイン的なバランスを考慮して、壁面（スプルースの羽目板）や枠廻りのデザインを整えている。ステンレス枠と強化ガラスの扉は、浴室のデザインに合わせるために、オーダーユニットバスメーカーの東京バススタイルに製作を依頼している。

「渋谷R邸」は、北欧スタイルのサウナを輸入・販売しているアヴァントから部材（サウナの機械や、耐熱性のある木材、間接照明など）を調達し、内部のデザインはオリジナルで造作した例［②］。浴室とは全面ガラス張りのドア越しにつながるようになっており、大人一人が寝転がることができるベンチを設けている。浴槽先のブラインドを開ければ、都心の夜景を見ながらのサウナでリラックスできる。［各務謙司］

① 浴室の一角をドライサウナに

浴室ライニング上の壁と、スチールサッシ廻りの壁を同じ大理石で仕上げて、統一感をもたせた「南平台N邸」の浴室。サウナ内部は、2色のスプルース羽目板で立体的に仕上げた（左上）　テレビはサウナの高温に対応するものがなかったので、耐熱ガラス扉の後ろ側に設置し、いざ故障などがあった場合はガラス扉を外せば交換できるようなつくりにしている。9年ほど使用しているが故障はない（右下）

② 外の景色が見えるドライサウナ

サウナ室のベンチと壁は木材仕上げ。一般的な人工乾燥木材に比べて変形しにくい高熱乾燥処理木材「サーモアスペン」（アヴァント）を採用。樹種はポプラ材。木材の裏面に取り付けられた電球色のライン照明でリラックス感を高めている

2,700
バルコニー
2,778.5
浴室
1,156
1,562.5
サウナ
洗面室

平面図［S=1：200］

窓際にあるビューバスに、サウナを設けた「渋谷R邸」。2人が座って浴室越しに景色を楽しめるサウナ。浴室すぐ隣のユーティリティに製氷機を設けているので、水風呂に入ることもできる

※　本格的なサウナへの要望が強いクライアントは、冷水浴ができる水風呂をリクエストしてくるが、冷水をつくるチラーや単独の水風呂の設置は難しいので、浴槽に水を入れることで我慢してもらうケースが多い

Part 8

決戦は造作家具！

立上りに丸みのある折り上げ天井をコーブ照明で際立たせた「代官山T邸」のリビング・ダイニング。ソファ奥に見えるのが、既存のクロゼットを転用して、壁付けブラケットでライトアップされたペットスペース［94頁参照］

リノベーションにおける造作家具と聞いてまず思いつくのが、不足しがちな収納スペースを確保するために設置する壁面収納だ。しかし、撤去できない柱形・梁形の存在感を隠しつつ空間と調和させる役割、エアコンやＡＶ機器・照明などの配管・配線を隠蔽する役割など、造作家具の果たす役割は広範囲に及んでいる。

造作家具の良し悪しで、空間の印象は大きく変わるといっても過言ではない。ライバルであるリノベーション会社による提案には、既製品を無造作に使用するというものが多い。造作家具で差別化を図るノウハウはぜひ身に付けておきたい。

事前に確認すべきことは、①クライアントが必要とする収納量の見極め、②空間に露出する柱形・梁形の位置・サイズの確認、③設備機器や配管・配線の配置とサイズの確認、④床、壁、天井の不陸の確認である。これらの情報をもとに、収納の本体である箱のサイズ、扉材の仕上げの選択、間接照明による演出、建具との取合いを考えながら、立体的なデザインを構築する。

ここでは、造作家具の設計手法について解説する。既製品によるローコストな造作家具やデッドスペースの活用術についても紹介したい。

図1　収納計画は重要度を見極めて考える

重要度の高いものを収納する場合

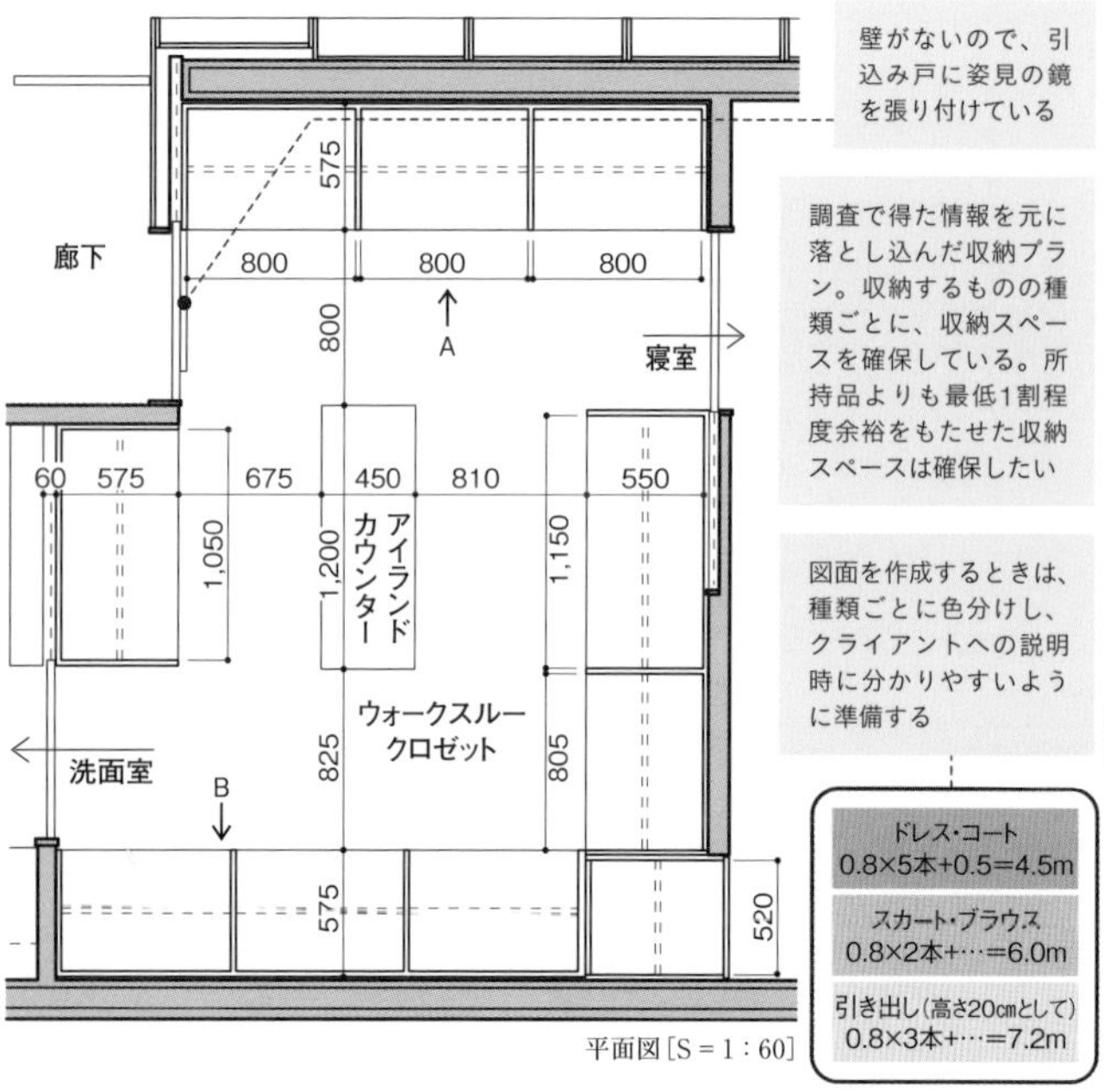
廊下
800
800
800
575
A
寝室
60
575
675
450
810
550
1,050
1,200
アイランドカウンター
1,150
ウォークスルークロゼット
825
805
洗面室
B
575
520
壁がないので、引込み戸に姿見の鏡を張り付けている
調査で得た情報を元に落とし込んだ収納プラン。収納するものの種類ごとに、収納スペースを確保している。所持品よりも最低1割程度余裕をもたせた収納スペースは確保したい
図面を作成するときは、種類ごとに色分けし、クライアントへの説明時に分かりやすいように準備する
ドレス・コート
0.8×5本+0.5=4.5m
スカート・ブラウス
0.8×2本+…=6.0m
引き出し（高さ20cmとして）
0.8×3本+…=7.2m
平面図［S＝1：60］

コーブ照明を仕込んだ下がり天井のあるウォークスルークロゼット

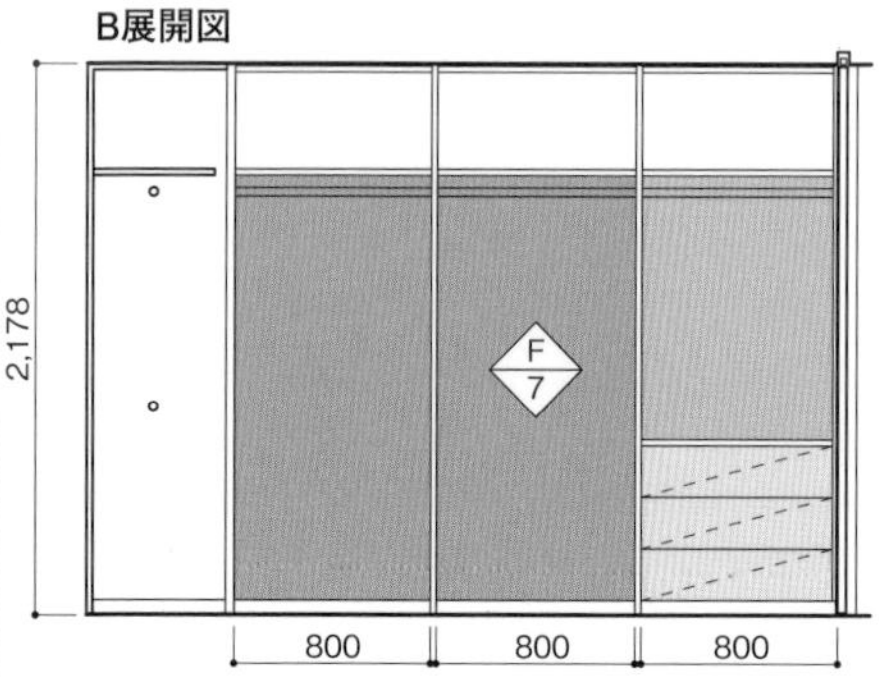
B展開図
2,178
F
7
800
800
800
展開図［S＝1：60］

収納物の重要度を見極める

　造作家具にかかわる具体的な設計は、打ち合わせが進み、クライアントとの信頼関係が深まったなかで、家具レイアウトやライフスタイルについて、じっくりと話し合える段階になってから取りかかるのがベストだ。この段階では、納戸やクロゼットの中も見せてもらいやすくなるので、具体的に何を収納すべきなのかを、細かく把握できるだろう（可能であれば調査には女性スタッフを連れていく。理由は女性のクライアントがキッチンや水廻りの収納をあまり見せたがらないため）。

　収納についてのヒアリングを行うときには、リノベーション後の利用が判明している持込み家具や備品、調度品などの調査も行う。後でチェックする際に混乱しないように、入念な準備が必要だ。既存の平面図、室内の写真、家具や収納の番号を事前に振ったものを用意し、正確に記録していく。

　調査後は、クライアントが重要視しているもの、そうでないものに大きく分けて、前者については収納方法および収納量について正確に確認する。読書家にとっての書籍や、洋服、趣味のコレクション、食器などがこれに該当する。後者については、収納の箱寸法にアタリをつけておく程度でも問題はないだろう。

　具体的なプランに落とし込む際には当然、収納物の重要度に注意を払う。重要なものについては、見せる収納や、将来的な数量の増加を想定した計画を立てたい。**図1**のウォークスルークロゼットは、洋服のコレクターでもあるクライアントの「一目でコレクションすべてが見渡せる衣裳部屋がほしい」という依頼に応えたものである。洋服を長さのあるドレス・コート類、短いスカート・ブラウス類、下着や小物を入れる引出し類に分けて、それぞれに必要量以上の収納を確保した。

　重要でないものについては、収納量よりも、収納場所と収納方法まで含めて検討する。リノベーションは、既存空間の再レイアウトとなるので、同じ種類のものを同一の場所に収納できない可能性が生じるためだ。衣類をすべてクロゼットに収納できない場合は、下着類を洗面台の引出しに収納するなど、フレキシブルな対処を心がけたい。

　全体の収納容量は、クライアントが所持するものの1割増しとするのが理想的だ。その前提で、クライアントが入居する際、不要なものを1割程度処分してもらえば、2割程度の余裕が生まれることになる。

図2　耐力壁の移設を生かした造作家具

① 柱形を隠す手法

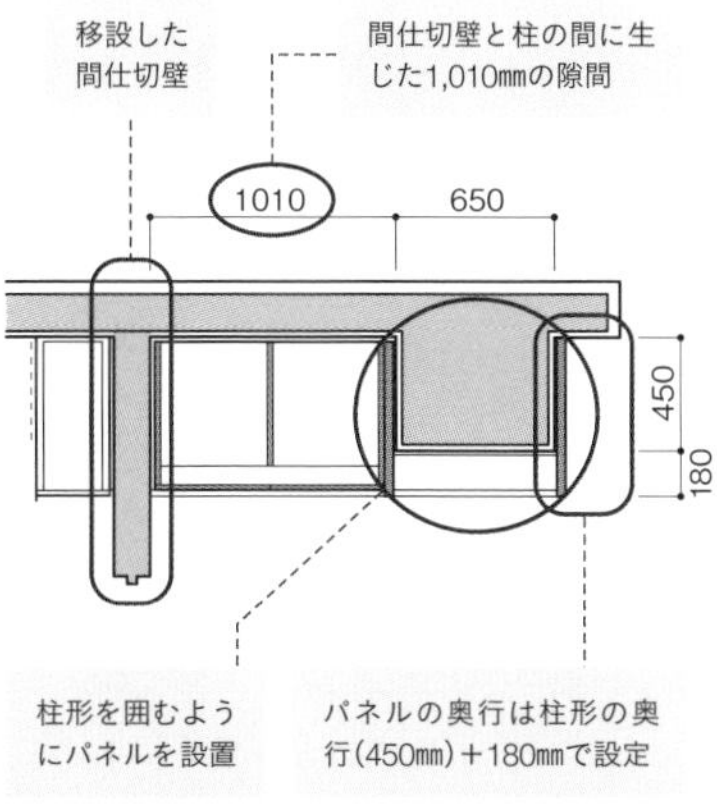
移設した
間仕切壁
間仕切壁と柱の間に生
じた1,010㎜の隙間
1010
650
450
180
柱形を囲むよう
にパネルを設置
パネルの奥行は柱形の奥
行(450㎜)＋180㎜で設定

平面図［S＝1：60］

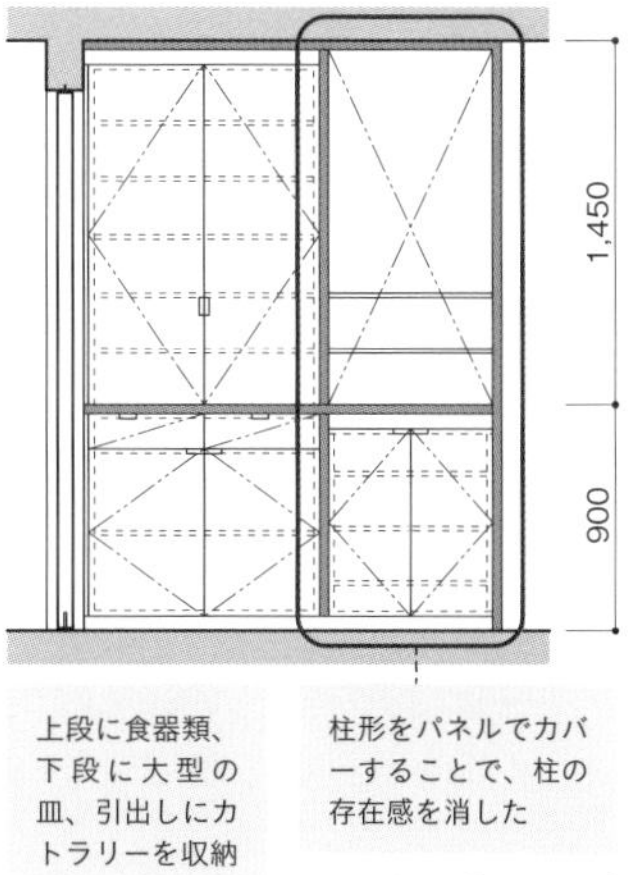
1,450
900
上段に食器類、
下段に大型の
皿、引出しにカ
トラリーを収納
柱形をパネルでカバ
ーすることで、柱の
存在感を消した

展開図［S＝1：60］

完全に隠蔽
された柱

柱形の存在感がない造作収納。面材にはシナ共芯合板にメープルを練りつけた合板を使用している

② 設備配管を隠す手法

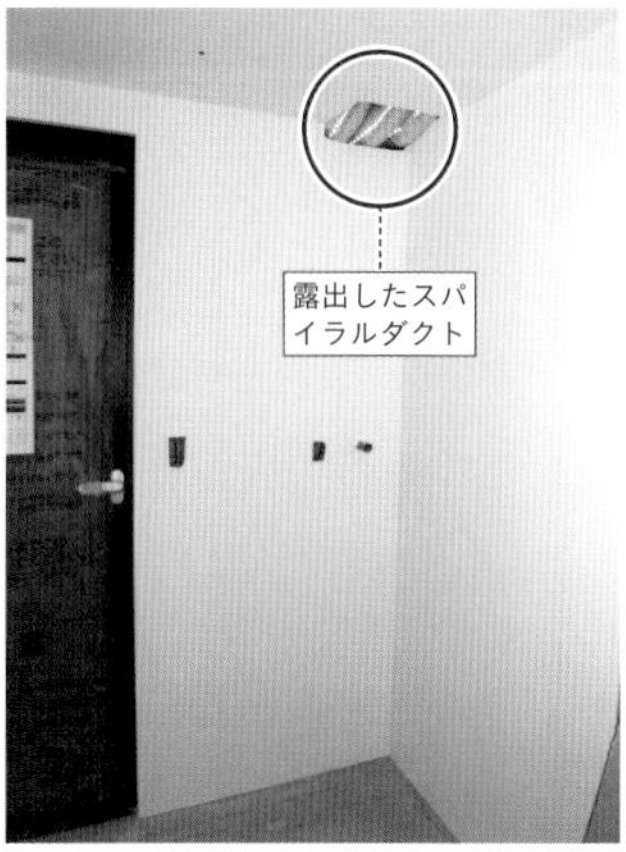
露出したスパ
イラルダクト

石膏ボードで天井を仕上げても、露出してしまうスパイラル浴室からのダクト。梁にスリーブがなかったため、梁下を通した

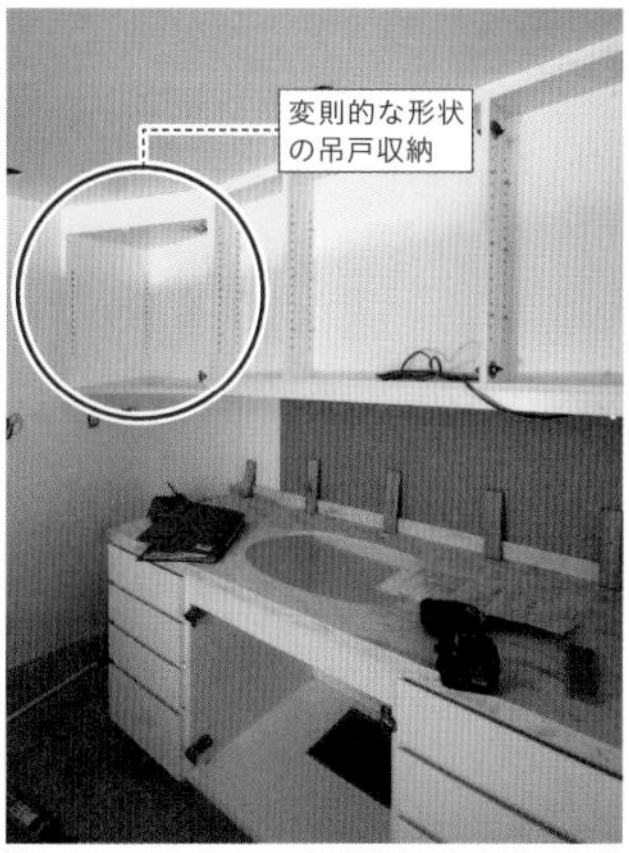
変則的な形状
の吊戸収納

鏡付きメディスンキャビネットではダクトを完全に隠蔽できないので、吊戸収納の形状を工夫した

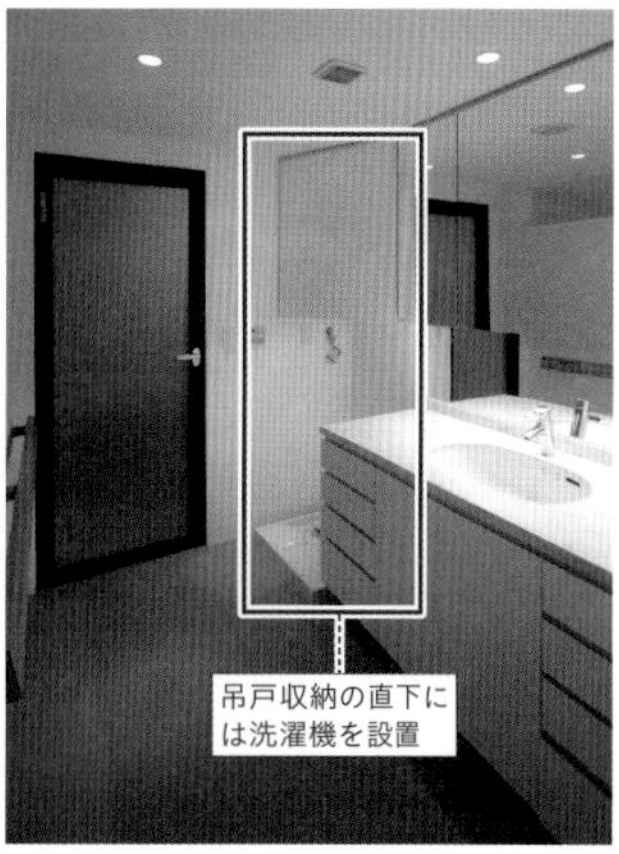
吊戸収納の直下に
は洗濯機を設置

吊戸収納の完成後。洗面上のメディスンキャビネットと連続させた。直下の洗濯機で使用する洗剤などを収納

柱形は囲んで存在感を消す

RCラーメン構造のマンション・リノベーションでは、撤去できない柱形や梁形の存在感をいかにして弱めるかが、空間デザインの質に直結するといっても過言ではない。特に、間取りを変更する場合には慎重に考えたい。間仕切壁の移動を伴うと、躯体（柱・梁）との間に隙間が生じてしまうほか、設備配管やダクトが露出してしまう。造作家具の力を最大限に生かしたい。

まずは柱形の処理について。**図2①**のように、間仕切壁を移動すると、柱との間に一定以上の隙間が生じる。一般的には、柱面に合わせて造作家具を設置するというのが常套手段。しかしそれでは、壁面をそろえることによって空間を整えることはできるものの、柱形の存在感は弱められない。

一方、柱形を囲むというアプローチはどうだろうか。柱を囲むように比較的大きな造作収納をつくり込むという手法である。柱の側面に奥行のあるパネルが取り付くので、柱の存在感を消すことができる［※1］。

続いては梁形・ダクトの処理。特に、スリーブのない梁が絡むときはやっかいである。浴室を大きく移動した**図2②**の事例のように浴室側の天井裏

※1　造作家具は大工工事で行ったものである。天井を仕上げる前に、L字型のフレームを組んでもらったので、天井との間にも隙間は消えた。目に付く要素が少なくなったので、周囲は実にすっきりとした印象となった

には比較的スペースがあると、スパイラルダクトを通すことはできるが、スリーブのない梁部分では、梁下にダクトをくぐらせるしかない［※2］。どうしても天井レベルより下にダクトが露出してしまうことがある。

この事例では洗面カウンターの上から続く奥行18cmの鏡付きメディスンキャビネット（吊戸収納）を延長しても、ダクトを隠蔽する寸法には足りない可能性があった。そこで筆者は、洗濯機置き場の上部で、その吊戸を斜めに出っ張らせて、ダクトを上部幕板内部に隠した。直下に奥行のある洗濯機を設置しても手が届き、吊戸収納としても機能させられる。

最後に玄関収納のポイント。玄関には、靴の着脱や収納などが効率的に行える機能と、来客を迎え入れるための設えが必要とされる。これらの要素をバラバラにデザインすると雑多な印象が生まれかねない。

玄関はそれほど広くはないことが多いので、ある程度のシンプルさが求められる。使用する素材・色の数を限定するほか、大きなフレームでそれぞれの要素をまとめてしまうのがよいと考えている［写真1］。

［各務謙司］

写真1　玄関収納は門型フレーム

ベンチ・収納・建具という3つの要素を門型フレームでまとめた「白金台S邸」の玄関。すっきりとした印象が感じられる。収納扉の面材には、板目が美しいオニグルミを突板とする化粧合板を採用

玄関ホールを縮小して、リビング・ダイニングを拡大し、玄関からリビング・ダイニングを見せつつ、プライベート空間との間は建具で仕切っている。左側手前から、ベンチ、靴収納、廊下への扉となっている

事例　既存開口部を生かした造作収納

築7年と、比較的新しいマンション・リノベーション。窓際に書斎を配置したので、この壁際に窓を取り込みつつ、ブラインドも隠すことができる飾り棚収納を造作した。

窓は共用部分に当たるサッシのツバまで残す一方、差し込まれていた木製枠はすべて撤去。収納の奥行を確保するために、ふかし壁やGL壁も撤去した。工事では、窓と取り合う上部のフレーム部分と連続性のない下部の収納部分を分けて造作したことがポイント。上部は現場組み立て、下部は工場製作とする方式を採用した。

解体時に、下部収納の背部に外壁を固定する金物が露出したので、奥行寸法を部分的に変更し、引出しも追加している。既存窓の水平レベル精度が悪かったことや、窓枠いっぱいで逃げのないデザインとしたので、組立てに3日以上かかり、職人には相当な負担をかけた。しかし、壁の凹凸を理想的に隠蔽できたほか、2つの異なる窓をうまく取り込んだスマートな飾り棚が完成した。

［各務謙司］

Before

外壁の凹凸や一定でない窓サイズが改修前の問題。高層マンションでは、窓サッシ交換は実質的に無理なので、造作棚を一体化させたい

After

飾り棚の設置により壁の凹凸が隠蔽されたほか、大きさの異なる2つの窓が意匠的に処理されている

※2　梁は共用部分に該当し、構造にも大きく影響するため、新たにスリーブを開口することはできない

図3 耐力壁の移設を生かした造作家具

① 耐力壁の移動

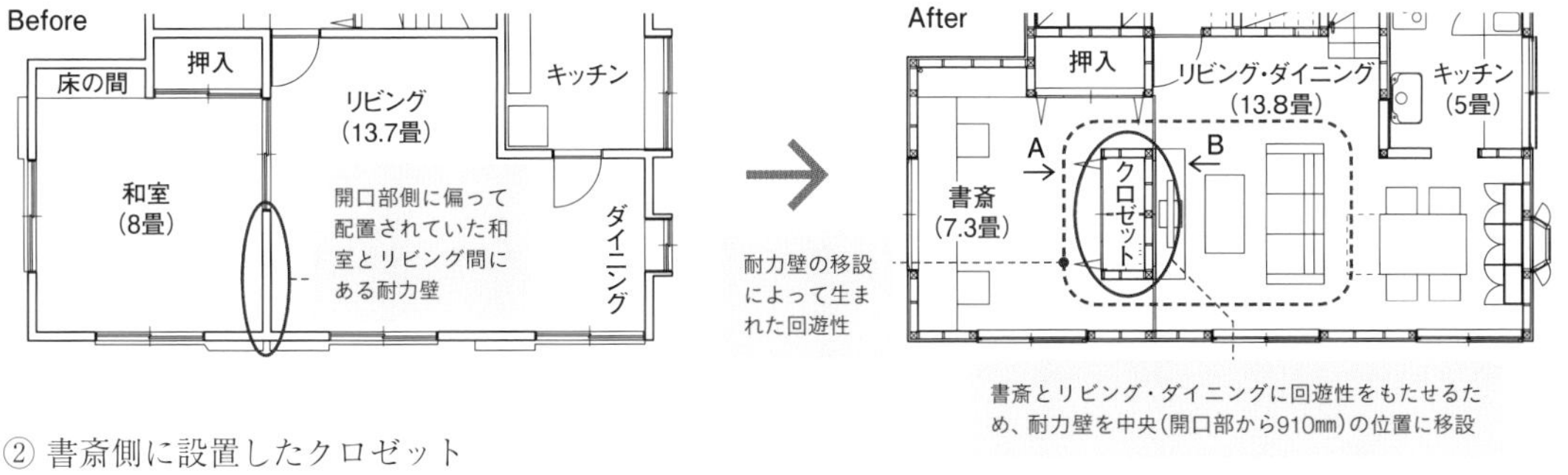

Before
押入
床の間
リビング
(13.7畳)
キッチン
和室
(8畳)
開口部側に偏って配置されていた和室とリビング間にある耐力壁
ダイニング
耐力壁の移設によって生まれた回遊性
After
押入
リビング・ダイニング
(13.8畳)
キッチン
(5畳)
A
B
書斎
(7.3畳)
クロゼット
書斎とリビング・ダイニングに回遊性をもたせるため、耐力壁を中央(開口部から910㎜)の位置に移設

② 書斎側に設置したクロゼット

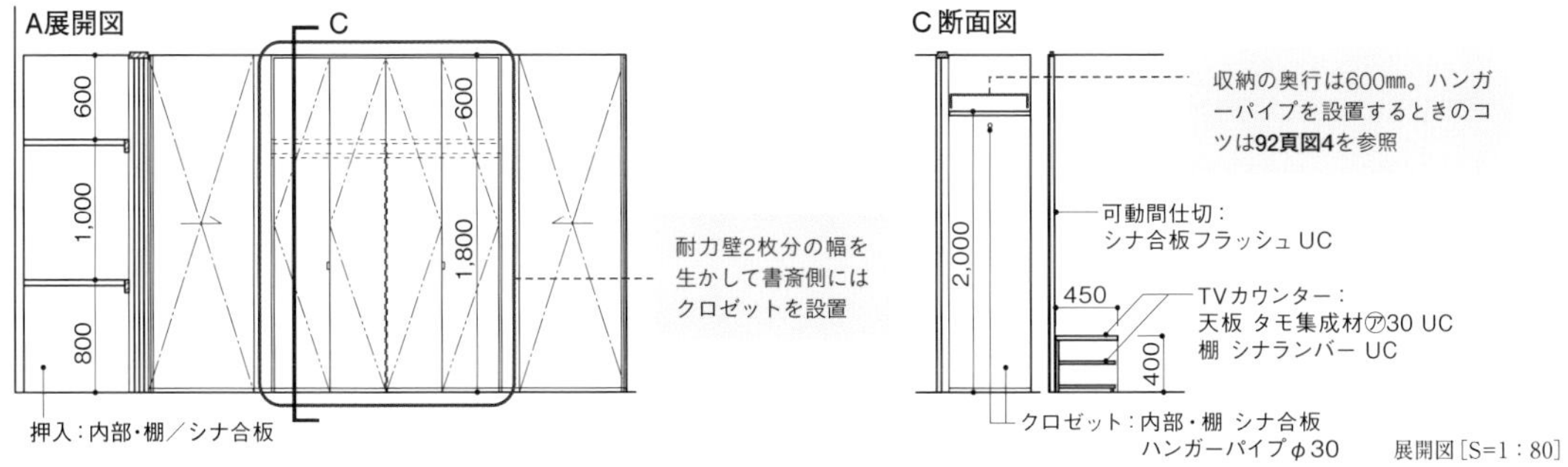

A展開図
C
600
1,000
800
600
1,800
耐力壁2枚分の幅を生かして書斎側にはクロゼットを設置
押入:内部・棚/シナ合板
C断面図
収納の奥行は600㎜。ハンガーパイプを設置するときのコツは92頁図4を参照
可動間仕切:
シナ合板フラッシュ UC
2,000
450
TVカウンター:
天板 タモ集成材㋐30 UC
棚 シナランバー UC
400
クロゼット:内部・棚 シナ合板
ハンガーパイプφ30

展開図［S=1:80］

③ リビング側に設置したテレビボード

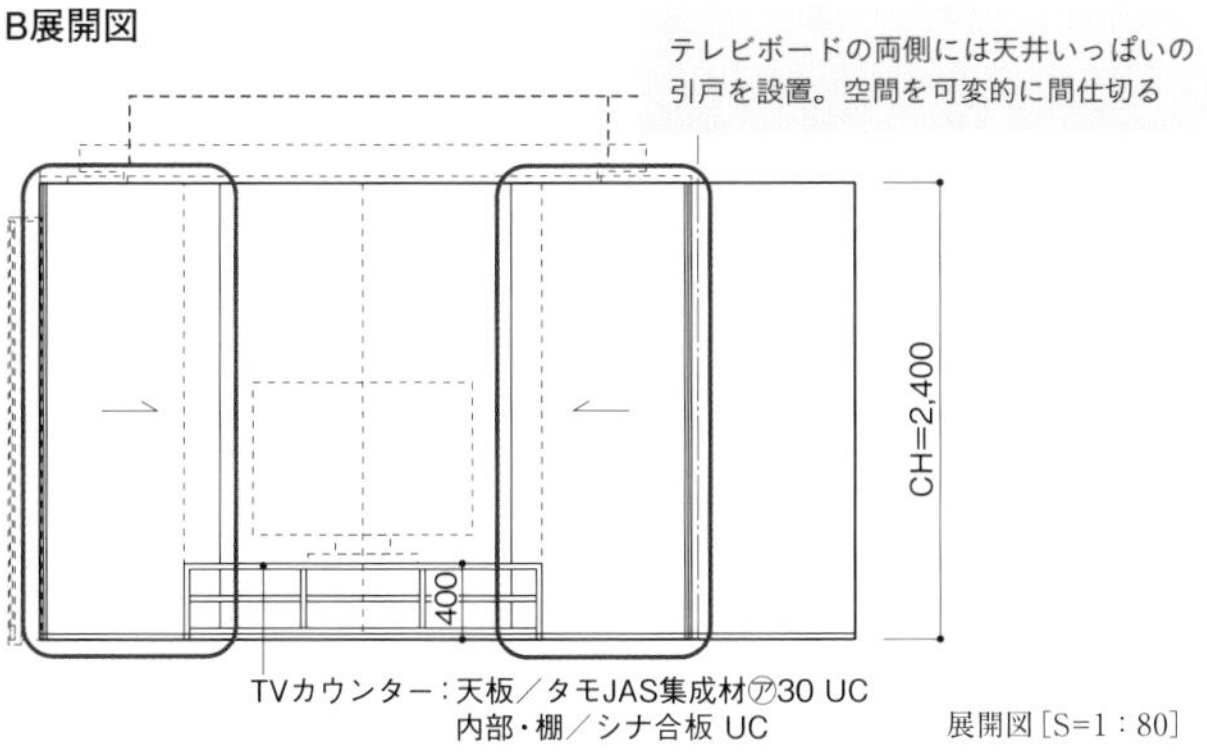

B展開図
テレビボードの両側には天井いっぱいの引戸を設置。空間を可変的に間仕切る
CH=2,400
400
TVカウンター:天板/タモJAS集成材㋐30 UC
内部・棚/シナ合板 UC

展開図［S=1:80］

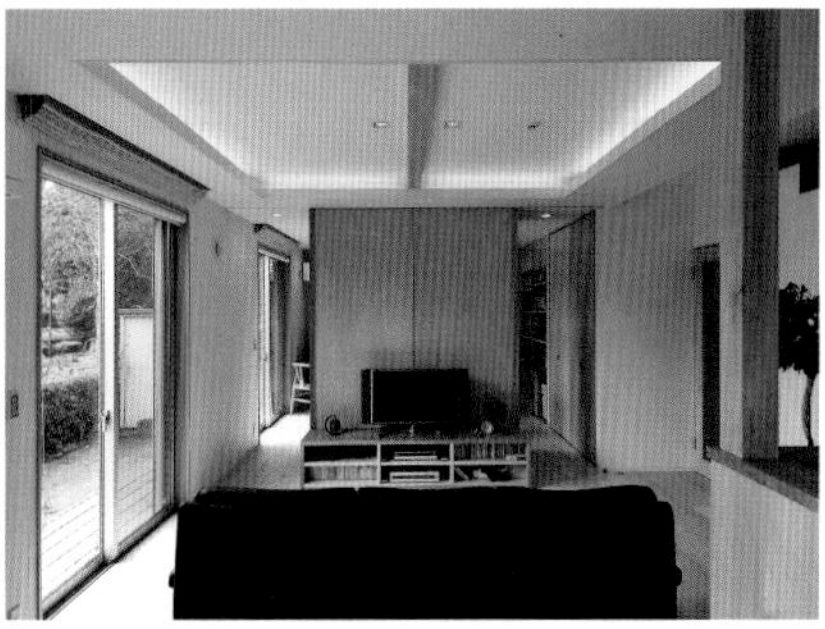

引戸を開放した状態。天井にはコーブ照明を設置している［90頁参照］

木造では耐力壁を利用

木造戸建住宅（在来軸組構法）のリノベーションでは、収納計画は間取りの変更・耐震改修と一体のものとして扱う。既存の柱や耐力壁を取り込みながら、いかに無駄なく収納スペースを確保するかが、設計者としての腕の見せ所だ。そのためには、各部屋にどの程度の収納スペースが必要かを見極める一方、限られた空間を余すことなく生かす工夫が求められる。

構造的に必要な耐力壁を、収納家具や建具と組み合わせるというテクニックを紹介する。「守谷の家」では、間取りに回遊性をもたせるため、1階の耐力壁をリビングと書斎の中央に間仕切りとして移設し、片方をクロゼットとして活用している［**図3**］。その両サイドには天井いっぱいの引戸を設置。閉じれば独立した書斎となり、全開時にはリビングのテレビボードと一体となるので、リビングと書斎の連続性が高い。

このように、耐力壁と収納家具の合わせ技は重要である。ただし、収納する物と奥行との関係は十分に検討する必要がある。在来軸組構法は通常、3尺（910㎜）モジュールで設計されているため、収納用途としては奥行が余る

図4　現代住宅の悩み！奥行の余りはこう生かす

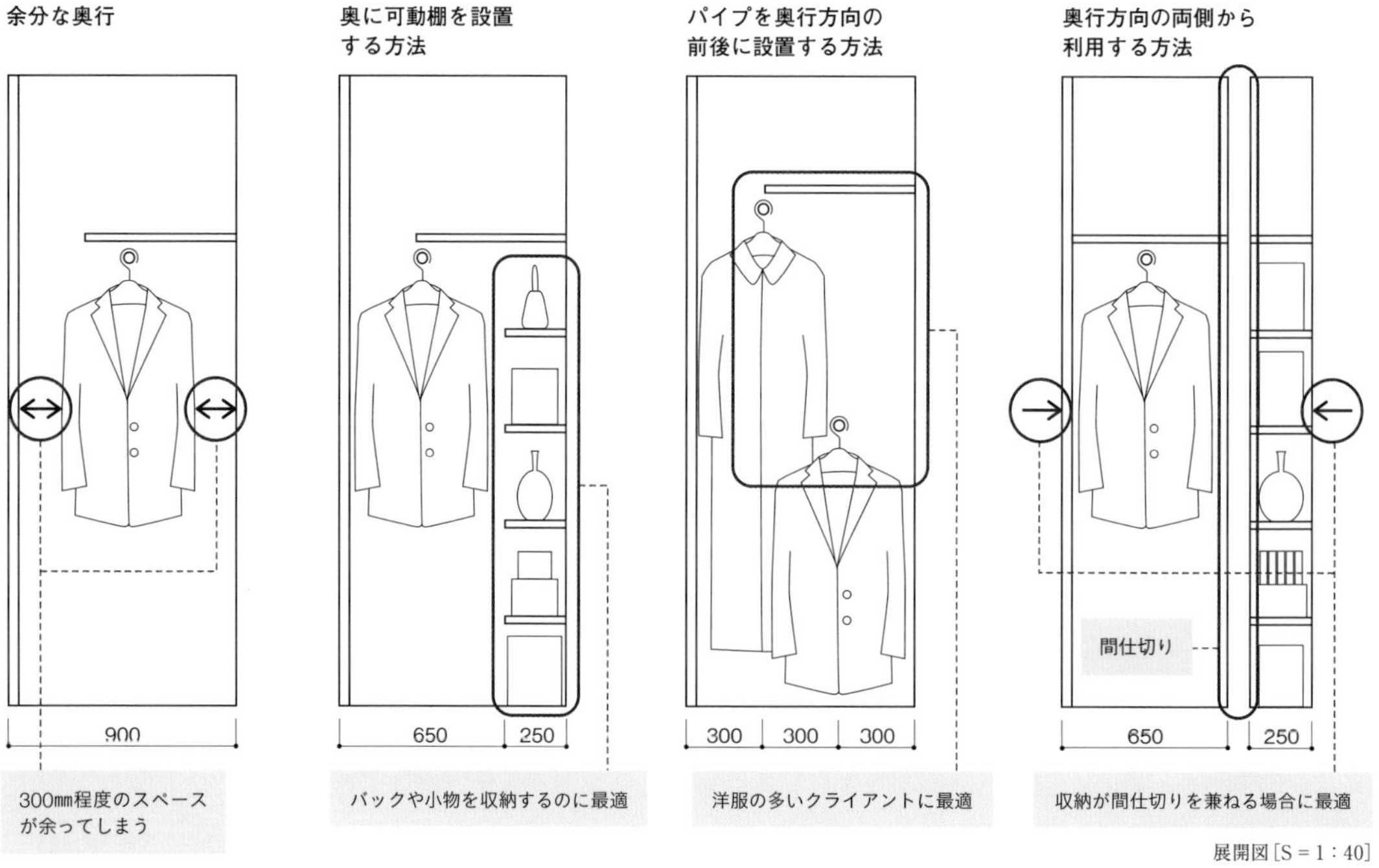

余分な奥行
奥に可動棚を設置する方法
パイプを奥行方向の前後に設置する方法
奥行方向の両側から利用する方法
間仕切り
900
650
250
300
300
300
650
250
300㎜程度のスペースが余ってしまう
バックや小物を収納するのに最適
洋服の多いクライアントに最適
収納が間仕切りを兼ねる場合に最適

展開図［S＝1：40］

図5　大工工事でつくる玄関収納

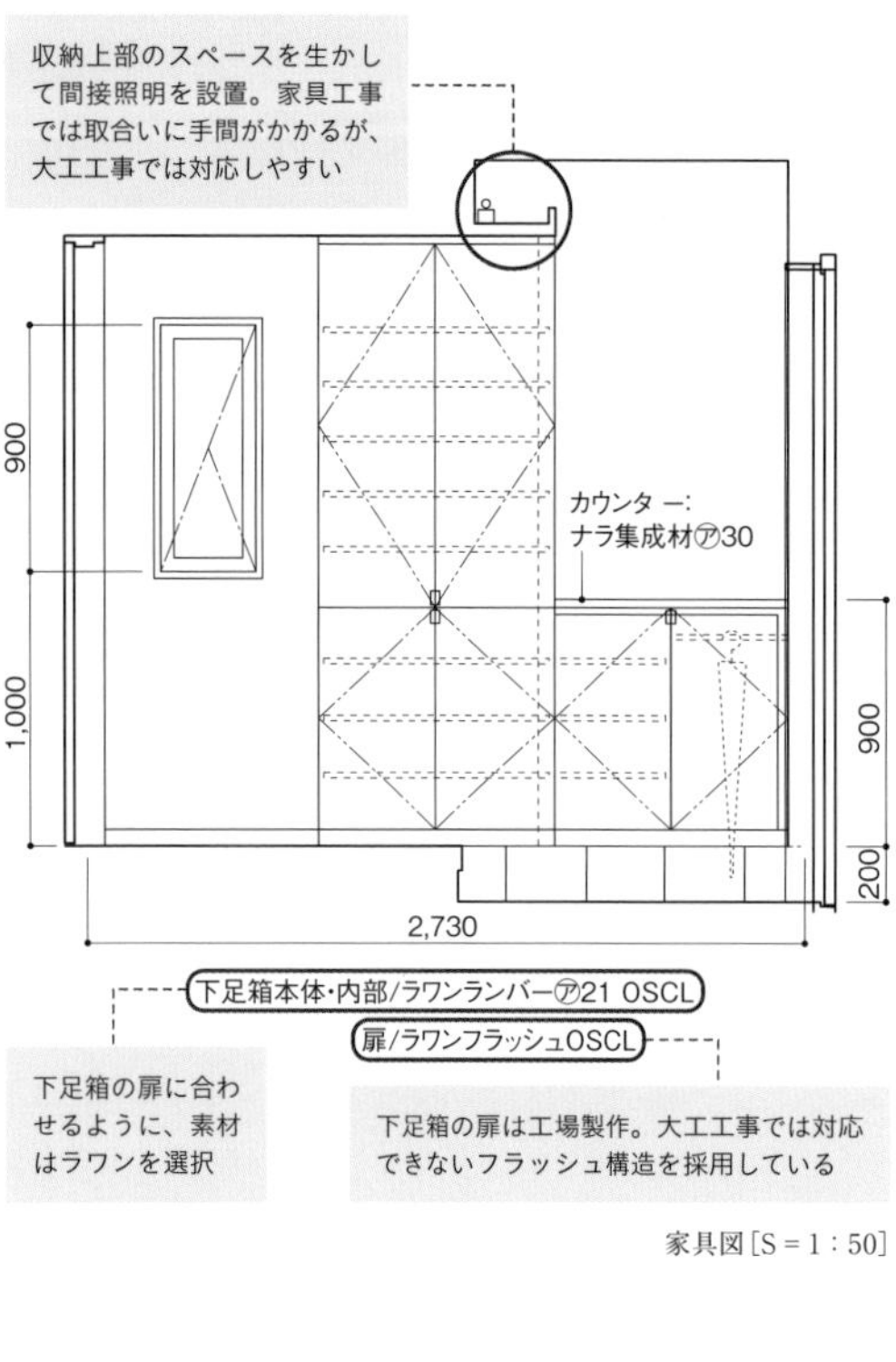

収納上部のスペースを生かして間接照明を設置。家具工事では取合いに手間がかかるが、大工工事では対応しやすい
カウンター：ナラ集成材㋐30
900
1,000
900
200
2,730
下足箱本体・内部/ラワンランバー㋐21 OSCL
扉/ラワンフラッシュOSCL
下足箱の扉に合わせるように、素材はラワンを選択
下足箱の扉は工場製作。大工工事では対応できないフラッシュ構造を採用している

家具図［S＝1：50］

ことが多い。特に最近では、ベッドの普及に伴って、布団収納の必要性が低くなっている。衣類中心の収納を考慮すると、約300㎜のスペースが余ってしまう。プランニングで奥行を浅くできればよいが、耐力壁がからむ場合は必然的に910㎜（構造用合板）の奥行が生じることが少なくない。

　一歩先の提案を実現するためには、奥行を有効に活用すべきだ［図4］。筆者がよく用いる手法は、ハンガーパイプを収納の手前に取り付けて、その背後に奥行250㎜程度の可動棚を設置するという手法である。洋服以外のバッグや小物を収納するには都合がよい。ハンガーパイプを前後にずらして2段設置し、コートなどの長物とジャケット類を一カ所に収納するという手法も効果的だ。収納が間仕切りを兼ねる場合は、両側から利用することが可能になる。クロゼットや書棚など、多目的に利用すればよい。

大工工事はスマートに

　大工工事が中心となる戸建住宅のリノベーションでは、造作家具を家具業者で製作すると費用が嵩むため、予算が厳しい場合は特に、実現するのが難しい。かといって、既製品の収納家具

写真2　ローコスト既製品家具を生かした収納

① 大工造作家具のなかにIKEA

IKEAの収納用品に合わせて「Jパネル（3層クロスラミナパネル）」でキッチンカウンターの棚を造作した例（上）と、「コムプレメント」を造作のクロゼットに格納して、収納スペースを有効に活用した例（下）

② ガチャレールでコストダウンを図る

ガチャレールを用いた大工造作の本棚。壁・天井と合わせて、全体が白で統一されており、書斎の空間に清潔感が感じられる（左）。「アームハング棚柱SS」（南海プライウッド）をシューズインクロゼットに使用した例。棚柱や棚板などを自由に組み合せられるのが特徴（右）

に頼り切ってしまっては、リノベーション会社との差別化を図れない。オリジナルデザインかつ大工造作で、空間との統一感を演出することが重要だ。

ただし、大工工事では、複雑な加工は難しいので、間仕切壁を利用して、極力シンプルに組み立てるように心がけたい［図5］。逆に、家具工事では調整に手間のかかる仕上げとの取合いや照明造作については、大工工事で比較的容易に対応できるので、インテリアとのトータルデザインが可能になる。

ポイントは面材の選び方。造作家具に使用する面材を建具と統一すれば、空間との一体感を生み出すことができる。一般的なシナ合板やラワン合板であれば、価格も安く、色も合わせやすい。ほかにもナラやタモなどの突板、ポリ合板など、用途とコストに合わせて選択すればよい。大工工事では、オープン棚が基本だ。これに建具工事の開き戸や引戸、折れ戸などを組み合わせるのが最も効率がよい。引出しが必要な場合は、オープン棚に既製品の引出し収納を組み合わせるのが得策だ。

無印良品・ＩＫＥＡを使う

最後に、ローコストでどこでも入手可能な家具・収納用品を提案できるようにしておくのも重要である。設計者に人気のあるローコスト家具の代表格は無印良品だろう。モジュールが統一されているので、空間との納まりがよく、目的に応じてさまざまな組み合わせが可能になる。ナチュラルなデザインテイストも、大工造作との相性がよい。ただし、価格が手頃とはいえ、買いそろえると結構な金額になる。見せる収納に優先して採用したい。

さらにローコストとなると、ＩＫＥＡやニトリの家具が挙げられる［写真2①］。無印良品に比べると多少クセがあるが、驚くほど安価なので、パーツとして利用するのには最適である。量販店で扱っている「フィッツシリーズ」（天馬）や「メタルラック」（アイリスオーヤマ）などは、クロゼット内で使用するには、価格も手頃で使い勝手がよい。ガチャレールを利用した大工造作家具や「アームハング棚柱ＳＳ」（南海プライウッド）もお薦めだ［写真2②］。

そもそも機能家具は、量産することに意義がある。一品生産では実現できないクオリティを、低コストで提供できるのが、工場生産のメリットだからだ。とはいえ、設計者が商品開発できるチャンスは決して多くない。日頃から自分のテイストにマッチした家具の情報を集めておこう。［中西ヒロツグ］

COLUMN

デッドスペースは惜しみなく使う

隙あらば収納orペットスペース

既存建物で有効に活用されていないスペースを最大限に活用するのは、リノベーションならではの提案である。まず、クロゼットの奥行（600㎜）はペットスペースに十分な寸法である［①］。マンションではPSの余剰スペースも活用したい［②］。

一方、木造戸建住宅では小屋裏と床下の活用が代表的な手法である［148頁参照］。特に、小屋裏収納を吹抜けと組み合わせると、開放感の創出にもつながる。奥の手としては、階段の蹴上げで生まれるスペースも有用。普段使用しない小物の収納には最適だ［③］。［各務謙司・中西ヒロツグ］

① リビングの一角をペットスペースに

リビング・ダイニングにあるクロゼットの奥行を利用したニッチは、ベッドコーナーとして最適。「代官山T邸」のように、インテリアを崩すことなく、ペットと過ごす理想的な環境を実現できる。［各務謙司］

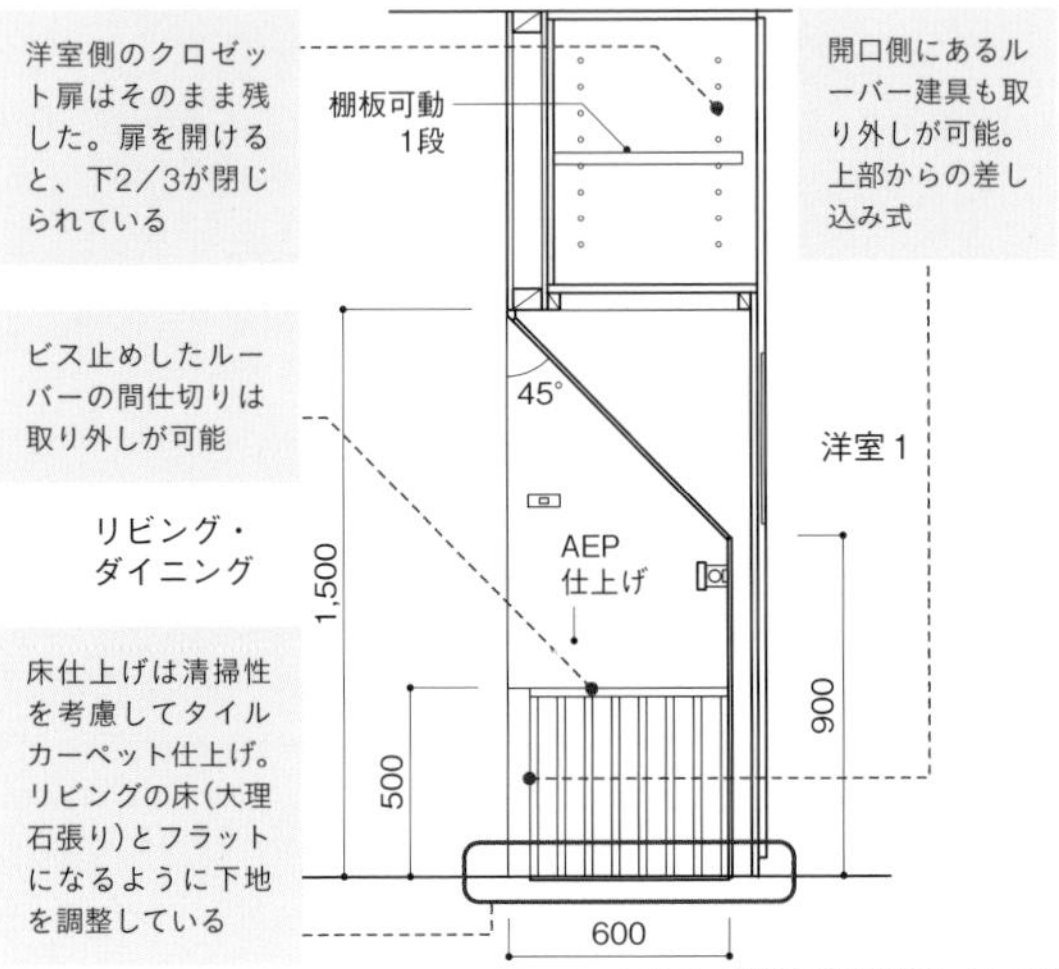

洋室側のクロゼット扉はそのまま残した。扉を開けると、下2/3が閉じられている
棚板可動1段
開口側にあるルーバー建具も取り外しが可能。上部からの差し込み式
ビス止めしたルーバーの間仕切りは取り外しが可能
45°
洋室1
リビング・ダイニング
AEP仕上げ
1,500
900
500
床仕上げは清掃性を考慮してタイルカーペット仕上げ。リビングの床（大理石張り）とフラットになるように下地を調整している
600

ペットスペース断面詳細図［S=1：40］

② PSの余剰スペースを収納に

マンションのPSはすべてが配管で埋め尽くされているわけではない。既存図面には記載されてはいないが、解体してみて余剰スペースがあるなら、機転を利かせて、「代官山O邸」のように、壁面に飾り棚のある造作収納を設けてみよう。［各務謙司］

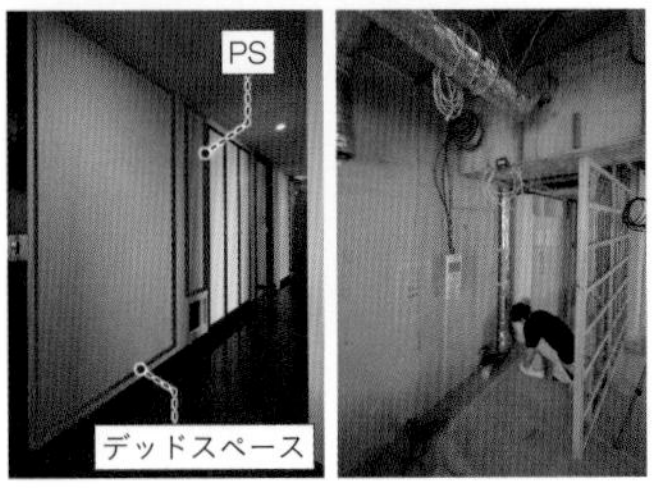

PS
デッドスペース

解体前は何の変哲もない壁面（左）。点検口からのチェックで、横引き排水管の上部に奥行260㎜のスペースがあることが判明した（右）

③ 階段の蹴上げも収納に

階段の蹴上げは200㎜程度が一般的であるが、収納スペースが不足している場合、その段差も積極的に利用したい。「新小岩の家」のように引出し式の収納を設ければ、玄関廻りの小物などをしまうことができる。［中西ヒロツグ］

折返し階段の下4段に引出し式の収納を設けている。5段目以上の下部は、反対側から利用する押入収納としているので、デッドスペースはほとんどない

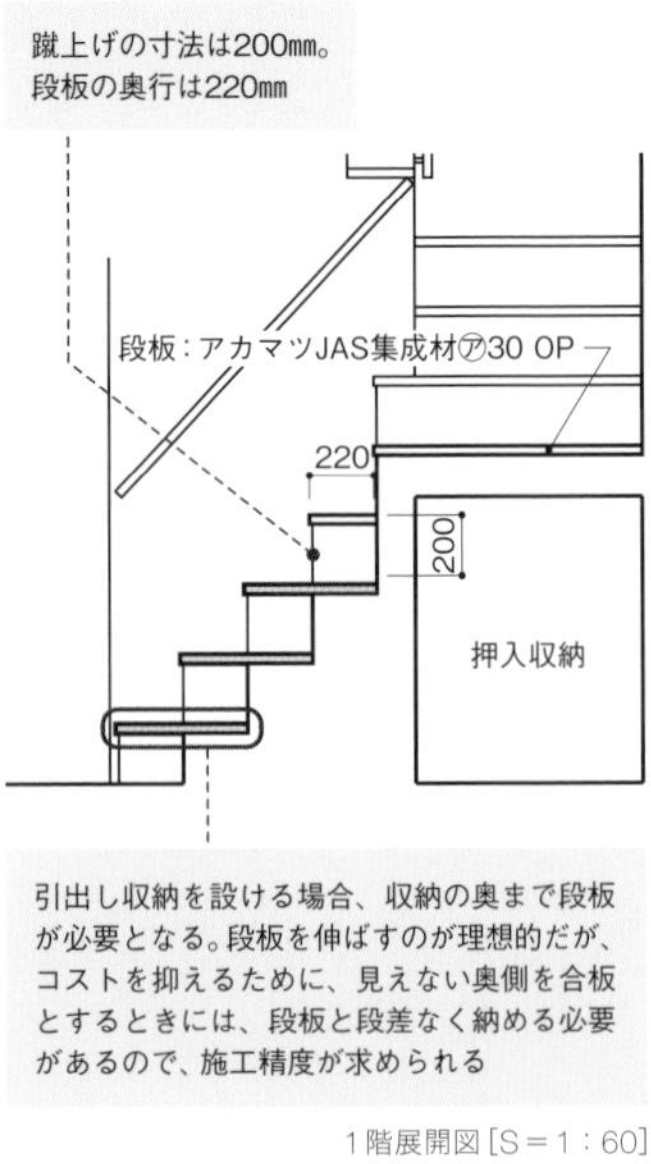

蹴上げの寸法は200㎜。段板の奥行は220㎜
段板：アカマツJAS集成材㋐30 OP
220
200
押入収納
引出し収納を設ける場合、収納の奥まで段板が必要となる。段板を伸ばすのが理想的だが、コストを抑えるために、見えない奥側を合板とするときには、段板と段差なく納める必要があるので、施工精度が求められる

1階展開図［S＝1：60］

Part 9

照明の力を生かす

窓際の垂壁を利用してコーブ照明を仕込み、勾配天井の伸びやかさを強調した「結城の家」。リビングに設けたTVを格納する造作の収納棚背面にも間接照明を仕込み、空間の明るさを確保しながら、TVを見やすくしている。下からの光なので、光の重心が低く、くつろぎ感が得られる［**98頁参照**］

既存空間の雰囲気を変える手法として、照明プランの再計画は有効な手段の1つである。ふかし壁や下がり天井などを利用すれば、比較的容易に空間を演出できる。

特に最近では、1室多灯照明への対応が重要性を増している。光源を生活のシーンに合わせて選択できるようになるので、空間に変化をつけることが可能になる。直接照明と間接照明をうまく組み合わせつつ、必要に応じて調光・調色すれば、照明器具の増加に伴い懸念される消費電力を抑えることも可能だ。1室多灯照明のノウハウは、スイッチ・コンセント類のスマートなレイアウトとともに、ぜひ身に付けておきたい。

一方、家電製品やIT関連機器と同じく、技術の進化についてのキャッチアップが常に求められる。最近では照明に限らず、それをコントロールするIoTの知識を身に付けていく必要がある。必要に応じて専門家に協力してもらえるような体制を整えておきながら、最低限の知識は抑えておこう。

今回は、リノベーションの照明計画について、1室多灯照明による設計手法について説明するほか、照明演出のテクニックを紹介したい。最新の調光・調色技術についても触れる。

図1　1室多灯は天井伏図が重要

① 天井伏図に情報を盛り込む

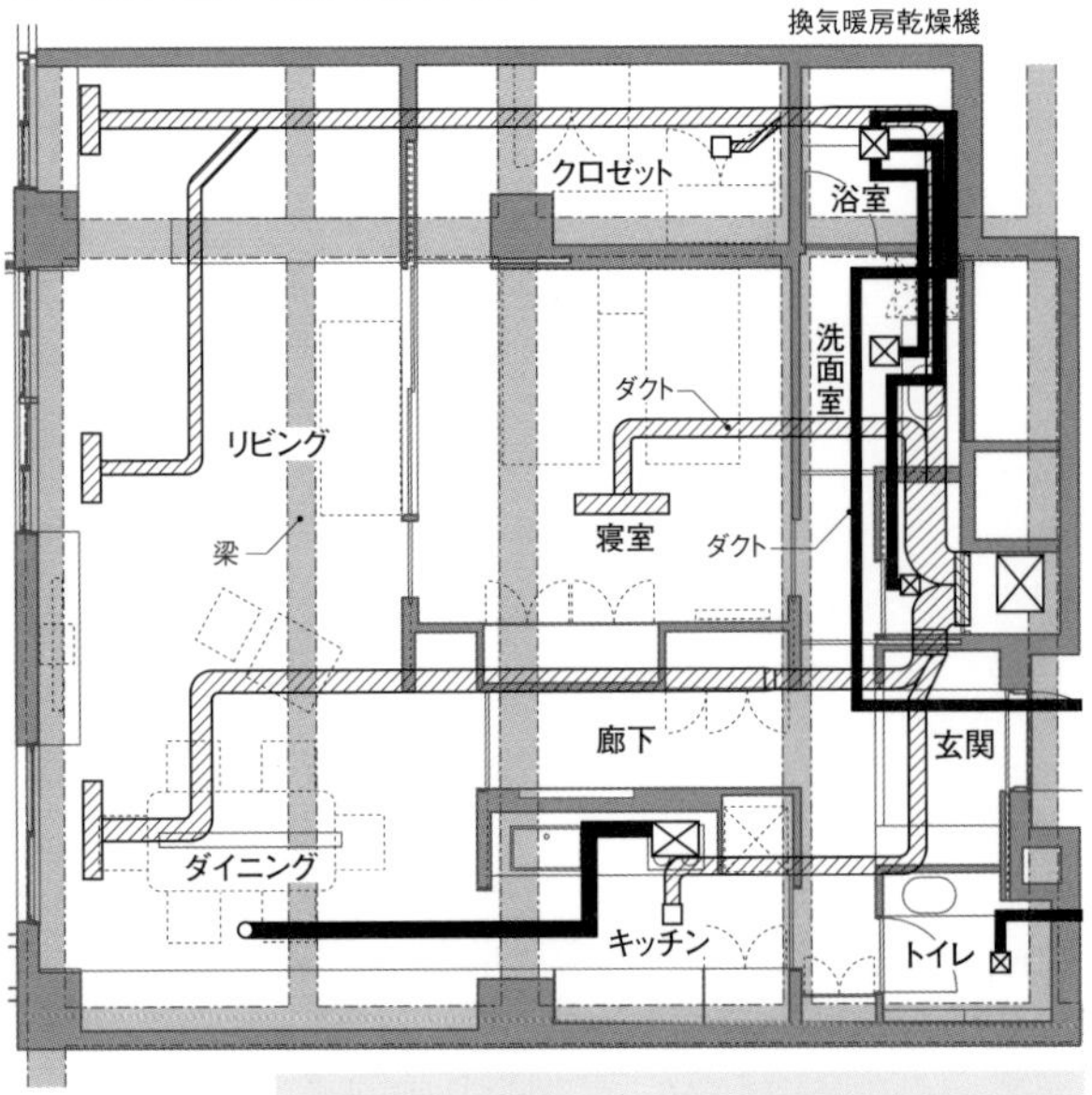
換気暖房乾燥機
クロゼット
浴室
洗面室
ダクト
リビング
寝室
ダクト
梁
廊下
玄関
ダイニング
キッチン
トイレ

1室多灯照明を実現するには、照明器具・配線と躯体やそのほかの設備・配管との干渉を避けることが大きなポイント。平面図ではなく、天井伏図を用いて計画を練り上げることが重要

② 照明プロット図を作成する

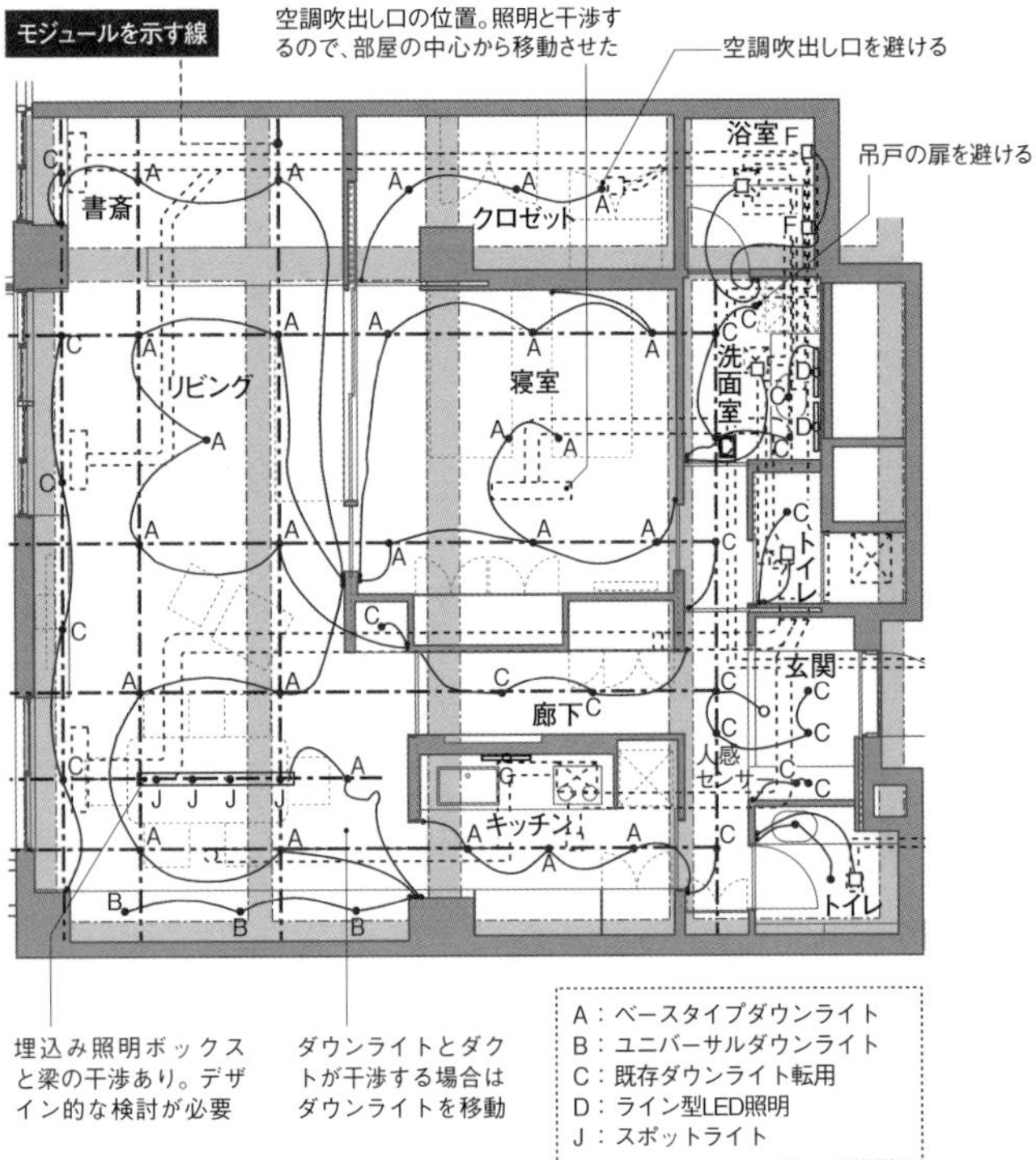
モジュールを示す線
空調吹出し口の位置。照明と干渉するので、部屋の中心から移動させた
空調吹出し口を避ける
吊戸の扉を避ける
書斎
クロゼット
浴室
リビング
寝室
洗面室
トイレ
玄関
廊下
人感センサー
キッチン
トイレ
埋込み照明ボックスと梁の干渉あり。デザイン的な検討が必要
ダウンライトとダクトが干渉する場合はダウンライトを移動
A：ベースタイプダウンライト
B：ユニバーサルダウンライト
C：既存ダウンライト転用
D：ライン型LED照明
J：スポットライト

1室多灯照明の心得

マンション・戸建住宅問わず、戦後の住宅では、蛍光灯の大型シーリングライトを設置するという1室1灯照明が主流であった。しかし、薄暮の時間帯における快適さを体感することができないほか、夕食後に家族がリビング・ダイニングに集まって、それぞれが思い思いのスタイルでくつろぐために適した光環境を実現することはかなり難しい。

一方、1室多灯照明にすると、こうした問題は解決できる。生活動線や家具のレイアウトに沿って、各空間やコーナーで展開される活動をイメージしながら、その場所に適した照明のスタイルを提案しよう。これは、消費電力の低いLED照明が普及した現在だからこその提案ともいえるだろう。

ただし、1室多灯照明は失敗のリスクが高い。それを避けるためにも、正確な現地調査をもとに、天井伏図を作成しよう［図1①］。天井の段差や天井裏に隠れた梁やダクト位置を描き込み、続いて天井カセット式のエアコンや自動火災報知機を記していく。同時に、家具や建具（扉の開き勝手も記す）も忘れずに描く。

こうした作業は、平面図だけでレイアウトを考える際に発生しやすいさまざまな問題を解決してくれる。「選んだ照明器具が梁と干渉して設置できなかった」「ダウンライトを扉の開いた位置に配置してしまい、想定していなかった影が床に映ってしまった」、などの初歩的なミスを避けられる［図1②］。ただし、スイッチや調光器などの数も増えてしまう。その配置も同時に検討しよう［101頁図6参照］。

図2　マンションのRC梁形を生かした建築化照明

① アルミスパンドレルを用いたコーブ照明

コーブ照明のボックス内をアルミスパンドレル「RA-10-4／RB-4N」（理研軽金属工業）のライトブロンズ色で仕上げた例。働き幅156㎜（26㎜×6）の「ローフォーミング16型 アルミスパンドレル」を使用している。色は古河ブロンズ。壁を大理石調タイルで仕上げた空間にもマッチしている

間接照明ボックス内の納まり。幕板の幅が小さい場合はLEDライン照明の器具高さに合わせて立上りを設ける

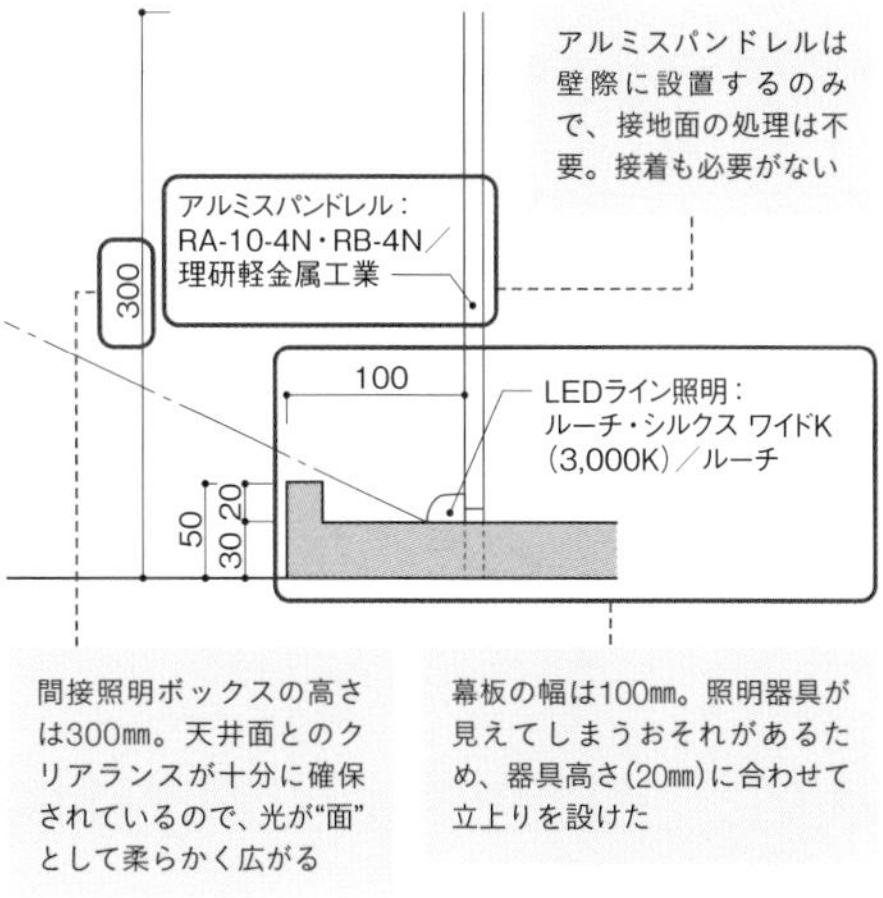

アルミスパンドレルは壁際に設置するのみで、接地面の処理は不要。接着も必要がない
アルミスパンドレル：RA-10-4N・RB-4N／理研軽金属工業
300
100
LEDライン照明：ルーチ・シルクス ワイドK（3,000K）／ルーチ
50
20
30
間接照明ボックスの高さは300㎜。天井面とのクリアランスが十分に確保されているので、光が"面"として柔らかく広がる
幕板の幅は100㎜。照明器具が見えてしまうおそれがあるため、器具高さ（20㎜）に合わせて立上りを設けた

コーブ照明断面詳細図［S＝1：8］

② 梁をふかして設けた極細のライン照明

梁をふかして設けたライン照明。少し離れると光源は直接見えない。①と同じアルミスパンドレルの垂壁を滑らかな光で際立たせていることが分かる。奥に見えるのはアルミスパンドレルを用いたコーブ照明

ライン照明を取り付けた後に外側から合板（塗装下地）を取り付けた後の様子。この後クロスで仕上げる

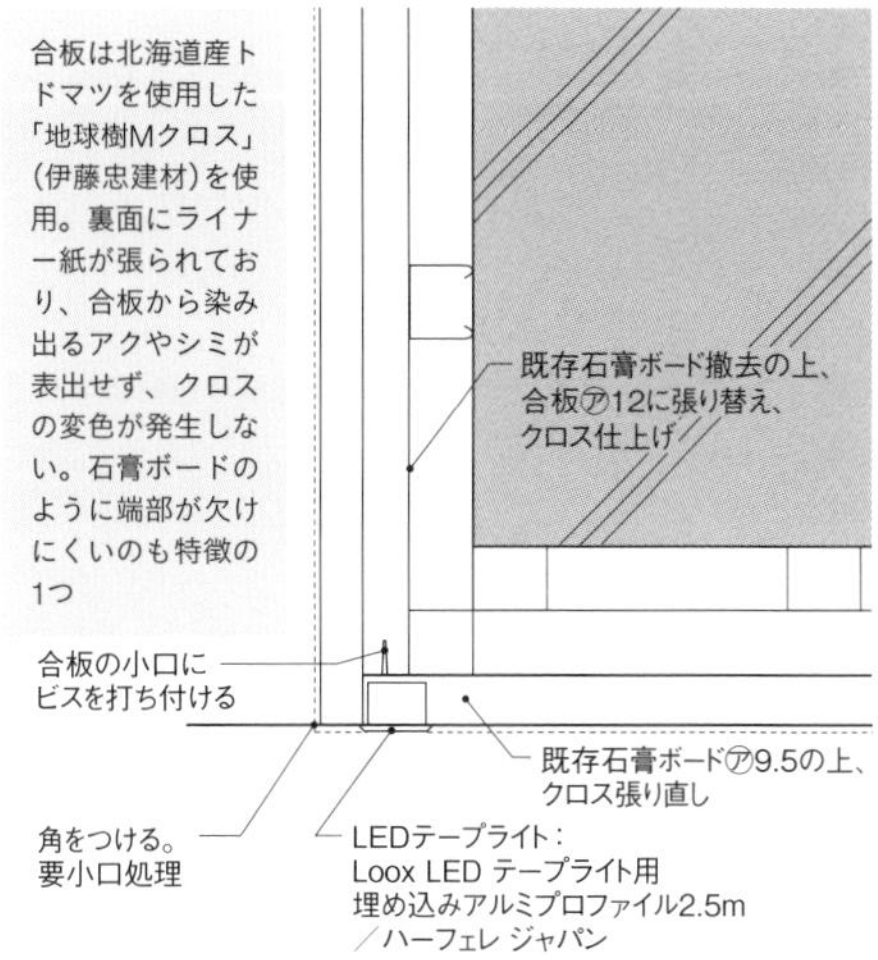

合板は北海道産トドマツを使用した「地球樹Mクロス」（伊藤忠建材）を使用。裏面にライナー紙が張られており、合板から染み出るアクやシミが表出せず、クロスの変色が発生しない。石膏ボードのように端部が欠けにくいのも特徴の1つ
既存石膏ボード撤去の上、合板㋐12に張り替え、クロス仕上げ
合板の小口にビスを打ち付ける
既存石膏ボード㋐9.5の上、クロス張り直し
角をつける。要小口処理
LEDテープライト：Loox LED テープライト用埋め込みアルミプロファイル2.5m／ハーフェレ ジャパン

梁際ライン照明断面詳細図［S＝1：4］

梁を生かした間接&直接照明

マンション・リノベーションの対象となる物件は、その多くがRCラーメン構造である。大きな開口部が実現でき、壁式構造に比べて間取りの変更が容易な一方、室内側に梁形や柱形が大きく張り出してしまう。間取り作成時にはマイナスポイントと捉えがちだが、照明計画でうまく工夫すると、むしろプラスにできると考えている。

まず、室内側の大きな梁の成を生かせば、梁の下端に合わせてコーブ照明のボックスを仕込むことができる［図2①］。一般的にRCの梁成は300㎜を超えるので、コーブ照明に必要な天井とのクリアランスは十分。柔らかな光を広げることが可能である。

加えて、室内側に大きく張り出した梁形の側面にLEDのライン照明を流すのも効果的である［図2②］。照明の明るさで梁の圧迫感を軽減できる。梁下に薄型ダウンライトを入れると梁成が高くなり、アルミサッシの上枠と被ってしまう。天井にダウンライトを入れると梁形でカットオフラインが出てしまう。それらの問題を一気に解決する照明がこの方法。梁成と梁幅を生かした照明はマンションならではの醍醐味だ。［各務謙司・共同設計：The Library 田口彰］

図3　木造ならではの天井段差を生かしたコーブ照明

① 大きな小屋裏空間を照らすコーブ照明

天井を撤去して小屋組と柱を露しとした勾配天井の「結城の家」。窓際にコーブ照明を仕込んで、3.5寸勾配の天井を柔らかな光で強調している

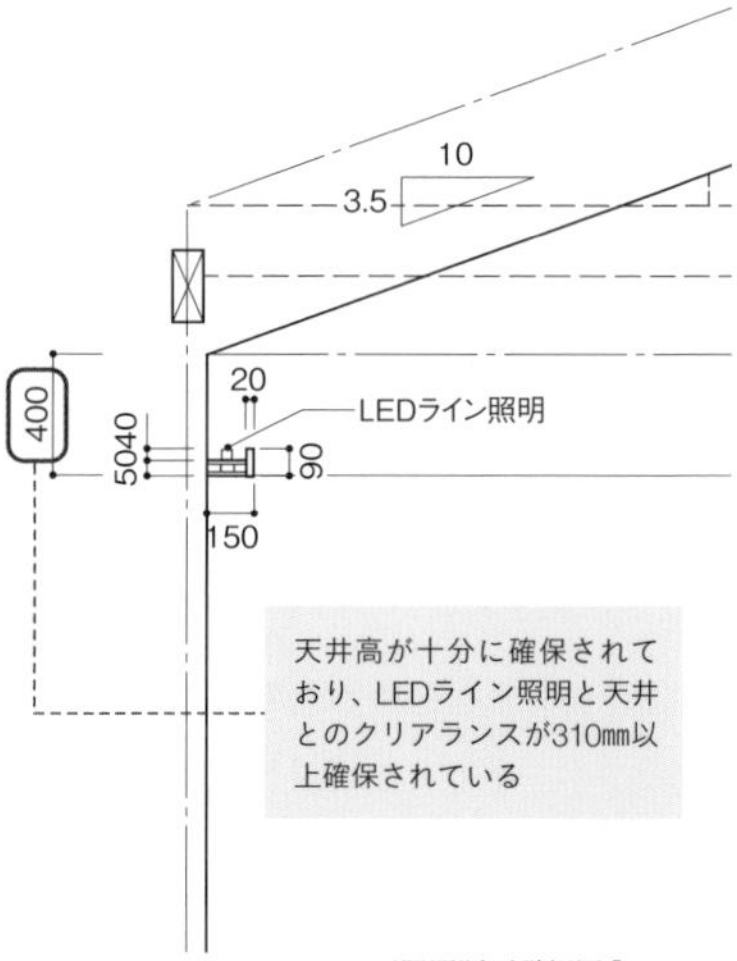

10
3.5
20
LEDライン照明
400
50
40
90
150
天井高が十分に確保されており、LEDライン照明と天井とのクリアランスが310㎜以上確保されている

コーブ照明断面詳細図［S＝1：50］

② 造作家具の上に仕込んだコーブ照明

壁面の造作家具を利用して家具の上にコーブ照明を仕込んだ「桜上水の家」。ソファの真上に配置したダウンライトの光や、ダイニングテーブル上のペンダントライトの光と干渉せず、LDKの各所に心地よい光だまりができている

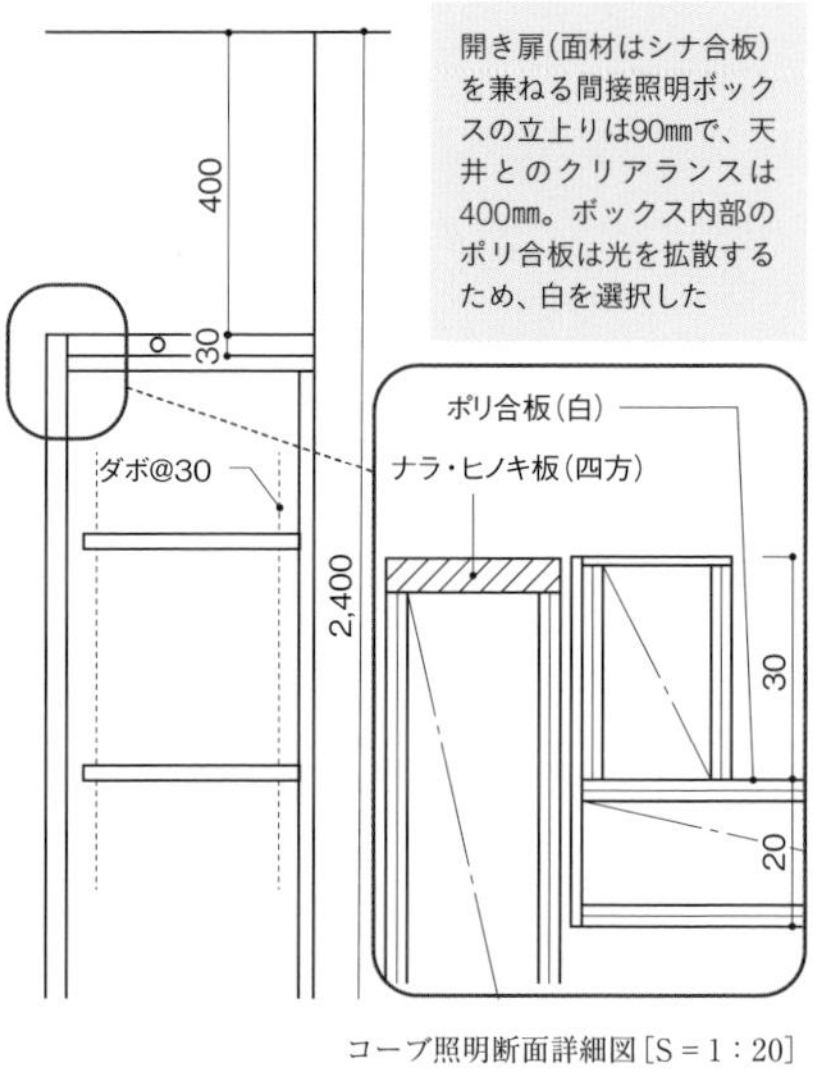

開き扉（面材はシナ合板）を兼ねる間接照明ボックスの立上りは90㎜で、天井とのクリアランスは400㎜。ボックス内部のポリ合板は光を拡散するため、白を選択した
400
30
ダボ@30
2,400
ポリ合板（白）
ナラ・ヒノキ板（四方）
30
20

コーブ照明断面詳細図［S＝1：20］

高くなった天井を美しく照らす

リノベーションの対象となる木造戸建住宅の多くは、フラットに天井が張られていて、2千300㎜前後と低めの場合が多い。このため、クライアントの多くが「天井を高くしたい」という要望をもっている。しかし天井を全体的に高くするのは、梁せいの制約（大きいもので約300㎜）から、難しい場合が多い。そのため、梁に干渉しない範囲で部分的に天井を高くすることが求められる。一方、この段差は照明計画にとってはむしろ好都合である。

具体的には、段差を利用して天井面をコーブ照明で照らす手法が一般的だ［**図3**］。高くなった天井をより高く感じさせられる。

納まり上のポイントは、天井面の段差をできるだけ大きくすること。理想的には300㎜程度、最低でも150㎜以上としたい。段差が小さければ、部分的な「線」の光になる一方、300㎜程度の段差があれば、間接照明からの光が「面」となって空間全体に広がる。目的に応じた使い分けが必要だ。照明効果を高めるには、壁面の仕上げにも気をつかうとよい。プレーンな素材よりも、凹凸感のある素材で仕上げたほうが、光の効果が高められる［**※2**］。［中西ヒロツグ］

※1　新築とは異なり、既存の建物は躯体の歪みが大きいので注意が必要だ。間接照明の設置面を、クロスやポリ合板など清掃しやすい材料で仕上げておくことも重要。指示しておかないと、仕上げされていないケースもあるので注意したい

図4　洗面室の空間をやさしく彩る間接照明

① 洗面鏡の上下に間接照明を仕込む

鏡の上下スペースを利用して間接照明を仕込ん「桜上水の家」。天井面と手元を照らす光は柔らかく、まぶしさを感じない。　［中西ヒロツグ］

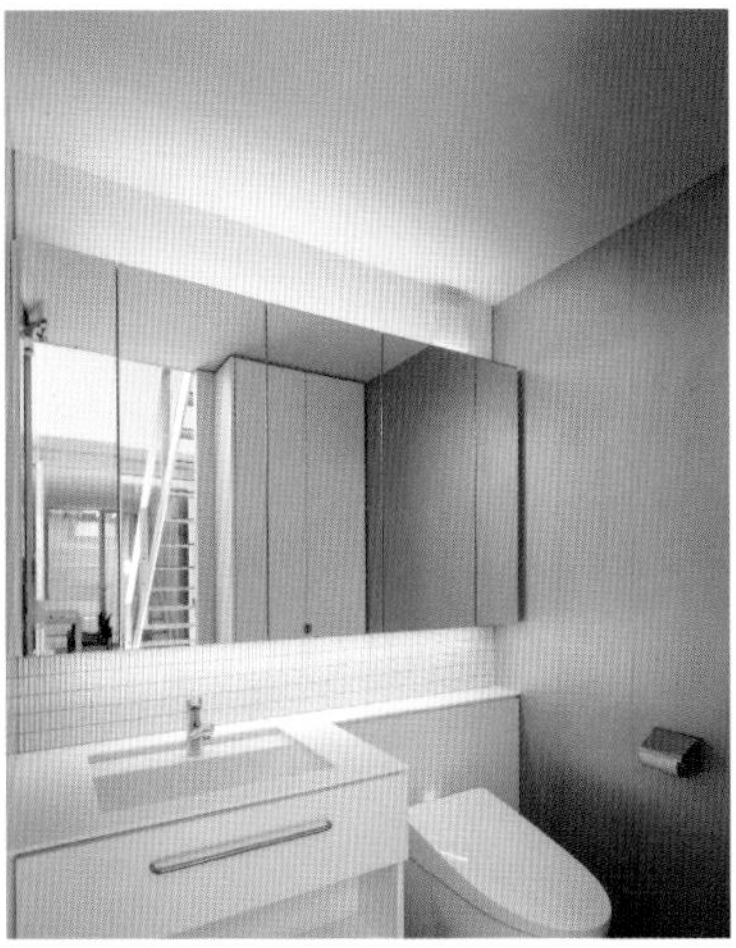

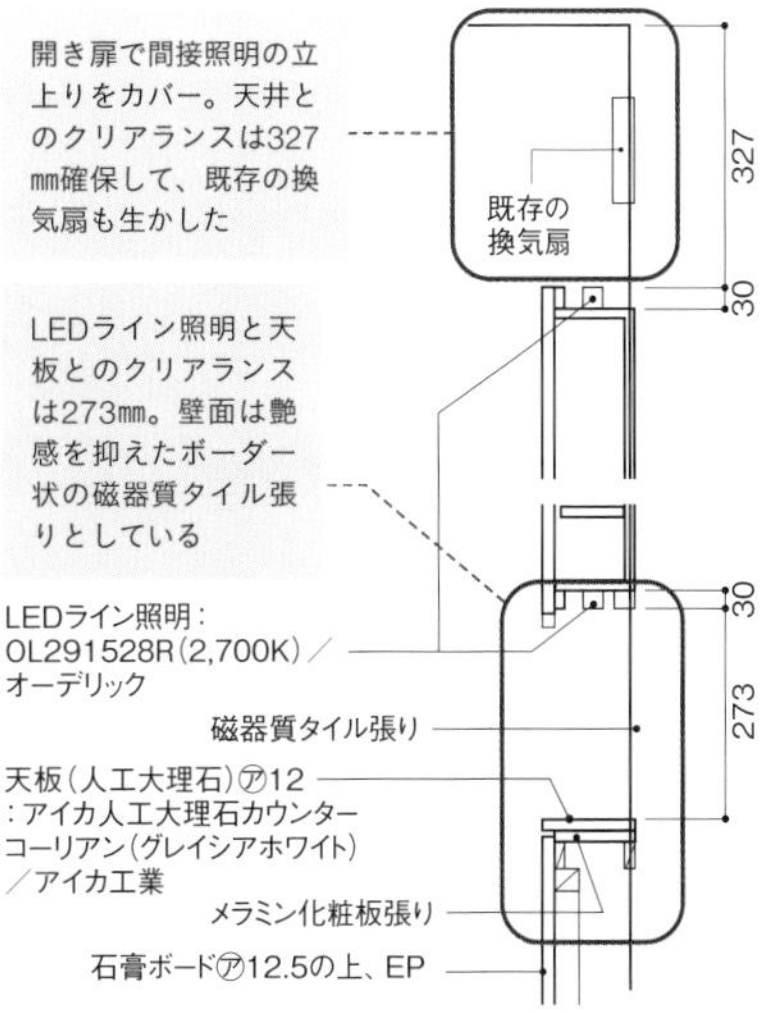

開き扉で間接照明の立上りをカバー。天井とのクリアランスは327mm確保して、既存の換気扇も生かした
既存の換気扇
327
30
LEDライン照明と天板とのクリアランスは273mm。壁面は艶感を抑えたボーダー状の磁器質タイル張りとしている
30
273
LEDライン照明：OL291528R(2,700K)／オーデリック
磁器質タイル張り
天板(人工大理石)㋐12：アイカ人工大理石カウンターコーリアン(グレイシアホワイト)／アイカ工業
メラミン化粧板張り
石膏ボード㋐12.5の上、EP

間接照明断面詳細図［S＝1：20］

② 洗面鏡の両脇がライン状に発光する

洗面鏡の両脇がライン状に発光するような間接照明を仕込んだ「成城Z邸」。ここでは、既存のメディスンキャビネットの改造であること、また調光に加えて調色機能を加えると照明器具が大きくなり、かつ不格好になるので、オンオフだけのシンプルな操作を提案している。　［各務謙司］

照明から見たときの様子。鏡の一部が発光しているようにしか見えない。加えて、鏡の下面には手元を照らす間接照明を仕込んだ

A：開き扉のつくり方

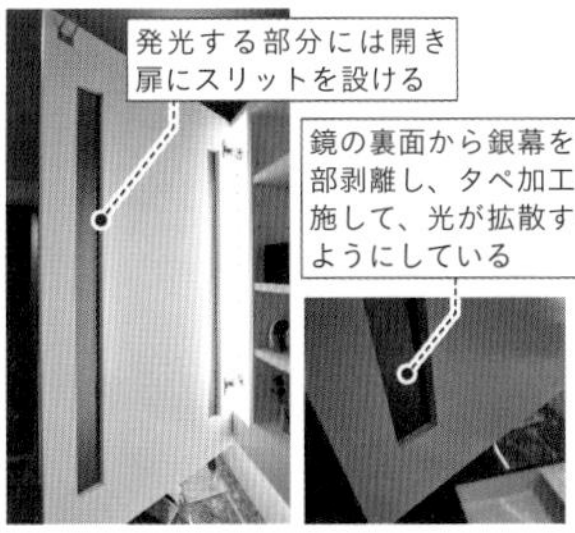

発光する部分には開き扉にスリットを設ける
鏡の裏面から銀幕を一部剥離し、タペ加工を施して、光が拡散するようにしている

開き扉（ポリ合板）にはスリットを設けて裏面からの光が透過するようにしている

B：収納扉のつくり方

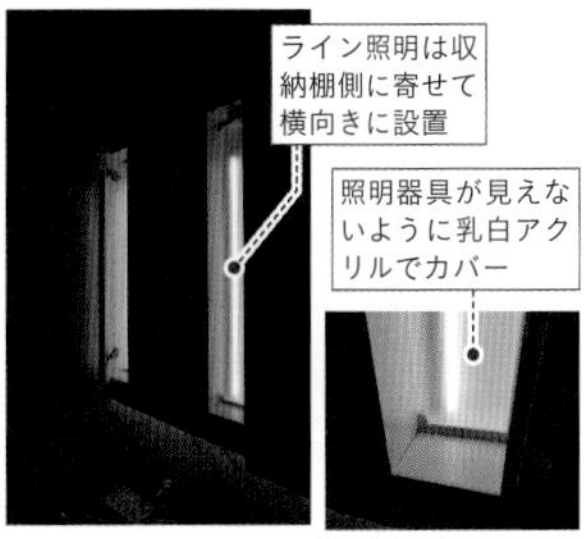

ライン照明は収納棚側に寄せて横向きに設置
照明器具が見えないように乳白アクリルでカバー

照明器具「ルーチ・シルクスワイド」（ルーチ）は棚の裏側に取り付ける。横向きに設置しているので、光源が見えない一方、光は鏡に向かって十分に拡散していることが分かる

洗面室は間接照明が基本

洗面室の照明で重要なのは、明るさ（照度）の確保だけでなく、どの向きから照らすのか。洗顔や歯磨きなどのことを考えると、洗面カウンターに向かって立った人を正面側から照らすことが重要となる。しかも、まぶしくなく、ある程度の照度を確保するとなると、メディスンキャビネットの上下に間接照明を入れるのが最適解だ［図4①］。

注意すべきは洗面カウンターとメディスンキャビネットの間にある壁（バックスプラッシュ壁）の色と材質。白系のクロスや塗装が一番光をきれいに拡散してくれるが、清掃性やデザイン面を考慮すると、モザイクタイルやカウンターと同材の磁器質タイルやクォーツエンジニアードストーンなどが候補に挙がる［※2］。

一方、通常の洗顔や化粧落としに使う洗面カウンターの照明であれば、**図4①**のような間接照明である程度の明るさが確保できるが、化粧を行うならばもう一工夫。〝女優鏡〟のように正面から照らし、なるべく影がでないようにしたい［図4②］。できれば、調光だけでなく調色でほの暗い電球色から、日中の自然光のような昼光色までをカバーしたい。　［各務謙司＋中西ヒロツグ］

※2　洗面カウンター甲板の艶感によっては、メディスンキャビネット下の間接照明が反射してまぶしく感じられることもあるので、LED間接照明の場合はカバー付き（プロファイル付き）でLEDのドットが不快に感じられないものが望ましい

図5　直接照明の粋な使い方と選び方

① 見せる壁はダウンライトを寄せる

ダウンライトを壁際に設けて壁の質感を演出する場合は、グレアレスかつユニバーサルの小口径ダウンライトを壁際から200～300㎜に寄せて配置すると効果的だ。スカラップ（貝殻のような円弧を描く光のエッジ）を嫌う設計者もいるが、「青山P邸」のように、筆者は壁に寄せた照明を多用している。［各務謙司］

② アップライトも壁際に

以前は気軽に使える床埋め込み型のアップライトはなかったが、「マイクロアップライト」（トキスター）が発売されて以降は、はとても使いやすくなった。グレアカットタイプのフィルムも用意されており、真上を歩いた際のまぶしさにも配慮されている。
［各務謙司・共同設計：3*D空間創考舎 石川利治］

③ スポットライトは天井のスリット内に

ダイニング直上の天井に造作で作ったボックスを埋め込み、その内部にライティングダクトと仕込むとスタイリッシュな照明ボックスとなる。箱の内側を黒く塗装し、ライティングダクト対応のスポットライトも黒を選べば、器具も目立たなくなる。ペンダントライトを入れたい場合は、中央に黒い引っ掛けシーリングを入れて、その前後にライティングダクトを通せばよい。
［各務謙司・共同設計：The Library 田口彰］

照明ボックス内はライティングダクト、内部を含めて黒で統一。塗装する際には艶消しを指定して、器具（光源）の映り込みが発生しないようにする

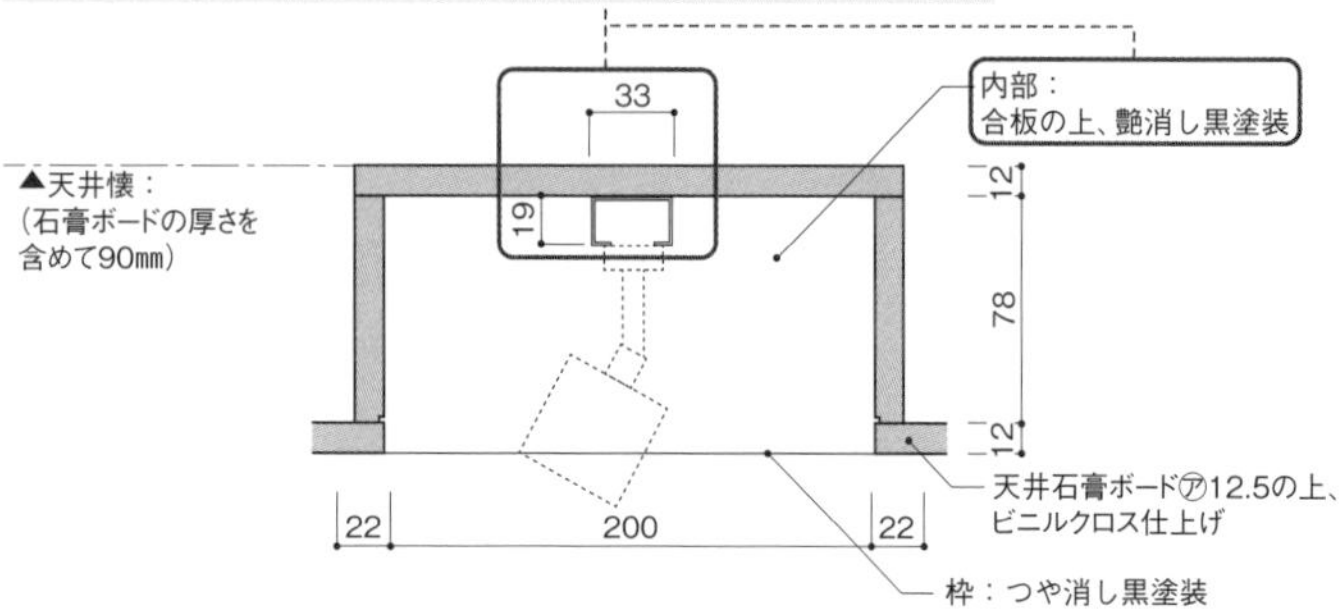
33
内部：
合板の上、艶消し黒塗装
▲天井懐：
（石膏ボードの厚さを
含めて90㎜）
19
12
78
12
天井石膏ボード⑦12.5の上、
ビニルクロス仕上げ
22
200
22
枠：つや消し黒塗装

断面図［S＝1：6］

④ 吹抜けのペンダントは全般拡散がいい

階段や吹抜けなどの天井が高い空間には、全般拡散のペンダイントライトがよく似合う。空間の重心を適度に下げつつ、光が全方位に拡散し、必要な明るさが得られる。なかでも、「MODIFY」（パナソニック エレクトリックワークス社）はデザインがシンプルなので、どのような空間にもマッチする。［中西ヒロツグ］

図6　増えるスイッチ・モニター類を美しく機能的にまとめる方法

① 用途に合わせて縦に並べる

展開図ではクライアントの身長を反映した人の姿および、各スイッチ類の大きさと取り付け位置を正確に指示している

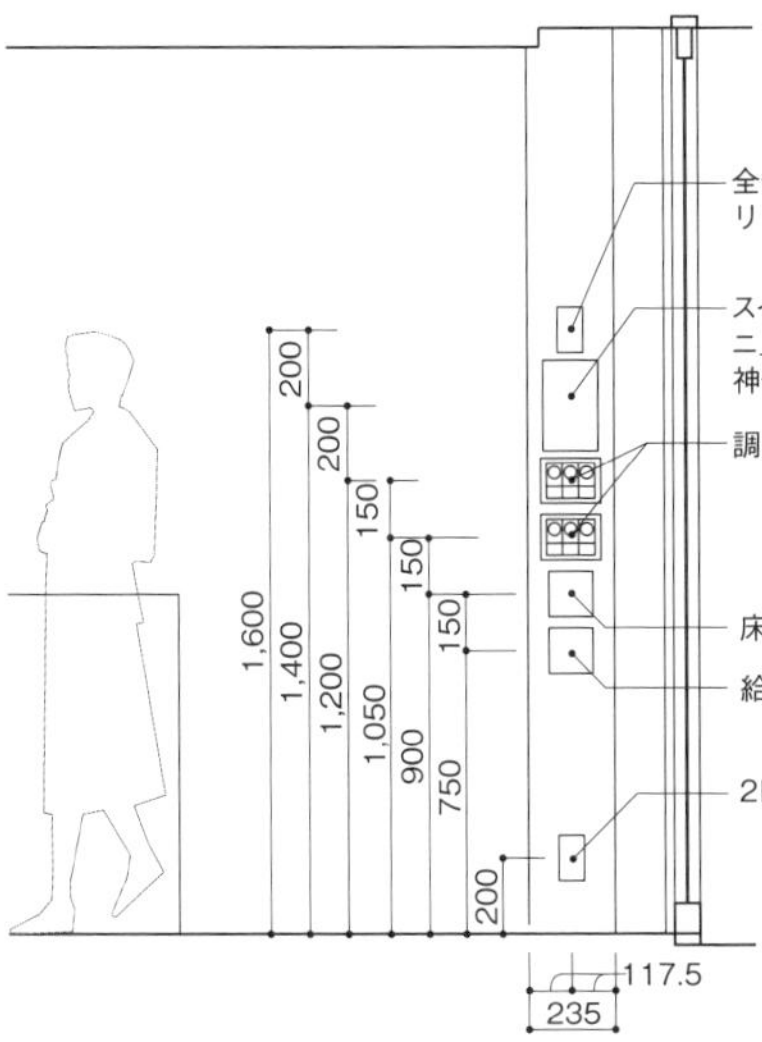

全熱交換機
リモコン(常時ON)
スイッチ：
ニューマイルドビー／
神保電器
調光スイッチ×3
床暖房リモコン
給湯機リモコン
2口コンセント
200
200
150
150
150
1,600
1,400
1,200
1,050
900
750
200
117.5
235

展開図［S＝1：40］

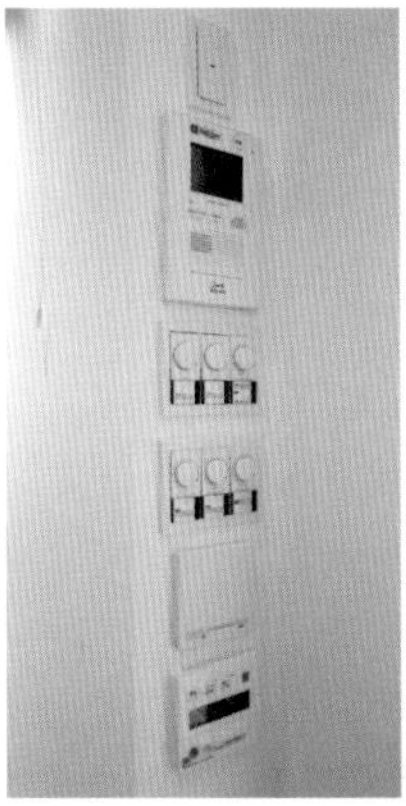

キッチン脇にあるPS壁の側面235㎜幅分のスペースを生かしてスイッチ類を縦型にレイアウトした例。高さの検討では、人が立った時の目線のラインにインターホンを持ってくることを優先したい。
［各務謙司］

② ニッチの中に納める

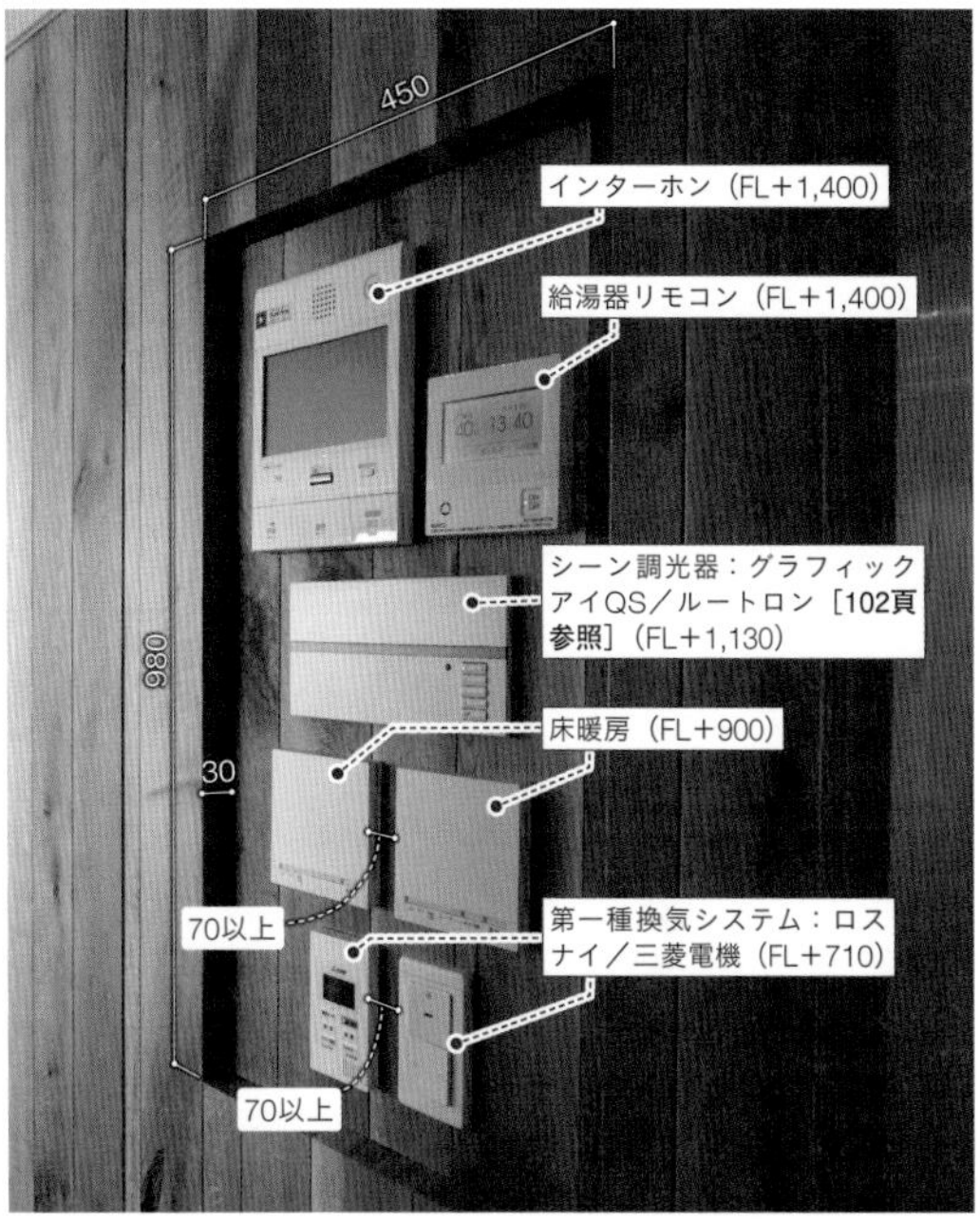

450
インターホン（FL＋1,400）
給湯器リモコン（FL＋1,400）
シーン調光器：グラフィックアイQS／ルートロン［102頁参照］（FL＋1,130）
床暖房（FL＋900）
980
30
70以上
第一種換気システム：ロスナイ／三菱電機（FL＋710）
70以上

さまざまなスイッチ類を、オークの縦羽目板張りで仕上げた壁面のニッチに納めた「千代田区M邸」。ニッチの奥行は30㎜とし、壁面とスイッチが面になるよう、美しく納めている。
［各務謙司］

③ ニッチが無理ならプレートにまとめる

インターホンや床暖房、照明器具のスイッチをひとまとめにした「桜上水の家」。構造躯体の制約上、ニッチを設けられなかったので、壁面に450㎜角のアルミフレームを取り付け、そのなかにスイッチ類を配置している。
［中西ヒロツグ］

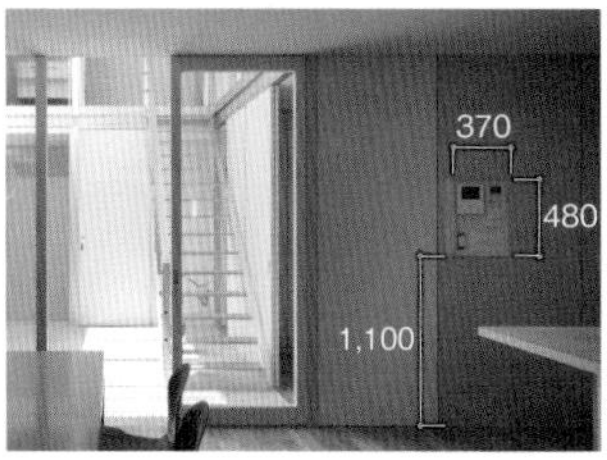

370
480
1,100

スイッチ類の居場所は3か所

1室多灯照明にシーン調光器を使っても、設備（床暖房、給湯器、換気扇、エアコンなど）や弱電（インターホン、セキュリティーシステムなど）のスイッチ、コントローラー類など、インテリアのノイズとなる要素は多い。それぞれをまとめて、1つのコンソールパネル［※3］をデザインするのが理想的である。

設置する場所の候補は3か所、キッチンの壁、ダイニングの壁、ダイニングからプライベート部分へと続く廊下の入り口にある壁だ。住宅の動線を考えて、ある程度の面積（最低でも400㎜角）があり、背面に配線スペースが取れて、リビングの中心から少し隠れる場所（もし隠すことができない場合は、インターホン部分に小窓を開けた扉を設置した事例もある）を早い段階で考えておきたい。

すべてをひとまとめにする必要はないが、インターホンとセキュリティーシステム、照明のスイッチ類が中心となる。給湯器や床暖房コントローラーは、コンソールと分けてキッチンなどの別の場所に設置することも可能だ。納まりとしてはニッチを設けて壁面と面にするのが理想的だが［図6①・②］、壁面にプレートを取り付けてその中で配置を行うというものよい［図6③］。

※3　飛行機や車で各種スイッチやメーターを集約した部分

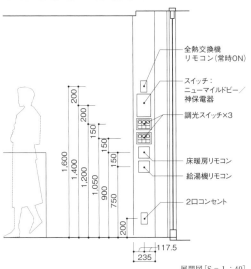

COLUMN

1室多灯照明では シーン調光器がお薦め

① ハイグレードなシーン調光

スポットライトやダウンライト、ペンダントライト、家具間接照明といった多様な照明器具を採用した「渋谷区Q邸」では「グラフィックアイQS」を採用(上)。1つの回路に2種類以上の照明器具を使うことにしたため、綿密な動作確認を行っている(下)

LDK向けは対応力重視

1室多灯照明が当たり前になってきた現在。しかも、多くのLED照明は調光だけでなく調色が行えるようになっている。ただし、通常の調光器では操作が面倒であり、調光器の数も増える。時間や天気、季節の変化や記念日に合わせて手軽に照明のシーン設定が行えるシーン調光器は積極的に提案したい。

シーン調光器は、シーン調光器を専門に取り扱うメーカーの製品と、照明器具メーカーが器具とセットで販売している製品に大別される。前者はさまざまな照明器具に対応できる一方、価格が比較的高価である。代表的な製品としては、「グラフィックアイQS」(米ルートロン・エレクトロニクス社)がある。後者は価格が比較的安価である一方、自社の照明器具向けに開発されたものであり、他社の照明器具に対応していないケースが多い。

特に、リビング・ダイニングではペンダントライトや間接照明も含めて多数の照明器具を組み合わせて最適な光環境を提案することが多いと考えられるので、1つの照明器具メーカーのみでの提案はまずないといっていい。したがって筆者は、「グラフィックアイQS」を標準採用することにしている〔①〕。

このとき、一般的には1つの回路内には1種類の照明器具を使うのが基本ルールとなっているが、LDKのような大きな空間の場合は回路数を絞るために1つの回路内に2種類以上の照明器具を使う場合ことがある。この場合は、両者がうまく調光できるか、を現場で実機を使って確認することもある〔※〕。

諸室向けはコスパ重視

一方、使用する照明器具のメーカーが同一である場合、寝室や子ども室など、使用する照明器具の数が少なくてすむ部屋では、コストパフォーマンスを重視しよう。通常の調光器を横並びにするか、照明器具メーカーのシーン調光器を用いるのがよいだろう〔②〕。

最近はスマートフォンやスマートスピーカーで点灯の指示をリクエストされることが増えてきた。この場合、スイッチやコンセントには「アドバンスシリーズ リンクモデル」(パナソニックエレクトリックワークス社)を採用したい。点灯だけではなく、調光やシーン設定が行えるというのが心強い。

[各務謙司]

② スタンダードなシーン調光

照明器具の種類と数が比較的少ない「関西M邸」のLDKでは、照明器具のメーカーに合わせて「ライトマネージャーFx」(パナソニック エレクトリックワークス社)を採用(左)。シーン調光器は器具の厚さに合わせてニッチに納めている(右)

③ スマートなシーン調光

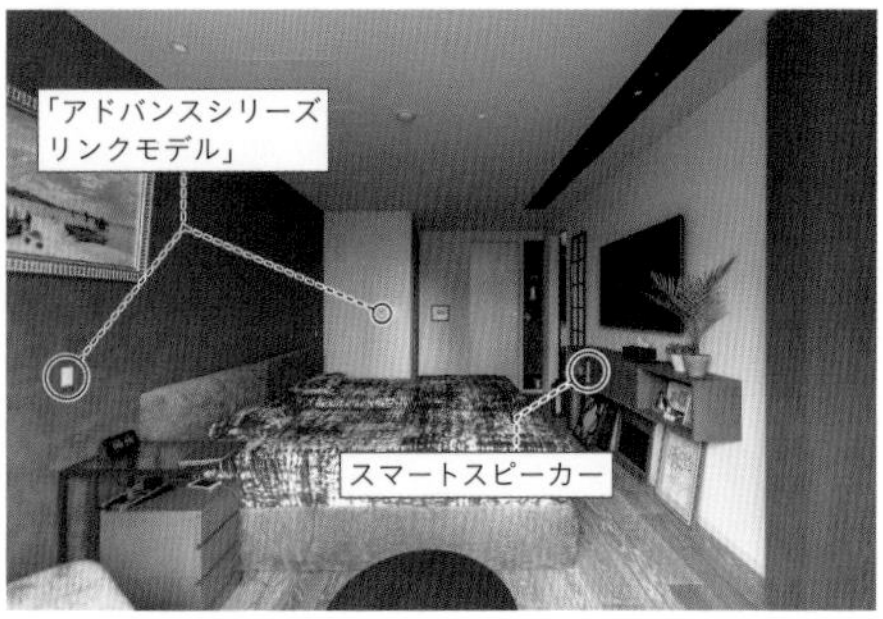

ダウンライトや天井スリットに取り付けたスポットライトなどの管理を「アドバンスシリーズ リンクモデル」で行う「渋谷区Q邸」の寝室。「Alexa」(amazon)で操作することも可能

※ スイッチのオンオフ時に付属部品のインターフェースからリレースイッチの入り切り音がする。天井裏にインターフェースを設置することが多いが、造作収納の天井裏などの奥まった部分に置いて音が響かないようにしたい

Part 10

ヒアリング＆プレゼンの極意

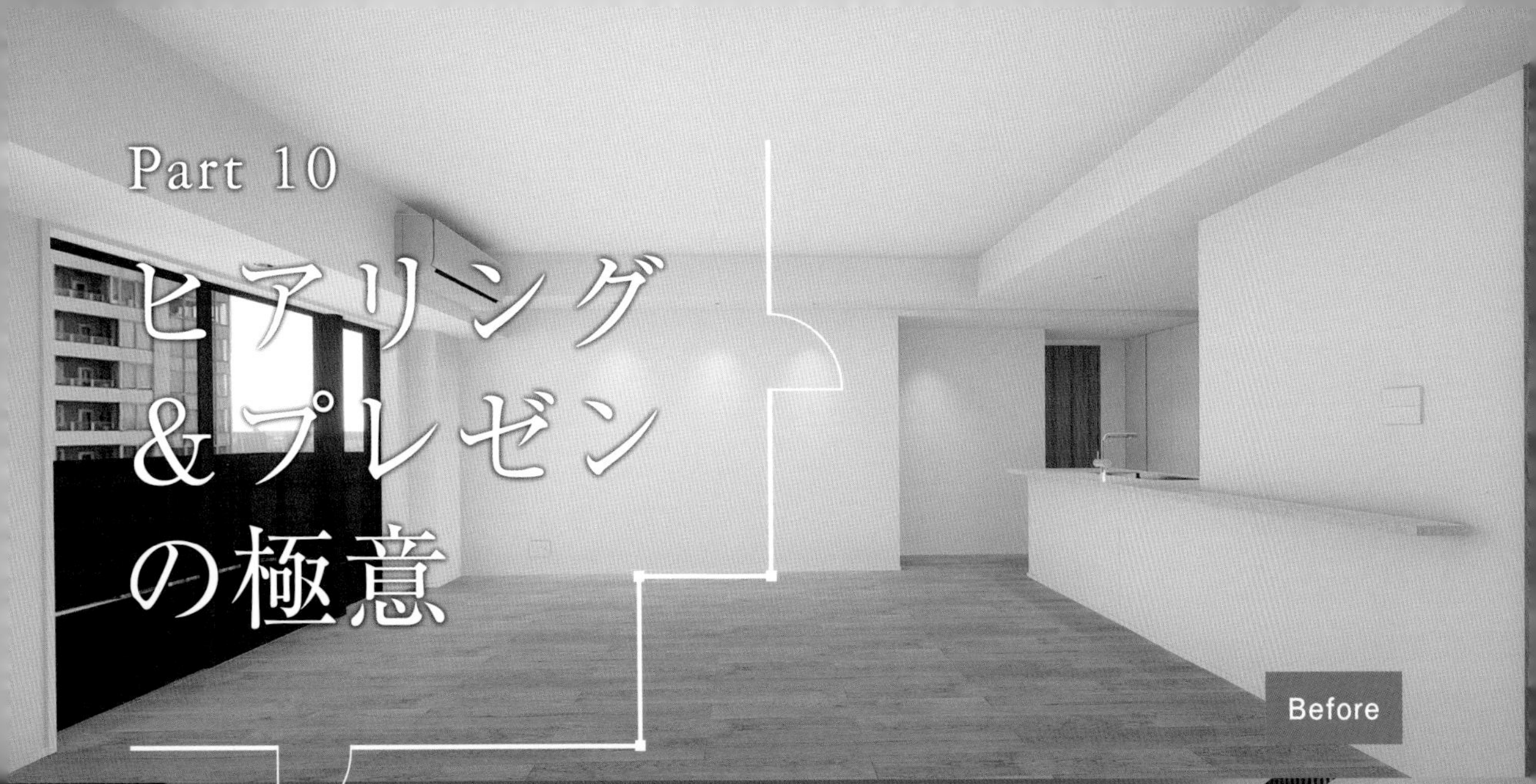

リアルタイムレンダリングソフト「D5render」を用いて改修前後の内観を立体的に描いた「南青山A邸」のパース。改修前後の違いが一瞬で判断できるほか、改修後のイメージは変更が容易に行えるので、打ち合わせの充実度はかなり高いものとなる［設計：カガミ建築計画+The Library 田口彰］［110頁参照］

確かな設計力を備えていたとしても、それのみで仕事を獲得し続けることは難しい。クライアントへの対応力も非常に重要である。新築を手がける場合と同様、リノベーションにおいても、ヒアリングやプレゼンのスキルは、常日頃から高めなければならない。

新築と比較した場合の違いは、①依頼者のモチベーションが異なること（新築は「新しい住空間に対する期待」が起点となる一方、リノベーションは「現状に対する不満」が起点となる）、②リノベーション専門の設計施工会社がライバルとなるケースが多いこと、③スケジュールがタイトであること、④工事金額が比較的小額であること、⑤インテリアの比重が高いこと、が挙げられる。こうした要素を念頭に置きながら、クライアントと接し、最適な解をともに模索していくべきであろう。

ヒアリングやプレゼンは、自分の提案力をアピールする局面に限らない。クライアントを見極める場でもある。自分とはマッチしないと判断できる場合には、〝断る力〟も必要だ。

ここでは、ヒアリングやプレゼンの手法について、具体例を交えながら説明する。最新のCGやVRの技術を駆使した一歩先を行くプレゼン手法についても紹介したい。

図1　問い合わせ・ヒアリングの流れとポイント

	方法（場所）	対応上のポイント
問い合わせ	電話orメール	□クライアントのリノベーションに対する考えに賛同する □面会を早めに行うように仕掛ける □自分（作品）の評価を把握する（どこで、何を通して知ったか） □出られなかった電話は当日中に掛け直し、メールは翌日までに返答する
ヒアリング（1回目）	事務所［＊1］	□自分の評価を再度確認する（気に入っている事例は？） □クライアントとの共通点を探り、似た事例を紹介する □大まかな予算・スケジュールについての共通認識を得る □問題になりそうなポイントを見つけ、解決案も提示する
現地調査（2回目）	現場（リノベーション予定場所）	□既存空間の問題点を把握する［＊2］ □クライアントの個人情報を可能な限り入手する □予算・スケジュールについて、より細かく確認する

＊1　最初のヒアリングは設計事務所で行うのが基本。出向いてもらうことで、クライアントの本気度を推し量ることができる。訪問を面倒がられる場合は、調査や提案を無償と思われていることが多いので、事前に説明しておく必要がある

＊2　マンションでは設備、戸建住宅では設備に加えて構造が重要なチェックポイント。持ち家をリノベーションする場合には、観察によってクライアントの“くせ”を見抜く

すべては肯定から始まる

最初の問い合わせ・ヒアリングにおける注意点について、順を追って説明する［図1］。問い合わせの段階で心がけるべきことは3つ。

1つ目は、クライアントのリノベーションに対する考えを全面的に賛同すること。過去の設計事例のなかで、クライアントが望む住空間と似たようなケースがないかを思い起こし、具体的に協力が可能であることも示す。

2つ目は、なるべく早いうちに直接会えるように仕掛けること。既存の間取りやクライアントの言葉にならない要望を把握するという目的がある。

3つ目は、自分が設計者としてどんな印象をもたれているかを把握すること。ホームページ・雑誌の記事などを見てからのコンタクトがほとんどである。「何を見て、どう感じたのか」も、1回目のヒアリングに向けてさりげなく探っておきたい。

1回目のヒアリングでは、予算やスケジュールなど、設計契約に向けてのネックになりそうなポイントを明示したい。ある程度、ビジネスとしての対応も求められる。ネックになりそうな問題をクリアするノウハウがあれば、強力なアピールとなりうる［※1］。話を熱心に聴く姿勢も印象付けたい。

2回目の打ち合わせは、リノベーションを予定している現場で行うのが基本。現状を視察しながら、既存空間の問題点を冷静に分析する。特にマンションでは、設備関係の事前調査は非常に重要となる［※2］。ただし、チェックリストを手にしながらのヒアリングでは、リノベーション会社との差別化が図れないので、感心できない。誠実な話術で、既存建物のポテンシャルの高さを認めながら、クライアントのライフスタイルに見合う住空間が実現可能であることを伝えたい。

2回目のヒアリングでは、クライアントの家族（ペットも！）の名前や年齢などの個人情報も確認する。プレゼン時に提出する図面に「子ども室」と記載するより、「○○君の部屋」と書いたほうが、親密度が格段に増すためだ。

予算も再度把握すべきであるが、ストレートに訊ねるのは工夫が足りない。筆者は、過去の設計事例などから予算比較表を作成している。構造に手を加えないマンションでは、クライアントの要望（特に内装・設備のグレード）を確認すれば、すべてを実現したときの概算を把握してもらうことは可能だ。反応を見て、予算にアタリをつけることができる。

［各務謙司］

※1　可能であれば、ヒアリングに先立って、既存の平面図を入手したい。スケッチ程度の簡単なリノベーション案を作成してヒアリングに臨めば、会話もはずむだろう

※2　具体的な調査項目・調査内容については、「Part.3 スマートな設備計画～マンション編～」（47～54頁）を参照する。筆者は2回目の現地調査から初期費用を請求している

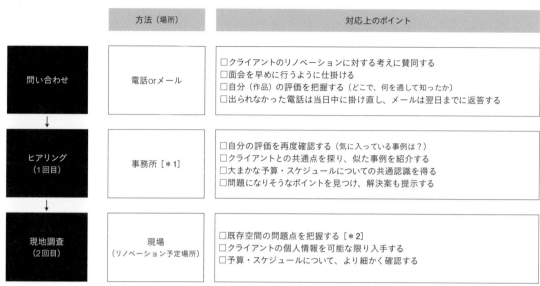

〝くせ〟を見抜く洞察力

ヒアリングで重要なのは、言葉の裏に隠れたクライアントの真意を推し量ることにある。リノベーションのように、少なからず個人のプライバシーに立入る行為では、クライアントはなかなか本音を明かさないことが多い。とはいえ、ぶしつけな質問を繰り返していると関係がギクシャクすることもある。クライアントに対するヒアリングを行うと同時に、普段の生活をじっくりと観察することで、言葉ではなかなか言い表せない依頼者の本音を見抜くこと。これが重要だ。

設計提案の依頼後に行う現地調査では、建物（構造や設備など）のみならず、現在の暮らし方を調査する［図2］。往々にして、ヒアリングで聞いた理想の住まいと現在の暮らし方にギャップがあるので、家財の整理状況や清掃の得手・不得手などの〝くせ〟は把握すべきだ。プレゼン時に、それを反映した収納プランやデザイン提案を行うと、クライアントとの距離が一気に縮まる。

お金の話は早い段階で！

ビジネス的な視点に立てば、設計期間・予算を把握しておくことが重要となる。特に、木造戸建住宅のリノベーションでは、耐震改修・断熱改修など、性能向上のための費用が嵩むケースが少なくない。築年数や老朽具合によっては、デザイン可能な範囲が限られてしまう。クライアントの要望と建物の状況を即座に推定して、予算とのギャップがないかを確かめる作業が求められる。これを怠ると、見積りの段階で予算を大幅にオーバーして信頼を失う可能性がある。

こうした事態を避けるため、ヒアリングの段階で設計期間と予算について、はっきりと目安を提示しておくべきであろう［※3］。ただし、初対面でいきなり「ご予算は？」と切り出すのは、スマートではない。現状の不安や不満、リノベーションに対する要望を聞きだしながら、クライアントのコスト感覚を把握していくことが必要だ。

依頼者のなかには、ほかのリノベーション会社と比較検討している場合も多い。具体的に予算があるわけではないが、相場をある程度理解したうえで、設計事務所によるリノベーション金額がどの程度かを探っている場合もしばしば見受けられる。単にコストのみで各社を比較するようなクライアントとは、後々トラブルになることがあるので、なるべく早い段階で予算の打ち合わせを行うことが肝要である。合意が得られなければ丁重にお断りする勇気も求められる。

［中西ヒロツグ］

図2 ヒアリング時に記録すべき内容

筆者がヒアリングの際に、ノートに記録している内容。家族構成や現在のライフスタイルなど、提案のポイントになりそうな点を言葉だけでなく、ラフな平面図も併せてまとめているのが特徴だ。スケッチがあれば、プランを考えるスピードも向上する

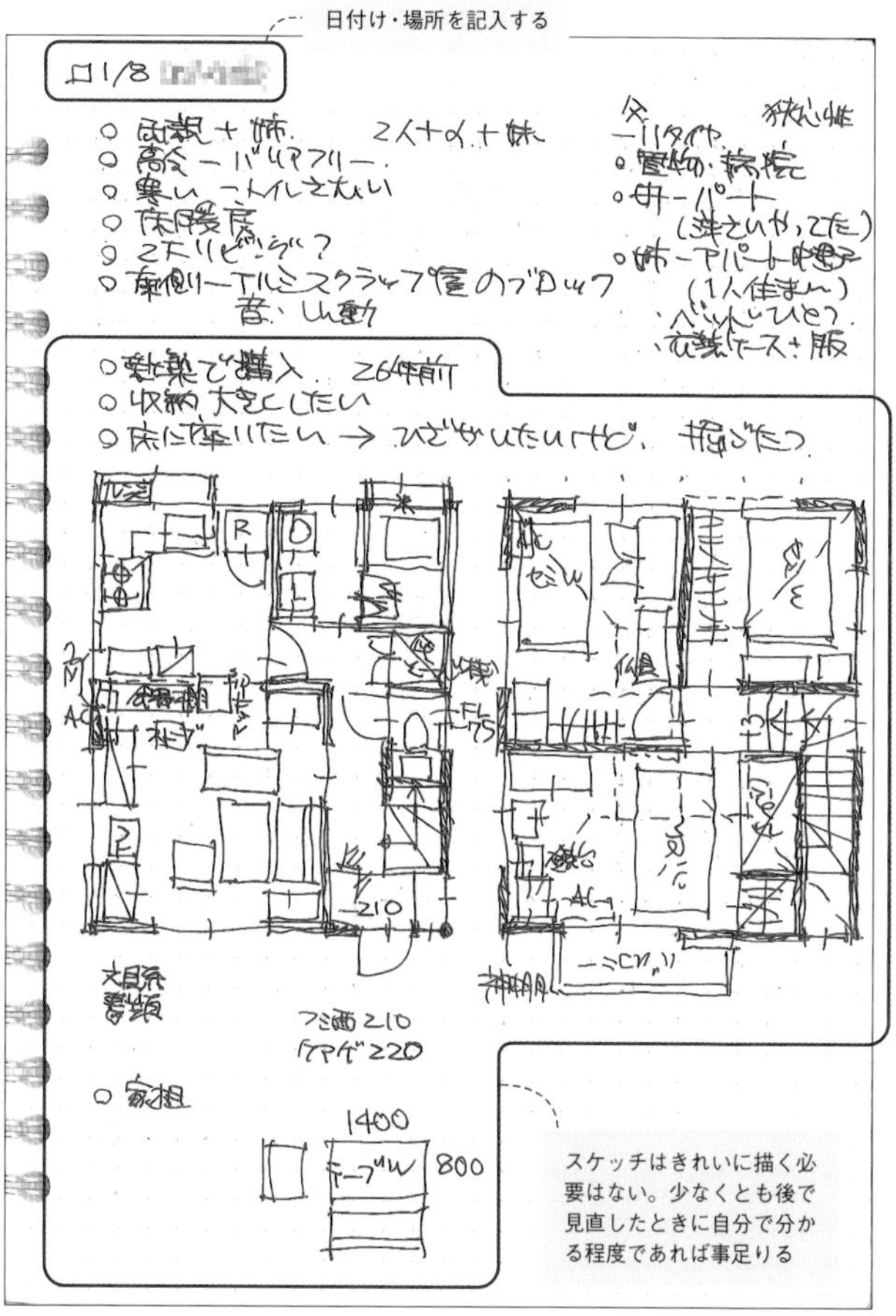

日付け・場所を記入する
1400
800
スケッチはきれいに描く必要はない。少なくとも後で見直したときに自分で分かる程度であれば事足りる

※3 筆者の設計事務所では、平均的なスケルトンリノベーションのコストを坪75万円以上と明示している。設計期間は30坪程度の規模であれば3〜6カ月、施工期間も3〜6カ月としている

図3　クライアントを納得させるプレゼン用平面図

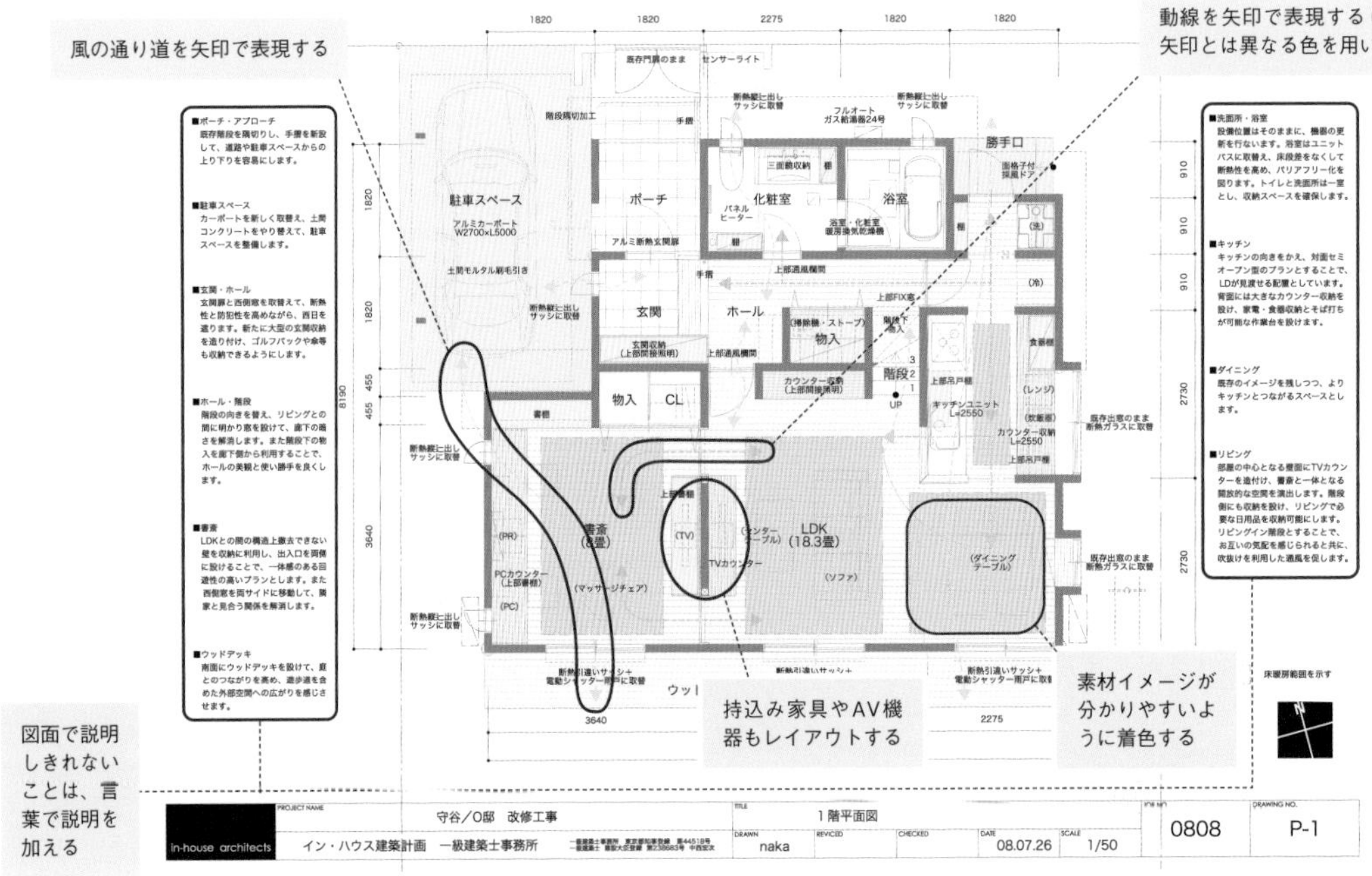
風の通り道を矢印で表現する
動線を矢印で表現する（風の矢印とは異なる色を用いる）
図面で説明しきれないことは、言葉で説明を加える
持込み家具やAV機器もレイアウトする
素材イメージが分かりやすいように着色する
駐車スペース
ポーチ
化粧室
浴室
勝手口
玄関
ホール
物入
CL
階段
書斎
LDK
(18.3畳)
守谷／O邸　改修工事
1階平面図
in-house architects
イン・ハウス建築計画　一級建築士事務所
naka
08.07.26
1/50
0808
P-1

平面図の内容を模型で補完する

プレゼンテーションにルールはない。重要なことは、考えたことをすべて表現することだ。ただし、いくらよいアイデアをもっていても、分かりやすく表現しなければ、クライアントに正しく伝えることはできない。

プレゼンに用いるツールは平面図などの2次元表現がメインとなるが、模型やパースなどの3次元ツールがあると、クライアントの理解は早い。特に模型には、具体的に空間をイメージできる、オブジェとしての存在感がクライアントのハートをつかみやすい、というメリットがある。

サイズや完成度はともかく、プレゼンの際に持参すると感動が大きいのは間違いない。筆者の設計事務所では、増改築を伴うスケルトンリノベーションの物件が多いので、少なくとも100分の1の模型を作製してプレゼンを行なっている。

一方、具体的に計画案の内容を打ち合せる際は、50分の1の平面図がメインとなる。模型で気に入られても、実際のプランや使い勝手が悪ければ、現実的な案を採用されることが多い。模型は、あくまで+αの表現と考えておいたほうがよいだろう。

魅せるプレゼン用平面図

平面図については、図面の美しさやカラーで分かりやすく表現することはもちろん、打ち合わせで説明し切れないことも、図面を見ればすぐ分かるようなつくり込みを心がけたい。打ち合わせ後にプレゼン資料を熟読したうえで、採否を決定する人は少なくない。そもそも設計事務所に依頼するクライアントの多くは、熟考タイプといえるだろう。そのためにも、読み返したときに新たな発見があるような仕掛けを仕込んでおく必要がある。「持ち帰ったあと」が勝負の分かれ目だ。

プレゼント資料の具体的な作成ポイントは**図3**のとおり。

①実施図面で表現するようなディテールを省略し、空間構成が分かりやすいように表現する

②素材イメージが分かりやすいように着色する（彩度は抑えて、あくまで間取りが浮かび上がるような配慮が求められる）

③平面図で表現しきれない内容は、部分展開図や手描きのスケッチを用いて補足する

④持込み家具やそのほかの家具をレイアウトして、具体的な生活をイメージしやすくする

⑤動線を矢印などで表現しつつ、部屋

図4　スケジュールや予算も明示する

スケジュールをチャート化して明記したもの。注意事項も併せて記入する

設計概要

■一般事項

名　称　：守谷／O邸　改修工事
所在地　：茨城県守谷市
地域地区　：第一種低層住居専用地域（40%／80%）、防火指定なし
構造規模　：木造2階建て
建築年月　：1988年1月（築20年）
敷地面積　：178.36 m2（53.95坪）　※受領資料による
建築面積　：69.14 m2（20.91坪）
1階床面積　：65.83 m2（19.91坪）　※増床部 1.66 m2含む
2階床面積　：49.26 m2（14.90坪）　※増床部 2.48 m2含む
延床面積　：115.09 m2（34.81坪）

■主な外部仕上

屋　根　：既存スレート葺きのまま
外　壁　：既存外壁洗浄（一部　ラスモルタル補修）の上
シリコンアクリル塗装
開口部　：既存サッシ撤去の上断熱アルミサッシ+ペアガラス
（一部　既存サッシのまま　真空ガラスに取替）
断熱材　：（天井裏）高性能グラスウール（16kg/m3）t=100
（外壁）高性能グラスウール（16kg/m3）t=100
（1階床）ポリスチレンフォーム（32kg/m3）t=80

■主な内部仕上・設備

天　井　：PB t=9.5　織物クロス貼り
壁　：PB t=12.5　織物クロス貼り
床　：ナラ複合フローリング t=12（床暖房対応品）　自然塗装仕上
キッチン　：システムキッチン　L=2550
浴　室　：ハーフバス（1616）+磁器質タイル貼り、浴室暖房換気乾燥機
化粧室　：洗面台カウンター　L=1350、タンクレストイレ
2階便所　：タンクレストイレ、手洗いカウンター
その他　：高効率ガス給湯器（24号）、温水式床暖房

計画スケジュールと予算

■計画スケジュール　（打合せ状況や工事内容等によって変わることがあります。）

※設計期間中のお打合せは、3週間に1回（計6回）程度を予定しています。
工事期間中の現場監理については、基本的に1週間に1回行なう予定です。但し進捗状況によっては、増減することがあります。
また、建て主様とのお打合せは、必要に応じて随時行なう予定です。

■概算予算計画書　（既存建物状況や設計要望等によって変わることがあります。）

A）工事費	
1）解体工事費（2階建て・約35坪×5万円）	1，750，000
2）内部改修工事費（2階建て・約35坪×75万円）	26，250，000
3）外壁改修工事（2階建て・約35坪×10万円）	35，000，000
4）外構工事費（ウッドデッキ・門扉など）	1，500，000
工事費小計	33，000，000
消費税	3，300，000
工事費合計	36，300，000
B）設計監理料（工事費×10%+50万円）	3，800，000
消費税	380，000
設計監理料合計	4，180，000
総合計	40，480，000

※上記に含まれないもの：ガス配管工事、カーテン・ブラインド、置き家具、植栽、家財処分費用、
引越費用、仮住まい費用、祭事費、各種調査費、消費税を除く諸税関係、保険料等

in-house architects
PROJECT NAME　守谷／O邸　改修工事
イン・ハウス建築計画　一級建築士事務所
TITLE　設計概要
DRAWN　naka　REVICED　CHECKED　DATE　08.07.26　SCALE　NONE
JOB NO.　0808
DRAWING NO.　P-3

内外装仕上げに限らず、断熱材の仕様も表記。「目に見えない部分」にも費用をかけているというイメージをつかんでもらう

工事費・設計監理料を明記したもの。既存建物の状況やクライアントの要望によって変化するため、あまり詳細な金額を明記する必要はない

設計監理料はプレゼン時のもの。工事費以外にも設計監理料が必要なことを理解してもらう

のつながりや眺望、光や風の流れを模式化する。プランニングの意図が補完できる

⑥各部屋の特徴や設計上の工夫は、コメントで補足する（クライアントのなかには2次元の表現が理解できない人もいるので、イメージ写真や言葉で特徴を表現することで、補足することができる）

模型では、平面図以上にシンプルな表現を心がける。リノベーションでは現場調整事項が多いため、リアルな表現によって納まりやイメージが固定化することを避ける狙いがある。あくまで平面図を補完し、空間構成やデザイン意図を表現するツールとして位置づけるのが無難であろう。

プランは3週間で練り上げる

プレゼン時には、主な内外装仕上げや断熱改修の仕様、全体スケジュールと概算工事費を提示しておくことも重要［図4］。こうした情報が提示されていれば、クライアントは次のアクションを起こしやすい。

工事費については、過去の実績をもとに算出するのが基本だが、必要に応じて、付き合いのある工務店に概算見積りを依頼するのも一手。難しいのは提示金額の設定である。あまり高すぎると「設計事務所は高くつく」とあきらめられるし、安すぎると期待が膨らみすぎて実際の見積りとギャップがあった際に信頼を失いかねない。ここで無理をする必要はないが、あまり安全側で高い予算を提示してしまうと、せっかくの依頼が流れてしまうことがあるので注意が必要だ。

筆者の設計事務所では、この設計提案と同時に設計監理料の見積り額を提示している。我々が考える工事規模と、それに必要な設計期間と費用を提示したうえ、合意が得られれば設計契約ののち、実施設計に入る。

設計提案に要する期間は、おおよそ3週間と設定している［※4］。本音をいうと1カ月は欲しいところだが、「設計事務所は時間がかかって面倒」と思われる懸念もある。3週間は一般のクライアントが待てるぎりぎりのラインであろう。

設計・施工一体型のリノベーション会社は、初回打ち合わせから1週間程度で提案と見積りを行っている。いくらよいプランを提案しても、競合相手が多いリノベーションでは、期待が不満に変わることも多い。リノベーションの設計では、プレゼンもスピーディーな対応が求められるということを心に留めておきたい。［中西ヒロツグ］

※4　カガミ建築計画では2回目のヒアリングからプレゼンまでの期間を2〜3週間と設定している

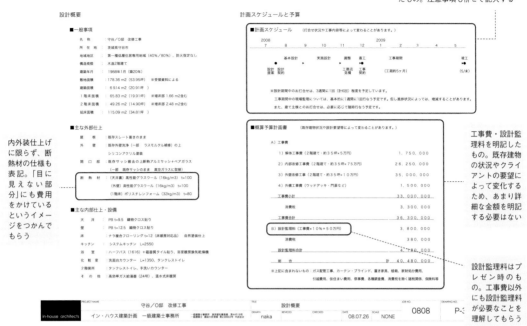

図5　プレゼン手法は使い分ける①

① 水廻り位置を変更するときの注意点

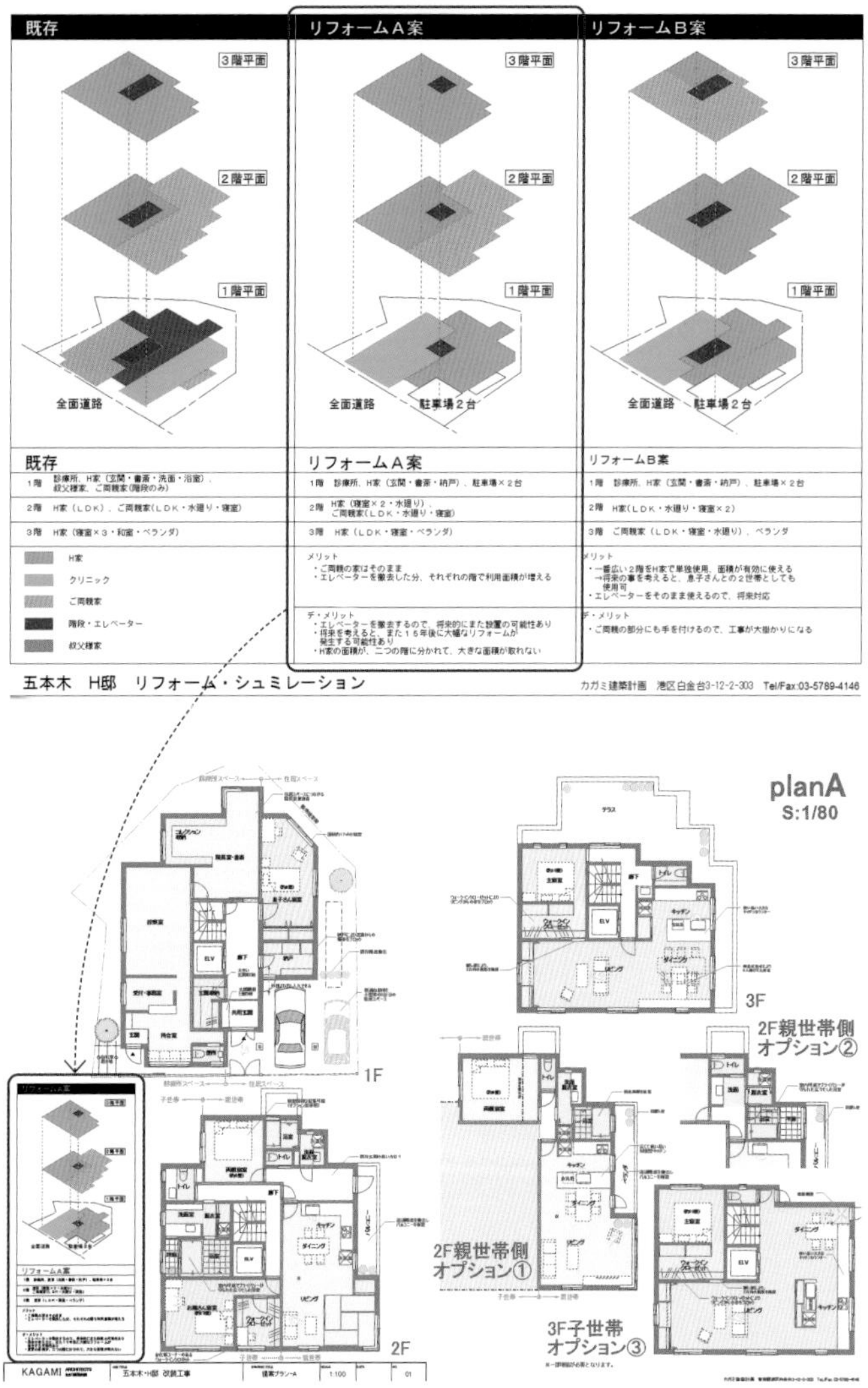
既存
リフォームA案
リフォームB案
3階平面
2階平面
1階平面
全面道路
駐車場2台
五本木　H邸　リフォーム・シュミレーション
カガミ建築計画　港区白金台3-12-2-303　Tel/Fax:03-5789-4146
planA
S:1/80
3F
1F
2F
2F親世帯側
オプション②
2F親世帯側
オプション①
3F子世帯
オプション③
KAGAMI

複数案を並列的に表現することで、比較検討が可能になる。各プランのメリット・デメリットが理解されやすい。現実的に物事を考えるタイプのクライアントに最適

各プランの資料については、平面図を色分けしたうえで、重要な設計ポイントについては引出しで説明する

間取り・水廻りで勝負をかける

リノベーションの提案はライバルが多い。プレゼンに臨むにあたっては、設計者自身の特徴を冷静に把握し、他社との差別化を図ることが重要だ。加えて、筆者はクライアントのタイプによって臨機応変に対応することを心がけている。

リノベーションにおけるライバルの多くは、設計・施工一体型のリノベーション会社である。彼らの強みは、提案のスピードと具体的な見積りを一度に出せること、クライアントの要望をすべて取り入れたプランをつくること、である。一方、大胆な間取りの変更や水廻りの移設を含む提案は時間とコストが嵩むので避けることが多いようだ。クライアントから聞き出した予算から逆算しながら設計することも多いので、プランは画一的なものになりやすい。

設計者は、こうした点を逆に強みとして生かすべきだ。予算を無視したプランをつくっては勝負にならないが、思い切った間取り・水廻り変更案や、オプションとして予算は確実にオーバーするものの、その分魅力も増すような案もつくり、プレゼンに臨みたい。

相手によって戦術を変える

クライアントをタイプ分けして、基本的なプレゼンの手法をその都度切り替えていくのも一手。30〜40代の年齢層に多い、インターネットや雑誌などで情報を集めて、じっくりと検討したいクライアントに対しては、複数案を提示し、各案のメリットデメリットを並べた比較表を作成するのもよい［図5］。これには、これまでの実績の費用、具体的なスケジュールまでを提示することで判断材料をなるべく増やし、設計者側の丁寧な姿勢を伝えるという意図がある。

一方、親しみやすく、フランクなタ

イプのクライアントであれば、複数案の提示が、かえって混乱を生じさせるという懸念もある。数字や事実を並び立てると、冷淡な印象を与えかねない。提示するプランは1つとすべきだ。プレゼンでは、個人的な会話から始め、複数をつくったが、なぜ提示した1つの案に絞ったかを、ゆっくり分かりやすく、設計者の感覚的な話も含めて説明するのがよいだろう。

最後に、筆者が用いるプレゼンの資料について触れる[図6]。CAD図ベースの本格的なプレゼン資料、温かみのある手描き風のスケッチ資料、イメージ写真をたくさん掲載したカラフルなシート、立体感覚をつかみやすい模型、特別感が演出できる製本されたプレゼン資料、などだ。タイプ分けに加えて、個々のクライアントに応じて、テクニックを使い分けている。[各務謙司]

図6　床段差が生じる水廻りの位置変更指示の例

② CAD図を用いたプレゼン資料

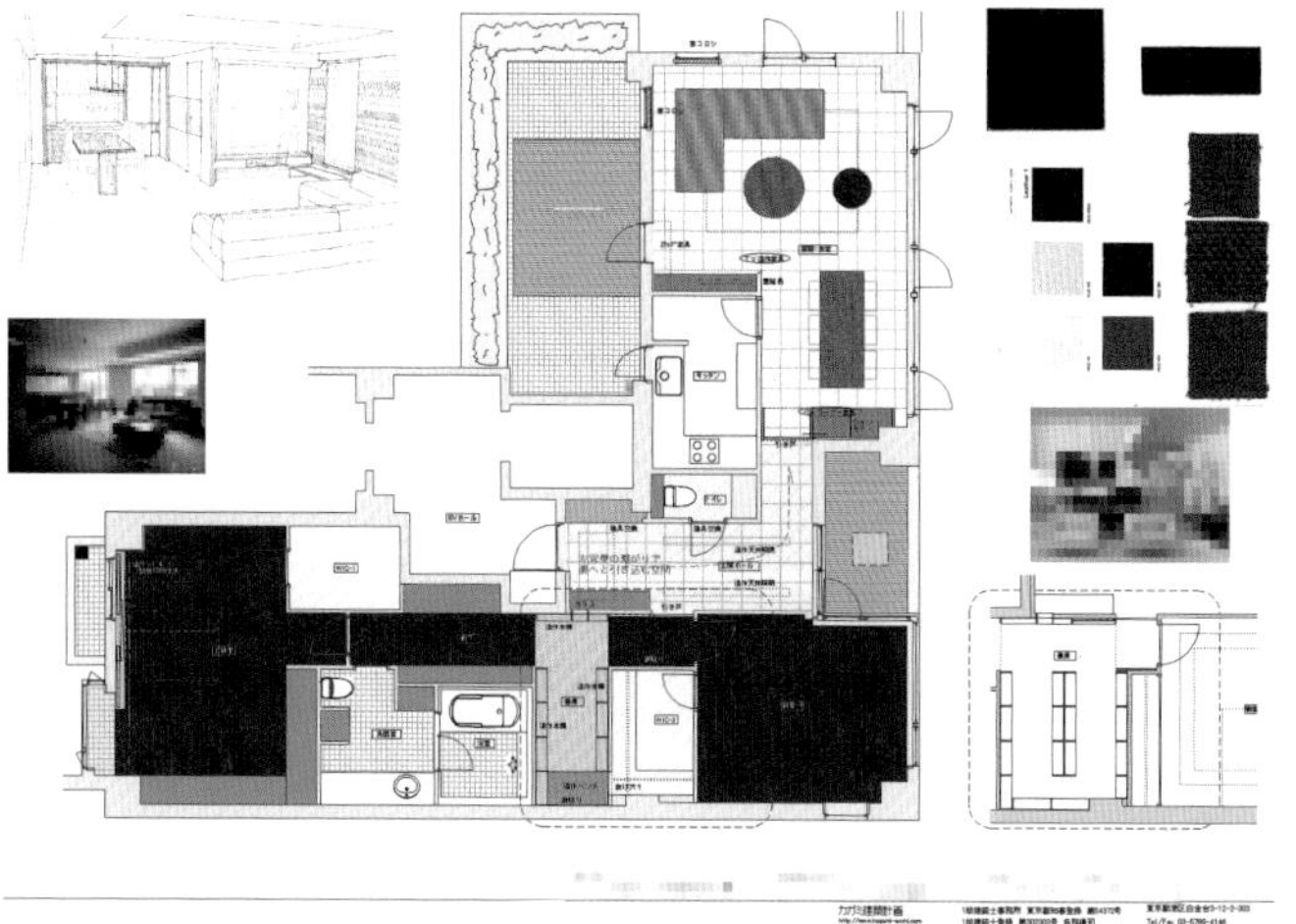

仕上げのイメージに沿って色分けされた50分の1の平面図をベースに、パースや写真と組み合わせて編集したプレゼン資料。仕上り感が増すので、思慮深く、物事を論理的に考えるタイプのクライアントに最適

③ 手描きのプレゼン資料

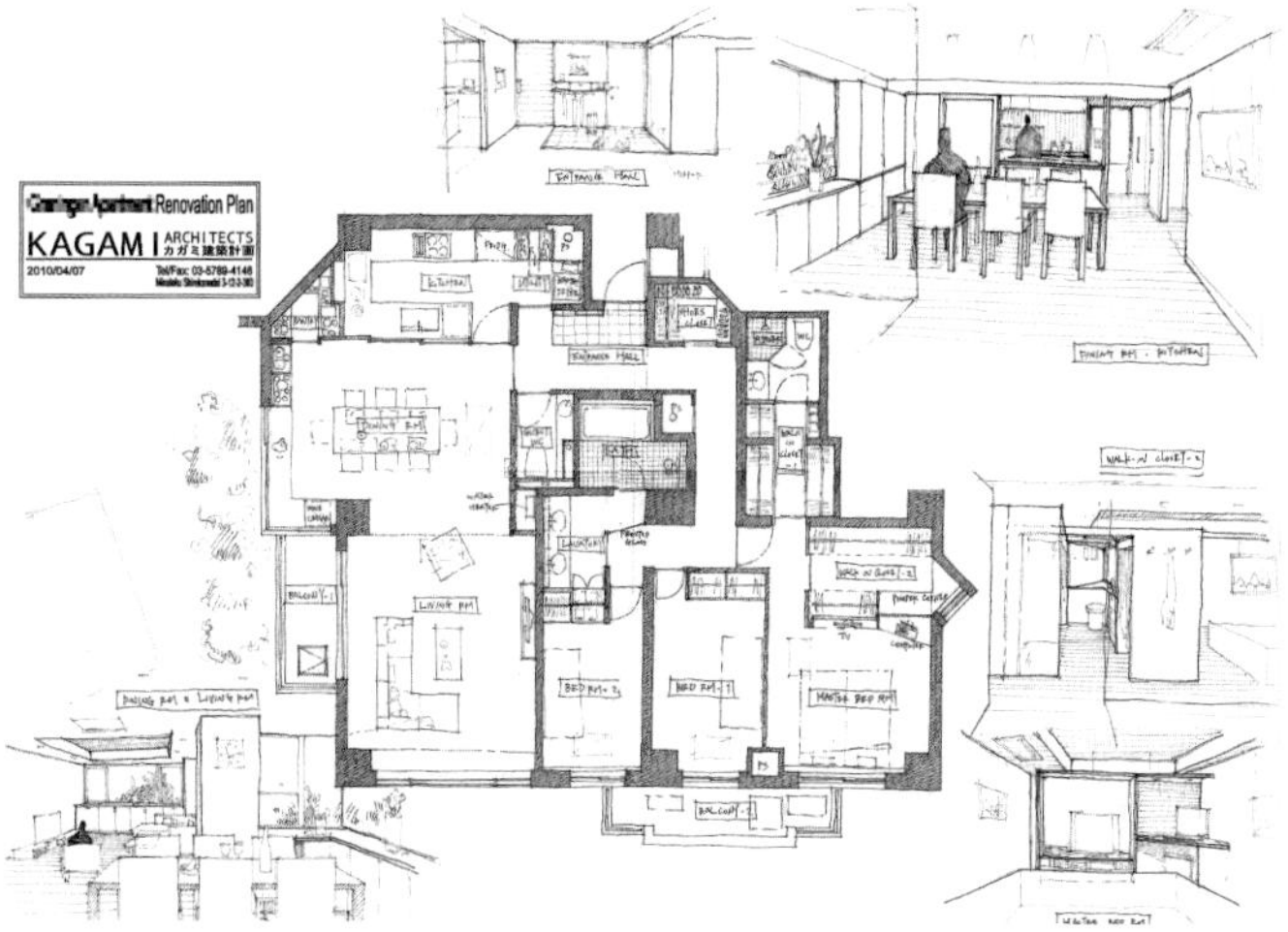

家具や人物などが細やかに描き込まれた、手描きのプラン図。ここから一緒に打ち合わせを重ねることで、リノベーション案が発展しそうな雰囲気を漂わせたい。親しみやすく、フランクなタイプのクライアントに最適

MEMO　特別感を演出する製本！

ブックレットタイプは読み返しも容易

資料の順序は、コンセプト→ディテールとするのが基本

COLUMN

CG・VRを駆使したプレゼン

イメージを密に共有する

近年では、図面や模型、スケッチといった伝統的な手法に加えて、リアルタイムレンダリングソフトを用いたCG・VRによるプレゼンを実施するケースも増えている。ここでは、筆者(カガミ建築計画)と、CG・VRを駆使した設計提案を得意とする田口建設/TAGKENが2020年に共同で立ち上げたマンションを軸とするリノベーションブランド「The Library」の取り組みを紹介しよう。

The Libraryでは、「白一色で無機質な新築分譲マンションの内装を、間取りや設備機器にはほぼ手を加えずに、仕上げ材、造作材、窓廻り、建具、照明などの刷新により、世界にひとつだけの住空間を構築する」というコンセプトを掲げている。対象は新築～築3年前後のマンションで、費用対効果が高くグレード感のあるインテリアを提案できることが特徴だ。

そのプレゼンや打ち合わせで積極的に活用しているのがCG・VR。素材サンプルや色見本では想像しづらい工事後の雰囲気を、家具やアートなどを配置した状態で確認できるほか、素材のイメージを打ち合わせの場で切り替えられるので、打ち合わせの密度が高く、イメージ確認も楽で、手戻りが少なくなる。

具体的には**STEP1～STEP4**のようなプロセスで画像をつくり込んでいる。CGやVRを使った提案は当たり前に行われるようになっていくだろう。それに対応するハードウェアやソフトウェアの進歩は目覚ましいものがある。こうした情報にキャッチアップしていくことも、ビジネスチャンスを獲得するうえで欠かせない。[田口彰・各務謙司]

The Libraryの情報はこちらから

STEP1

2次元の図面データを3次元化する源泉！

2次元で制作された平面図を、3Dモデリングツールの「Rhinoceros」(アプリクラフト)または「SketchUP」(トリンブル)を使用して3次元モデルとして立ち上げる

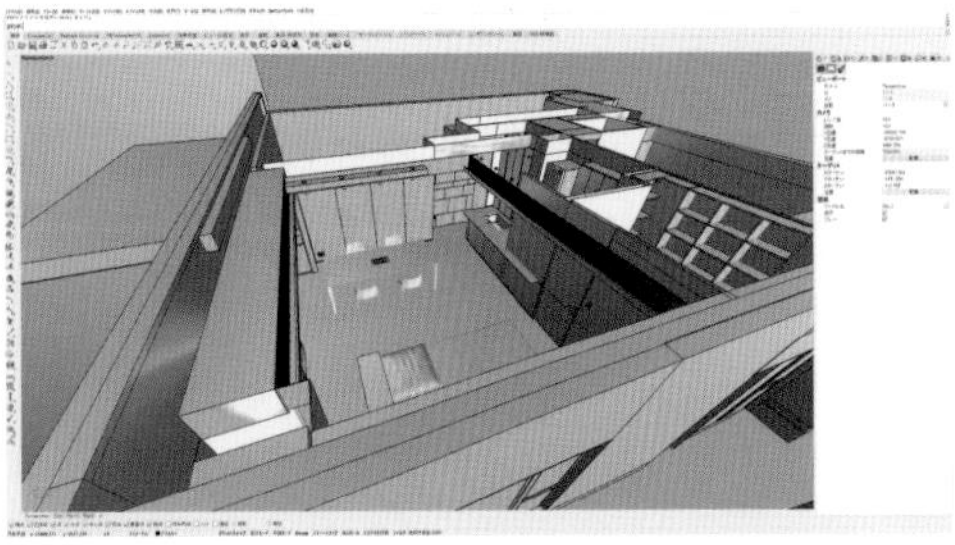

STEP2

リアルタイムレンダリングを行う

リアルタイムレンダリングソフトでCGを描き出す[※]。どのソフトもBIMや3Dモデリングソフトに依存しており、使い慣れたBIMや3Dソフトからワンクリックで数秒の内にリアルタイムレンダリングソフトに書き出すことが可能である。一方通行の書き出しではなく、ソフト間を行き来しながら素材(マテリアル)の質感や、家具などのレイアウトを行うことが可能であるため、設計者が細部のディテールや意匠性を高めることが可能になった。

リアルタイムレンダリングソフト内で自由に視点を変え、歩き回れるのも魅力。ここでは「D5 Render」を使用した

STEP3

360°イメージをプロットする

リアルタイムレンダリングソフトで制作した360°のパノラマイメージ画面を専用のソフトウェアでつなぎ合わせることで定点視点にはなるが、データを軽量化することが可能になり、ウォークスルーCGをお手持ちのPCやモバイル端末でも手軽に確認することが可能になる。アイデアによっては、昼夜の切り替え、リノベーションの場合はBeforeとAfterとの比較を行うことも可能

STEP4

クライアントと共有する

Step3で制作したファイルをサーバーに上げることにより、指定のアドレスからウォークスルーCGをクライアントお手持ちのPCやモバイル端末で操作することが可能になる

※ ゲーム業界で使用する「Unreal Engine」(米Epic Games)や「Unity」(米Unity Technologies)の目覚ましい進化とともに、リアルタイムレンダリングを使用した建築向けのソフトも充実してきている。「Twinmotion」(米Epic Games)、「D5 Render」(香港D5 Render)、「Enscape」(独Enscape)、「Lumion」(蘭Lumion)などが挙げられる

Part 11

工事費もデザインする

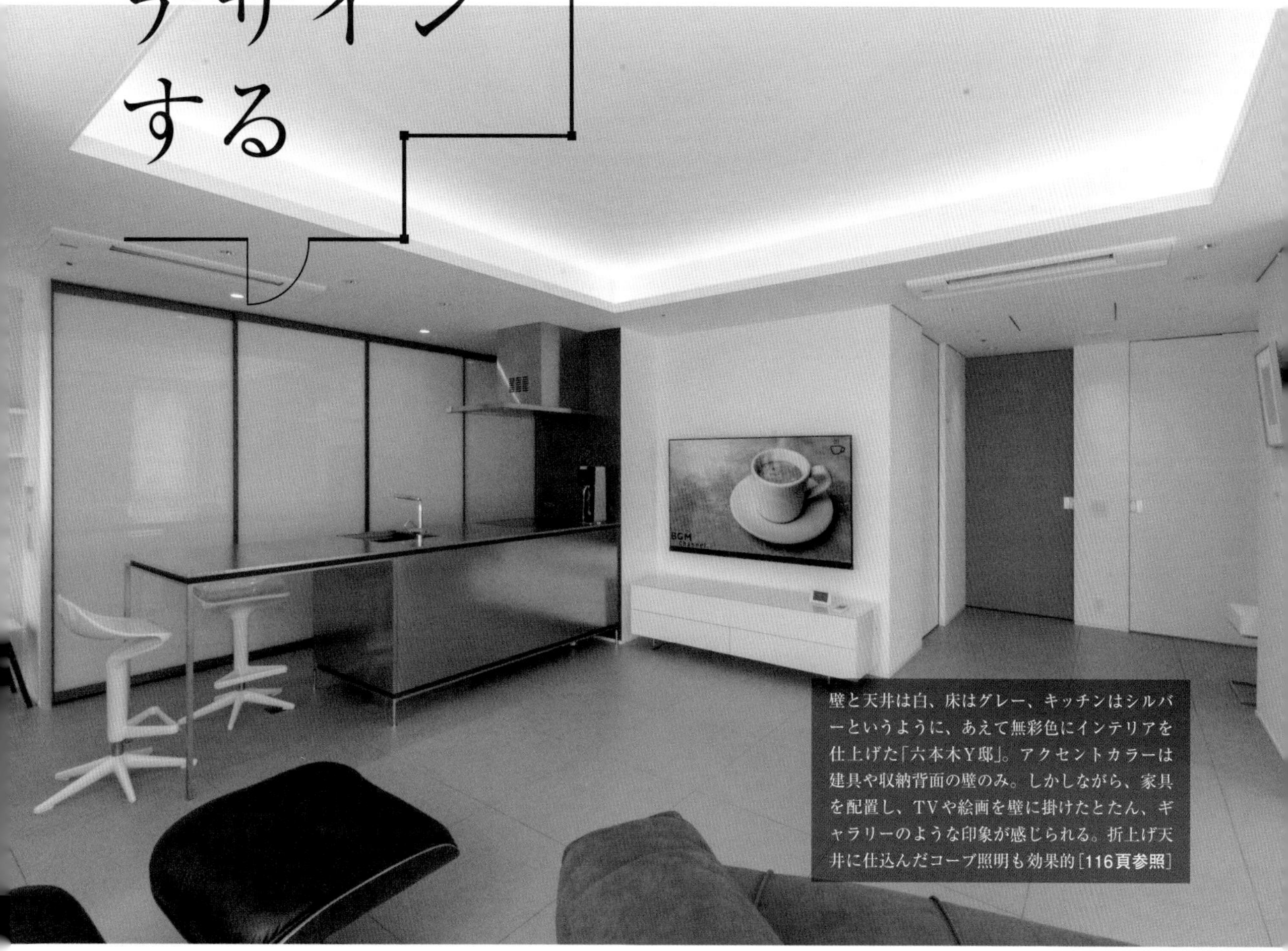

壁と天井は白、床はグレー、キッチンはシルバーというように、あえて無彩色にインテリアを仕上げた「六本木Y邸」。アクセントカラーは建具や収納背面の壁のみ。しかしながら、家具を配置し、TVや絵画を壁に掛けたとたん、ギャラリーのような印象が感じられる。折上げ天井に仕込んだコーブ照明も効果的[116頁参照]

ビジネス的な側面から見た場合、工期が短く、工事費が比較的小額なリノベーションでは「手戻りを少なくして、事例数をこなす」というビジョンをもつべきである。時間に比較的余裕があり、デザインに注力しやすい新築に比べて一層、マネージメントの素養が求められるであろう。

そのなかの1つの要素がコスト。予算と工事費の差異を最小化するほか、クライアントの要望に応えつつ、理想的なデザインを実現しながら、金額の折り合いをつけていく必要がある。

工事費が確定するまでの流れは以下のとおり。おおまかなコスト構成の把握（工事費を具体的に意識して、工事費のイメージをつかむ）→基本設計→概算（基本設計時における工事予算の算出）→契約→実施設計→施工者への見積り依頼→見積りの査定・減額案の提案→工事費の決定と続く。不確定要素の多いリノベーションでは、解体してみないと判明しない構造・設備配管の全容といったリスクを念頭におきながら、予算計画を立てるのも重要だ。

当然、設計者のみでは対応できないことも多々ある。クライアント・工務店との共同作業は不可欠だ。ここでは、リノベーションにおける工事費の考え方について解説したい。

使えるものはとにかく生かす

序言でも述べたように、工事費の決定は、おおまかなコスト構成を把握することから始まる［図1］。ここで強く意識すべきは、提案するプランの費用対効果を高めることである。ヒアリングや現地調査で得た情報をもとに、提案するプランのコストを極力抑えるよう心がけたい。

マンション・リノベーションにおけるコスト削減ポイントは以下の通り。

①既存部分をすべて撤去するスケルトンリノベーションは、施工は容易なものの、廃棄物の量が増えるほか、下地工事を含めて工事が増加するので、費用は嵩みやすい。使用可能な下地(天井や床)の再利用、既存の壁を残すことは、コスト削減につながる

②築浅(具体的には5～10年程度)のマンションの場合、照明器具や空調などの設備は再利用できる可能性が高い。配置換えや再レイアウトで設備機器を活用すれば、廃棄の費用、新規購入の費用を同時に節約できる［152頁参照］

③クロゼットや靴箱といった標準寸法の家具は、扉や天板の交換またはシート張りのみで、周りのデザインと合わせられる可能性が高い

④建具や便器、水栓や取手、金物など、とにかく再利用できそうな物を活用する

⑤床暖房のあるフローリングを張り替える場合、既存フローリングを剥がすと、床暖房パネルが傷む。暖房効率は悪くなるものの、既存フローリングの上に新規フローリングを張るという選択肢も考えられる

⑥システムキッチンやユニットバス、洗面セットなどの既製品をうまく取り込むと、高価なオーダー品を購入しなくて済む

［各務謙司］

図1　一目でわかる！ 工事費決定の流れ

おおまかなコスト構成の把握
工事費を具体的に意識しながらクライアントと打ち合わせ、リノベーション工事の概要を決定していく
（マンションでは「再利用できるものの見極め」、戸建住宅では「構造・外装にかかる費用の見極め」がポイント）

↓

基本設計

↓

概算（超概算）
基本設計時における工事費の算出
（「概算」［図2］「超概算」［115頁図4］、類似の事例がある場合は「コスト比較表」を提示する）

↓

契約

↓

実施設計

↓

施工者への見積り依頼
（クライアントの要望が増えて、予算がオーバーしそうな場合は、オプション提案や段階的リノベーションをこの段階で提案する［*］）

↓

見積りの査定・減額案の提案
工務店から提出された見積りを査定し、予算との整合性を高める
（予算と見積りに差がある場合は、本質的でない部分を見つけ、クライアントの当初要望と照らし合わせながら、優先順位を付けて、内容の取捨選択を行う）

↓

工事費の決定

* マンション・リノベーションの場合。戸建住宅ではこうした手法を用いるのは容易でない。理由は、工種が多岐にわたるほか、外壁の解体・再仕上げといった道連れ工事の発生が多いためである。この段階では細かな項目ごとに金額を設定しづらい

間取りの極端な変更は避ける

戸建住宅のリノベーションで新築同様の機能や性能を求めると、築年数によっては建替えよりもコストが嵩むことも少なくない。クライアントの要望に加えて、既存建物の性能や現状を的確に把握して、最適なコスト配分を心がけたい。そのためにも、耐震改修の手法や設備計画の知識、商品知識やコスト情報も身につけておく必要がある。

戸建住宅のリノベーションでコストを左右する大きな要因は、構造、外部仕上げ、水廻りの3つ。

①構造：間取りの変更を伴うリノベーションでは、必然的に構造補強が必要になる。変更部分周辺は内装をスケルトンにする必要が生じるので、費用は嵩む。間取りの変更は必要最小限に留める

②外部仕上げ：屋根の葺き替えや外壁・サッシの交換など、防水にかかわる工事を伴うと道連れ工事が発生し、工事費が一気に跳ね上がる。雨漏りなどがなければ、塗装の改修程度に留める［70頁参照］

③水廻り：キッチンや浴室などはクライアントの要望が強い部分のため、設備機器のグレードを落とすことが難しい。一方、水廻りの位置を極力変えず、設備配管の引き直しを最小限に留めれば、機器以外の改修費用を節約できる

加えて、既存の下地や仕上げを利用する、既製品を活用するなど、コストを抑える手法は多々ある。こうした考えを念頭に、費用対効果のあるプラン作成に臨みたい。

［中西ヒロツグ］

図2　マンションでは概算の提示が信頼性の獲得につながる

マンション・リノベーション概算予算計算表

A工事費	1) 解体＋仮設	5〜8万円／坪	在来浴室の解体や、シンダーコンクリートの斫りはアップ要素。マンションの管理規約で、騒音の制限や作業時間の制限があることもアップの要因			
	2) 大工工事＋建具＋造作家具	30〜60万円／坪		**フローリング**	**建具**	**造作家具**
			30万円	中（一部カーペット）	中（一部既存利用）	少な目（メラミン化粧板）
			45万円	中	高級	適量
			60万円	高級（一部大理石）	高級（特注）	多め目（突板＋大理石）
	3) 内装工事	20〜40万円／坪		**クロス・塗装**	**タイル・石等**	
			20万円	クロス	玄関土間のみ	
			30万円	塗装主（一部クロス）	玄関以外の床や壁一部タイル	
			40万円	塗装	大理石＋大判タイル＋カラーガラス	
B設備工事	4) 電気工事	10〜18万円／坪		**築年数**	**照明器具**	
			10万円	築浅	ダウンライト＋シーリングライト（個室）	
			10万円	築古	ダウンライト＋LED間接照明	
	5) 設備・配管工事	10〜15万円/坪		**築年数**	**設備機器**	
			10万円	築浅	中グレード	
			15万円	築古（配管更新含む）	高級グレード	
	6) キッチン	400〜1,200万円	既製品のシステムキッチンに造作を組み合わせれば、背面まで含めて何とか400万円に納めることも可能。オーダーキッチンは、サイズと仕上げによるが600万円を上回ることが多い			
	7) 浴室	350〜700万円	オーダーユニットバスは一般的ではないが、オーダーキッチン採用者には可能性あり。低層マンションであれば在来工法浴室の可能性も			
	8) 空調交換	50万円×交換個数（FC）	壁掛け式エアコンは隠ぺい配管で30万円×個数。天井カセット式エアコンは60万円×個数			
C工務店経費	9) 管理費＋諸経費	上記合計の8％				
	工事費小計					
D設計監理費	10) 設計料	工事費小計×15％				
	リノベーション工事合計					
E総リノベーション工事費（消費税前）						

＊ 基本は100㎡以上のマンションで、スケルトンリノベーションにしたケース（一部既存再利用があっても金額には変動はあまりない）

＊ 上記に含まれないもの：カーテン・ブラインド、置き家具、バルコニーデッキ、既存家財処分費、断熱工事、引越し・仮住費用、祭事費

マンションにおける概算

ここからは、概算についてのポイントを説明する。戸建住宅と比較した場合、工種が限定され、道連れ工事の発生が少ないマンションではより正確な概算を算出しやすい。同規模で、3件以上の実績をもつ場合は、各事例の見積りを横並びにして、同じ項目に再度仕分けることで、工事別に単価や材料費を比較することが可能になる。

どの施工会社も独自の見積りシステムをもっているので、彼らが作成したそれぞれの見積りを精査し、再編集することは、結構面倒な作業だ。ただし、長い目で見た場合、コスト比較表を作成しておくことは大きな武器になるだろう。クライアント候補に概算を伝えるうえで、類似事例の費用提示は説得力の向上を意味する［※1］。

筆者は、マンション・リノベーションの各事例を施工面積や仕上げのグレード、水廻りの仕様で整理。ローコスト、スタンダード、ハイグレードと3種類の比較表を作成している［※2］。

大型物件の概算の見せ方では、工事範囲・内容により、金額の差が大きくなりやすいので、最低金額と最高金額の概算を作成している。最低金額はクライアントが提示してきた費用を下回る金額で設定したい。

比較表には、減額案も文章で明記している。①まったく手を加えない部分をつくる、②空調は既存設備を再利用し、給排水の位置を変えないプランなど、設備関係の費用を減らす、③既製品のキッチン、ユニットバスを使い、その寸法に合わせてリノベーションプランを調整する、④造作家具を減らし、既製品の家具を組み込む、などである。さらなる減額の可能性を、クライアントに理解してもらいやすい。

コスト比較表は手渡してはいけない。過去案件の費用は他事例の守秘義務やプライバシーの問題がからむ。比較のための情報を開示する資料であり、持ち帰って検討する資料ではないことは強く意識すべきだ。面積や材料単価を拾っての概算ではないので、実施設計後に算出される施工者見積りとの齟齬が生じた場合、設計者の信頼度が低くなる可能性がある。

しかしながら、この数年での建材や人件費の急騰には、過去事例の比較表では説明がつかない部分が増えているので、筆者の設計事務所では概算表を作成している［図2］。工事費用についての資料はこまめにアップデートして、最新の情勢に随時対応しておくのが重要である。

［各務謙司］

※1　設計監理料や消費税、場合によっては新規家具やカーテン・ブラインド類の購入費用まで含めて説明すれば、クライアントは全体のおおまかな費用を理解できる

※2　図2はハイグレード。100㎡（30坪）で中間値で計算していくと、総額5,000万円を超えるような表となっている

図3 優先順位を明確にできるオプション提案

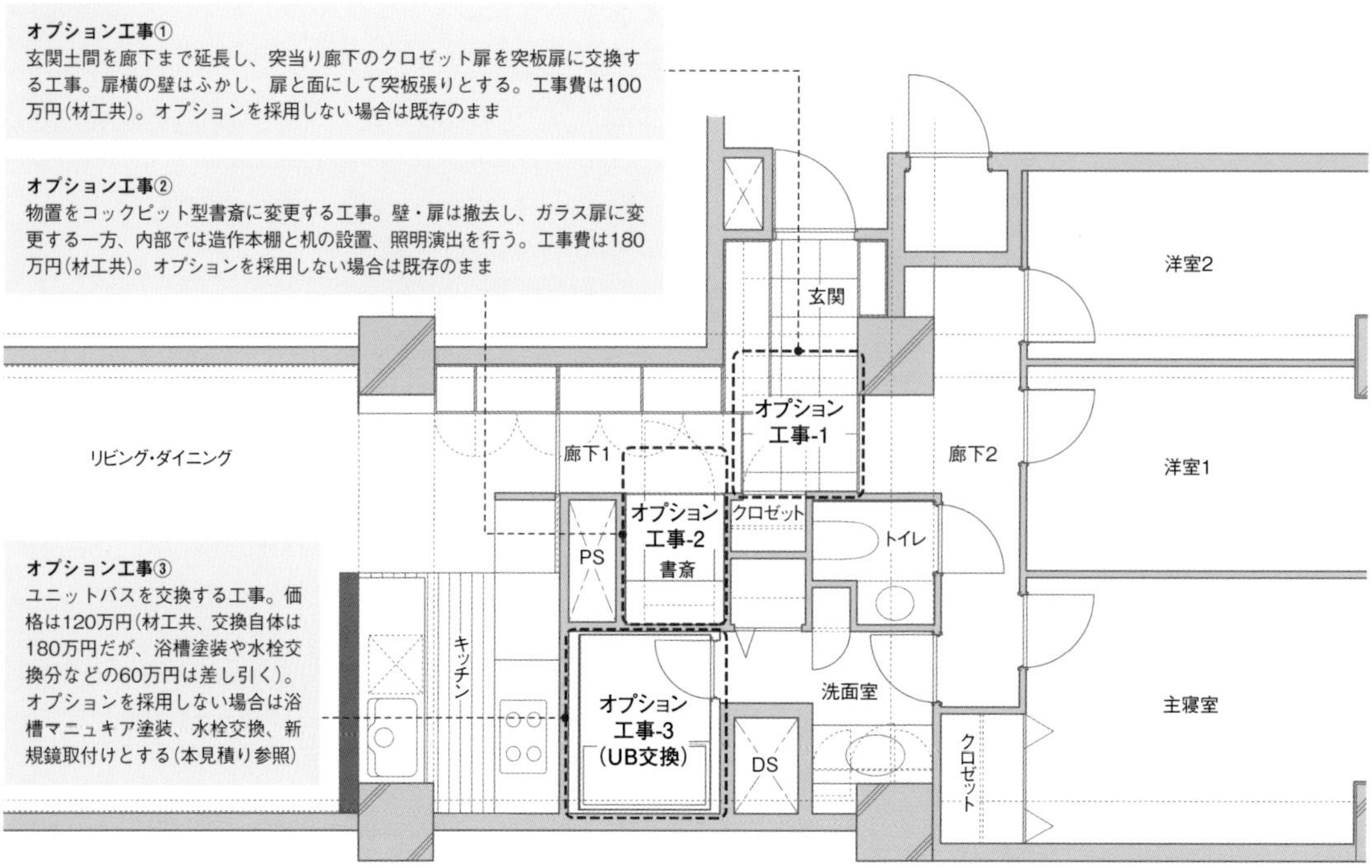

オプション工事①
玄関土間を廊下まで延長し、突当り廊下のクロゼット扉を突板扉に交換する工事。扉横の壁はふかし、扉と面にして突板張りとする。工事費は100万円(材工共)。オプションを採用しない場合は既存のまま
オプション工事②
物置をコックピット型書斎に変更する工事。壁・扉は撤去し、ガラス扉に変更する一方、内部では造作本棚と机の設置、照明演出を行う。工事費は180万円(材工共)。オプションを採用しない場合は既存のまま
オプション工事③
ユニットバスを交換する工事。価格は120万円(材工共、交換自体は180万円だが、浴槽塗装や水栓交換分などの60万円は差し引く)。オプションを採用しない場合は浴槽マニュキア塗装、水栓交換、新規鏡取付けとする(本見積り参照)
洋室2
玄関
オプション工事-1
廊下1
廊下2
洋室1
リビング・ダイニング
オプション工事-2
クロゼット
トイレ
PS
書斎
キッチン
洗面室
オプション工事-3
(UB交換)
主寝室
DS
クロゼット

予算見直しor項目の回避?

予算内で最善のリノベーションプランをつくることはビジネス上の鉄則。ライバルとなるリノベーション会社も同じ土俵で勝負してくることを想定すれば、クライアントの予算を守ることは大前提の条件である。提示された予算から2割以上増額された概算に対しては、拒否反応を示されるという覚悟をもつべきだろう。

しかしながら、クライアントから提示された予算内で、要望のすべてを実現できるというケースはそう多くはない。要望をひと通りヒアリングし、現地調査を終えた段階（プレゼンの前）で、どのくらいの費用が掛かりそうかは一度話しておきたい。ここで、クライアントの想定する予算と、要望のすべてを実現した場合の概算費用に大きな乖離があると判断した場合は、クライアントの予算を見直してもらうか、優先順位の低い要望項目を諦めてもらうことを検討すべきである。

このときに有効になるのが、基本費用とオプション費用に区別するという考え方だ［図3］。筆者の経験から判断すれば、実現したいデザインオプションをいくつかに分けてそれぞれの項目を実現した場合には基本費用からどの程度アップするかを示すと、クライアントの拒否反応は少なく、興味を持続させてくれるケースが多い。

ある設備を交換した場合、工事費が予算をオーバーするのであれば、設備の再利用を基本とし、オプションとして設備交換も可能であることを提示するように心がけたい。使える設備類は少しでも長持ちさせる方がコスト削減につながるが、設備交換も場合によっては必要。ただし、道連れ工事がないことが前提である。こうした工夫だけではなく、設計者ならではのサプライズ的な案も提示するとなおよい。

工事を段階的に行うこととし、1回目の工事費を少なくしてしまうという考え方も有効だ。浴室や洗面室、子ども室といった部分の工事を、本当にリノベーションが必要になるであろう5~10年後に後回しすれば、提示された予算に対する7割ほどの費用で、キッチンやリビング・ダイニング、玄関などに限って、重点的にリノベーションすることが可能になる。

この発想を用いれば実質的な平米単価が上がり、デザインや工事の質を引き上げられる、というメリットも生まれる。クライアントをうまく説得できるのであれば、ぜひトライしてもらいたい考え方だ。

［各務謙司］

図4　概算提示の悩み無用。木造戸建住宅の“超概算”

■概算予算計画書　（既存建物状況や設計要望等によって変わることがあります。）

A）工事費	
1）解体工事費（2階建て・約35坪×5万円）	1，750，000
2）内部改修工事費（2階建て・約35坪×75万円）	26，250，000
3）外壁改修工事（2階建て・約35坪×10万円）	35，000，000
4）外構工事費（ウッドデッキ・門扉など）	1，500，000
工事費小計	33，000，000
消費税	3，300，000
工事費合計	36，300，000
B）設計監理料（工事費×10％＋50万円）	3，800，000
消費税	380，000
設計監理料合計	4，180，000
総　　合　　計	40，480，000

※上記に含まれないもの：ガス配管工事、カーテン・ブラインド、置き家具、植栽、家財処分費用、引越費用、仮住まい費用、祭事費、各種調査費、消費税を除く諸税関係、保険料等

- 1）解体工事費：内装スケルトン状態にするための概算費用。廃棄物処理のための費用も含む
- 2）内部改修工事費：費用の内訳は耐震改修・断熱改修、建具、内装、設備（照明を含む）
- 3）外壁改修工事：サッシ交換に伴う外壁の補強と全面塗り替え
- B）設計監理料：増改築などの確認申請［＊］を伴わない場合の費用。総額に限らず、算出根拠を示しておけば、工事費が追加になった場合に増額分を請求しやすい

＊ 増築や用途変更の申請が必要な場合は、作業量に応じて加算する

戸建住宅における〝超概算〟

戸建住宅のリノベーションでは、プレゼン前に既存建物の性能を正確に読み解くことは難しいため、マンションのような精度の高い概算の提示は困難である。一方、クライアントにとって費用は、設計を正式に依頼するかどうかの重要な判断材料となるため、早めの概算の提示は必要不可欠であろう。

そこで有効になるのが〝超概算〟という指標だ。筆者の設計事務所では、**図4**のようなおおまかな予算計画書を、プレゼン資料とともに提示している。過去の実績に基づいた、平均的な坪単価による積算金額である。当然クライアントの要望を完全には反映していないので、設備や仕上げの仕様は未定ではある。工事費の提示というよりは、クライアントの予算配分やコスト感覚の把握が主な目的となる。

実施設計段階では、超概算をベースに追加変更やグレードアップの要望を一旦積み上げたうえで、工務店への見積り依頼・徴収へと移る。見積り金額はほぼ間違いなく超概算を上回るが、それを基に優先順位を決め、超概算を目標に、設計内容の見直しを行うかたちで金額を調整していく。予算計画書を明示して増額可能性の了承を得ておけば、最終的な工事費が超概算の金額を上回ったとしても、クライアントの了承が得られやすい。

具体的に、予算計画書は大きく2つのパートで構成される。まずは工事費。主となる内部改修工事費（耐震改修・断熱改修、建具、内装、設備）はおおよそ75万円／坪が基準となる。これに解体工事費（内部解体、廃棄物処理5万円／坪）や外部改修工事費（屋根・外壁、塗装、10万円／坪）、外構工事が伴う場合にはその費用を加算して工事費としている。

続いては設計監理料。プレゼン時においても、設計監理料の明示を怠ってはならない。なかには、設計監理料の意味合いを理解していないクライアントもいるためだ。設計事務所のビジネスに直結する事項なので、書面での提示にとどまらず、業務内容（図面作成・現場監理・補助金申請業務など）も含めて細かく説明しておく必要があるだろう。

クライアントの予算が超概算を大きく下回る場合には、それに比例して設計監理料（収益）も下振れし、ビジネスとして成立しにくくなる。両者の乖離が大きい場合は、根本的に丁重にお断りするか、別の活用方法を再検討することにしよう。

［中西ヒロツグ］

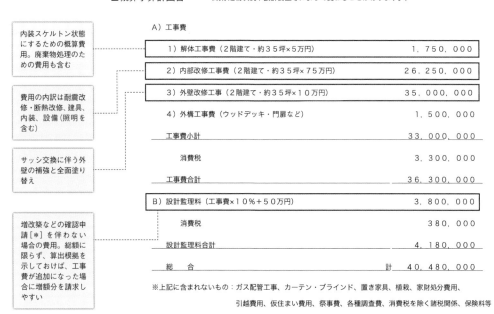

図5　既製品を使ったコストパフォーマンス抜群の提案

① 既製品の収納を活用したオープンキッチンの美しい収納

ペニンシュラ型としたオープンキッチンの背面収納を天井いっぱいのガラス引違い戸で開閉できるようにした「六本木Y邸」。内部の収納は「フリモ」(南海プライウッド)、引違い戸は「SL-802D」(ユニオン)を採用してコストを抑えつつ、ステンレス製のキッチンと質感をそろえている。 ［各務謙司］

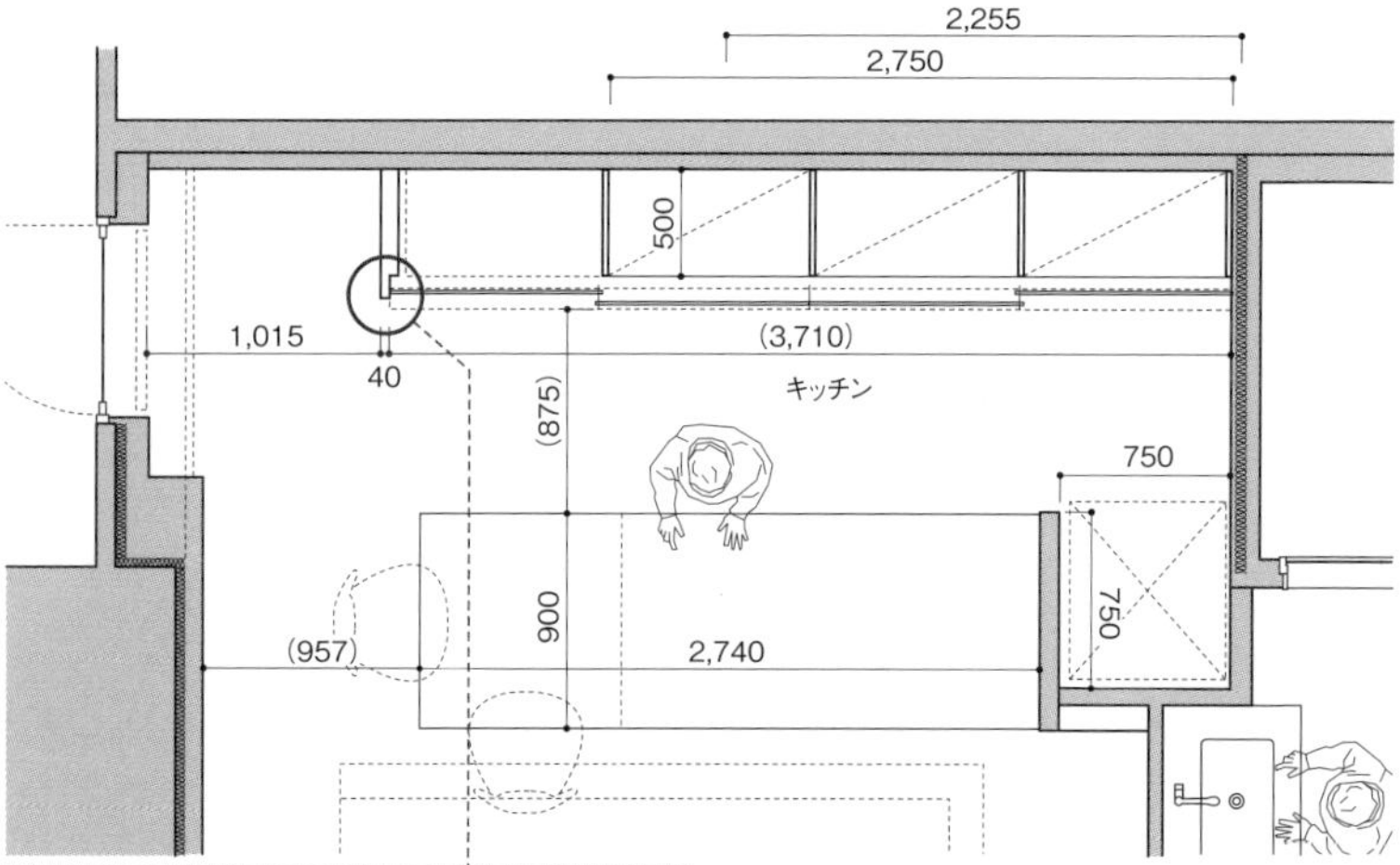

キッチン平面図［S＝1：60］

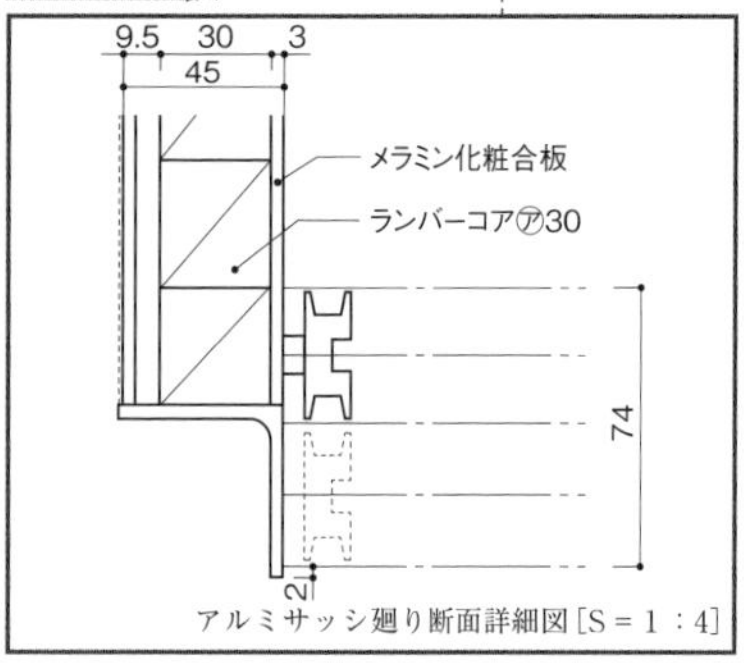

アルミサッシ廻り断面詳細図［S＝1：4］

引違い戸の戸当たり部分はディテールを工夫。アルミアングルで建具本体を受け止めるようにしている。アルミアングルの見付けは非常に細く、2㎜のチリを設けているので、枠廻りがシャープかつエッジの効いたデザインになっている

キッチンで使用するあらゆるものに対応できる「フリモ」は棚の寸法を自由に設定できるほか、パーツが豊富も豊富で、しかも安価なことが魅力的

ガラス引違い戸は、オーダーでカスタマイズできる「SL-802D」ここでは面材を乳白色のカラーガラスに変更している。ステンレス製のキッチンは「iNO」(トーヨーキッチンスタイル)

② 既製品引込み戸の取手と表面を改造

枠の納まりがきれいで、建具の癖も少なく、改造が可能な「フルハイトドア」(神谷コーポレーション)は予算が厳しい時によく採用している優れもの。枠材はクロス巻き込み仕様であればほぼ目立たない。建具は補強材(スチールパイプ)の位置まで図面で公開されているので、筆者の設計事務所が得意とする特注取手に交換することが可能である。 ［各務謙司］

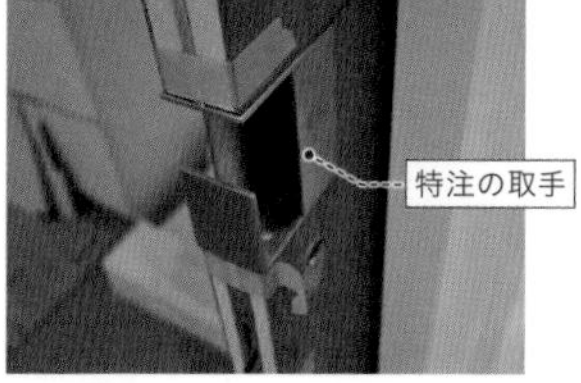

面材は鮮やかなブルーの塩化ビニル樹脂化粧シート「3M ダイノック フィルム」(3M)で仕上げて個性を表現(左)。「フルハイトドア」は高さ2,700㎜を上吊りで対応可能。引き込んだ姿も美しい(中)。建具本体の側面と面で納まるスチールプレート焼付け塗装の特注取手は補強材に固定する。取手の位置や取り付け方、補強材の仕様が図面で公開されているので、それを元に検討(右)

③ 既製品の床・建具・キッチンは色を合わせる

複数の既製品、しかも異なるメーカーの既製品を組み合わせる場合には、その色柄にできるだけ統一感をもたせるようにしたい。「滝野川の家」では、システムキッチン「ラクシーナ」と内部建具「ベリティス」(いずれもパナソニックハウジングソリューションズ)をチェリー柄とする一方、複合フローリング「ライブナチュラルMSX」(朝日ウッドテック)もブラックチェリーとして質感をそろえつつ、既存の鴨居や竿縁天井などとのほどよい対比を表現している[**144・145頁参照**]。 [中西ヒロツグ]

④ シンプルで機能性抜群のキッチン

システムキッチンを採用する場合は、リビング・ダイニングから見えないように手元を隠すことが多いが[**73・76頁参照**]、できるだけシンプルなものを選びたい。その点、「クラッソ」(TOTO)は秀逸。要素をそぎ落としたデザインはプロダクトとしての美しさを感じるほか、機能性も申し分なく、しかも価格もリーズナブルである。 [中西ヒロツグ]

⑤ 窯業系サイディングはプレーンが基本

窯業系サイディングは、表面が平滑なできるだけプレーンなものを選ぶのが基本。ガルバリウム鋼板などの相性のもよい。「滝野川の家」では、「エクセレージ・親水16 新フラット16」(ケイミュー)のMWシルクホワイトを採用。ガルバリウム鋼板「SF-ビレクト(現SP-ビレクト)」(アイジー工業)のマットブラックと組み合わせている。

[中西ヒロツグ]

⑥ 外構部材はスチールよりもアルミ

エクステリア部材としてスチールは人気が高いものの、時間が経つと朽ちる可能性があるだけではなく、使用上の問題も生じる。一方、アルミの既製品は耐久性が高く安価。なるべくシンプルなデザインのものを選べば、外観デザインとも調和する。「常総の家」では屋根置き型のバルコニーに、スリムな縦格子の「ビューステージHスタイル」(LIXIL)を採用。色もブラウンとして全体の統一感を図っている[**40・41頁参照**]。 [中西ヒロツグ]

COLUMN

工務店選びが成否の鍵を握る

工務店選びのジレンマ

リノベーションの現場を多く経験していると、まじめな工務店ほど、ビジネスを成立させるのが難しいことに気づく。工期の短さ、工事費が比較的小額であること、さまざまな職種が携わるという施工形態の非効率さ、といった条件が複合的に作用して、結果として利益が出ないというケースが少なくない。

こうした状況を真摯に受け止めるのであれば、リノベーション専門業者に施工を依頼するという手もある。しかし、こうした業者では得てして、こだわりのデザインや特殊な納まりを実現させるのは難しい。

設計・監理者としては、できれば、建築家の細かいディテール設計にも対応できる施工管理体制が整った工務店に依頼したいが、会社の規模が大きいほど、仮設費用や一般管理費が高くなるのは否めないのが実状である。

戸建住宅は特命が基本

工務店を選ぶプロセスは、競争見積りと特命に分けられる。一般的に新築の戸建住宅などでは、クライアントの要望もあり、競争見積りで工務店を決定している設計者が多い。ただし、戸建住宅のリノベーションでは、解体しないと分からない欠陥や施工上の制約が多いため、設計者だけでは工事範囲を判断しずらい、という事情がある。

可能であれば、実施設計の段階から施工者に加ってもらい、業務を進めたほうがよい。設計者とクライアントが期待する完成度を施工者にも理解してもらうことができるため、より正確な見積りが得られやすい。その意味でも、戸建住宅のリノベーションでは特命で工務店を選ぶのが妥当だろう［図①］（マンションのスケルトンリノベーションについては、構造的な問題の負担が少なく、施工ルールがある程度確立されている。工事費の増減も比較的少ないので、競争見積りとしても問題はない）。

ただし、クライアントの予算・要望は多種多様である。特命とはいっても、依頼先となる工務店を1社に限定するのは賢明ではない。設計者としては、ある程度グレードに応じた選択肢をもつべきだろう。

工務店の格付けとは？

工務店には申し訳ないが、筆者の設計事務所では、独自に工務店の体制や規模に応じて、格付けを行っている［図②］。

①Aグレード：自社の設計施工物件が豊富で安定した経営状況。施工図を作成してくれるので、打ち合わせもスムーズ

②Bグレード：比較的歴史のある会社で、協力業者からの信頼も厚く、仕事が丁寧で手際がよい

③Cグレード：木工事には定評があるものの、設備・造作家具など、ほかの職種の施工管理には疎い

Aグレードの業者は、建築家物件も多数施工しているため、デザイン的にこだわった納まりにも容易に対応することができる。工事費は割高な反面、一定の仕上りが期待できるため、設計者の負担も少ない。

Bグレードの業者は、確実な施工をする反面、デザイン的な納まりにはやや疎い。設計者の意図を実現するには、現場での詳細な指示が必要になる。

Cグレードの業者は、大工出身者が経営する小規模な会社で、工事費が安く、小回りが効く反面、施工可能な技術に限度がある。場合によっては、下請け業者への指示を設計者自らが行わなければならなくなるケースもあるので、監理業務の負担が増大しかねない。

各業者の長所・短所を把握したうえで、最適な依頼先を考えることが必要だ。クライアントの求める品質がどの程度のコストになるかを明確にしたうえで、工務店を適切に選択しないと、期待通りの成果が得られずに設計者自身の評価を損ねることになる。工務店選びは慎重に行いたい。

［中西ヒロツグ］

図 | 工務店選びにおける2大ポイント

①競争見積り or 特命。工務店選びの手順

マンション	→ 競争見積りまたは特命	→ 施工ルールがある程度確立されており、工事費の増減も比較的少ないため
戸建住宅	→ 特命が基本	→ 実施設計段階から工務店と一体となって業務を進めることが重要なため

②工事を依頼するに当たっての工務店の格付け

Aグレード	自社の設計施工物件が豊富で安定した経営状況。施工管理もスマートで、建築家物件も多数実績あり
Bグレード	比較的歴史のある会社。協力業者からの信頼も厚く、仕事が丁寧
Cグレード	大工出身者が経営する小規模な会社。木工事には定評あるが、設備・造作家具など、ほかの職種の施工管理には疎い

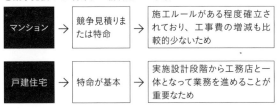

Part 12

下地＋仕上げを極める

リビングとダイニングとキッチンで100㎡の広さとなる「南麻布S邸」。折上げ天井のリズムと、床のボーダー張りのタイル、フローリング、さらに色違いのタイルを張り分け、仕上げ材の違いでそれぞれのエリアを分節している

新築・リノベーションにかかわらず、内装仕上げは空間の質を高めるうえで重要な要素である。とりわけリノベーションの場合は、既存の下地・仕上げをどのように扱うかが、設計者にとっての腕の見せ所だ。

すべての下地・仕上げを解体して、つくり直すという単純な話ではない。コストの問題も密接に関係するのだが、「どこまで解体するのか」が大きなポイントになってくる。下地の状態が健全であれば、無理にやり替える必要はない。予算がとくに厳しい場合には、既存の仕上げを下地にする手段もときには有効である。

また、既存住宅の多くは「柱が倒れている（傾いている）」「スラブレベルが水平でない」などの問題を抱えていることが多く、空間は間違いなく歪んでいるといってよい。こうした欠点を隠蔽するのも、下地・仕上げの力である。リノベーションは既存の躯体・空間を生かした再設計・施工となるので、内装仕上げでは、空間をすっきり見せるために新築以上の高度なノウハウが求められるに違いない。

ここでは、リノベーションにおける下地・仕上げの考え方について解説する。マンションのバルコニーの改修方法についても紹介したい。

図1　床レベル調整に役立つ構成図

直床でカーペットや石張り、床暖房が混在する場合、構成図（断面）を作図すれば、調整すべき高さが明確になる。捨張り合板や調整合板を用いる

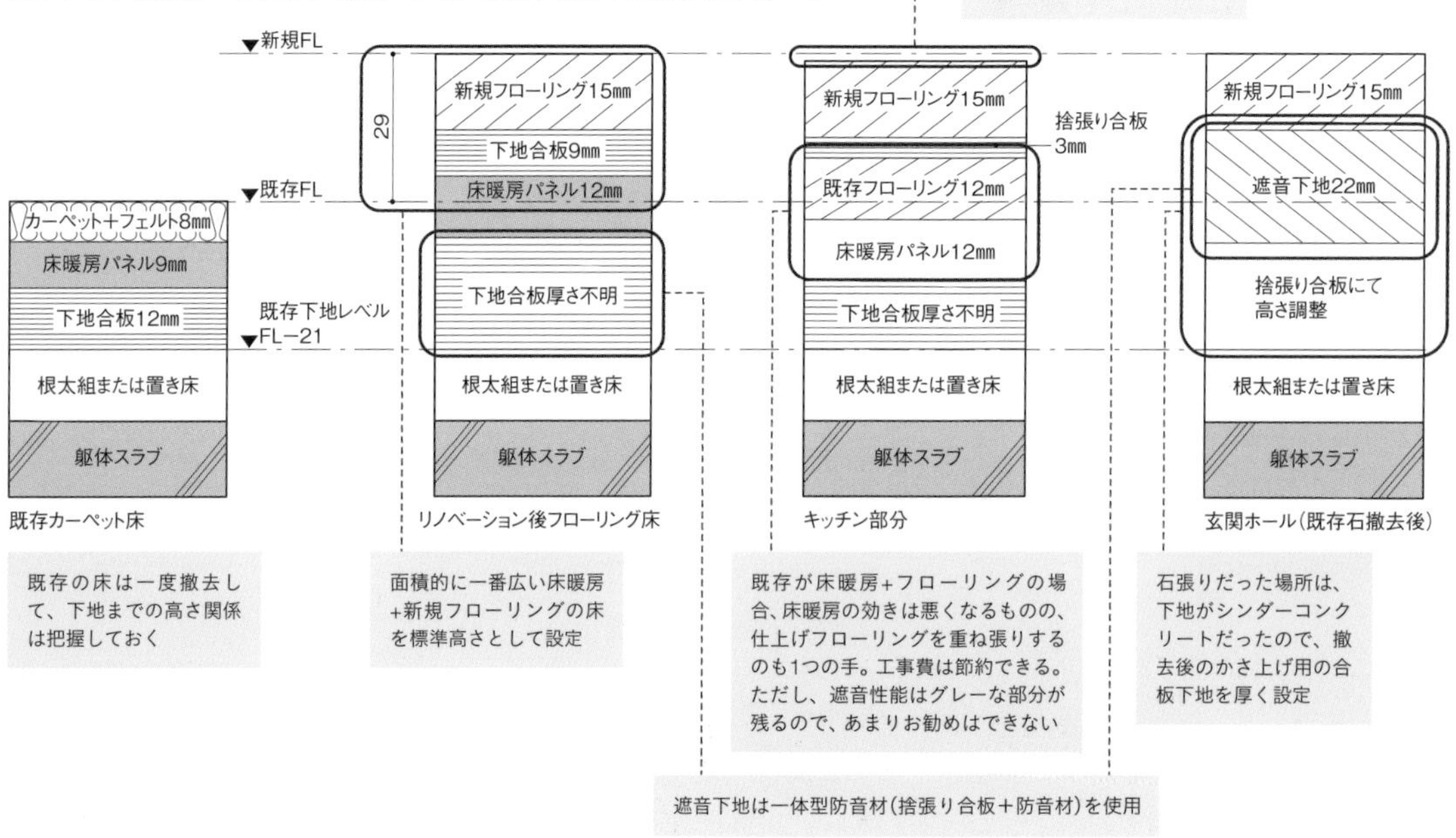
1〜2mm程度の段差であれば、あまり気にしなくてもよい
新規FL
既存FL
既存下地レベル FL−21
29
カーペット＋フェルト8mm
床暖房パネル9mm
下地合板12mm
根太組または置き床
躯体スラブ
既存カーペット床
新規フローリング15mm
下地合板9mm
床暖房パネル12mm
下地合板厚さ不明
根太組または置き床
躯体スラブ
リノベーション後フローリング床
捨張り合板 3mm
新規フローリング15mm
既存フローリング12mm
床暖房パネル12mm
下地合板厚さ不明
根太組または置き床
躯体スラブ
キッチン部分
新規フローリング15mm
遮音下地22mm
捨張り合板にて高さ調整
根太組または置き床
躯体スラブ
玄関ホール（既存石撤去後）
既存の床は一度撤去して、下地までの高さ関係は把握しておく
面積的に一番広い床暖房+新規フローリングの床を標準高さとして設定
既存が床暖房+フローリングの場合、床暖房の効きは悪くなるものの、仕上げフローリングを重ね張りするのも1つの手。工事費は節約できる。ただし、遮音性能はグレーな部分が残るので、あまりお勧めはできない
石張りだった場所は、下地がシンダーコンクリートだったので、撤去後のかさ上げ用の合板下地を厚く設定
遮音下地は一体型防音材（捨張り合板＋防音材）を使用

断面詳細図［S＝1：2］

部材構成により変わる床仕上げ

マンションでは躯体に手を加えられないので、下地の寸法調整は、室内側でしか行えない。高度な平滑面やレベルの精度を求めすぎると、下地が内側に大きくせり出し、部屋が狭くなってしまう。

床に関しては、直床、置き床（乾式二重床）という床の構成によって、下地・仕上げの考え方が大きく変わる。既存の図面を管理組合から入手し、床の構成を確認し、床スラブのレベル設定と床仕上げとの関係を正確に把握しておきたい。

直床の場合は、既存の仕上げをすべて剥がして下地からつくり直す方法、既存の仕上げを下地としてその上に新しい仕上げを張る方法がある。スラブに直床用のフローリングが張られている場合は、接着剤を含めてきれいに剥がすのは難しいので、既存フローリングの上に新規フローリングやカーペットを張るのが効率的な提案だ。

下地からやり替える場合に注意すべきはスラブのレベル精度。精度が低く不陸が出ていることが多いので、速乾・速硬性のセルフレベリング材で平滑面を確保するか、もしくは小まめに薄木でレベルを調整する。

設計者目線の遮音対策を

仕上げについては、特に遮音に関するマンションの管理規約に注意を払う。採用することの多いフローリングに限らず、石・タイル張りの制約について、早い段階で確認しておきたい。遮音性能は、一般的にはΔLL-4（旧LL-45）［※1］レベルを確保すれば問題はないだろう。

フローリングを採用する場合の手法には、遮音フローリングを使う方法と、下地材で遮音等級を確保してからフローリング材を張る方法がある。リノベーション会社が採用することの多い前者は、安価なことが魅力だが、デザイン力で勝負すべき設計事務所としては、仕上材のバリエーションは命ともいえるので、後者を選択すべきだろう。

ここで、仕上材がフローリングだけでなく、カーペットや石張りが混在し、さらに部分的に床暖房を導入するような場合は、**図1**のような床レベル構成図を作図して高さをコントロールするのが有効だ。作図時のポイントは、2mm程度までは調整代と考えること。下地のレベルの精度を考えれば、あまり厳密には監理する必要はないだろう。

置き床の場合は、直床に比べて問題は少ない。旧LL-45を確保できる製

※1　古いマンションの管理規約ではLLで規定されていることが多い

写真1　窓を壁にする技

窓が多くても借景がよくない場合はメリットにならないうえ、家具やテレビのレイアウトが難しいというデメリットもある。リノベーションでは収納スペースを増やすケースも多いので、窓をつぶして造作家具を備え付けるという手法はかなり有効である

Before

「白金台S邸」のリビング・ダイニングでは正面は全面開口となっており、家具を配置することができない

木下地を組んでいる様子

窓のラインに合わせて木下地を組んでいる様子。塗装で仕上げる場合、枠部分で下地が変わるので、ヒビ割れ防止のためにボードは重ね張り仕上げとしたい。窓面には白色シートを張り、外側から断熱材が見えないようにする

After

大部分の開口部をつぶして腰レベルで造作の収納を設置［23頁参照］

品があるうえ、床材の厚さの違いも浮き床の調整代で調整できる。

最後に、床下地をすべてやり替えない場合や直床の場合は、リノベーションによって廊下とリビングなどで段差が生じることがある。天井高を犠牲にして床をふかすこともできるが、さらに費用が嵩むことになる。そこで代替案としてスロープをつくることを提案したい。メリット・デメリットを説明してクライアントに判断を仰ぐ。筆者の経験から判断すれば、20㎜程度の段差であれば、1mほどの長さでスロープをとれば、それほど段差を意識することはないようだ。

クロス→塗装は難易度高

続いては壁。クロス張り壁のクロスを張り替える場合は、既存クロスを剥がしてから張り直すことになる。塗装壁の上にクロスを張る場合は、シーラーで下地の接着性を高くすることが望ましい。

壁仕上げの変更で難しいのは、クロス張りの壁を塗装に変更する場合だろう。下地が石膏ボードならば、クロスを剥がす際、裏紙を残して剥がし、シーラー処理のうえ、全面をパテでシゴくのが最良の手法とされているが、それでも下地の精度によってはボードの継目にヒビが現れるという可能性は残る。筆者の考えでは石膏ボードを重ね張りしてから塗装したほうが、仕上げの精度は確実に上がる。費用は嵩むが塗装用クロスを張り直して、その上から塗装する方法もある。

一方、RC壁にクロスを直張りしていた場合はどうだろうか。この場合は、既存クロスを剥がしても壁の平滑度はあまり期待できないので、可能であれば薄型LGSで下地をつくって、石膏ボードを新たに張ってから塗装したい。それが難しい場合は、全面パテでしごいてからの塗装となるが、横から光が当たるような壁では、壁仕上げの精度の悪さが見えてしまう可能性がある。この手法を採用するには、クライアントへの十分な説明は欠かせない（珪藻土などの左官系の仕上材の場合は、既存クロスを剥がさないで、その上から直塗りできる材料も発売されている）［※2］。

「窓をつぶす」逆転的発想

壁下地のつくり方に関連して、マンション・リノベーションにおいて、設計者が差別化を図れる技を紹介したい。窓をつぶして壁にしてしまうという方法だ［写真1・※2・3・4］。

外壁面が少ないマンションでは、一般的に窓を開けられる個所には窓を開けてある間取りが多いが、「窓の正面に隣のビルが見える」「借景がまったく期待できない」ことが多いのが現実だ。また、窓だらけの部屋になると、家具のレイアウトも難しく、配置の制約が大きくなる。窓をあえて壁にする背景には、こうした理由がある。

ただし、窓は共同住宅の共用部分に該当するので、撤去することはできない。そこで筆者は窓枠を撤去し、障子部分に下地を組んで断熱材を充填したうえで、表面を石膏ボードで覆うという手法で対応している。窓をつぶすことで空間をガラリと変える提案は、設計者ならではの提案といえないだろうか。

ポイントは対面から見たときに不自然に感じられないよう、ガラス面には白色シートを張っておくこと。現状回復できるようにしておくことや、結露対策として断熱材と防湿シートを施工することも重要である。

※2　造作家具を壁付けにするケースや、壁に絵を掛けたり手摺・金物を付ける場合には、リノベーション工事の際に合板下地を仕込むこと
※3　部屋の採光が確保されていることは建築基準法上確認しておきたい。住宅の居室は有効採光面積／居室の床面積を1／7以上としなければならない［法28条1項］
※4　マンションの管理規約によっては窓へのフィルム張りや、窓前への壁設置を禁止している場合もあるので要注意

天井仕上げの変更にも要注意

既存の天井を下地材からすべて剥がしてやり直すという手法は、費用がかかるものの技術的には一番簡単な方法である。一方、下地を残すケースでは、下地の種類によって難易度が変わる。LGS下地の場合はレベル調整ができるので、ボード部分のみを剥がして調整することが可能だ。木下地の場合は調整が難しく、薄く削った木を差し込みながら、少しずつ微調整することになる。面倒な作業となるで施工者に嫌がられることが多いが、下地からつくり直す方法と、微調整のみで済ます方法とでどちらが安価か、施工者に確認してから選択したい［**写真2**］。

壁と同様に、クロス張りだった天井を塗装に変える場合は、石膏ボードを重ね張りしたほうがよいだろう。ただし、下地を残すかどうかは、移設する照明や天井カセットエアコン、天井裏のダクト移設などで、既存天井ボードにどの程度の開口を設けるかを想定してから判断したい。

筆者の経験では、既存ボードの3分の1以上の開口があく場合は、ボードはすべてやり直したほうがよいと判断している。高層マンション・リノベーションではスプリンクラーの移設などについても、天井と絡むことが多い。このケースでは、全面ボード剥がしをしてから作業したほうが効率は上がるだろう。

引込み戸は上吊りとする

最後に幅木・引込み戸の考え方について紹介したい。幅木について、躯体にクロスを直張りしているような場合では、出幅木にならざるを得ないだろう。そのほかの新規の壁については、筆者は**写真3①**のように壁とゾロに仕上がる面幅木で仕上げることが多い。ただし、枠なしで引込み戸を設置する場合は、面幅木にすると納まりが難しくなるので、施工者との打ち合わせが必要となる。

引込み戸は、風や光の通り抜けや部屋のつながりを重視する場合によく用いる。リノベーションでは床の不陸が多いので、上吊りシステムの引込み戸を使うのが効果的である。この場合は、天井のレベルと同様、壁の垂直も扉を閉めたときに見えてくるので、施工者には十分に注意するように伝えておきたい。壁面をスッキリと見せるためには、戸袋の入口までを面幅木を選択するのがベストであると考えている［**写真3②**］。

［各務謙司］

写真2 下地別天井の高さ処理

① LGS下地の場合

LGS下地は高さ調整が可能なことが特徴。残すことができるボードはなるべく残したい

② 木下地の場合

全面撤去したほうが精度は確保しやすいが、コストとのバランスで施工者に細かく調整してもらう方法も考えられる

写真3 面幅木の活用術

① 新規に壁をつくる場合

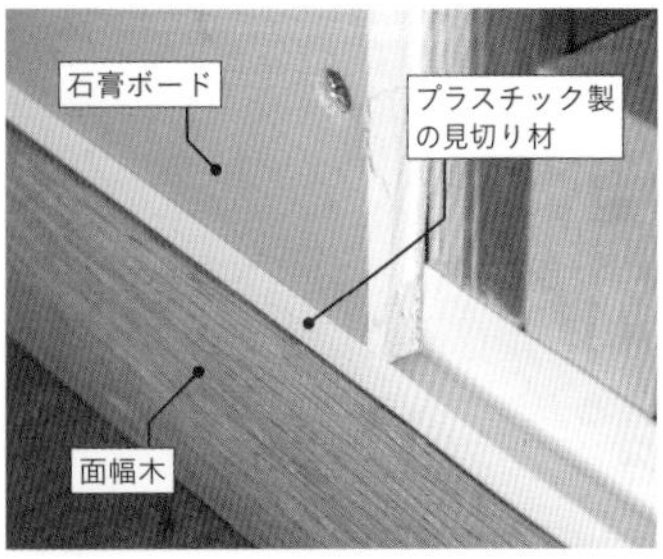

面幅木とすれば、要素が減りすっきりとした空間となる。プラスチック製の見切り材を使うと工事が簡素化できる

② 枠なし引戸の納まり

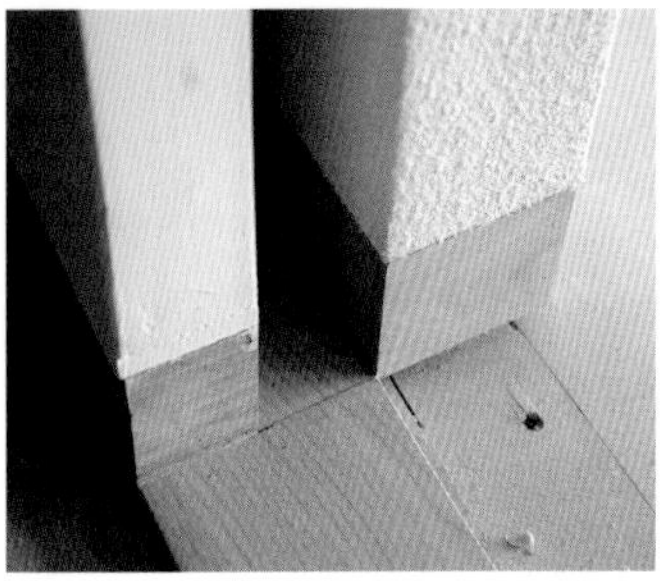

面幅木とした壁に枠なしで引戸を組み合わせる場合には、戸袋の入口までを面幅木で仕上げておく

図2 和室と洋室の段差はこう解消する

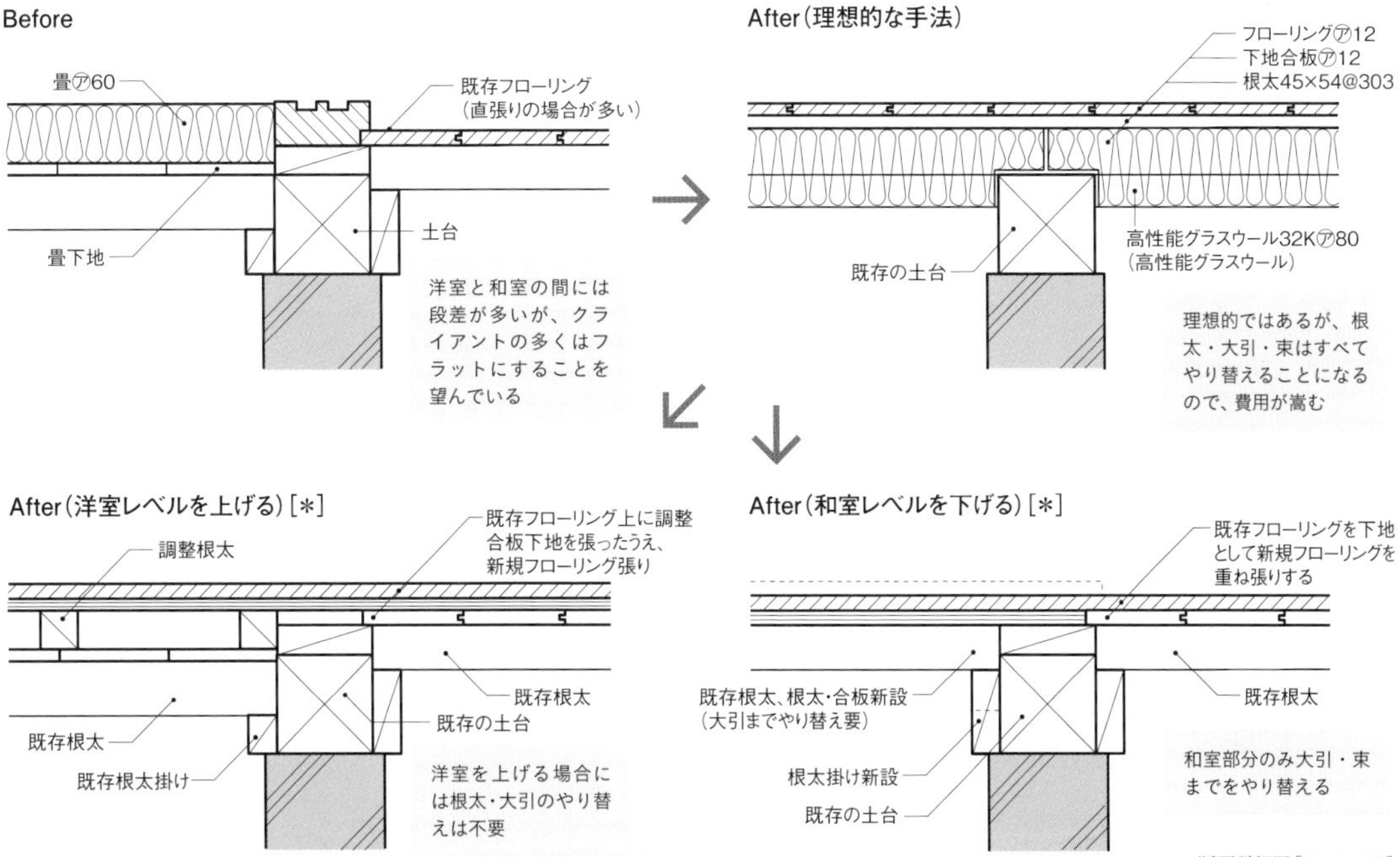

Before
畳㋐60
既存フローリング（直張りの場合が多い）
土台
畳下地
洋室と和室の間には段差が多いが、クライアントの多くはフラットにすることを望んでいる
After（理想的な手法）
フローリング㋐12
下地合板㋐12
根太45×54@303
高性能グラスウール32K㋐80（高性能グラスウール）
既存の土台
理想的ではあるが、根太・大引・束はすべてやり替えることになるので、費用が嵩む
After（洋室レベルを上げる）［＊］
調整根太
既存フローリング上に調整合板下地を張ったうえ、新規フローリング張り
既存根太
既存の土台
既存根太
既存根太掛け
洋室を上げる場合には根太・大引のやり替えは不要
After（和室レベルを下げる）［＊］
既存フローリングを下地として新規フローリングを重ね張りする
既存根太、根太・合板新設（大引までやり替え要）
既存根太
根太掛け新設
既存の土台
和室部分のみ大引・束までをやり替える

断面詳細図［S＝1：10］

＊：既存根太利用部分については、断熱材の施工が難しいため、床下からの施工が必要となる

写真4 床仕上げの2大手法

① 複合フローリング

寸法安定性に優れる。日本の合板技術はレベルが高く、デザイン性もよい。写真はナラ複合フローリング。「ライブナチュラルMRX」（朝日ウッドテック）のブラックチェリーを採用

② 無垢フローリング

ダイニングにスギ無垢フローリング（15㎜厚）を敷いた「滑川H邸」。リビング側は元の雰囲気を生かして和紙畳「ダイケン健やかおもて 清流」（大建工業）を敷き、リビングとダイニングの床はフラットに納めている

戸建住宅での床段差解消

築40年前後の戸建住宅では、各部屋の出入口に段差があることが少なくない。特にフローリング（洋室）と畳敷き（和室）の部分では、30～50㎜程度の敷居が設けられていることが多く、高齢者にとっては歩行障害の1つになっている。こうした背景から、リノベーションの際に床の段差を解消して、バリアフリー空間を実現したいというクライアントの要望は根強い。

床段差の解消については、構造・断熱補強をかねて、床組を一旦解体してつくりかえるのが、施工的には最も容易である［図2］。ただし、1階床組で大引までをやり替えようとすると、多くの道連れ工事が発生してコスト増となってしまう。可能な限り、根太までの解体にとどめたい。床下の状態に問題がなく（シロアリによる食害がなく、湿気や漏水による腐朽がない）、既存の床レベルを下げる必要がない場合は、束や大引は既存のものを利用するのが望ましい。

解体範囲と素材選び

段差を解消するために和室のレベルを下げてフラットにする場合は、大引

までやり替えざるを得ないが、洋室については既存床レベルのままとすることで、上框や掃出し窓を再利用することができるメリットがある。

床下状態が健全な場合や、予算が厳しい場合は、洋室のレベルを上げることも可能だ。ただし、土間との段差が大きくなること、掃出し窓の移設・取替えが必要になるというデメリットが生じる。

単純に和室を洋室にリノベーションする場合には、畳と敷居を撤去して、洋室床レベルに合わせて床下地を調整するのが一般的だ。畳厚さは通常60㎜程度あるので、段差寸法に応じて根太やパッキンで調整すればよい。その際、既存根太に直交して新規の根太を敷設すれば、床組がより強固になる。

仕上げに使用する床材には、極力素材感のあるものを選びたい。理由は、年月を経た住まいで新旧の素材がなじみやすいほか、新築では味わえないリノベーションならではの価値を感じてもらうためだ。

フローリングは無垢材が望ましいが、デメリットも十分認識しておく必要がある。複合フローリングに比べて寸法安定性に欠けるため、床暖房を敷設する場合は特に注意が必要だ［**123頁写真4**］。床暖房対応の無垢フローリングも流通しているが、「価格も高いうえに伸縮が完全になくなるわけではない」ことについて、クライアントの十分な理解を得たうえで採用すべきであろう。

壁の再仕上げには厚めの素材

リノベーションの対象となる木造戸建住宅では、耐震性能や断熱性能が不足していることが多い。大規模改修の際は間違いなく間取り変更を伴うので、壁はすべて解体してつくりかえるのが基本となる（築年数が浅い場合やコストの制約が厳しい場合には、部分的に解体する場合もある）。

壁についても新築と同様に、柱や間柱に石膏ボードを張ってから仕上げる。ただし新築とは異なり、柱の通りが悪かったり、柱が倒れているケースが少なくないので、石膏ボードをまっすぐに張るのは容易ではない。

厳密に精度を求めたいなら、胴縁を入れて調整するなどの手法はあるが、コストが嵩むうえ、壁厚が増してしまうことが悩ましい。特に支障がない限り、石膏ボードをそのまま張る方法を

図3　壁の不陸を調整する

壁のずれが1/500以下 → 柱なりに下地をつくる

壁のずれが1/500以上 → 胴縁を入れて調整

1/500とは、おおよそ半間(900㎜)に対して1分5厘(4.5㎜)の倒れという目安。平面的な曲がりについても同様

胴縁を入れて不陸を調整

胴縁

この事例では間柱をふかして不陸を調整。外壁面の倒れの場合は、この方法をとることのほうが多い

柱なりに下地をつくる

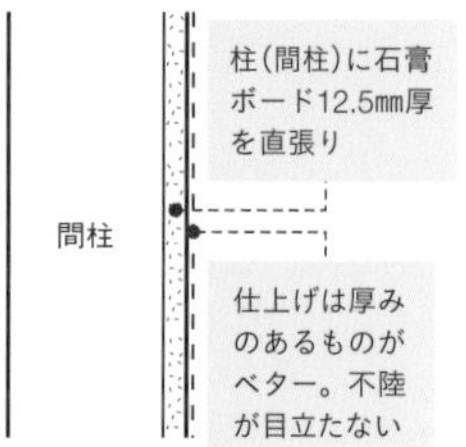
柱(間柱)に石膏ボード12.5㎜厚を直張り
間柱
仕上げは厚みのあるものがベター。不陸が目立たない

胴縁を入れて調整する

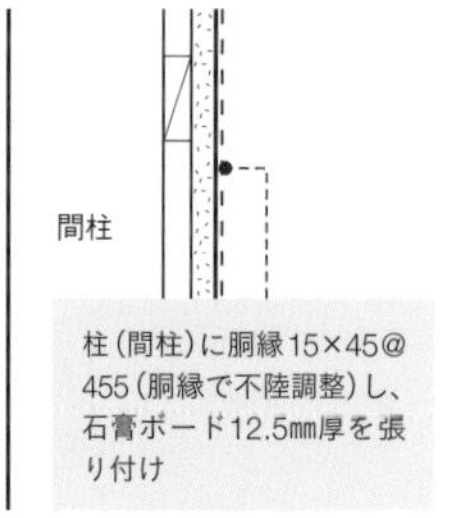
間柱
柱(間柱)に胴縁15×45@455(胴縁で不陸調整)し、石膏ボード12.5㎜厚を張り付け

断面詳細図［S＝1：8］

図4　戸建ては出幅木が基本

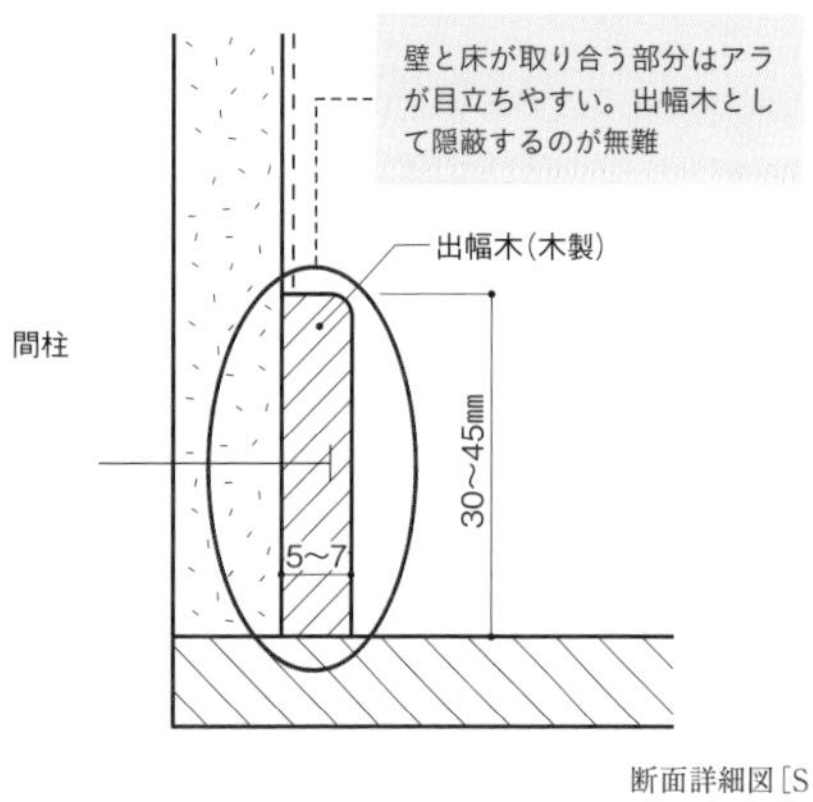
壁と床が取り合う部分はアラが目立ちやすい。出幅木として隠蔽するのが無難
出幅木(木製)
間柱
30～45㎜
5～7

断面詳細図［S＝1：2］

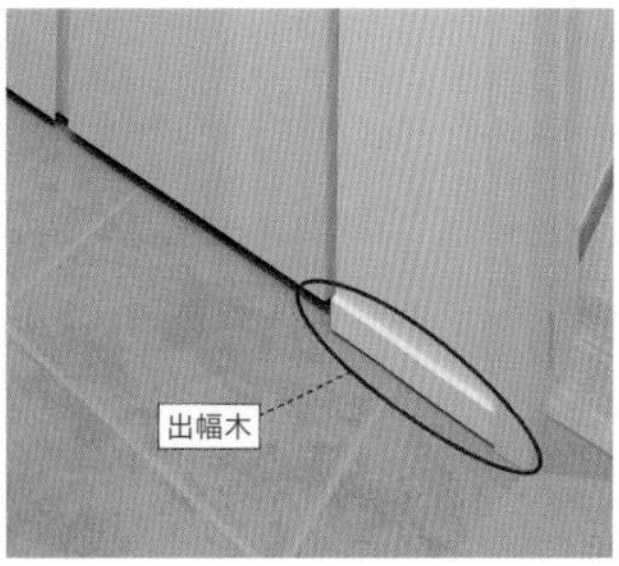
出幅木

出幅木納まりとした床・壁の取合い部分。幅木の色は壁と同色にして存在感を抑えている。釘打ちガイドの溝（ライン）がなく、見た目がプレーンで高さが30㎜と小さい「スマート幅木」（パナソニック ハウジングソリューションズ）を採用

採用したい［図3］。

筆者の経験では、おおよそ半間（900㎜）で一分五厘（4.5㎜）のずれ（500分の1）が1つの判断基準となる。500分の1以下のずれであればほとんど気にならないため、柱なりに下地をつくっても差し支えはないといえる。ただし、塗膜の薄い塗料は下地の精度を拾ってしまうので、織物などの厚めのクロス仕上げ、珪藻土などの塗壁仕上げとするのが望ましい。

床との取合い部は幅木レスが理想だが、空間に歪みのあるリノベーションの場合は、逆にアラが目立つ可能性がある。そのため、出幅木が基本となる。小さめの幅木ですっきりと処理したいところだ［図4］。

天井では設備を考慮する

天井高を高くしたいという要望が多いリノベーションでは、限られた階高で天井を高く見せるために、床梁を露しにするなどの工夫がよく用いられている。特に、最上階については小屋裏スペースがあるので、天井を解体して小屋組を露しとすれば、容易に空間の印象を変えられる。その際に注意すべきは屋根面の断熱性能。吹抜けにすると天井裏のスペースが少なくなるので、断熱性能を高める必要がある。

天井下地に関しては新築工事と変わりはないが、既存下地を利用する際には注意が必要だ。従来は仕上げが天井板などの軽い材料が多かったため、石膏ボードを張るには野縁や吊木の強度が不足していることがある。最近では照明器具など天井に設置するものも多いため、リノベーション時には下地も含めてやり替えるのが無難だ［写真5］。

最後に天井仕上げの考え方について触れる。一般的に、天井は底目地で見切られている事例が多く見受けられるものの、リノベーションの場合、間仕切壁の移動などの理由で、この目地の処理が非常にやっかいとなる。そこで筆者の設計事務所では、天井と壁は同じ素材で仕上げることを基本としている［図5］。廻り縁を設けずにシームレスに仕上げることで、天井を高く感じさせるとともに、壁の不陸を目立たなくする効果を引き出す。アクセントとして羽目板張りにする場合は、天井側に底目地を設けて逃げをつくっておくと、不陸の調整と羽目板の再塗装時に重宝する。

［中西ヒロツグ］

写真5 天井下地の強度を高める

Before

築年数の古い住宅では、野縁や吊木の強度不足のため、たわみが生じていることも少なくない

After

天井下地の強度アップは設備計画の難易度にも大きく関わる。下地のやり替えは必要不可欠である

図5 天井仕上げの基本

クロスでシームレスに仕上げる場合

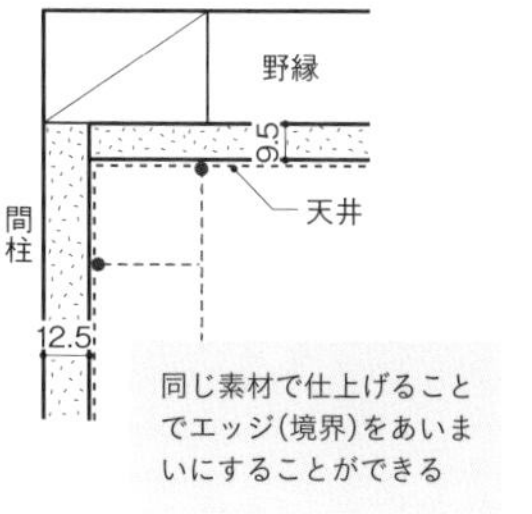
野縁
9.5
天井
間柱
12.5
同じ素材で仕上げることでエッジ（境界）をあいまいにすることができる

天井を羽目板張りとする場合

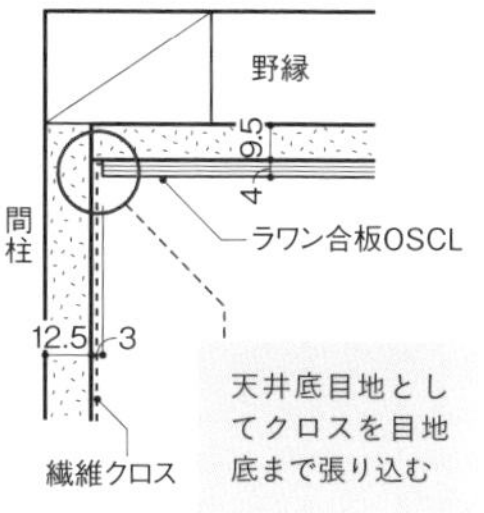
野縁
9.5
4
ラワン合板OSCL
間柱
12.5
3
天井底目地としてクロスを目地底まで張り込む
繊維クロス

断面詳細図［S＝1：4］

壁・天井を同素材で仕上げた事例

壁・天井を同素材で仕上げると天井を高く感じさせられる。「つつじヶ丘W邸」では、建具に「ベリティス プラス」（パナソニック ハウジングソリューションズ）の"ホワイトアッシュ柄"を採用。ホテルライクな落ち着きのある寝室の設えとした
［写真＝中村風詩人］

COLUMN

バルコニーにウッドデッキを敷く

デッキ材は人工木材が現実的

マンション・リノベーションで、クライアントの満足度を高めるコストパフォーマンスの高い工事の1つにバルコニーのウッドデッキ敷設がある。その最大の理由は、日本のマンションではバルコニーのデザインが洗練されておらず、有効活用の提案がないマンションが多いことにある。

通常、マンションのバルコニーは、機能的には空調の室外機置き場や、洗濯物の干し場所として使用される。個人で使い方を工夫したとしても、室内から見えるところに植栽が置かれている程度であろう。

ウッドデッキの材料としては、天然木材のイペやレッドシダーはその風合いと肌触りが魅力的だ[①]。ただし、天然木材は風通しや日当たりの悪さでの傷み、経年変化での変色が心配。敷設した当初は室内のフローリングと一体に感じられる木質感は何よりの魅力だが、一年経過する前には灰色になってしまい、そこからは毎年のメンテナンスが必要になる。一方、人工木材では高級感を演出しにくかったが、木粉と樹脂(プラスチック)を原料とした人工木材(樹脂木材・再生木材)の質感が近年大幅に向上している[②]。

ウッドデッキを敷設する場合は、室内外間の段差解消が大きなポイント。バルコニー床面と掃出しサッシの高さを考慮して、ウッドデッキの下地を変える必要がある。公団仕様の団地や中級レベルのマンションでは、段差は100~150mm程度が多い。この場合はスノコ自体に高さ調整が可能なタイプの樹脂製の束柱を取り付けるとともに、ずれの解消と防音のため、耐候性のあるゴムを下に敷く。段差が150mmを超える場合は、下地として高さ調整をした大引を渡して、そこに直接デッキ材をビスで留めることも可能である。ただし、大引をバルコニーに固定するには、大当然ながらビス打ちは禁止なので、腰壁とサッシ下の壁で突っ張って固定する必要がある。

避難・法規などに注意

一般的に、マンションのバルコニーは占有使用権のある共用部分である。固定物の設置は、管理規約上実現できない[147頁参照]。約10~15年のスパンで行われるマンションの大規模修繕で、バルコニー面の防水やり直し工事が施工されることが一般的である。その工事の際には設置されたものをオーナー側の費用負担ですべて取り外す必要がある。上下階からの避難通路に当たる場合は、避難用ハッチがあるので、床付けの避難口がある部分は、周囲をハッチの動作範囲に合わせてウッドデッキ張りを避ける必要がある[③]。

排水口の位置にも、ウッドデッキは張ってはならない。植栽の落葉やホコリが溜まって、雨水や水やりの水と一緒に流れて排水口を詰まらせる可能性が高いためだ。蓋をつくる場合には、容易に開けられるようにすることはもちろん、定期的にチェックして、掃除をしてもらうよう、クライアントに注意喚起をしておく必要がある。

法規的な問題にも注意したい。建築基準法においてバルコニーの手摺高さは、床から1.1m以上と定められている[147頁参照]。ウッドデッキの敷設により、デッキ上面から手摺までの高さがそれ以下になると違法となってしまう。この場合は、ウッドデッキを手摺のある端部まで張らず、30cm以上の隙間を設けるとよい。

[各務謙司]

① 天然木材を用いたウッドデッキ

硬度が高く、高級感もあるイペを敷設した「麻布MT邸」。ウッドデッキと同じ材料で、目隠しを兼ねる手摺壁を立ち上げたほか、ベンチも設置した。所々に開口部を設けて、植栽のスペースとしている[写真=ジーク]

② 人工木材を用いたウッドデッキ

竹と再生プラスチックを原料とする「バルクルイエ」(IOC)の大きな軒下に敷設した「渋谷区Q邸」。アウトドア家具や御影石で仕上げられた既存の手摺壁との相性もよい

③ 避難経路にはウッドデッキを張らない

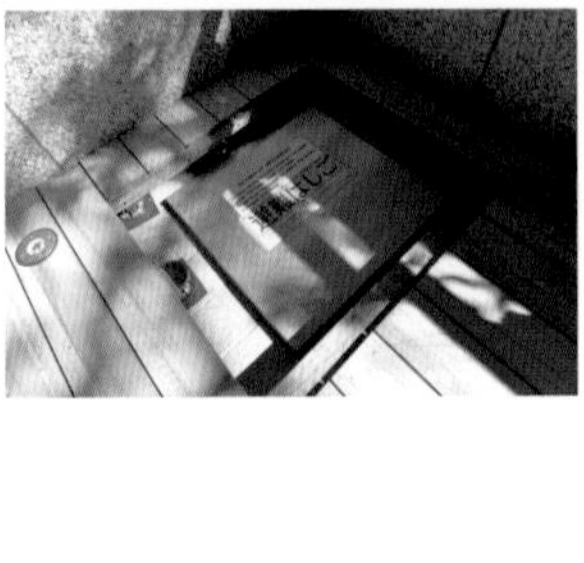

避難はしごのハッチ部分にデッキ材を張らないようにしている様子。ウッドデッキの下地である耐久性の高い「エステックウッド」(江間忠木材)や樹脂製の束柱が見える

Part 13

現場を動かす実施図面

実施設計図面の作成に関して、新築とリノベーションではそれほど大差はないと思っている設計者は多いかもしれない。しかし、さら地から図面を描き起こしていく新築とは大きく異なるところがある。リノベーションは既存の空間を敷地とするようなものなので、まずは可能なかぎり正確に既存の状態を図面化していくことがスタートラインとなる。

その際には、実測と観察、竣工図の読み取りを通して、既存建物の構造や設備の考え方、デザインの意図を読み解く必要がある。既存の下地・仕上げを再利用する際、設計者の意図を施工者に正しく伝えるには、「残すもの、残さないもの」を明確に伝える正確な解体図も重要だ。また、工事が始まってから、現場の状況に応じて計画を変更していくというのもリノベーションならではの特徴である。大きな変更としては、木造戸建住宅の構造補強における補強計画の変更（解体後）などがある。この場合は床伏図などを添削する感覚で修正していくとよい。

ここでは、リノベーションにおける実施図面の作成方法について解説する。図面以外で伝えるべきことなど、現場をうまく動かすための心得についても紹介したい。

詳細な実施図面（伏図）での構造検討によって大きな吹抜けを実現した「田園調布Ｆ邸」［131〜133頁参照］。2階の階段からは玄関リビングが見渡せる。構造として抜けない独立柱と梁は空間のアクセントとして生かす
写真＝傍島利浩

図1　既存平面図で調査しておくべき内容

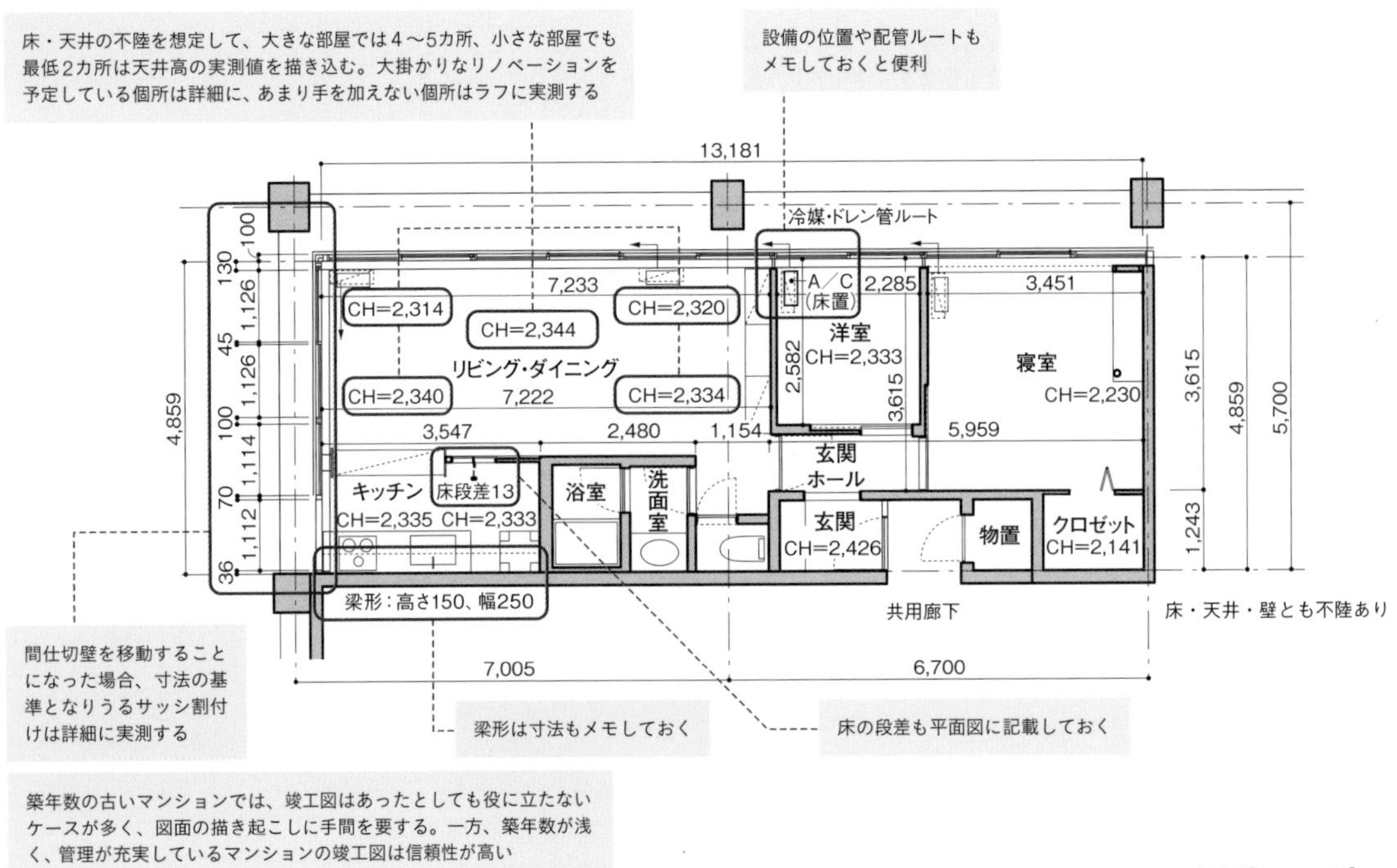

床・天井の不陸を想定して、大きな部屋では4～5カ所、小さな部屋でも最低2カ所は天井高の実測値を描き込む。大掛かりなリノベーションを予定している個所は詳細に、あまり手を加えない個所はラフに実測する
設備の位置や配管ルートもメモしておくと便利
13,181
冷媒・ドレン管ルート
A／C（床置）
7,233
2,285
3,451
CH=2,314
CH=2,344
CH=2,320
洋室
CH=2,333
寝室
リビング・ダイニング
CH=2,340
7,222
CH=2,334
CH=2,230
3,547
2,480
1,154
5,959
玄関ホール
キッチン
床段差13
浴室
洗面室
CH=2,335
CH=2,333
玄関
CH=2,426
物置
クロゼット
CH=2,141
梁形：高さ150、幅250
共用廊下
床・天井・壁とも不陸あり
7,005
6,700
4,859
3,615
5,700
1,243
間仕切壁を移動することになった場合、寸法の基準となりうるサッシ割付けは詳細に実測する
梁形は寸法もメモしておく
床の段差も平面図に記載しておく
築年数の古いマンションでは、竣工図はあったとしても役に立たないケースが多く、図面の描き起こしに手間を要する。一方、築年数が浅く、管理が充実しているマンションの竣工図は信頼性が高い

平面図［S＝1：150］

既存図と解体図の心得

マンション・リノベーションにおける実施図面で重要となるのが既存図と解体図である。

既存図の作成は管理組合から入手した図面をトレースすることで済ますのではなく、現地調査で可能な限り実測を行い、精度の高い既存図を描き起こすのが鉄則だ。

筆者の設計事務所では、レーザー測量器による詳細な実寸をもとに既存図を描き起こしている（携帯電話などのLiDARスキャナを使った図面作成ソフトも随分正確になってきたが、住人の荷物が詰まった部屋の実測ではまだ役に立つレベルとはいえない）。特に重要視しているのが平面図［図1］と天井伏図だ。サッシや枠周り、天井高や空調の天井吹出し位置までを正確に明記するのがポイントである。通り心を想定して、見えない構造を意識した図面とすれば、ナゾの梁形が構造なのか、設備なのかが判断しやすい。実測時に構造や設備のわからない個所を把握し、調査・解体につなげたい。

解体図については、スケルトンリノベーションであれば、残すものについてのメモ書きを図面上に明記するのみで十分だが、既存の下地を活用しながらのリノベーションを進めていく場合には、細かく指示しておく必要がある。何らかのミスで解体（廃棄）してしまうと、解体＋廃材処理＋その部分の再築という余分な作業が発生し、リノベーション全体の工事費も無駄に膨れ上がる。現場でミスが起こらないような図面を用意しておきたい。

作成のポイントは、1枚の図面に描き込みすぎないこと。描き込みが多すぎると、施工者が読み落としてミスが発生するリスクが高まる。こうしたリスクを低減するため、筆者の設計事務所では床解体図と壁（とその他）解体図というように、複数の解体図を用意している（工事がかなり複雑になるケースでは、天井の解体図を用意することもある）［図2］。大きな図面で用意すること（見積り時は1／50程度、現場に渡す際は1／30程度が目安）、色分けして見やすくすること、言葉で「残しておくものリスト」を図面の中に書き込んでおくことがコツである。

壁などを部分解体する場合も注意が必要だ。残したものを下地として再利用する場合は、解体範囲だけでなく、作業自体を解体工が行うのか（早くて安いが雑になりがち）、造作工事の大工が行うのか（費用はかかるが丁寧）、を分かりやすく指示する。

図2　解体図は部位ごとに分かりやすく！

解体図は現場でのミスが起こらないような配慮が必要。壁・床は分けて作図すべきである。描くべき内容も解体作業と関連したもののみに留めること。平面図に記載するような寸法は描きこまないほうがよい。この図は壁解体図である

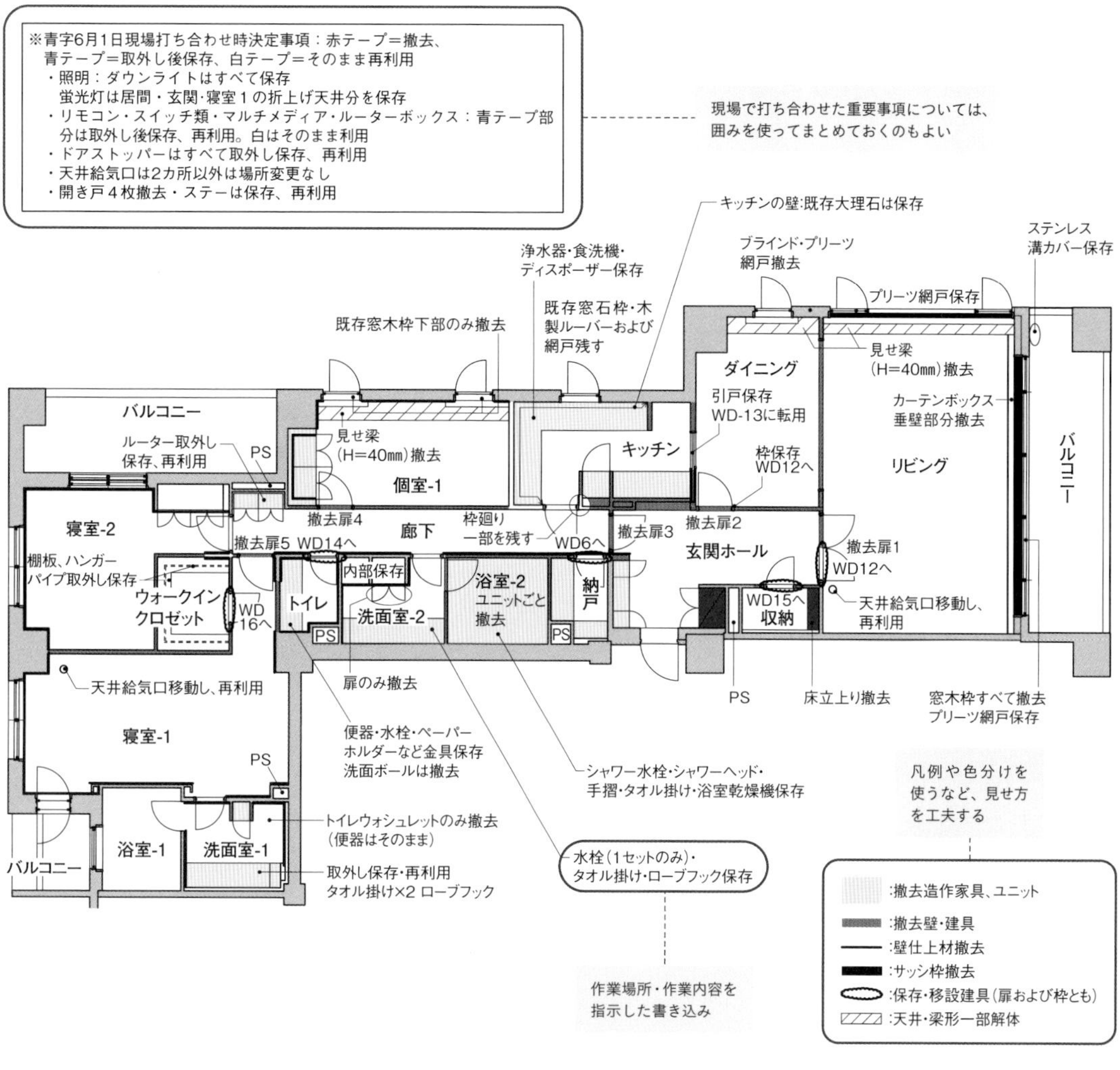

仕上表の有効な活用法とは？

既存図と解体図以外の図面は、新築も同様ではあるものの、リノベーションならではの工夫も求められる。たとえば仕上表。仕上表も少し手を加えるだけで、利用価値が格段に上がる。

具体的には、仕上げ材料を部屋・部位ごとに分けて表示するだけでなく、どこまでを解体して、何を下地として新しい仕上げをつくるかを示す図表として活用したい［130頁表］。床・壁・天井ともに「下地」と「仕上げ」という項目を設定し、分けて記載することがポイントだ。下地項目に「カーペット撤去、合板下地露し」、仕上げ項目に「新規フェルト＋新規カーペット」と記述されていれば、解体と施工の範囲が明確になるので、施工者による詳細見積りの間違いも大きく減らすことができる。

部屋名の記載にも注意を払いたい。リノベーションでは従来は寝室だった場所が書斎になるなどのケースが少なくない。リノベーション後の部屋名の「書斎」だけでなく「旧寝室」と記載しておくことは、現場での混乱を減らすうえで大いに役立つ。

新築ではメモ書き程度にしか扱われない備考欄も上手に活用したい。筆者の設計事務所では、残すものや移設す

るもの、補修が必要な項目などを整理して明記するようにしている。「既存サッシを調整して、開閉をスムーズにしたい」といったリノベーションならではの要望を、この欄に書き込んでいくのである。

最後に電気設備図について説明しておく。スケルトンリノベーションであれば、ほぼ新築と同じになるが、予算が潤沢にない場合は、すべての空間を同じグレードでリノベーションするのではなく、LDKを重点的に改修するというように、工事内容にグレード差をつけることが少なくない。こうした場合には、既存の照明やエアコンを寝室に移設・再利用するなどきめ細かな対応が必要だ。電気設備図は、こうした場面で活躍させたい［図3］。

既存の位置のまま使うのか、一度撤去して、再配置するのか、新しい器具を入れるのかを色分けして描き込んでいくのがポイント。特に、マンションの工事では、インターホンや警報などの機器類は、不用意に動かすと管理室に警報が届いて工事が混乱することも多い。近隣同様、管理室への配慮は必須事項なので、装置をどのように扱うかもこの図面に記載する。［各務謙司］

表｜仕上表は細かく分類する

内部仕上表（一部抜粋）					
	床				
	下地	仕上げ		幅木（mm：高さ）	
玄関土間&ホール	既存大理石（下地モルタルを含む）撤去の上、合板によりかさ上げ。一部の大理石はそのまま	土間部分：既存大理石、ホール部分：フローリングA、新規玄関框	±0、+38	新規木幅木（ナラ・白拭き取り）	45
リビング・ダイニング	既存大理石は撤去（旧玄関ホール部分）・既存カーペットは撤去・合板下地露し・一部床暖房増設	フローリングA	+38	新規木幅木（ナラ・白拭き取り）一部幅木なし	45
キッチン	既存カーペット撤去および合板下地露し	フローリングA	+38	新規木幅木（ナラ・白拭き取り）	45
書斎（旧個室）	既存カーペット撤去および合板下地露し	カーペットD	±0	新規木幅木（シナOSCL）	60
廊下1	既存カーペット撤去	カーペットD一部スロープあり	±0、+38	新規木幅木（ナラ・白拭き取り）スロープ部取合い注意	45
廊下2	既存カーペット撤去	カーペットD	±0	既存幅木	60

図3　現場の混乱を最小限に留める電気設備図

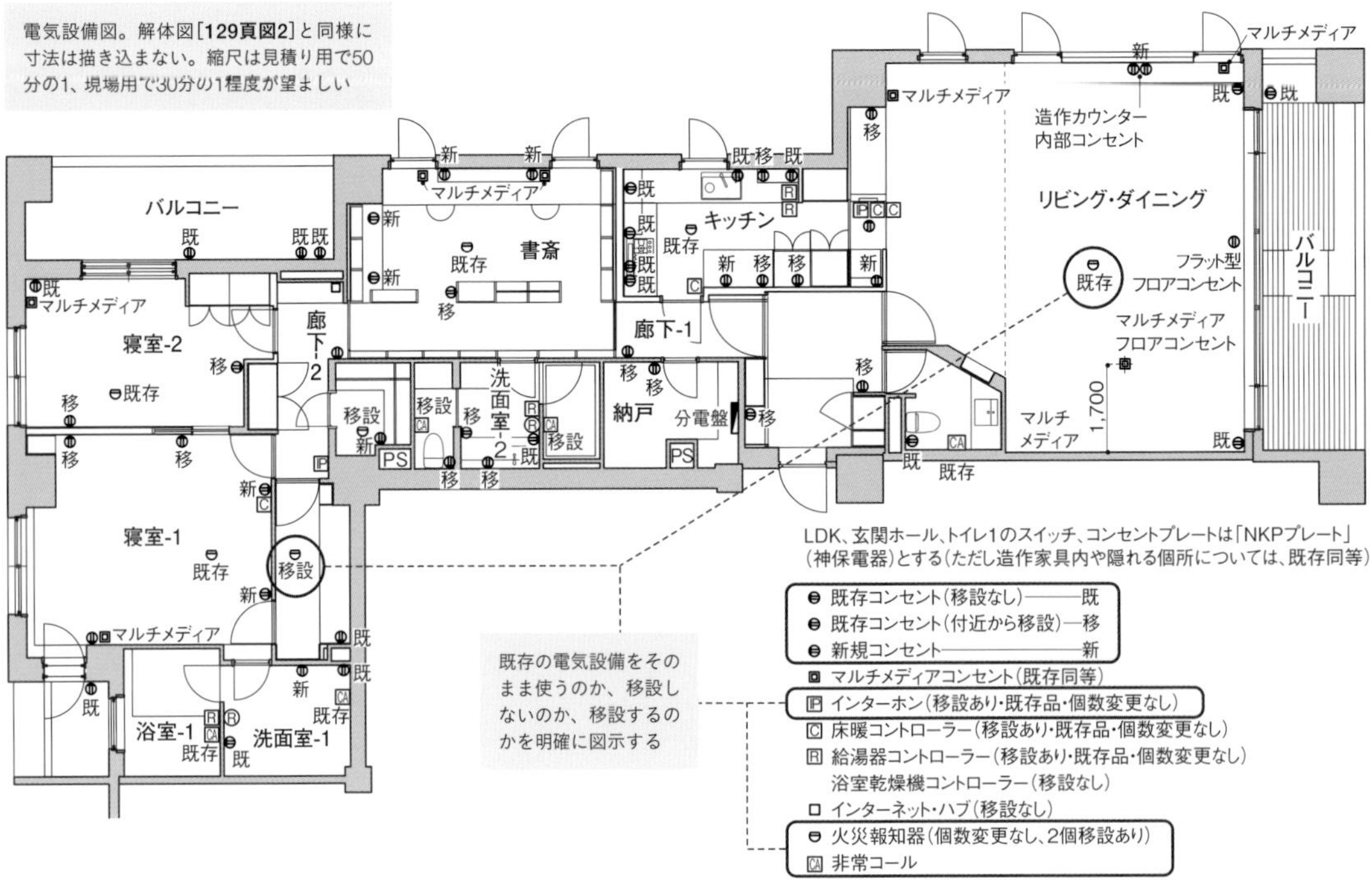

電気設備図。解体図［129頁図2］と同様に寸法は描き込まない。縮尺は見積り用で50分の1、現場用で30分の1程度が望ましい
バルコニー
寝室-2
寝室-1
浴室-1
洗面室-1
廊下-2
書斎
洗面室-2
納戸
分電盤
キッチン
廊下-1
リビング・ダイニング
造作カウンター内部コンセント
フラット型フロアコンセント
マルチメディアフロアコンセント
マルチメディア
1,700
LDK、玄関ホール、トイレ1のスイッチ、コンセントプレートは「NKPプレート」（神保電器）とする（ただし造作家具内や隠れる個所については、既存同等）
既存の電気設備をそのまま使うのか、移設しないのか、移設するのかを明確に図示する
既存コンセント（移設なし）―既
既存コンセント（付近から移設）―移
新規コンセント―新
マルチメディアコンセント（既存同等）
インターホン（移設あり・既存品・個数変更なし）
床暖コントローラー（移設あり・既存品・個数変更なし）
給湯器コントローラー（移設あり・既存品・個数変更なし）
浴室乾燥機コントローラー（移設なし）
インターネット・ハブ（移設なし）
火災報知器（個数変更なし、2個移設あり）
非常コール

木造住宅改修の肝は伏図！

木造戸建住宅のリノベーションにおける実施図面のポイントは、予期せぬ追加費用をいかに抑えるかに尽きる。着工後の多額の追加費用はプロジェクトの存続に関わるだけでなく、設計者の評価を落とすことにつながりかねない。そのため実施図面では、コストに関わる情報をできるだけ詳しく記載することがポイントとなる［※1］。

木造戸建住宅でコストを大きく左右する要因は、構造の改修範囲であろう。特に、耐震改修や間取りの変更で、壁や柱を移動・追加する際は、部材強度の検討に加え、どこまで改修が必要となるか、架構や取合いを含めた検討が求められる。解体してみて初めて分かることも少なくないが、事前の調査でできるだけそのリスクを抑える努力を行いたい。その手順は次の通り。

まず、現地調査に基づき、現況伏図［132頁図4・133頁図5］を作成する。調査では、可能な限り屋根裏・床下の調査・実測を行い、筋かいの有無や梁の継ぎ手位置まで詳細に記録する。次に、間取りの変更に伴うブロック図を作成し、柱・壁の直下率をチェックしたうえで補強計画図［132頁図4・133頁図5］を作成する。補強するまくら梁の成はスパン表に基づいて算出するが、既存サイズが不明な場合は、まくら梁だけで荷重を受けられるサイズを見込んでおく［※2］。

いずれにせよ、この段階で明確に図示すべきは、コストを大きく左右する梁補強の有無であって、梁の大小ではない。どの部分が補強の対象となるのかを、明確に表記しておくことが必要だ。極論すれば、平面図に「梁補強範囲」とだけ記載するだけでも、慣れた工務店ならおおよその補強見積りを算出することは可能だ。

実施設計では、この補強計画案に基づいて耐震診断を行い、評点が1.0以上（震度6強クラスの大地震時でも一応倒壊しないレベル）確保できることを確認することから始める。続いて、必要な補強金物を含めて図面に明記し、その費用を工事費に含めておけば、ほぼ追加なく補強が可能となる。

しかし、残念ながらシロアリの被害については、外見からは予測がつきにくい。シロアリの食害がどこまで進んでいるかは、解体してみないとわからない。ひどい場合は2階の床梁まで被害を受けていることもある。回復については見積りには含まずに実費精算とし、別途予算枠を設けておくことが望ましい。

［中西ヒロツグ］

MEMO 補強床伏図［132・133頁図4・図5］を深く理解するために！

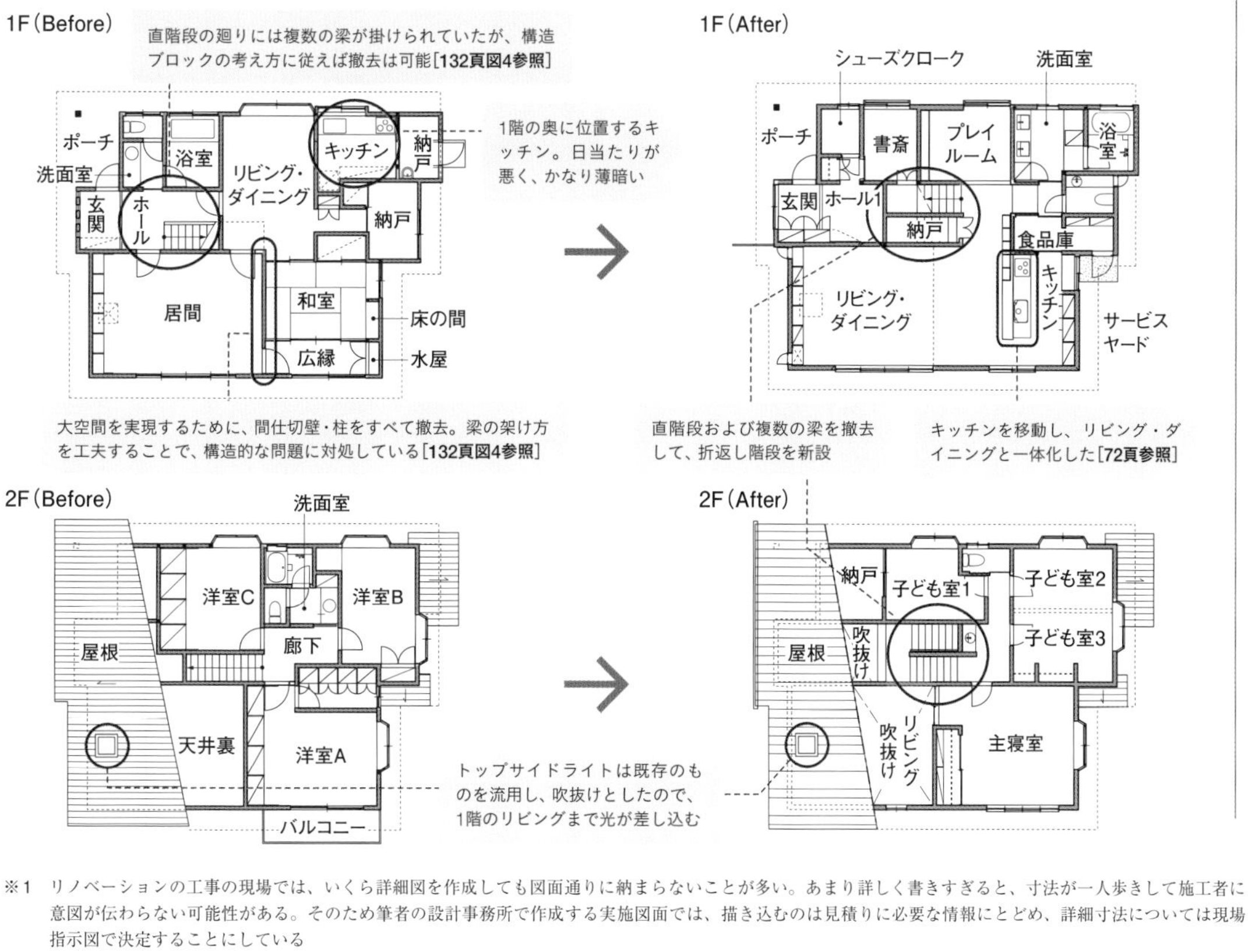
1F（Before）
直階段の廻りには複数の梁が掛けられていたが、構造ブロックの考え方に従えば撤去は可能［132頁図4参照］
ポーチ
洗面室
浴室
玄関
ホール
リビング・ダイニング
キッチン
納戸
納戸
居間
和室
床の間
広縁
水屋
1階の奥に位置するキッチン。日当たりが悪く、かなり薄暗い
大空間を実現するために、間仕切壁・柱をすべて撤去。梁の架け方を工夫することで、構造的な問題に対処している［132頁図4参照］
1F（After）
シューズクローク
洗面室
ポーチ
書斎
プレイルーム
浴室
玄関
ホール1
納戸
食品庫
キッチン
リビング・ダイニング
サービスヤード
直階段および複数の梁を撤去して、折返し階段を新設
キッチンを移動し、リビング・ダイニングと一体化した［72頁参照］
2F（Before）
洗面室
洋室C
洋室B
屋根
廊下
天井裏
洋室A
バルコニー
2F（After）
納戸
子ども室1
子ども室2
吹抜け
子ども室3
屋根
リビング吹抜け
主寝室
トップサイドライトは既存のものを流用し、吹抜けとしたので、1階のリビングまで光が差し込む

※1 リノベーションの工事の現場では、いくら詳細図を作成しても図面通りに納まらないことが多い。あまり詳しく書きすぎると、寸法が一人歩きして施工者に意図が伝わらない可能性がある。そのため筆者の設計事務所で作成する実施図面では、描き込むのは見積りに必要な情報にとどめ、詳細寸法については現場指示図で決定することにしている

※2 施工の際は、解体後に改めて軸組の調査を行い、現状に合わせて補強図面を作成する。そのうえで再度、耐震診断（一般診断法が基本）を行い、検証することが必要

図4　2階床伏図で理解する! 補強計画の推移

Before

架構計画は構造ブロック(4隅の柱とそれらを結ぶ梁で囲まれた構造単位)の考え方を用いて策定する。囲んだエリアは1つの構造ブロック。右上の2階柱直下に1階柱がないため、2階床梁に負担がかかっている

築年数の古い木造住宅では耐力壁内で梁を継いでいるケースがよくある。この場合は梁どうしをまくら梁や短冊金物で補強する必要があるので、天井裏の調査を行ったうえで、現況図に梁の継ぎ手位置を可能な限り正確に記入する

1・2階で柱の位置がそろっている部分。この割合(直下率)が高いほど構造的には安定するので、上下階の柱の位置は正確に記入すること

2階柱直下に1階柱がない部分。これをもとに1階に柱を追加し、直下率を高める計画を行う。2階柱直下に1階柱がある割合(直下率)は、最低でも全柱数の50%以上確保すること

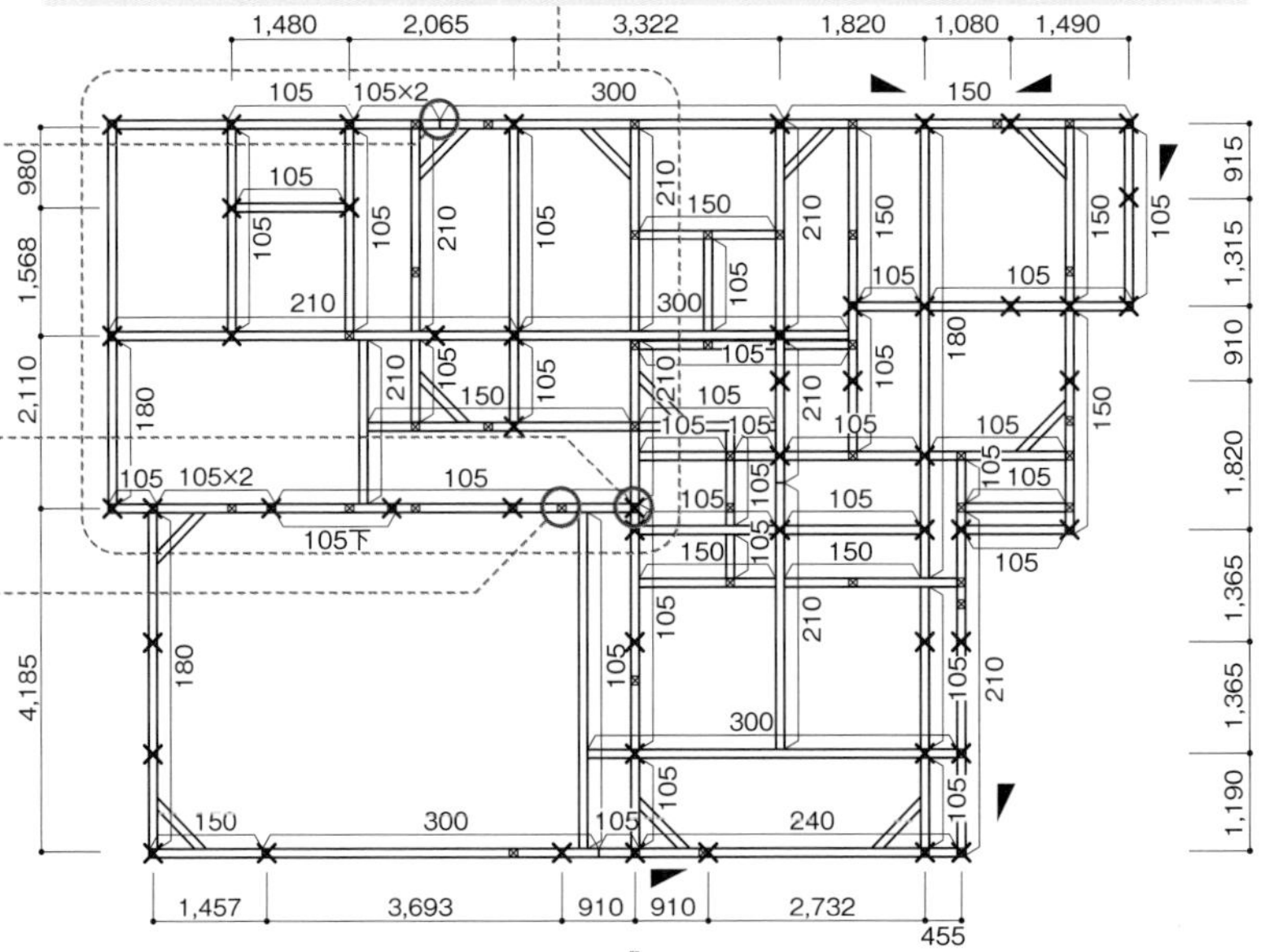

凡例
- 上部柱を示す 105□
- 下部束を示す
- 筋かいを示す 25×100

特記なき土台は105㎜角とする

After

構造ブロックの4隅は、基本的に上下階とも柱を配置すること。現況図を正確に描いておけば、こうした課題がクリアになる

構造ブロックに従って柱や壁を配置すれば、その中のプランニングは比較的自由になる。この事例では折り返し階段の設置に伴って、該当箇所の梁を撤去した

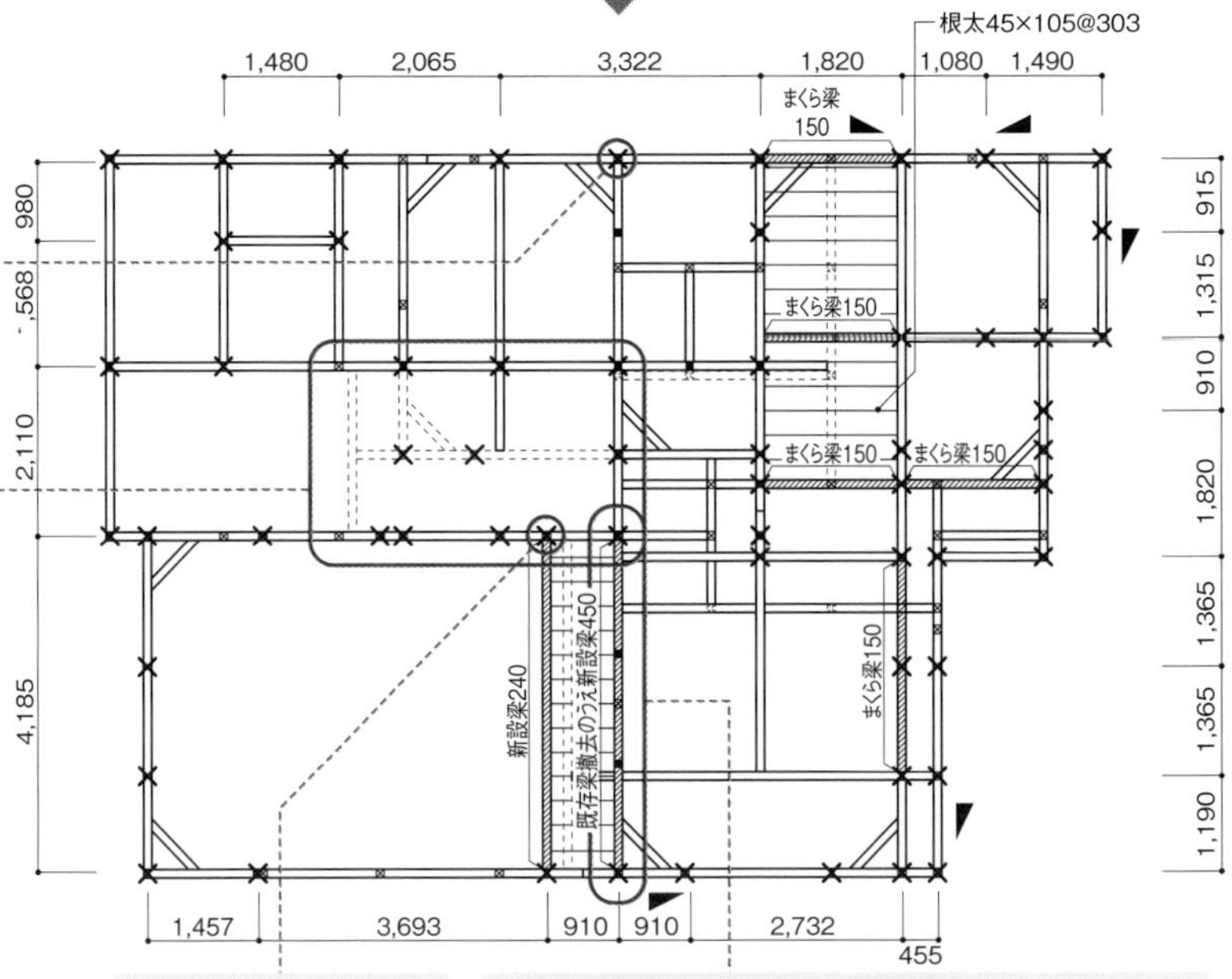

凡例
- 新設梁を示す
- 撤去梁を示す
- 上部新設柱を示す 105□
- 上部撤去柱を示す
- 上部既存柱を示す 105□
- 下部束を示す
- 新設筋かいを示す 45×90
- 既存筋かいを示す 25×100

2階柱の下に1階柱を追加し、直下率を高めた

X4通りは軒桁レベルに位置する[図5]。構造ブロックに加え、屋根からの力の流れを受けるため、梁補強を重点的に行った

2階床伏図[S=1:150]

LDKの実現に伴い架けられた梁

150×450㎜の梁(アカマツJAS集成材)

図5　小屋伏図に見る！ 補強計画の推移

Before

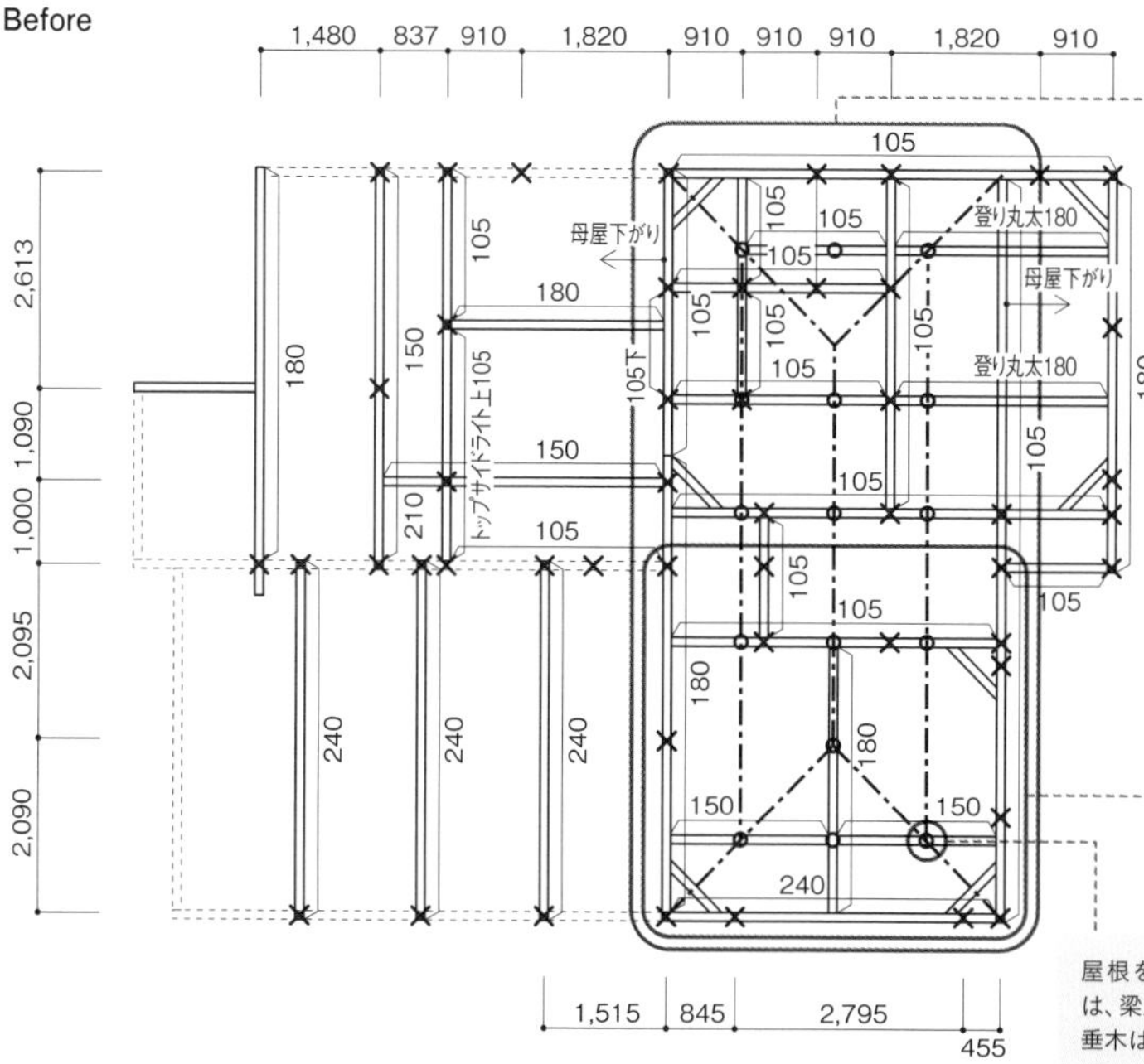

小屋伏図には、屋根の棟ラインを記入するほか、束柱の位置や母屋下がりの部分を明示して、力の流れを把握すること

解体後の小屋組

構造ブロックとなる部分の梁成は150㎜しかなく、かなり脆弱

2階小屋伏図における1つの構造ブロック。梁の位置が構造ブロックの隅にないことが問題である

屋根を構成する部材については、梁上の束柱と母屋のみとし、垂木は省略して差し支えない

凡例
× 上部束を示す
○ 下部束を示す

After

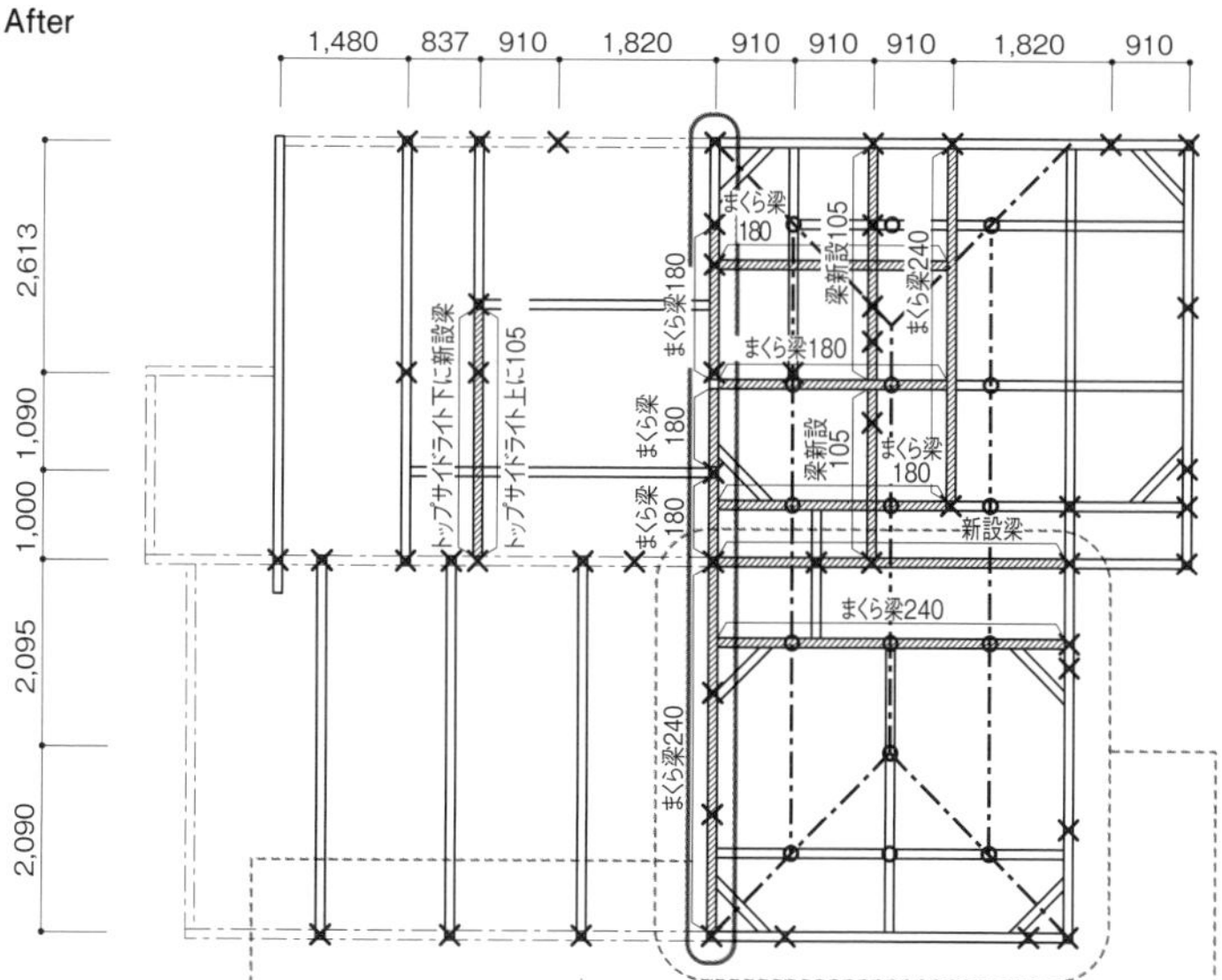

まくら梁による補強

構造ブロックとなる部分には、成240㎜の梁で下から補強した

軒桁レベル（X4通り）は構造ブロックとなるので、まくら梁で補強。2階床梁についても同じ位置で補強しているので、合理的な補強計画となっている

構造ブロックの考えに従って、梁の位置を移動している

凡例
新設梁を示す
撤去梁を示す
× 上部束を示す
○ 下部束を示す

小屋伏図［S＝1：150］

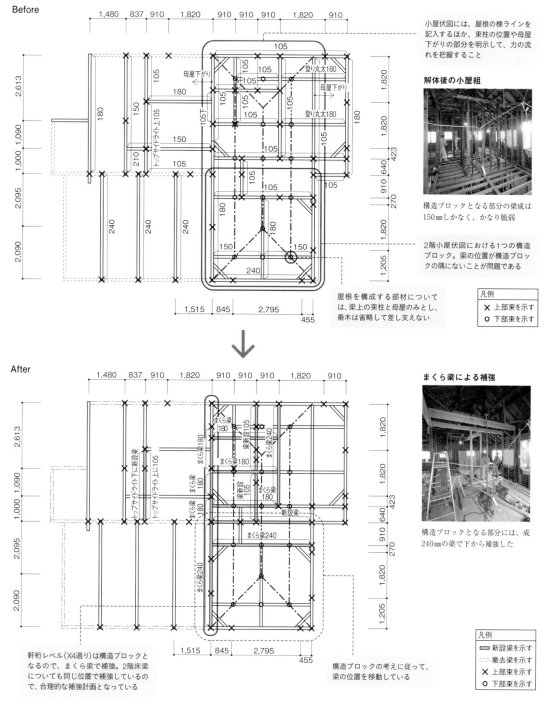

COLUMN

これだけは抑える。現場説明のポイント

図面だけでは伝わらない

リノベーションの設計では、実施図面でいくら詳細に描き込んでいても、図面だけではなかなか伝えきれない内容が多くある。改修方針や見積条件についての現場説明は重要だ。

マンション・リノベーションの際は、設計側で事前に搬出入や養生の条件などを確認して、施工側に伝えておきたい。複数業者での競争見積りの場合、業者側にそれらのヒアリングを任せると、管理事務所が何度も同じことを違う業者に説明することになるので、設計側の業務と考えよう。養生のルール[136頁参照]や建材や廃材の搬出入ルートなども確認しよう。

打ち合わせは具体的に

戸建住宅のリノベーションでよく問題になるのは、工事用の電気や水道料金の負担区分だ。工事の規模や工期にもよるが、仮設申請の手間や工務店の経費を考えると、既存のまま施主支給としたほうが、トータルコストは抑えられる。ほかにも工事車両用の駐車スペースの有無や、家財処分品の有無など、図面では表現しづらい内容については、別途現場説明メモなどを準備したうえで工務店に見積りを依頼したい。

工事に関しては、解体範囲を図面で示すとともに、現場で具体的に打ち合わせすることが必要だ。既存仕上げや下地をどこまで利用し、どの部分を壊すのかについて共通認識をもっておくことが重要である。新設部分との取合いをどのように処理するのかについても注意が必要。詳細図だけでなく、手順を含めて入念に打ち合わせを行う。

表にマンション、戸建住宅それぞれの場合の注意すべきポイントをまとめている。打ち合わせの際にぜひ有効に活用してほしい。[各務謙司・中西ヒロツグ]

表｜実施図面ではなかなか伝えきれない項目

現場周辺状況	マンション	□共用部分の養生範囲と取り外しの条件	工事期間中養生をしたままでよいか、毎日工事後に取り外すのかを確認。管理が厳しいマンションでは、養生の材料や接着テープにまで制限があるところもある
		□搬出入のルートと台車の仕様の可否、事前報告の必要性について	工事業者用の出入口と退出入のルールや、台車使用の制限を確認する。大規模の搬出入を予定している場合は、数日前に管理事務所への事前の報告義務が課せられる場合もある
		□共用廊下の天井高と幅、搬出入に使用できるエレベーターのサイズと使用ルール	長物の造作材や大物の造作家具（家具業者に家具を発注する場合など）がエレベーターで搬入できるのかを確認。できない場合は階段の手運びとなる
		□工事時間帯の確認	9時～17時が一般的だが、現場に入ることができる時間帯なのか、音出し作業の時間帯なのか（9時前に現場入り、17時に片付けを開始し、その後退出でよいか）を確かめる
	戸建住宅	□工事時間帯の確認	マンションとは異なり、工事時間帯の制約は少ない。ただし、地区のルールや近隣要望で工事時間帯が指定されることもあるので注意が必要
		□前面道路の使用	私道の引き込み道路（位置指定道路）の場合は、所有者全員からの使用許可が必要になる
		□駐車場・資材置き場の有無	解体時や大物搬入時は家の前に車が停められるスペースがあることが望ましい。スペースの有無は必ず確認すること
工事現場	マンション・戸建住宅共通	□床下地の解体範囲	下地の解体範囲は必ず確認する（マンションでは置き床から交換するかどうか、戸建住宅では根太までか、大引や束、束石まで含めるかがポイント）
		□サッシ額縁・幅木・廻り縁の再利用範囲	図面で細かく指定することが難しい部材は、無理に図面に表現する必要はない。現場でイラストなどを用いて説明するのがベストな手法
		□家財処分品の有無	「家具や家電は処分には処分費用が掛かる」ということをクライアントに必ず説明する
		□エアコンの撤去・保管・移設	古い型式のエアコンでは、脱着後の再取付けが難しいこともあるので注意が必要
		□インターホンと設備業者	設備の交換は指定の専門業者が実施するように指示を行う
	マンション	□床下地の制限	高い遮音性能が求められる場合は、管理組合の規定により、フローリングや石張りだけでなく、カーペットの下地までも指定されることがある
		□設備配管の取替え範囲	全面的に引き直すか、必要カ所だけの交換かを事前に確認。竪管への連結カ所まで引き直す場合、共用部分にも関わってくるので、管理組合への申請が必要になることもある
		□躯体へのアンカー	コンクリート躯体へのアンカーを禁止しているマンションもあるので要注意
		□バルコニー	資材の仮置き場として使うことが禁止されているマンションもあるので要注意
		□メーターボックス内工事	メーターボックスは共用部分に該当するので、工事の際には管理組合の許可が必要
	戸建住宅	□外壁・屋根	プロセスを確認（葺き替えorカバー工法、野地板の張替えor重ね張り、垂木の利用）
		□ 設備配管の取替え範囲	建物内部のみで交換を行うか、敷地内すべてで交換を行うかを確認（取替えor塗装orカバー工法）
		□雨樋、破風板の改修範囲	改修方法の確認（取替えor塗装orカバー工法）
		□仮設トイレの要否	既存トイレを使用する場合はクライアントの了解が必要
		□外構改修範囲	敷地境線となる塀やアプローチ、駐車場などが改修範囲に含まれるかを確認する

Part 14

現場監理のキモ!

「つつじヶ丘W邸」のLDKを手描きでパース化したもの。空間構成や家具の配置、床・壁・天井の取合いが指示されているので、現場での指示に役立つ。もちろん、クライアントへのプレゼンにも効果的[39・141・153頁参照]

LDK Image Sketch
Nakanishi

リノベーションを経験したことがない設計者はさすがに少なくなってきたと思われるが、新築をメインとする設計者にとって、現場監理の不安は大きく、それが足かせとなって積極的な営業をしにくいという現実もあるという。新築に比べて工期が短く、さまざまな工種が同時に進行し、想定外の事態に出くわすことも多いリノベーションの現場では、視野を広くし、迅速かつ柔軟に物事を決定する必要がある。

マンション・戸建住宅問わず、躯体はほぼ間違いなく歪んでいる。歪みの程度は解体してみないと正確に把握できない。したがって、歪みを前提とした設計とし、さらに工事中に歪みを吸収する納まりを考え、それを施工者に伝えるという作業が多く発生する。

新築と比較した場合、工事費が比較的少額なリノベーションでは、規模の小さな工務店が工事を請け負うケースが少なくない。この場合、作業を現場任せにしすぎると、設計者の意図しない空間となりかねない。実施図面で事細かく指示する以外にも、現場で手描きのイラストなどを駆使して、分かりやすく説明する資質も求められる。

ここでは、現場監理の手法を解説する。クライアントや近隣住人などとの関係づくりについても説明したい。

マンションでは共用部分に注意

マンション・リノベーションでは、集合住宅ならではの現場監理のノウハウが求められる。道路から直接個人の敷地にアクセスできる戸建住宅とは異なり、共用部分という問題が常につきまとう。工事を行う場合は共用部分であるエントランス（作業用裏玄関を使用する場合もある）や廊下、エレベーターを使うほか、隣や上下階の住戸と躯体を共有し、そこに住む人がいながら工事をする、という特殊な事情がある。

したがって、工事前の近隣挨拶の重要度は非常に高い。マンションでは、設計者はもちろん、クライアントも挨拶廻りに同行することで、工事中のクレームを最小限に留めるという意識をもつべきだと、筆者は考えている。

写真1　共用部分の養生

① 共用廊下

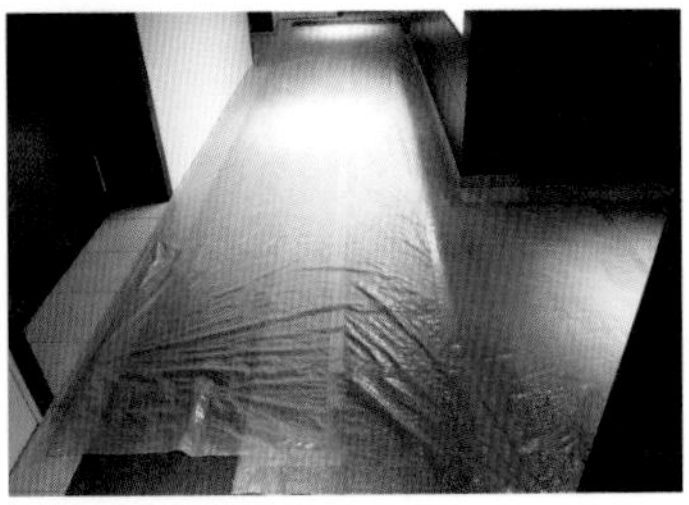

② 共用エレベーター

①共用廊下は通路部分を養生。他住戸の外開き扉で養生が剥がれないように注意したい
②共用エレベーターは床・壁・手摺などを養生する。壁は天井との取合い部分までを対象とする

特に注意すべきは工事で発生する音の問題。近隣の住人に対して、クライアントが挨拶に登場し、迷惑な工事をする〝業者〟が挨拶に来たのではなく、あくまでもそのクライアントが選んだ、工事を適正なルールに則って行う最適な〝設計事務所と施工会社〟を紹介するというスタンスで紹介してもらいたい。「お互いさま」という感覚で工事について納得してもらうのがベストだ。

大きな音が発生する解体時（石張りの床撤去や軽量コンクリートの床をはつる場合など）や、躯体へのアンカー打ちなどは、隣人からすれば真横で道路工事をしているようなもの。〝業者〟の挨拶を受けただけで受忍できるものではないと考えるべきだ［※1］。

クライアントに対しては、挨拶への同行を求めるだけでは不十分。まずは、工事中に発生しうるさまざまな問題を事前に説明する。そのうえで、その場所に住み続ければ遭遇するであろう、近隣のリノベーション工事を想像してもらいながら挨拶してもらいたい。

近くに住みながら普段接する機会が少ない近隣の住人の人柄を把握してもらうことも重要［※2］。工事音に対するクレームなどの問題が発生した場合には、施工者と設計者だけでは容易に解決できないケースが多い。マンションの管理人への挨拶も、設計者・施工者とともに同行するように依頼しておきたい。

共用部分の養生もおろそかにできない［写真1］。施工者任せにしがちな事項であるが、設計者が十分に関与しておきたいところだ［※3］。特に「エレベーターや廊下の養生を、毎日取り外すべきなのか、週末だけ取り外せばよいのか、工事期間中は養生したままでよいのか」の規則は重要なチェックポイント。作業の負担に伴って、工務店の手間が大きく異なる。筆者が設計を手がけたある高級マンションでは、養生状態の1つひとつを事前に管理人がチェックしていた。養生が完璧に行われるまでは、資材の搬入を許可しないような厳しい現場もあるのだ。［※4］。

築年数が古く、リノベーションの経験が十分にあるマンションでは、特有の養生ルールがあるケースも多い。管理組合に工事の申請を提出する際に、併せてそのルールを確認すると、施工者の不用意な間違いを引き起こすリスクを低減できる。養生などに対する小さな不満が、工事自体へのクレームへとあっという間に展開するのがマンション・リノベーションの怖いところだ。

最後に、マンションの管理規約に関して、解釈によってスケジュールが大きく左右されるポイントがあるので説明したい。工事の時間帯についてである。朝9時開始で夕方6時終了というのが一般的なルールとしてあるが、その時間が「職人が現場を出入りできる時間帯なのか」「音の出る工事ができる時間帯なのか」で、実際には朝夕で1時間近くの作業時間の差が生じる。設計時には2カ月の工事期間を想定していたものが、2カ月半になってしまう可能性もあるので、こうした細かい部分を徹底的に確認したうえで、工事に臨むべきである。

歪みを前提とした墨出し

マンション・リノベーションの工事で最も不安なのが、解体作業であろう［※5］。現場の状況に応じて、計画を

※1　騒音の問題から、管理規約でRC躯体へのアンカー打ちを禁止しているマンションもある。この場合は、木レンガなどを躯体に接着させて下地として利用する
※2　長く住んでいるマンションでも、上下階の住人を理解していないことは多い
※3　筆者の経験から、管理人の多くは、養生の仕方と業者の出入りの挨拶（朝夕）で施工者の力量を図る傾向がある
※4　壁に養生材を固定するテープの種類（粘着度の強さ）や、毎週、床養生材を交換することまでチェックされた経験もある

図1　空間の歪みは墨出しで解消する!

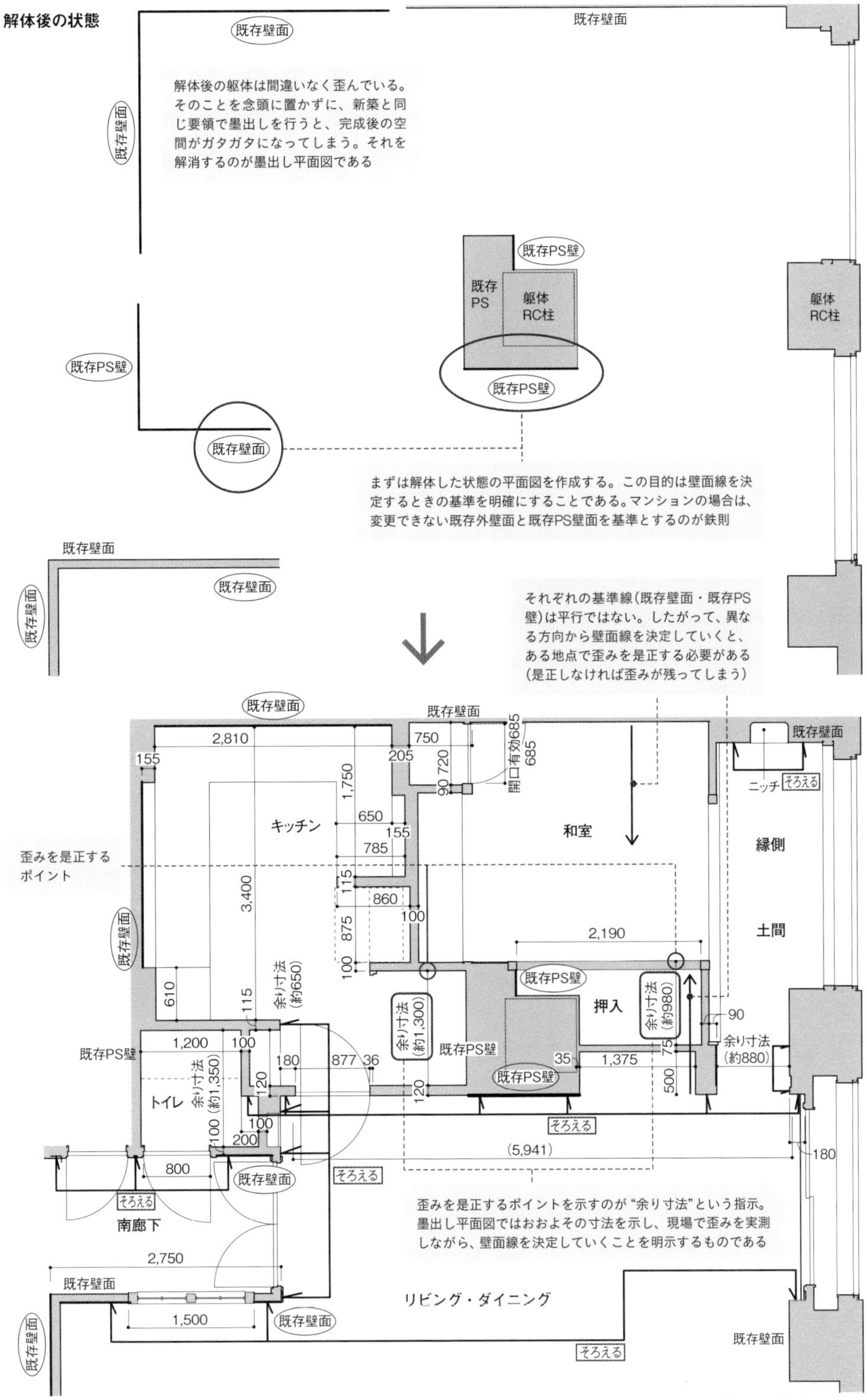
解体後の状態
既存壁面
解体後の躯体は間違いなく歪んでいる。そのことを念頭に置かずに、新築と同じ要領で墨出しを行うと、完成後の空間がガタガタになってしまう。それを解消するのが墨出し平面図である
既存PS
躯体 RC柱
既存PS壁
まずは解体した状態の平面図を作成する。この目的は壁面線を決定するときの基準を明確にすることである。マンションの場合は、変更できない既存外壁面と既存PS壁面を基準とするのが鉄則
それぞれの基準線(既存壁面・既存PS壁)は平行ではない。したがって、異なる方向から壁面線を決定していくと、ある地点で歪みを是正する必要がある(是正しなければ歪みが残ってしまう)
歪みを是正するポイント
キッチン
和室
縁側
土間
押入
トイレ
南廊下
リビング・ダイニング
ニッチ
そろえる
余り寸法(約650)
余り寸法(約1,300)
余り寸法(約980)
余り寸法(約880)
余り寸法(約1,350)
開口有効685
歪みを是正するポイントを示すのが“余り寸法”という指示。墨出し平面図ではおおよその寸法を示し、現場で歪みを実測しながら、壁面線を決定していくことを明示するものである

墨出し平面図［S＝1：80］

※5　工事騒音へのクレームで工事が止まってしまうことが一番の心配だが、解体できると考えていた間仕切壁が躯体であったり、思わぬところに上下階を貫通する共用設備配管が露出してきたり、予想以上に躯体が歪んでいたりと、想定外の事態に出くわすことは少なくない

写真2　墨出しで描くべき内容と使用する道具

墨出しに使う12の道具

①**レーザー墨出器（基準器）**：水平線と垂直線がレーザーで照射できる機器。暗い場所でないとレーザーの線が見づらいが、リノベーションには最適　②**レーザー受光器**：レーザー光が見づらい場所でも、この受光器を当てると、墨出器が音を出してレーザー光の位置を知らせてくれる。1人での墨出し作業において便利な機械　③**レベル・水平器**　④**水糸**：レーザーで出した基準線などにこの黄糸を張って印をつけておく。軽くて弛みにくく、引っ張れることが重要　⑤**墨つぼ**　⑥**さしがね**：メトリック（m・cm単位）にも尺貫法にも対応し、屋根の勾配なども計算できる　⑦**墨**　⑧**巻尺・メジャー**　⑨**ハケ**…墨を打つ個所の床を払ったりする、意外と重要な道具。特にリノベーションでは、解体後に墨出しをするケースがほとんどなので必須品　⑩**シャープペン**　⑪**油性マーカー**　⑫現在ではレーザー測量器も必須

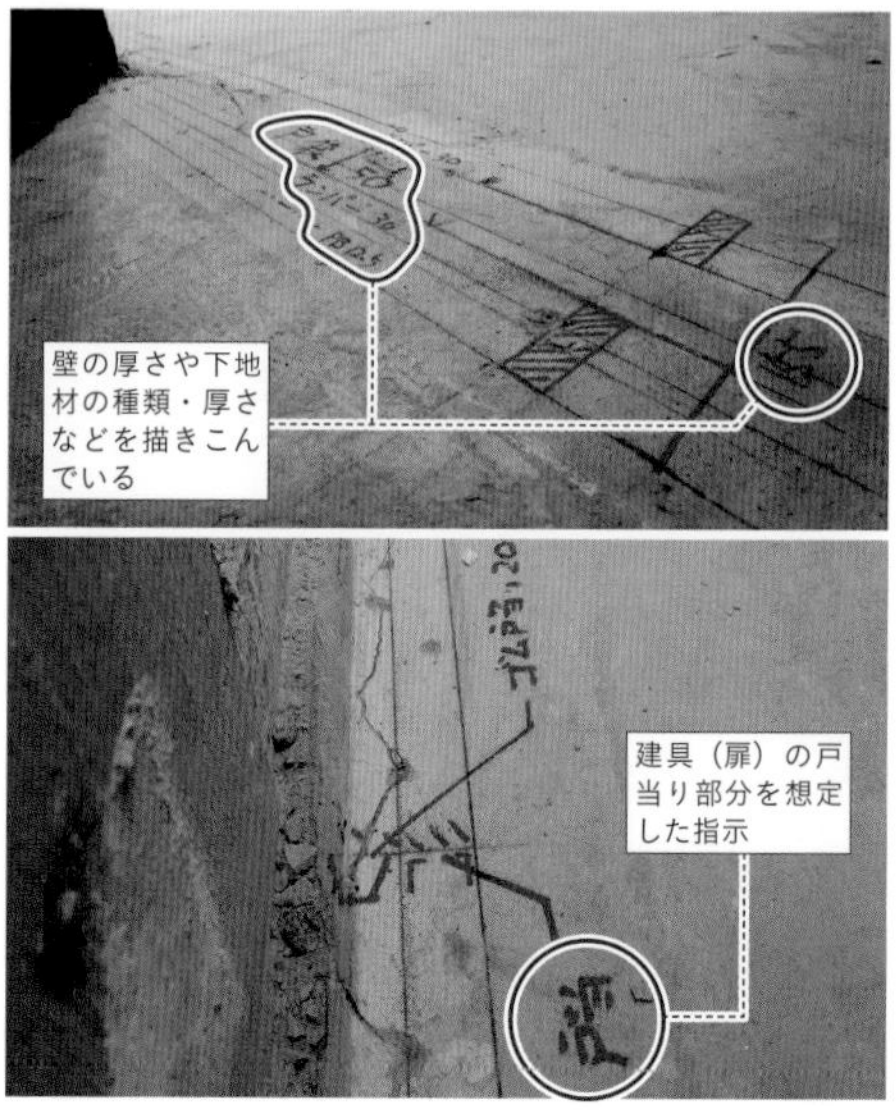
壁の厚さや下地材の種類・厚さなどを描きこんでいる
建具（扉）の戸当り部分を想定した指示

墨出しの作業ではその後の作業の効率化を念頭において作業を進めること。壁心や仕上面だけでなく、仕上材の厚みや枠寸法、建具の有効寸法まで、床に墨で描き込む

軌道修正せざるを得ない場合もある。解体が無事終わるとホッとしてしまうところだが、次の作業の墨出しも、気を抜くことはできない。解体後に判明したことや、変更を余儀なくされた場合の対応も、墨出しの時点で修正できないと、全体の空間構成や工事スケジュール・予算に大きな影響を与えてしまう。

実際には、墨出し作業を施工者任せにしている設計者が多いようだが、歪みが大きい現場での墨出しは、設計者が墨出しの方針をはっきりと打ち出し、主導権を握りながら作業を進めるべきである。小さな歪みや寸法の違いが積み重なって、大きな歪みとなり、完成時の空間がガタガタになる、予定していた持ち込み家具が納まらないなどの問題の発生を避けるためである。

一例として、解体では大きな誤算はなかったものの、壁どうしが並行でない場合や、矩（カネ・直角のこと）が出ていなかった場合に、墨出しで対応する方法を説明する。筆者の設計事務所では、色分けした墨出し用の平面図を用意している［**137頁図1**］。基準とすべきいくつかの既存壁を設定し、そこからの必要寸法を追い出すプロセスを具体化した図面だ。向かい合っている2枚の既存壁が並行でない場合は、両側からそれぞれに寸法を決定していくと、ある位置で歪みを吸収する個所が必要になってくる。したがって、歪みを吸収する個所を図面上で明示しなければならない。

それが〝余り寸法〟と記載された部分である。ここまで用意しておけば、普通に記載された寸法を優先して墨出しを行い、無理が生じた場合に、余り寸法をバッファとして、現場で臨機応変に対応することができる［**※6**］。ただし、当初想定していた寸法と実測値がどれだけズレているかは要確認だ。

また、一度間違った墨を打った後で設計者が訂正すると、床墨が幾重にも重なり、それが間違いを起こす原因となる。墨出しの前に丁寧に説明したい。

一方、施工者に依頼すべき内容は、より詳しい墨と寸法の記載だ［**写真2**］。床墨として、壁心・仕上面を描いてもらうケースが多いようだが、これは効率的ではない。寸法を一度事務所に持ち帰って、図面を修正してから、再度現場に臨むことになり、時間のロスが生じてしまう。現場側には面倒な作業になるが、仕上材の厚さや枠寸法、建具の有効寸法まで、床に墨で描き込んでもらい、どこで微調整していけばよいのかが、現場ですばやく判断できるようにしている。

［各務謙司］

※6　四方の壁すべてが歪んでいることを前提とする場合にも、この方法は使える

表｜築年数で推察する！木造戸建住宅の構造・断熱

竣工年	構造			断熱
	基礎	耐力壁	接合部	
1981年以前	無筋コンクリートの布基礎が主流［**140頁図2A①参照**］	木摺下地壁（筋かいは入っているものの、耐震性能は低い）［**140頁図2A②参照**］	釘やかすがいで接合されている程度	無断熱または壁に厚さ50㎜のグラスウール（10K）が入れられている［**140頁図2A④参照**］
1981年～（新耐震基準施行、省エネ基準）	鉄筋コンクリートの布基礎が義務化	必要壁量が増加し、厚さ30㎜の筋かいを使うようになる	かど金物や羽子板ボルトなどで接合されるようになる	壁だけでなく、天井にも厚さ50㎜のグラスウール（10K）が施工されるようになる
1992年～（新省エネ基準）	鉄筋コンクリートの布基礎が主流	筋かいプレートが使われ始めるようになる	ホールダウン金物が使われ始める（通し柱のみ）ようになる	壁、天井に厚さ100㎜のグラスウール（10K）、床には厚さ50㎜の押出法ポリスチレンフォーム（1種）が施工されるようになる
2000年以降（建築基準法改正、次世代省エネ基準）	基礎寸法や配筋を規定。鉄筋コンクリートのベタ基礎が主流となる	耐力壁をバランスよく配置することが義務化（平12建告1352号）され、構造用合板による耐力壁が増加	構造材の継手・仕口の仕様が特定（平12建告1460号）され、接合部が金物で強固に緊結されるようになる［**140頁図2A③参照**］	壁に厚さ100㎜のグラスウール（16K）や床に厚さ45㎜の押出法ポリスチレンフォーム（3種）が使用されるようになった。最近では、高性能グラスウールに内部結露を防ぐための防湿シートを組み合わせる仕様や外張り断熱の採用も増えている

現場監理の難しさとは？

木造戸建住宅のリノベーションにおける現場監理の難しさは、大きく以下の2点に集約されるであろう。①実際に解体してみないと構造や設備配管の状況が判明しないこと、②工事期間が短く、①で生じた事態に対しても素早く対応しなければならないこと、である。いずれについても、慣れるまでは失敗がつきものだが、②を少しでも確保しておきながら、対応力を磨きたい。具体的にいうと、どのようなスキルだろうか？ ①については、解体前に建物の状況を推察する能力、②については、現場で分かりやすく的確な指示を出す能力である。

以上はマンションと同様ともいえるが、躯体にも手を加える戸建住宅では、解体後に構造の状態を正確に判断して、耐震性能を向上させるという難しさなどが加わる。

推察能力に磨きをかけよ！

推察能力とは「築年数や内外装の状況、間取りなどから、架構を想像しつつ、改修を行うべき部分を見極める力」といい換えられる。築年数からは、建物の見えない部分がどのようになっているかをある程度推測することができる。特に注意すべきは構造と断熱である［**表・140頁図2A**］。一例として、通常築40年よりも古い木造住宅では基礎に鉄筋が入っていないことが多いが、1981年（新耐震基準）以降に建てられた木造住宅では、鉄筋の入った連続した基礎になっていると考えられる。

内外装の状況からは、仕上げのクラックや雨じみなどから、建物の劣化度合いをある程度把握できる。内装のクロスがはがれ、シミがある場合は、雨水の浸入が疑われる。構造躯体の腐食も考えられるので、注意が必要だ。

間取りからは、架構的な問題点を把握することができる［**140頁図2B**］。築年数の古い木造住宅では、1階と2階の柱・壁の位置がずれている場合が多く、耐震性能が十分でないケースも少なくない。現地では間取りから、柱・壁の位置を調査して、直下率（2階の壁・柱と1階の壁・柱の位置が一致する割合を示すもの）の確認を行うことが重要だ。

一方、梁については状況が異なる。梁伏せを外側から特定することは難しい。しかし、1・2階の柱の位置関係から、梁の位置を類推することはできる（推定どおりになっていないケースもあるため、解体後に必ず再調査を行い、補強計画に反映する必要がある）。

図2　推察力の向上はリスクの低減につながる!

A　築年数から推定できる木造戸建住宅の特徴

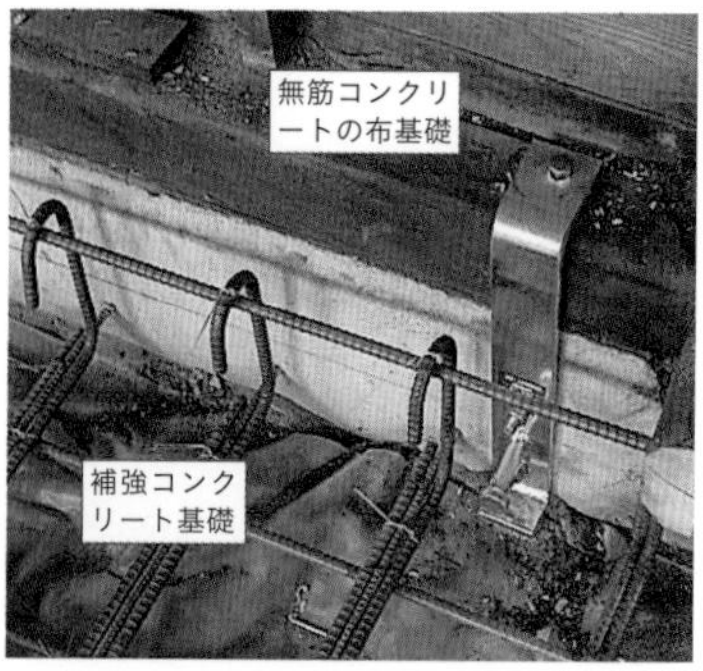

無筋コンクリートの布基礎
補強コンクリート基礎

①基礎(1981年以前)

無筋コンクリートの布基礎。1981年以前の建物に多い。写真は補強コンクリート基礎と土台を一体化して補強した様子

②耐力壁(1981年以前)

木摺下地壁。薄い筋かいが設置され、外壁はモルタルで仕上げられている。耐力がないわけではないが、耐震性能は低い

③接合部(2000年以前)

2000年の法改正以前は柱脚金物の取り付けは義務づけられていなかった。写真は新設した筋かいを金物で緊結した様子

④断熱(1981年以前)

壁にまったく断熱材が充填されていない木造住宅。1981年以前の木造住宅に多く見受けられる

B　間取りから推定する構造躯体の位置

上下柱の位置関係から2階床梁の位置を推定した例

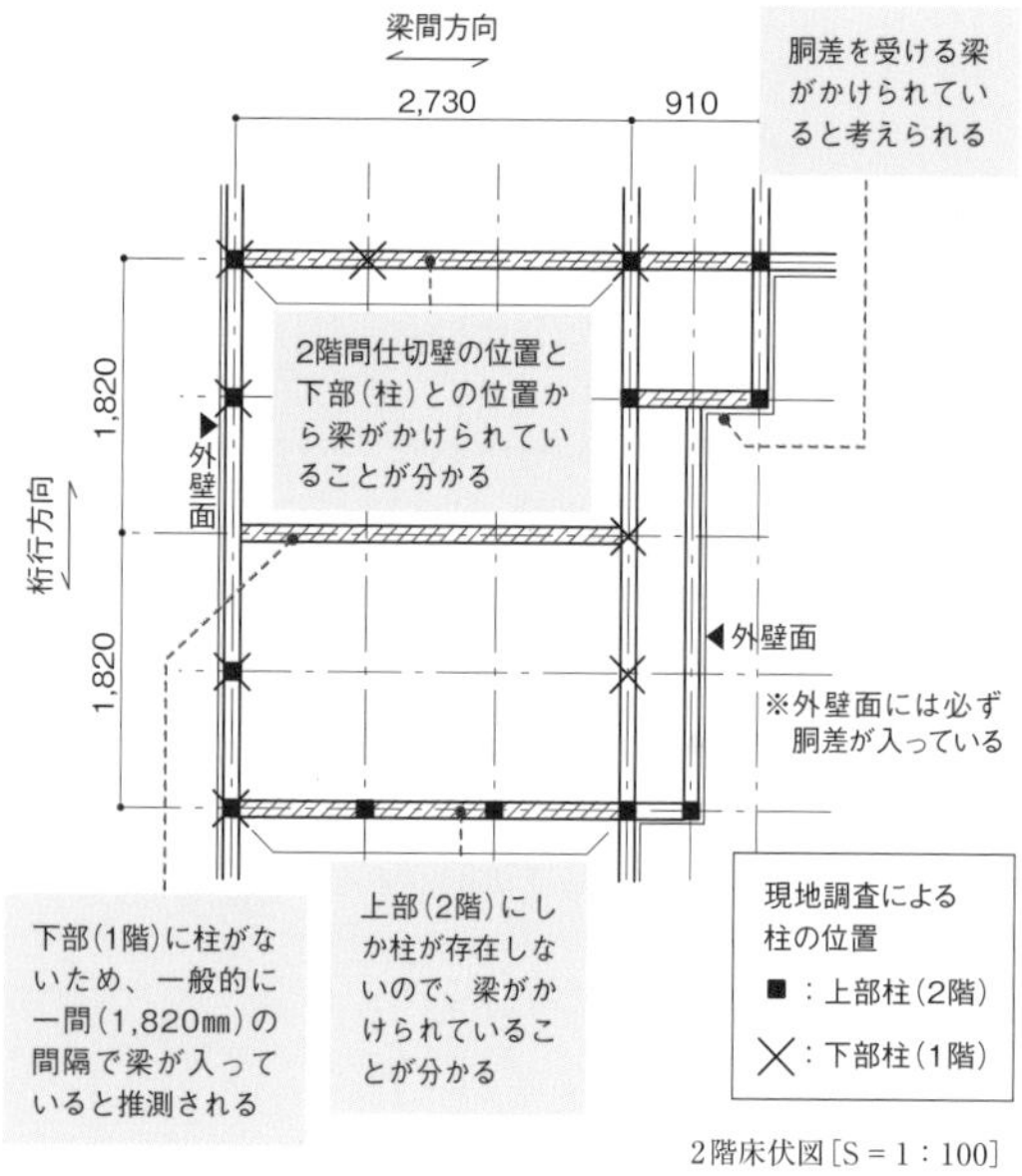

梁間方向
2,730
910
胴差を受ける梁がかけられていると考えられる
2階間仕切壁の位置と下部(柱)との位置から梁がかけられていることが分かる
外壁面
桁行方向
1,820
1,820
外壁面
※外壁面には必ず胴差が入っている
下部(1階)に柱がないため、一般的に一間(1,820㎜)の間隔で梁が入っていると推測される
上部(2階)にしか柱が存在しないので、梁がかけられていることが分かる
現地調査による柱の位置
■：上部柱(2階)
╳：下部柱(1階)

2階床伏図[S＝1：100]

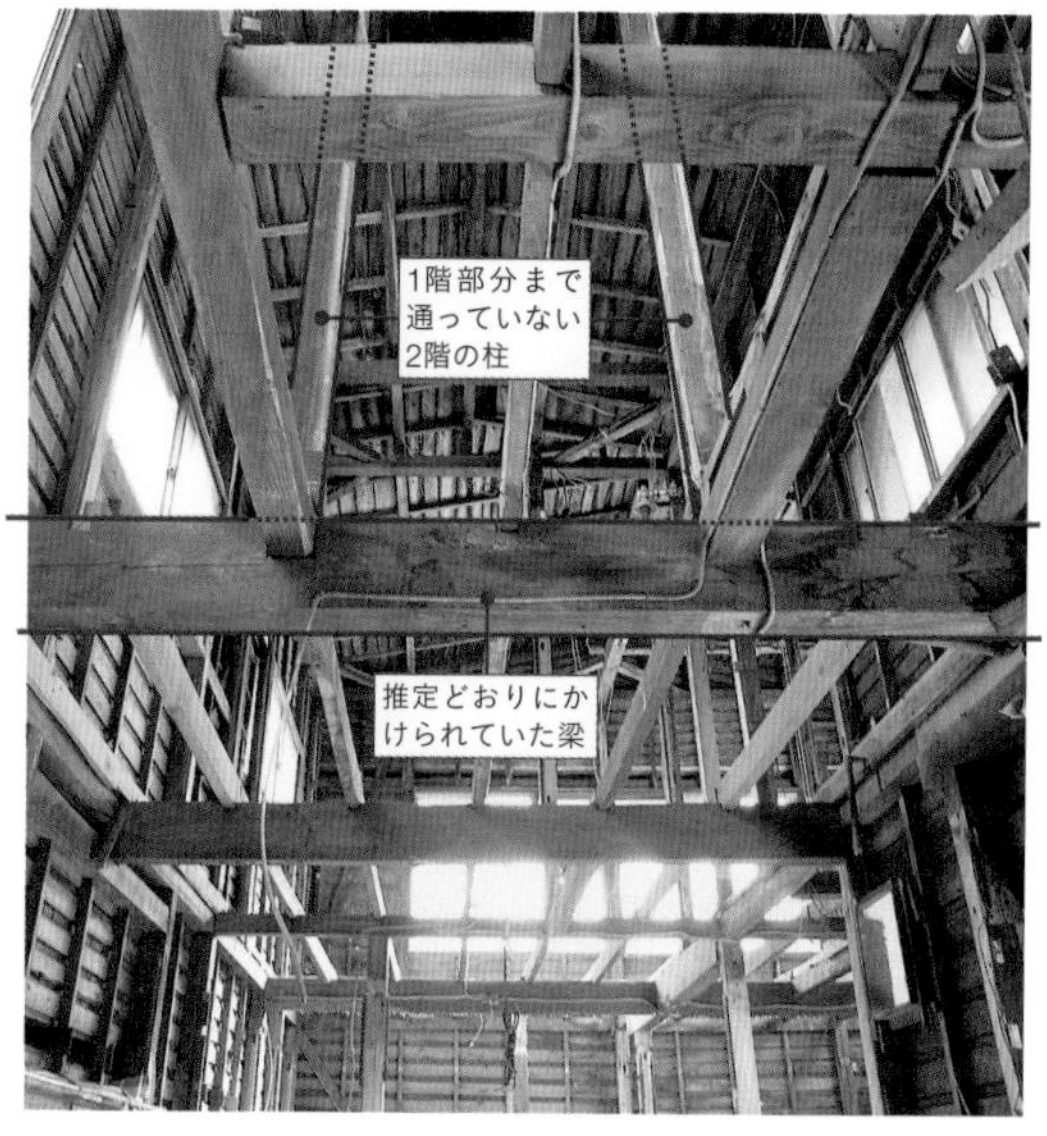

1階部分まで通っていない2階の柱
推定どおりにかけられていた梁

左図の推定を元に改修対象を内装スケルトン状態にした様子。推定どおり、2階にしか柱がない部分には、梁がかけられていた

手で描くことの重要性

施工者に対して、現場で分かりやすく説明する能力も求められる。新築との大きな違いは、リノベーションの場合、実施図面で表現しきれないことが多いという点だ。

床の不陸や柱心のずれなどを図面で表現して現場に伝えるのは非常に難しい。リノベーションでは、あくまで既存の状況を基準に納まりを考えざるを得ないため、解体後に枠廻りの細かな寸法を調整することが多い。したがって筆者は、実施設計の段階では、施工者見積りに必要な実施図面以外はあえてCADでは描かず、現場監理の時に手描きの詳細図やスケッチパースを用意して、現場で指示を出すように心がけている[図3]。

こうしたツールを使うのには、もう1つ理由がある。筆者の経験では、CADで詳細に描きこまれた図面よりも、手描きで必要な部分だけを表現した図面のほうが、設計者の意図を伝えるのにはより効果的と思えるためだ。施工者に親しみやすく、言葉で説明しなくてもすぐに理解してもらうことが可能だ。

枠廻りの細かな寸法を具体的に指示する場合は、手描きの詳細図を用いている。このとき、現場で納まりの変更が生じた場合は、新たに図面を描き直すのではなく、元の図面に赤で修正したものを渡すほうが、どこで調整するかが直感的に理解されるので効率的である。

一方、壁と床、天井の取合い、造作家具の納まりについては、詳細図よりもイラストやパースを用いて指示するのが効果的である。こうしたツールを使えば、デザインの意図を理解されやすいだけでなく、設計者の考えるディテールをもとに、より合理的なアイデアを施工者から得られることもある。お勧めの手法だ。

[中西ヒロツグ]

図3 現場への指示図は手で描く

① 開口部の枠廻り詳細図

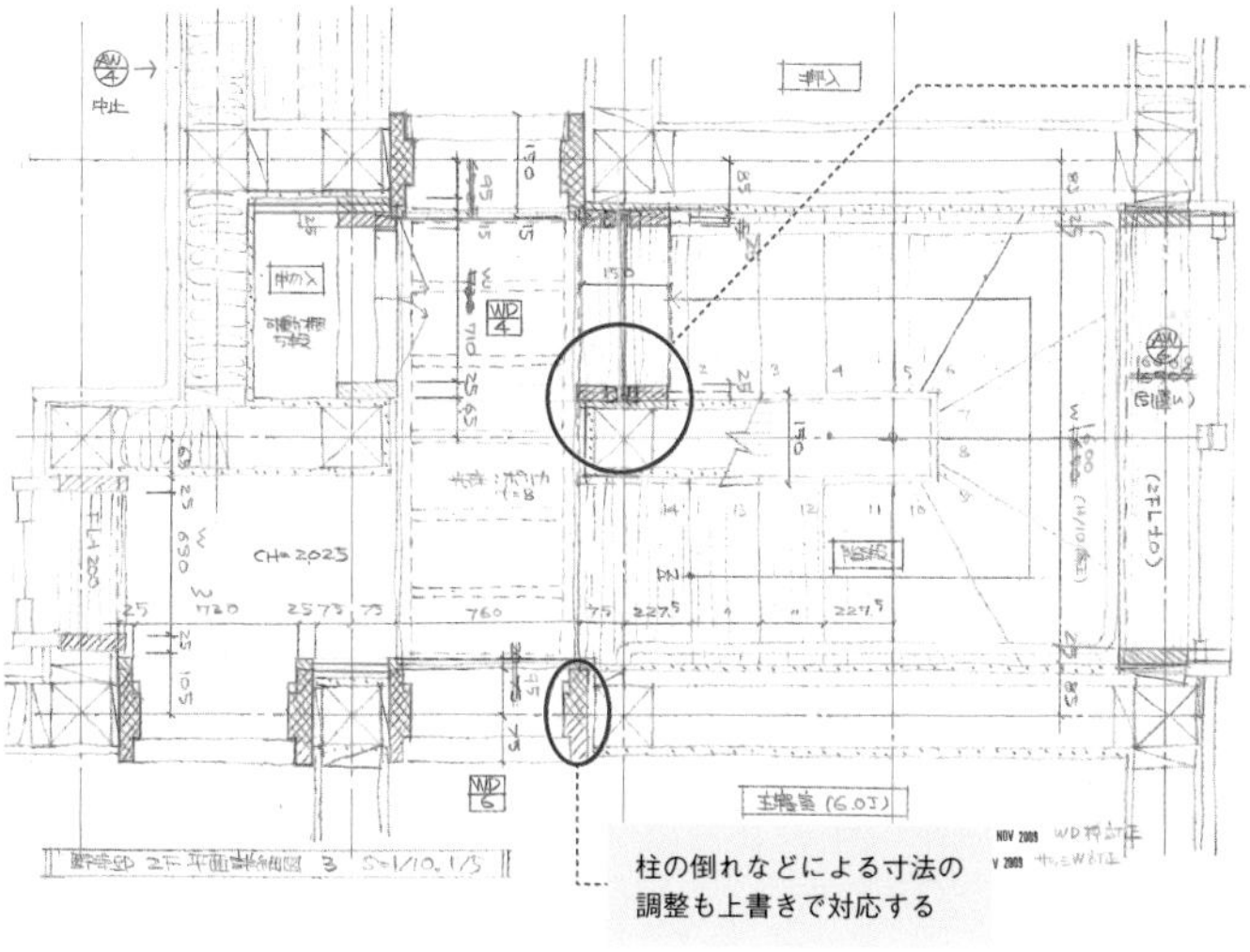
現場の状況に合わせてプランを変更する場合は、新たに描き直すのではなく、赤ペンで修正して上描きすると、時間短縮だけでなく、修正個所がわかりやすい
柱の倒れなどによる寸法の調整も上書きで対応する
CH=2025

開口部の枠廻り詳細図。CADのデジタルデータよりも、現場の職人に意図を伝えやすい。現場で解体した後に、躯体の歪みに合わせて調整する場合は上描きすればよい

② 階段廻りのスケッチパース

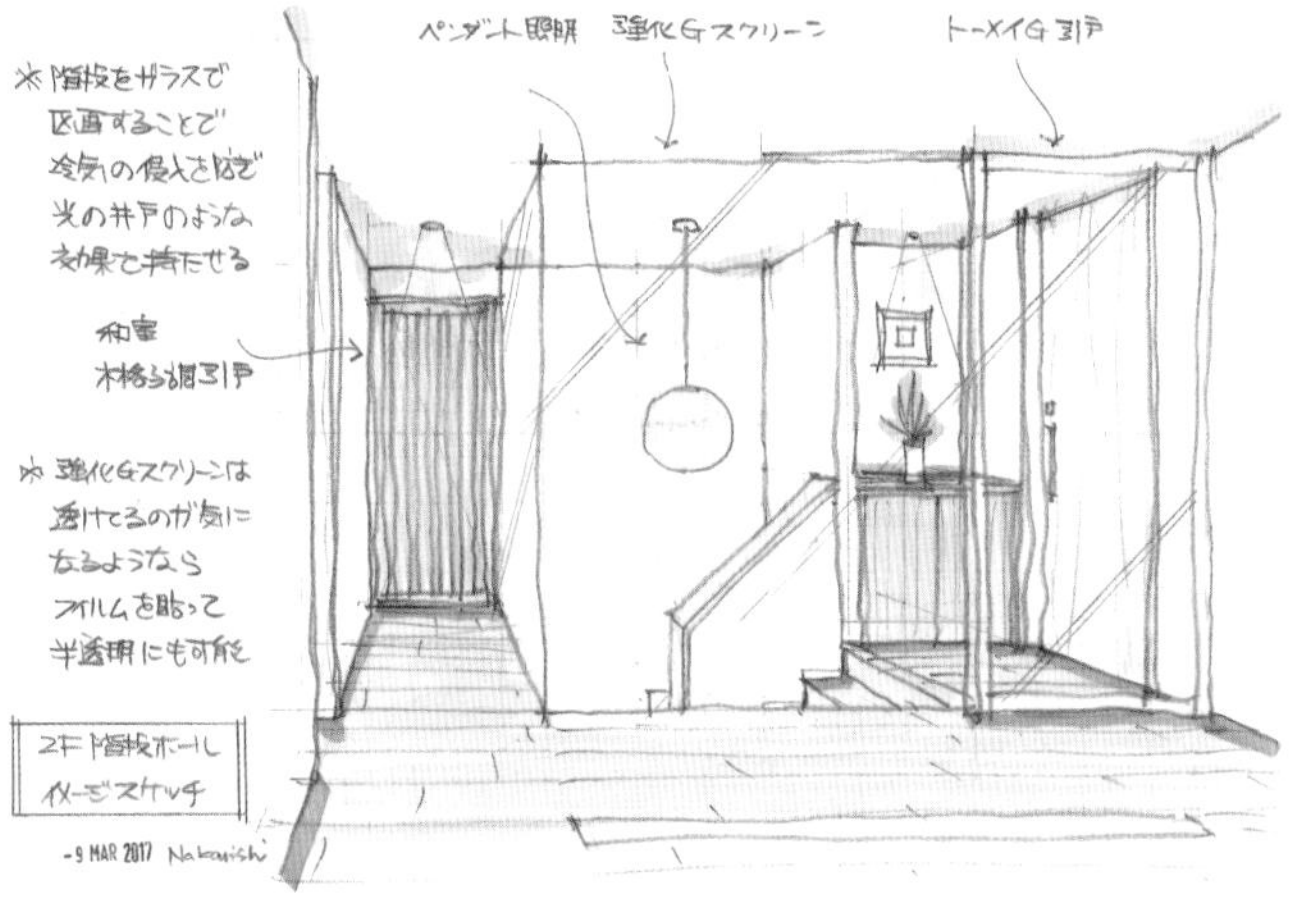
ペンダント照明
強化Gスクリーン
トーメイG引戸
※階段をガラスで区画することで冷気の侵入を防ぎ光の井戸のような効果を持たせる
和室 木格子調引戸
※強化Gスクリーンは透けてるのが気になるようならフィルムを貼って半透明にも可能
2F階段ホール イメージスケッチ
9 MAR 2017 Nakanishi

折返し階段の廻りをガラスで間仕切りした「つつじヶ丘W邸」のイメージパース[42・43頁参照]。色付けすると、視覚的効果が高まり、現場にも張ってもらいやすく、間違いが少なくなる

COLUMN

工事に関するクライアントへの配慮

仮住まいは期間に要注意!

本文では、リノベーション工事の現場監理についてのノウハウを解説した。これは、主に施工者とのコミュニケーションの手法である。一方、クライアントに対しても、工事に関わることについて、設計の段階で丁寧に説明することを忘れてはならない。

リノベーションというと軽く見られがちだが、大規模な改修工事を行う場合は、スケルトンリノベーションに限らず、原則としてクライアントには仮住まいを勧めたい。住みながらの工事となると、仮設養生や工事時間などさまざまな制約が生じ、工事費の増大や工期の延長を招いて、結果的にクライアントの負担が増えてしまうことがあるためだ。設計段階からクライアントの理解を得るための説明が重要となる。

建物全体の構造補強を行う場合、少なくとも内装の大部分を解体する必要があるため、現実的に住みながらの工事は難しい。また、床や壁を残すリノベーションの場合でも、工事中はさまざまな職人が出入りする。養生や清掃など物理的な負担に加え、防犯やプライバシーなど、精神的な負担も少なくない。住みながらのリノベーションをするのは、改修範囲が建物の一部に限られる場合のみとすべきだろう。スケルトンリノベーションを前提とするのであれば、仮住まい先を検討したうえで、設計打ち合わせを進めることが大切である。

このとき注意すべきが仮住まいの契約期間。これは、工事契約前に必ず確認しておきたい。リノベーションの場合は、現場で予期せぬトラブルが発生し、工期内に完成できない可能性も考えられる。そのため、ある程度の余裕を持って契約期間を設定してもらうようにするのが賢明である。

トリセツの効果とは

リノベーションの工事が終われば、竣工・引渡しである。新築と同様に検査・点検を行ったうえでの引渡しとなるが、通常引渡し書類に添付される取扱い説明書は、ほとんどが設備機器に関するもので、建物に関する説明書は存在しないといってもよい。

今でこそ新築住宅では維持管理計画などが作成されるようになったが、ほとんどの場合は形式的なもので、住まい方や使用素材について、クライアントにとって理解しづらいのが実状だ。そのため、住み始めてしばらくすると、不適切な使い方や誤った手入れ方法で不具合が生じることも少なくない。

そこで筆者は、こうした建物維持管理方法についてまとめた取扱い説明書、通称〝トリセツ〟を整理して、引渡し時に手渡すことにしている。使用した素材の特徴とメンテナンス方法など、カタログの一部をコピーしている程度に過ぎないが、とても分かりやすいと重宝されている［写真］。建物を大切に使ってもらうためのノウハウであると同時に、設計コンセプトへの理解を深め、建物に対する愛着も一層湧くという副次的な効果ももたらしているようだ。

なにより、トリセツの最大の効果は、引渡し後のクレーム対策にある。ちょっとした不具合のたびに呼び出されるのを防ぐためにも、住まい方や日常の手入れ方法を周知徹底しておくことは、設計者や施工者の省力化につながるといえる。新素材や設備機器が増加するなか、住まい手への説明はさらに重要性を増すだろう。 ［中西ヒロツグ］

写真｜“トリセツ”に掲載する内容

① 維持管理ガイドライン早見表

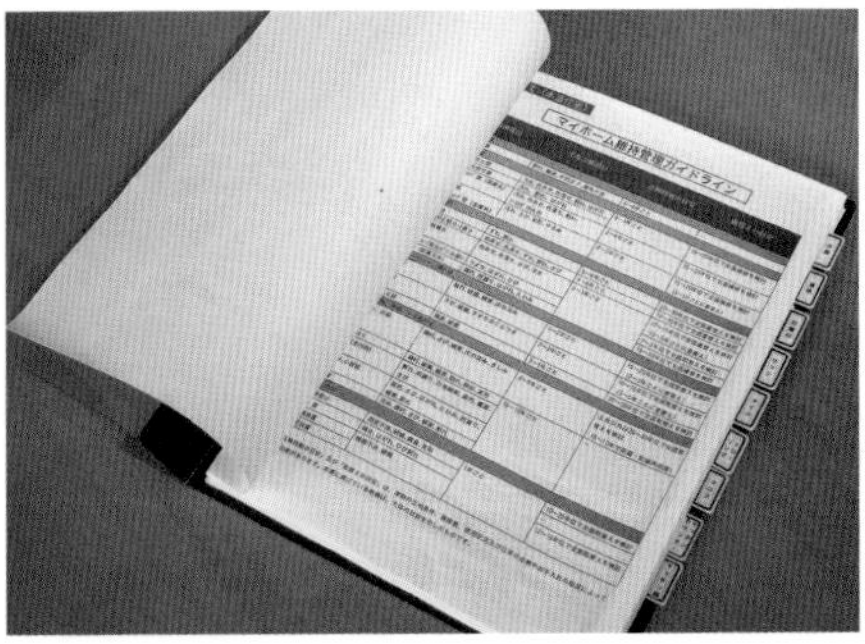

建物の維持管理について、部位ごとの概要をまとめたもの。主な点検項目や点検補修時期の目安を一覧表にしてある

② 各部位ごとのチェック事項

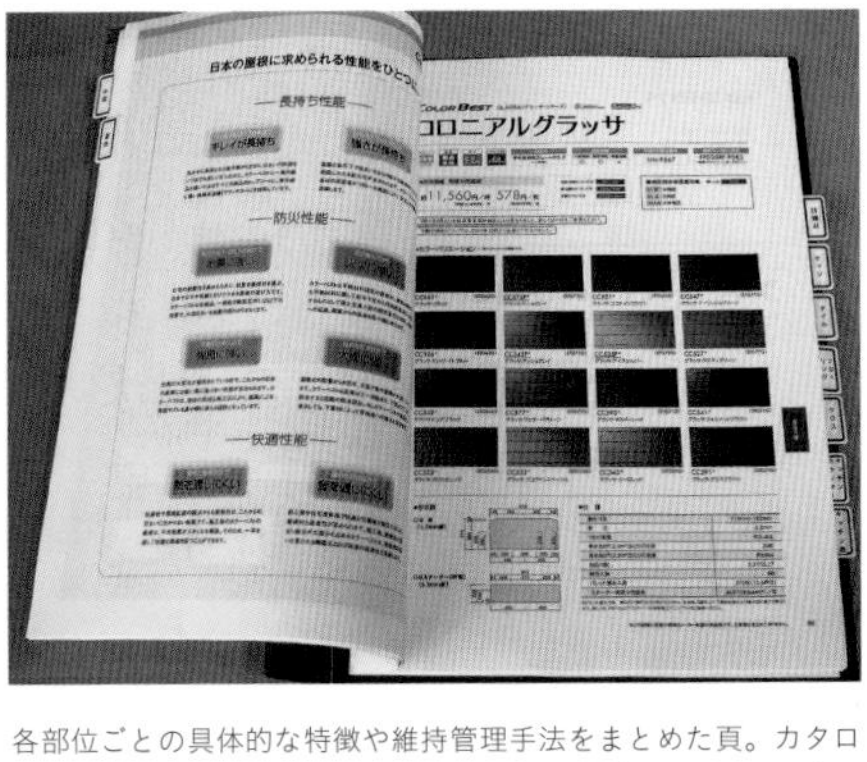

各部位ごとの具体的な特徴や維持管理手法をまとめた頁。カタログの一部をコピーしたもので構わない。インデックスシールをつけると、さらに見やすくなる

Part 15

リノベーションも法令遵守

建築物を設計する場合は、建築基準法+関連法規で定められたルールを遵守する必要がある。新築では、建築確認・中間検査・完了検査という3段階で、第三者（指定確認検査機関や特定行政庁）で、建築物が正しく計画・施工されているか、が厳しく判定される。

一方のリノベーションでは、特に4号建築物に該当することが多い木造戸建住宅は現状、確認申請を行う必要がないケースが多い。マンション（専有部分）でも、消防法以外についてはマンション管理組合（実際には管理会社）の曖昧なチェックが入るのみ。リノベーションに関係する法令は十分に整備されておらず、判断が難しいグレーな部分も少なくない。

だからといって、法令違反はご法度。地震や火災などの災害時に建物被害が発生すると、住まい手の健康や財産に悪影響をおよぼす可能性があるほか、法令違反の中古物件は、不動産売買がしづらくなるから、である。実際に、法令違反に関する罰則規定もある。たとえば建築基準法では、「懲役3年または罰金300万円（法人の場合は罰金1億円）」などという罰則がある。リノベーションも法令遵守が原則だ。

法規は常日頃から改正が行われている。最新の法令に精通してこう。

図1　違反建築物の是正措置と合法的な増改築

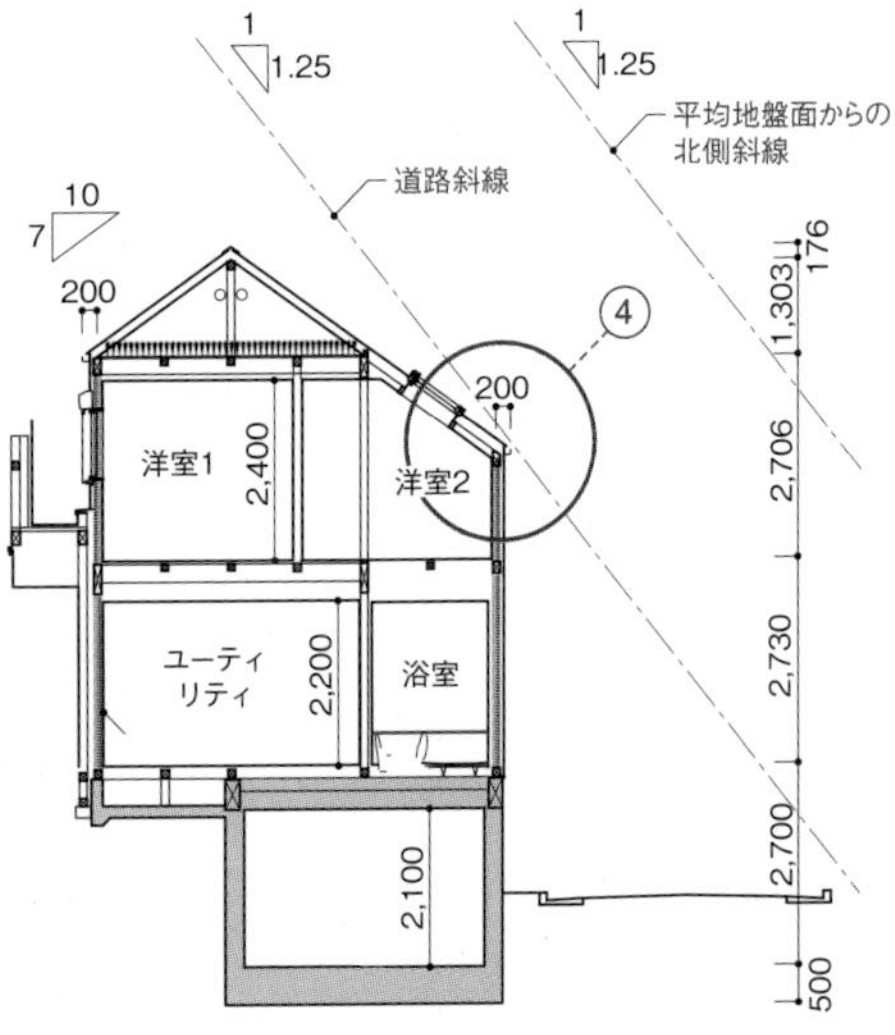

増築後断面図[S＝1：200]

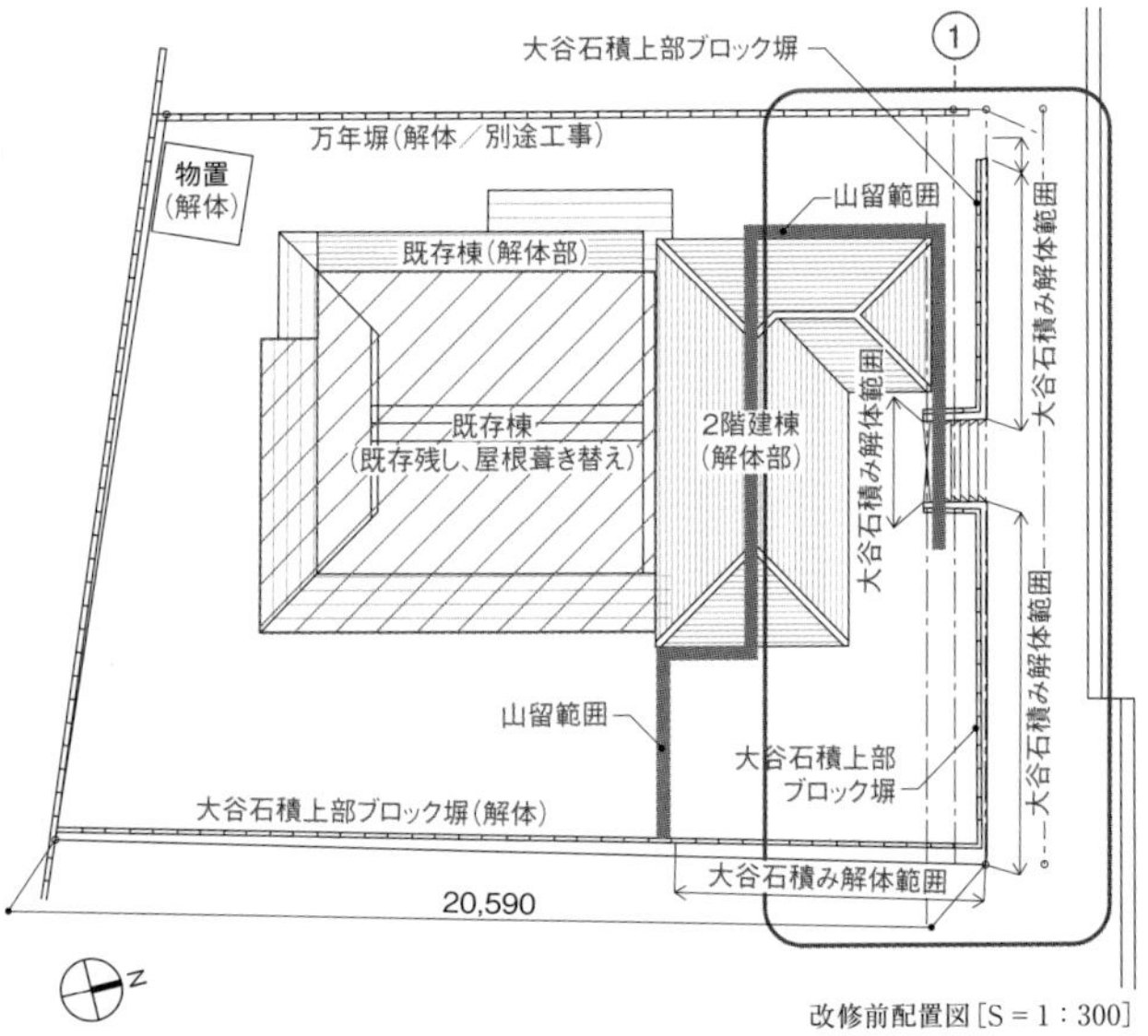

改修前配置図[S＝1：300]

「滝野川の住宅」は既存不適格建築物（違反建築物）の増改築を行った例。違反部分（道路斜線違反）を含めて既存棟を部分的に撤去して、撤去部分を新たに増築している。既存部分と増築部分は構造上一体とはせず、エキスパンションジョイントで接合している。　［中西ヒロツグ］

① 前面道路は法42条2項道路にも関わらず、擁壁が道路中心線から2mセットバックしておらず、建物も道路斜線に抵触していた
② 違反部分を含めて既存棟を部分的に撤去し、新たに2棟の建物（増築棟1は地下1階＋地上2階、増築棟2は平屋）を増築した。既存棟と増築棟はEXPJで明確に分離
③ 増築棟1とは準耐火構造の壁と防火設備で区画されている。これは床面積が200㎡を超えると（この建物は245.12㎡）、排煙無窓の検討が必要となり、天井の高い既存棟が無窓となるのを避けるため［令126条の2第2項1号］
④ 増築棟の道路斜線適合を示す断面図。道路斜線では、雨樋（軒樋）を建築物の一部としてみなすため、雨樋が道路斜線にかからないようにする必要がある

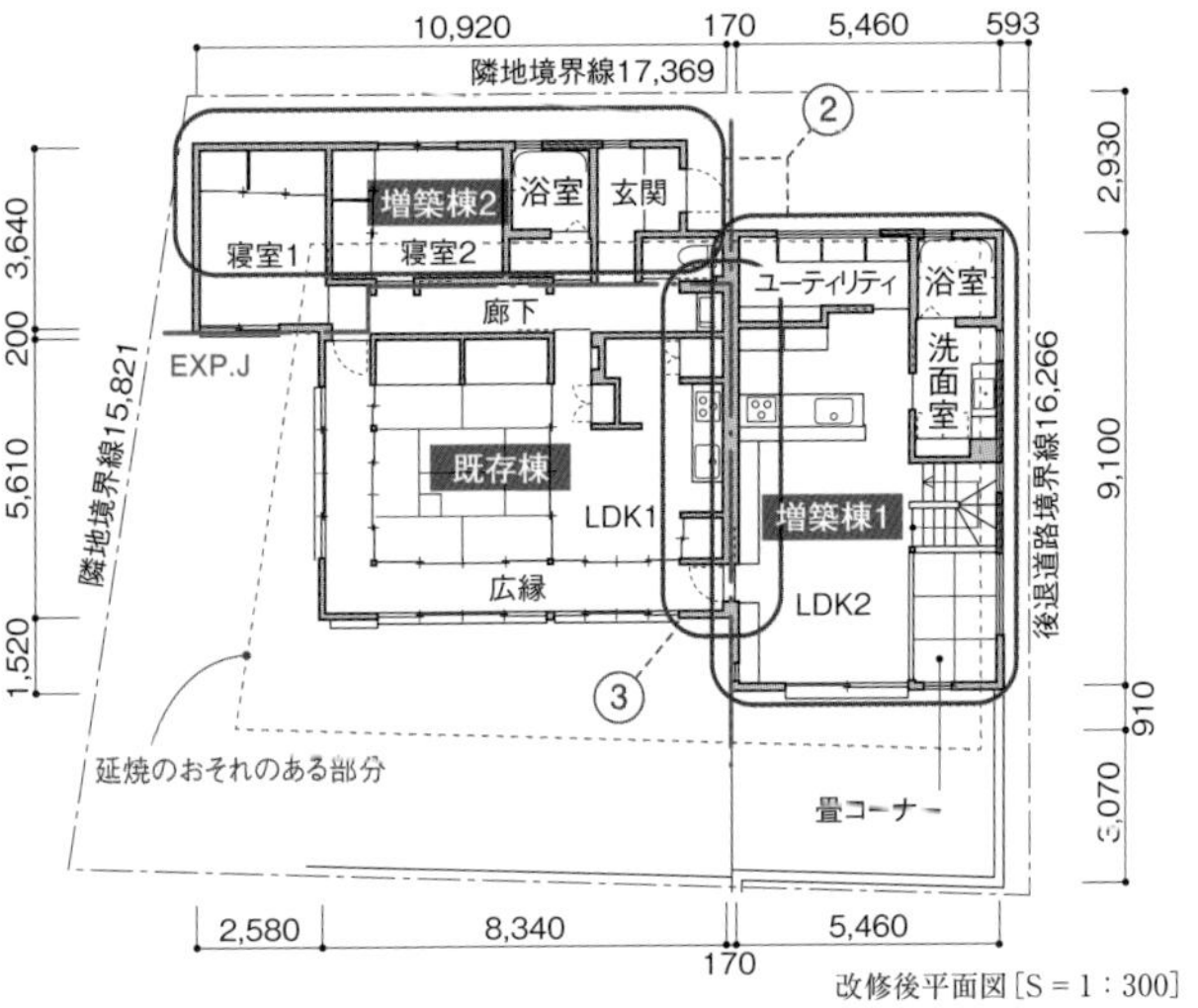

改修後平面図[S＝1：300]

既存不適格建築物は改修可能

戸建住宅（主に木造戸建住宅）では、改修の対象となる建物が法令に適合しているかどうか、の見極めから始める。まず、建築当時の建築基準法令等に違反した建築物は〝違反建築物〟であり、是正措置や一時的な使用禁止・使用制限といった命令が特定行政庁から課せられる。〝違反建築物〟の戸建住宅をリノベーションするのは抜本的な改修工事となり、費用もスケジュールも膨大になるので、現実的ではない。

建築基準法の改正や都市計画による用途地域の変更などで、建築当時は適法だったが、現行法規に適合しない建築物を〝既存不適格建築物〟という。条件に応じて現行法規定が適用されるものの、リノベーションは可能だ。

加えて、「接道条件に適合しないために建替えができない住宅」[007頁参照]「建て替えた場合に面積が小さくなってしまう住宅」という制約のある建築物も少なくない。その場合は、〝既存不適格建築物〟としてリノベーションする価値が生まれてくる。

続いては増築。増築とは「敷地内の既存建築物の延べ面積（床面積）を増加させること」「敷地内の建築物を増加させること」である。ただし、4号

※1　建築空間を減らす改修行為として減築がある。軽量化による既存空間の耐震性能の向上や、温熱環境の改善が図れる。建築基準法では明確な扱いはない。特定行政庁の判断で、除却届を特定行政庁に提出するのみで構わない場合（除却する床面積が10㎡を超える場合に届出が必要）［法15条］や、主要構造部（柱・梁・壁・床・階段・屋根）について過半の“修繕”（おおむね同じ材料を用いてのつくり替え、性能や品質を回復する工事）、過半の“模様替え”（同じ位置でも異なる材料や仕様を用いてつくり替え、性能や品質を回復する工事）に該当する場合がある。これらの場合は確認申請が必要［法2条14・15号］

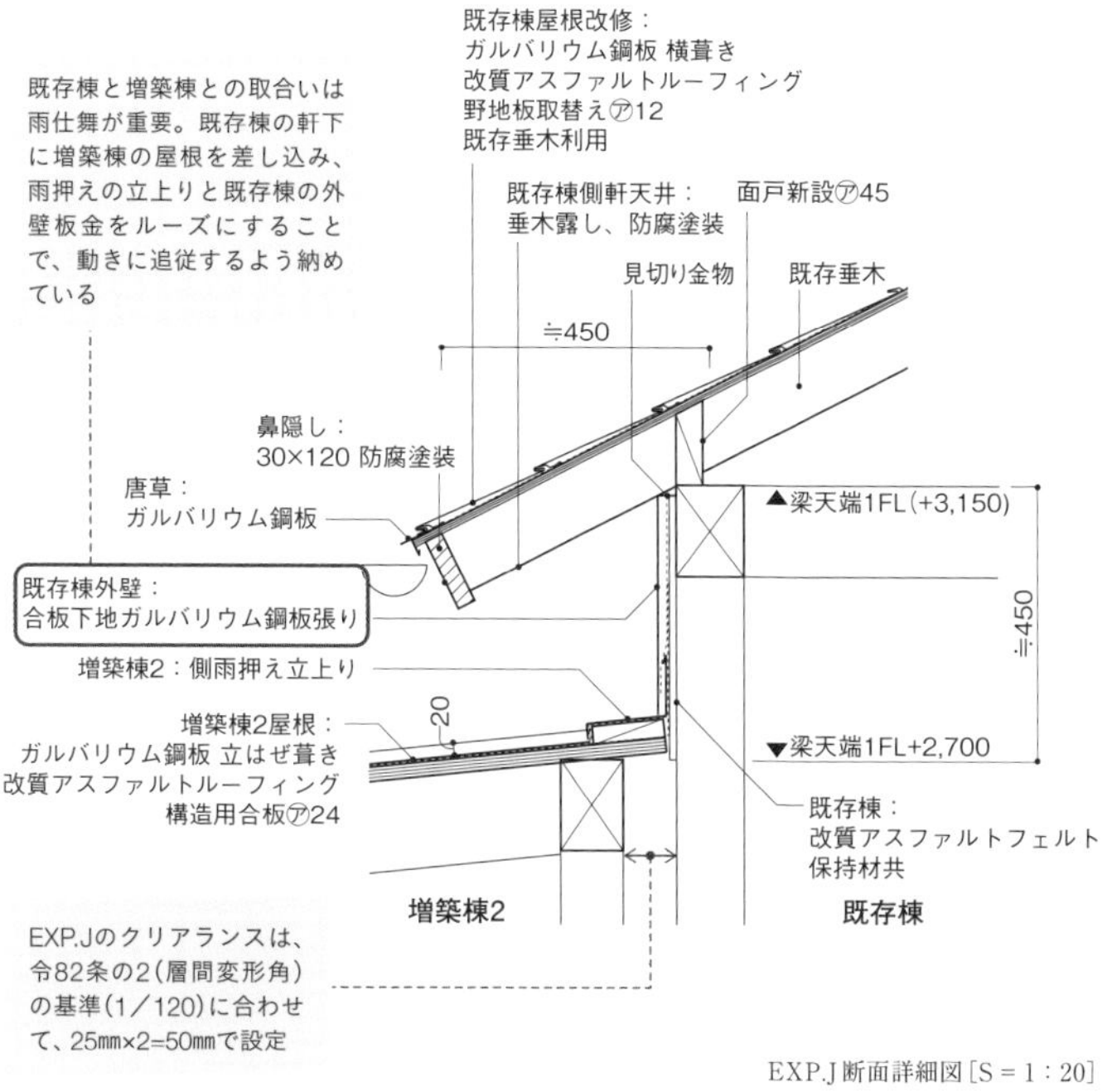
既存棟と増築棟との取合いは雨仕舞が重要。既存棟の軒下に増築棟の屋根を差し込み、雨押えの立上りと既存棟の外壁板金をルーズにすることで、動きに追従するよう納めている
既存棟屋根改修：
ガルバリウム鋼板 横葺き
改質アスファルトルーフィング
野地板取替え㋐12
既存垂木利用
既存棟側軒天井：
垂木露し、防腐塗装
面戸新設㋐45
見切り金物
既存垂木
≒450
鼻隠し：
30×120 防腐塗装
唐草：
ガルバリウム鋼板
▲梁天端1FL(+3,150)
既存棟外壁：
合板下地ガルバリウム鋼板張り
≒450
増築棟2：側雨押え立上り
増築棟2屋根：
ガルバリウム鋼板 立はぜ葺き
改質アスファルトルーフィング
構造用合板㋐24
20
▼梁天端1FL+2,700
既存棟：
改質アスファルトフェルト
保持材共
増築棟2
既存棟
EXP.Jのクリアランスは、令82条の2（層間変形角）の基準（1／120）に合わせて、25㎜×2=50㎜で設定

EXP.J断面詳細図［S＝1：20］

高低差のある前面道路に対して地下1階+地上2階を増築。屋根勾配が切り替わっているのは斜線による制限が異なるため

増築棟（左）と既存棟（右・手前は増築棟）。用途は戸建住宅（二世帯住宅）であり、2住戸間を建物内で相互に行き来できる

既存棟は座敷を残しつつ（左）、ダイニング・キッチンは既存部分との調和を図りながら刷新した［117頁参照］

MEMO 構造一体増築とEXP.J増築

既存不適格建築物を増改築する場合、原則として現行法に適合させる必要があるが、法86条の7で定める範囲は制限が緩和される。このうち構造については増築部分と既存部分を構造上一体化せずに、エキスパンションジョイント（EXP.J）で接合すると、既存部分を含めた建築物全体についての構造計算を避けられる。

構造上一体増築

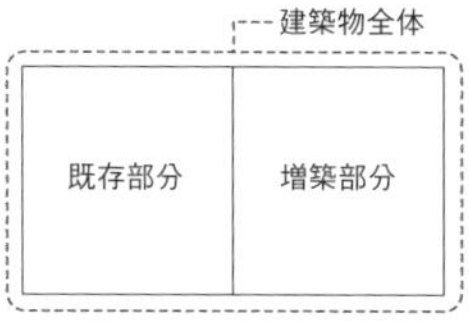
建築物全体
既存部分
増築部分

建築物全体として構造計算が必要となるため、非常に手間がかかる

EXP.J増築

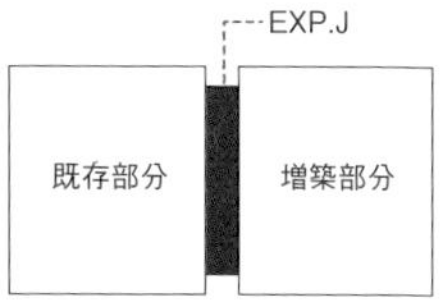
EXP.J
既存部分
増築部分

既存部分と増築部分を個別に構造計算すればよい

建築物であっても、確認申請を必要とするケースがある。防火地域や準防火地域に建築物が立地する場合、それ以外の地域（法22条区域）に立地する場合は、増築部分の床面積の合計が10㎡を超える場合だ［※1］。

増築以外で、確認申請が求められるケースとしては、①4号建築物以外の大規模な〝修繕〟〝模様替え〟に該当する場合［※2］、②用途変更に該当する場合［150頁参照］がある。

ただし、確認申請を行う場合に悩ましい問題となるのが、検査済証（建築物の建築工事完了時点において完了検査を受け、問題がないと判断された場合に発行される書類）の有無である。1999年に建築確認検査が民間開放される以前の建築物は、確認済証があったとしても検査済証のないものが非常に多いのが実態である。

これに対して、国土交通省は2014年7月に「検査済証のない建築物に係る指定確認検査機関を活用した建築基準法適合状況調査のためのガイドライン」を策定。これに基づいた調査を行い、既存不適格建築物であることを証明する書類「法適合状況調査報告書」を作成することで、検査済証がなくても増改築が認められ、道が切り拓かれた［図1・※3］。

※2　ここで大規模とは“過半”のことを指し、具体的には、主要構造部（1種以上）の半分以上を“修繕”“模様替え”する場合には、確認申請が求められる
※3　建築確認時の図面や竣工図も必要。特に、戸建住宅については、検査済証取得後の増改築の有無、増改築がある場合は、その内容・履歴を確認する必要がある。加えて、建築確認図面、竣工図などがない場合、実測図を作成し面積の確認などが必要な場合がある

図2　防火扉を移動して長めの廊下を実現

防火扉を撤去（移動）して長めの廊下を設けた「北青山X邸」。プライベート空間とパブリック空間をつなぐ役割を担い、気持ちをリセットできるような空間となっている。壁をウォルナットで仕上げ、床には大理石を敷き、色のトーンを下げている。天井の照明は最小限として、壁付けブラケットで奥へといざなうような雰囲気をつくった。［各務謙司］

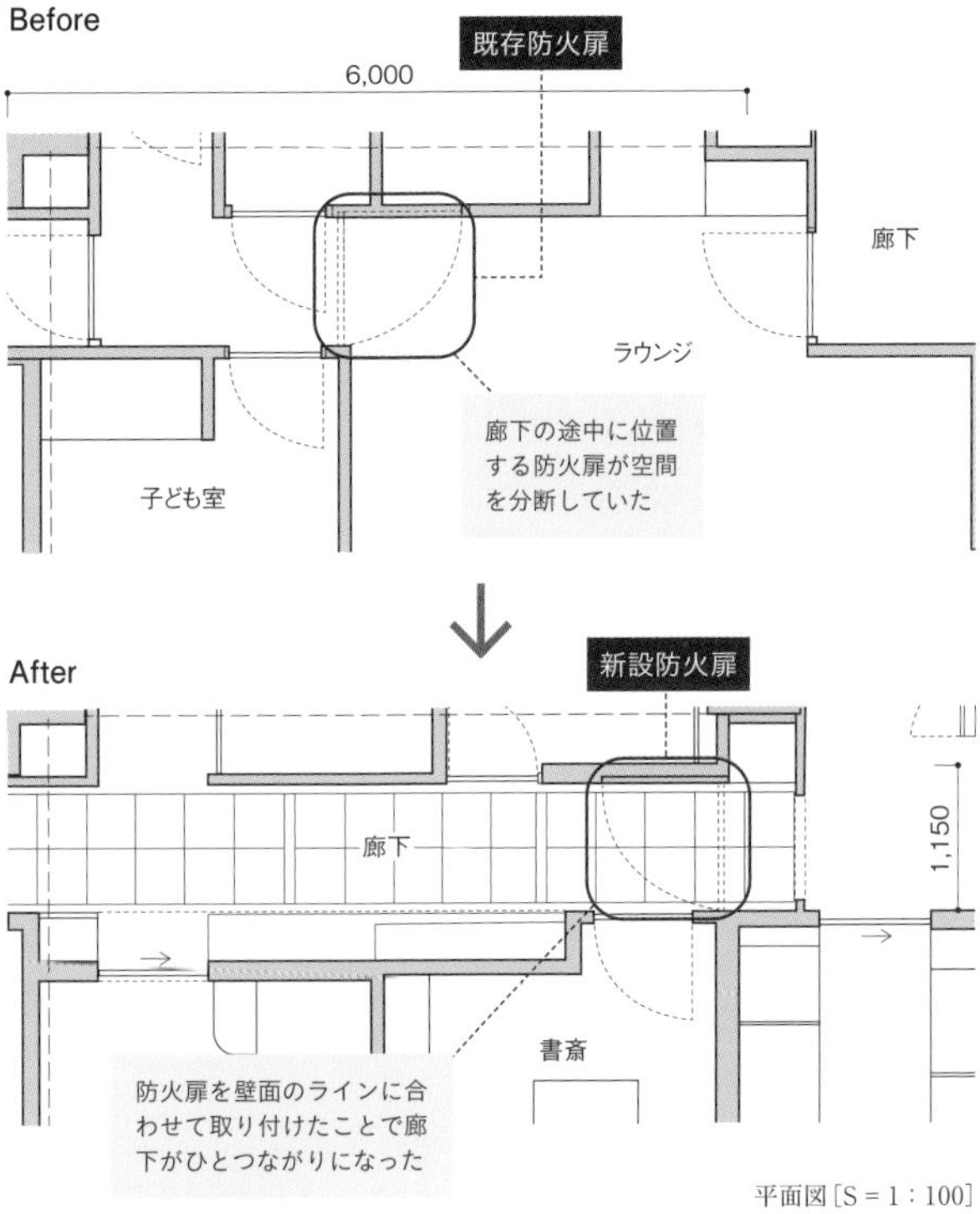

Before
6,000
既存防火扉
廊下
ラウンジ
子ども室
廊下の途中に位置する防火扉が空間を分断していた
After
新設防火扉
1,150
廊下
書斎
防火扉を壁面のラインに合わせて取り付けたことで廊下がひとつながりになった

平面図［S＝1：100］

すでに一度改修された物件で、2度目の改修で既存の防火扉付近の壁・天井を撤去したところ、天井裏の防火区画がなされておらず、スカスカに空いていた。マンション・リノベーションでは、中間検査・竣工検査もないので、いい加減な工事がなされていることも多いので注意が必要

この箇所に区画処理がなされていない

防火扉の床下部分。灰色の部材が防火扉の枠で、防火区画を貫通する排水管（緑色の管）は耐火VP管「エスロンパイプ」（積水化学工業）で、そのほかの配線、配管は熱膨張耐火材「フィブロック」（積水化学工業）で耐火区画処理を行う

廊下右側に見えている扉（灰色）が新規に設けた防火扉。今回は壁から、防火扉の床下と天井裏までシームレスに防火区画がつながるように耐火二重壁を設置している。天井裏と床下で配管、配線が貫通する場合は熱膨張耐火材「フィブロック」などでしっかりと被覆したい

防火区画の撤去は可能

建築基準法には、4つの防火区画（面積区画・高層区画・竪穴区画・異種用途区画）がある。マンションでは、11階以上で高層区画の適用対象となる。具体的には内装材を仕上げ・下地とも準不燃材料とする場合200㎡以内ごとに耐火構造の壁・床および特定防火設備で防火区画しなければならない。

1987年の法改正によって、排煙設備と特殊建築物の内装に関連した防火区画の面積が100㎡から200㎡に変更されている。1987年以前の100㎡超えのマンションの防火扉と区画は、設置理由の判定は必要となるが、筆者の経験では消防法に抵触しない限り撤去できるケースが多い［図2・※4］。区画壁も、特例認定や避難安全検証法、竪穴区画などを除けば、消防署に対する手続きを経たうえでの移設は可能だ。自火報・スプリンクラーも法規に従えば、消防署への書類提出や検査、マンションの管理組合への申請を経て、適正な位置へ移設できる。

窓とバルコニーは共用部分

分譲マンション（共同住宅）では「建物の区分所有等に関する法律」（通称：

※4　ただし、防火区画が躯体である場合は、区分所有法に抵触するので、両者ともに撤去できない

図3　マンションのウッドデッキ敷設は大規模改修も見据える

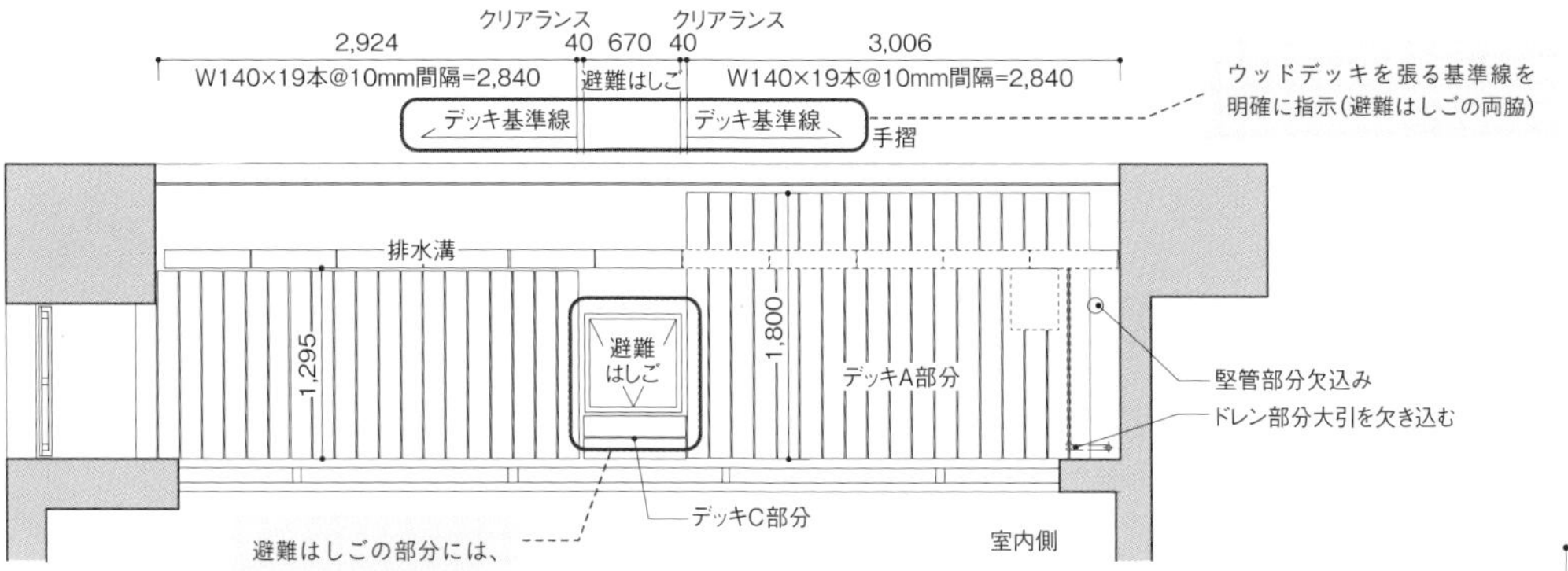

クリアランス
クリアランス
2,924
40 670 40
3,006
W140×19本@10mm間隔=2,840
避難はしご
W140×19本@10mm間隔=2,840
ウッドデッキを張る基準線を
明確に指示（避難はしごの両脇）
デッキ基準線
デッキ基準線
手摺
排水溝
1,295
1,800
避難
はしご
デッキA部分
竪管部分欠込み
ドレン部分大引を欠き込む
デッキC部分
避難はしごの部分には、
ウッドデッキを張らない
室内側

バルコニー平面図［S＝1：80］

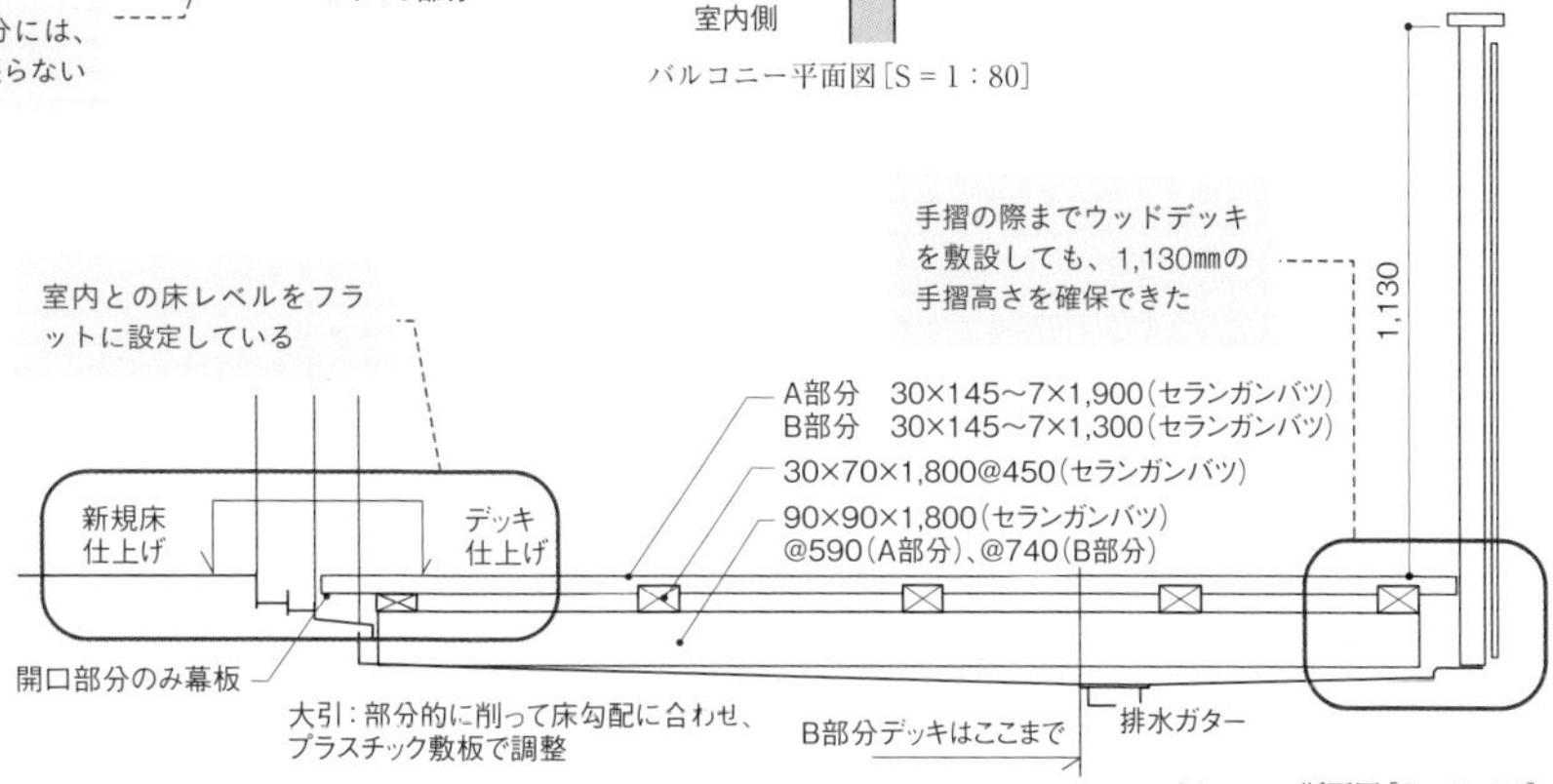

手摺の際までウッドデッキ
を敷設しても、1,130㎜の
手摺高さを確保できた
1,130
室内との床レベルをフラ
ットに設定している
A部分　30×145～7×1,900（セランガンバツ）
B部分　30×145～7×1,300（セランガンバツ）
30×70×1,800@450（セランガンバツ）
90×90×1,800（セランガンバツ）
@590（A部分）、@740（B部分）
新規床
仕上げ
デッキ
仕上げ
開口部分のみ幕板
大引：部分的に削って床勾配に合わせ、
プラスチック敷板で調整
B部分デッキはここまで
排水ガター

バルコニー断面図［S＝1：30］

「白金台S邸」のウッドデッキ。手摺の際や避難経路部分にはウッドデッキを敷設していない。加えて、大規模修繕を見据えて、ウッドデッキは4枚から5枚ずつに分割されており、大人2人で軽く運べる重さにしてあったり、下地となっている大引も簡単に取り外せるようになっている。ウッドデッキ材は材の比重が分かっているので、使っているウッドデッキのサイズと枚数、下で支えている根太のサイズまでの重量を計算。
［各務謙司］

マンションの管理組合からの依頼で、大規模修繕を実施するため、ウッドデッキと植栽を一時撤去している様子

→

ウッドデッキと植栽を一時撤去した後の様子。撤去に要した時間は植栽撤去も含めて、約6時間

→

ウッドデッキを張り直した後の様子。避難はしごの部分にはウッドデッキを敷設しない。取り外し式のウッドデッキ材でつくられた蓋の使用はグレーゾーンなので、あまり推奨できない

→

この事例ではウッドデッキを敷いても、手摺高さは1,100㎜確保できたが、クリアできない場合は、ウッドデッキの端部を手摺から300㎜程離すようにしている

区分所有法）の理解が重要となる。原則として、各住戸部分は専有部分として所有者が単独所有できる一方、躯体やバルコニーなどは共用部分であり単独所有はできない。

改修可能なのは専有部分のみ。専有部分に該当する間仕切壁（雑壁）の撤去や間取りの変更、仕上げ材の変更、水廻り設備の更新は可能だが、共有部分に該当する、躯体（柱・梁や耐力壁）や共用の設備配管に手を加えられない。

ここで、勘違いが生じやすいのが窓と玄関ドア、バルコニー。これらは共用部分なので、交換は原則的に不可となる［**66頁・※5**］。

ただし、バルコニーは通常使用の場合、所有者には専用使用権が認められているので、避難の妨げにならない範囲［※6］ではウッドデッキを敷設する、といった後で撤去することが可能な付加的な改修は可能になっている［**図3**］。

このとき、最も多くみられる違法事項は、ベランダの手摺高さが1千100㎜以上を取れていないことだ［**令126条**］。特殊建築物に該当する共同住宅、さらには3階建て戸建住宅は、屋上または2階以上の階にあるバルコニーについて、同規定の対象となる。ウッドデッキ敷設による床高のかさ上げは法令違反につながるリスクがある［**126頁参照**］。

※5　窓の断熱性能を上げたいときには、サッシ交換インナーサッシ（ペアガラスなど）を内側から追加するのが合理的。玄関ドアでは、内側は塗り替えやシート張りが認められている場合がある

※6　「隔て板近傍に室外機などを設置しない」「避難ハッチや雨水ドレンをふさがない」といった点に留意

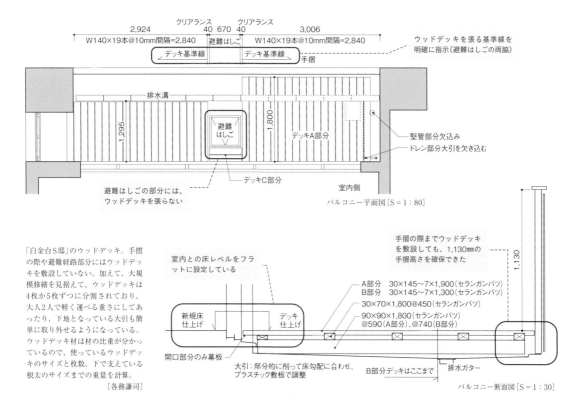

図4　リノベーションでも単体規定への適合は設計者の責任

① 小屋裏収納

2階の天井を撤去した和室にロフトを設けた「つつじヶ丘W邸」。ロフト下の天井はシナ合板仕上げ、出入口を格子戸、縁なし畳とするなど、スタイリッシュな和室の設えになっている。
［中西ヒロツグ］

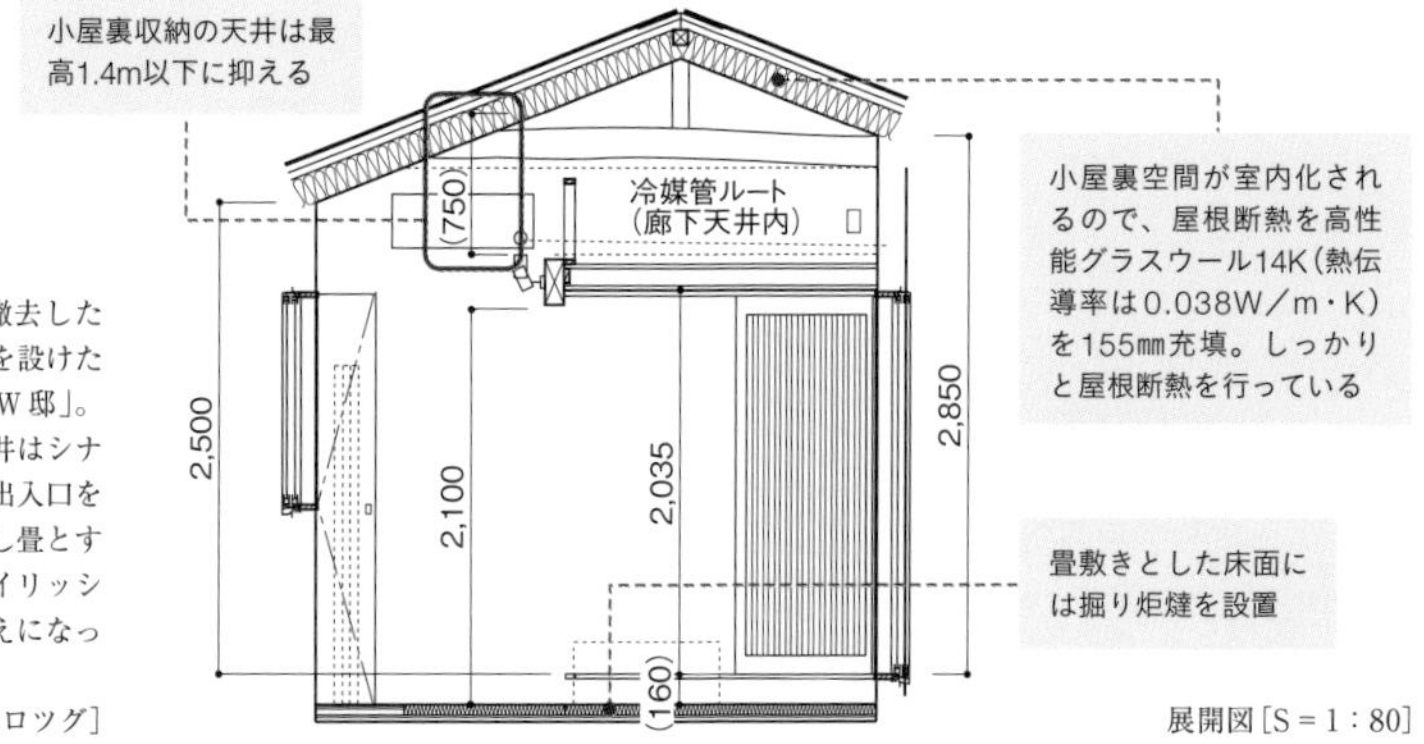

小屋裏収納の天井は最高1.4m以下に抑える
冷媒管ルート（廊下天井内）
(750)
2,500
2,100
2,035
2,850
(160)
小屋裏空間が室内化されるので、屋根断熱を高性能グラスウール14K（熱伝導率は0.038W／m・K）を155㎜充填。しっかりと屋根断熱を行っている
畳敷きとした床面には掘り炬燵を設置

展開図［S＝1：80］

② 2室を1室とみなす取扱い（採光）

2室1室の取扱い［法28条4項］とは、ふすまや障子、その他随時開放することが可能な建具で仕切られている2室は、隣り合う部屋と1室とみなすもの。この取り扱いを利用すれば、1面にしか開口部のないマンションで、バルコニーから離れた位置に居室を配置すること可能になる。
［各務謙司］

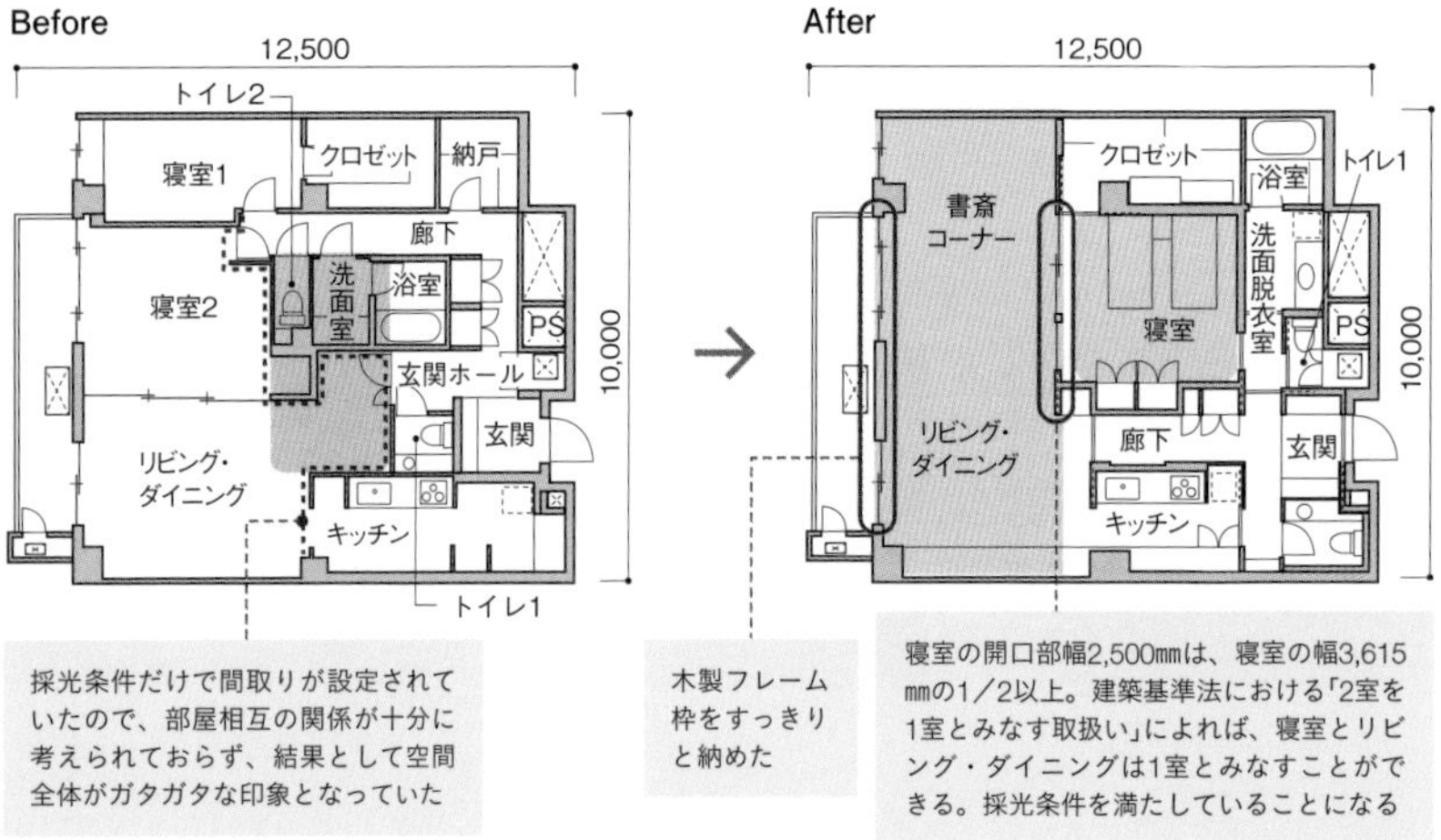

Before
12,500
トイレ2
寝室1
クロゼット
納戸
廊下
寝室2
洗面室
浴室
PS
玄関ホール
10,000
玄関
リビング・ダイニング
キッチン
トイレ1
採光条件だけで間取りが設定されていたので、部屋相互の関係が十分に考えられておらず、結果として空間全体がガタガタな印象となっていた
After
12,500
クロゼット
浴室
トイレ1
書斎コーナー
洗面脱衣室
寝室
PS
10,000
リビング・ダイニング
廊下
玄関
キッチン
木製フレーム枠をすっきりと納めた
寝室の開口部幅2,500㎜は、寝室の幅3,615㎜の1／2以上。建築基準法における「2室を1室とみなす取扱い」によれば、寝室とリビング・ダイニングは1室とみなすことができる。採光条件を満たしていることになる

平面図［S＝1：300］

リノベーション時に新たに設置した寝室。採光のために寝室開口部の幅は2,500㎜に設定。これは寝室の幅3,615㎜の1／2以上

ロフト&火気使用室の内装制限

居室では"平均天井高"を2.1ｍ以上確保する必要がある。その数値は、居室の容積（㎥）÷居室の面積（㎡）で求める。ここで、小屋裏空間を収納（ロフト）とするには、①収納用途のみに限定すること（居室として使用しない）、②"最高内法高さ"を1.4ｍ以下とする、③床面の水平投影面積を存する階の1／2未満にする、というルールがある［図4①］。加えて、居室の開口部には、採光や換気、建築物の規模によっては排煙、といった機能がある。窓面積の基準が定められているので、それも遵守する必要がある［図4②・※7］。

建築物には、用途と規模などで内装制限（壁・天井）が課せられている。住宅の用途では火を使用する火気使用室が該当する［図4③・※8］。RC造などの耐火建築物以外で、かつ階数が2以上、建築物の最上階以外の階にある火気使用室では、内装仕上げを準不燃材料とする必要がある［※9］。特に、LDKでは全体が火気使用室に該当する。その場合は、①ガスコンロの近くを垂壁（不燃材料）で区画、②ガスコンロ廻りの内装を強化（告示仕様）、③不燃木材を使う、④IHクッキングヒーターを採用、といった対処法がある。

※7　採光上有効な開口部の面積は居室床面積の1／7以上、換気上有効な開口部の面積は同1／20以上。排煙については階数が3以上、延べ面積が200㎡を超える戸建住宅で、排煙無窓居室かどうかの判断が必要。排煙上有効な開口部が同1／50以上であれば無窓居室とはならず、排煙設備を設ける必要がない

※8　火気使用室以外では、図4③bの条件に加え、マンションの高層区画に関連する内装制限もある。区画面積は内装材（仕上げ・下地）が可燃材料の場合は100㎡以内。ただし、準不燃材料の場合は同200㎡以内、不燃材料の場合は同500㎡以内となる

③ 内装制限のかかる条件で木材を利用する方法

a：平21国交告225号の緩和規定を利用する（戸建住宅）

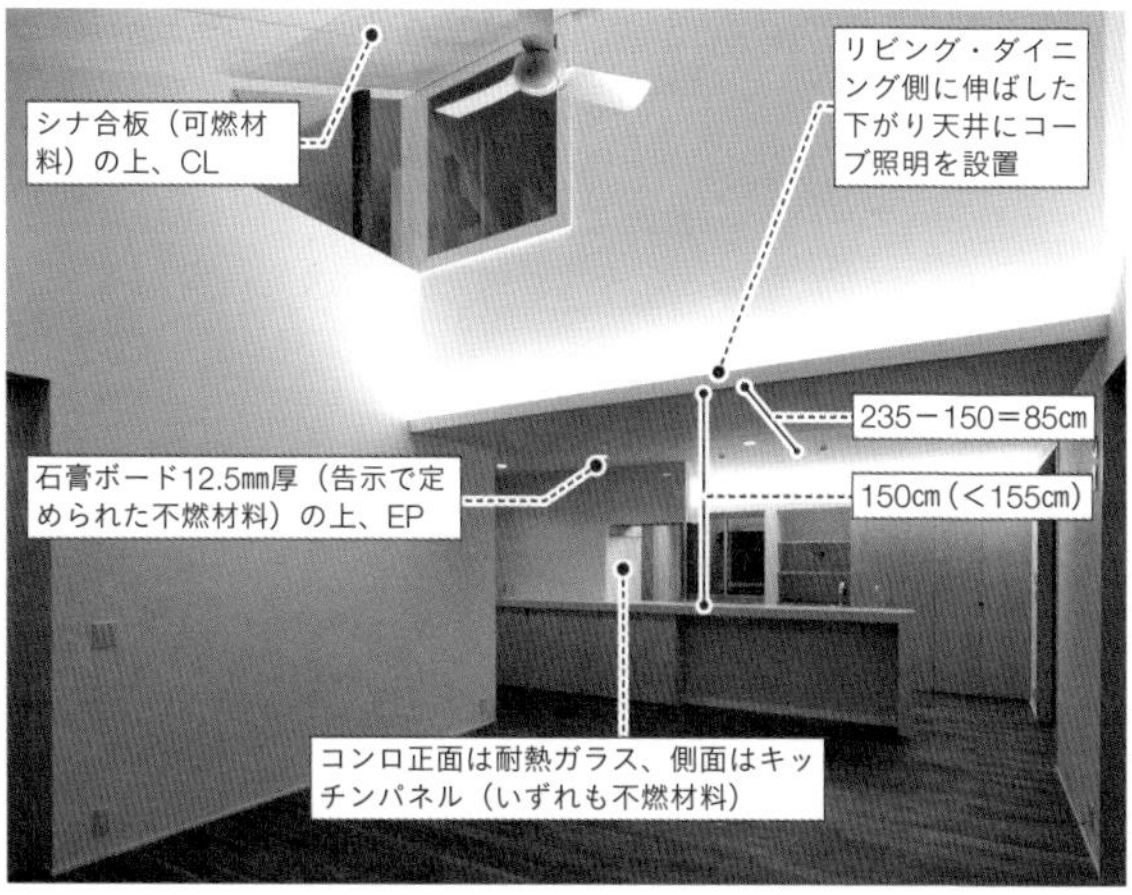

シナ合板（可燃材料）の上、CL
リビング・ダイニング側に伸ばした下がり天井にコーブ照明を設置
235－150＝85㎝
石膏ボード12.5㎜厚（告示で定められた不燃材料）の上、EP
150㎝（＜155㎝）
コンロ正面は耐熱ガラス、側面はキッチンパネル（いずれも不燃材料）

平21国交告225号は、主に戸建住宅の火気使用室を対象として、火源と壁・天井の位置関係から内装制限の範囲を3種類に分け、その範囲内（火気使用設備周辺）の内装の不燃性を強化すると、範囲外については難燃材料または平12建告1439号第1第2号に示された木材等で仕上げることが可能となるという告示。「田園調布F邸」ではこの告示を適用してキッチンの天井をリビング・ダイニング側に跳ね出し、同天井の木材仕上げを実現したほか、天井の跳ね出しを利用してコーブ照明を仕込んだ。［各務謙司・中西ヒロツグ］

b：不燃木材を使う

共同住宅（特殊建築物）は、耐火建築物（RC造）であれば火気使用室の内装制限はかからないものの、3階以上の部分の床面積の合計が300㎡以上という条件で内装制限の規制がかかる。7階の住戸でリノベーションを行った「品川区Y邸」では、火山性ガラス質複層板を下地として表面に0.2㎜厚の突板を張り合わせた内装用の不燃木材「リアルパネル ナチュラルウッド ウォールナット」（ニッシンイクス）を使用して、リビング・ダイニング側の天井を木材仕上げとした。［各務謙司］

MEMO 火炎が天井に到達する場合（こんろ垂直距離 $h < 155$ ㎝）の天井仕上げ

「田園調布F邸」のような条件では、235－$h$cmの範囲内の天井（短期加熱による可燃物燃焼範囲）は、①下地・仕上げとも特定不燃材料、②下地が特定不燃材料でない場合は仕上げを12.5㎜厚以上の石膏ボードなど、のいずれかとする

図5 4号建築物の廃止とその後の分類

2025年4月以前		2025年4月以降		取り扱い
4号建築物 ①：木造2階建て以下、かつ延べ面積500㎡以下 ②：木造以外の場合、平屋かつ、床面積が200㎡以下のもの	→	**新2号建築物** ①：木造2階建て ②：木造平屋、かつ延べ面積200㎡超 ③：木造以外の場合、平屋かつ、床面積が200㎡以下のもの	→	・すべての地域で建築確認・検査（大規模な修繕・模様替えを含む）が必要 **・審査省略制度の対象外**
	→	**新3号建築物** 木造平屋、かつ延べ面積200㎡以下	→	・都市計画区域等内に建築する際に、建築確認・検査が必要 **・審査省略制度の対象**

2025年4月から変更される建築物の分類。これに伴って4号建築物で実施されている壁量計算の枠組みも変更される。これまでは、「軽い屋根」と「重い屋根」に分類して必要壁量を算出していたが、新たに「ZEH水準等の建築物」が追加される。この条件では、必要壁量（階の床面積に乗ずる数値［㎝／㎡］）が大幅に増える見通し

4号建築物は2025年に廃止

木造戸建住宅の多くが該当する4号建築物は、建築確認に審査の一部を省略する〝4号特例〟が存在している。具体的には構造計算書の添付が免除されている。しかし、2025年には住宅を含むすべて建築物について、省エネ基準への適合が義務付けられ、断熱材の増量や太陽光発電パネルの搭載が想定されるため、構造性能をより厳密に審査する必要が生じる。これに伴い、4号建築物と〝4号特例〟がなくなる。新2号建築物では、構造計算書の添付が求められ、省エネ関連の図書も提出必要となる予定。大規模な「修繕」「模様替え」を行う場合にも適用されるので、注意が必要だ［図5］。

最後に、断熱改修や太陽光発電パネルの設置を実施する場合に、悩ましい問題となるのが集団規定（面積と高さ）への抵触であろう。これに対して、国土交通省は2023年3月、省エネ改修などの工事に際して、建築物の構造上やむをえない場合には、市街地環境を害しないものに限って、高さ・建蔽率・容積率の制限に抵触する場合、特例として省エネ改修が認めるという特例許可制度を発表。省エネ改修の道が拓けている。

※9 準不燃材料は防火材料の1つ。防火材料とは、不燃性能（燃焼しない・火上有害な変形や損傷を生じない・有害な煙やガスを発生しない）をもつ建築材料のこと。不燃性能が有効に持続する時間によって3つに分類される。木材は可燃材料であり、いずれにも該当しない。不燃材料は加熱開始後20分有効、準不燃材料は加熱開始後10分有効、難燃材料は加熱開始後5分有効

COLUMN

オフィスを共同住宅に用途変更する方法

新築当時の延べ面積が盲点

使用されなくなったオフィスや倉庫を共同住宅などにリノベーションして、収益物件に変更したいという要望は少なくない。ただし、オフィス（一般建築物）から共同住宅（特殊建築物）へ改修を行う場合には、用途変更について確認申請の可否を判断するほか、共同住宅としての防火避難規定に関する基準に対応していく必要がある［表］。

ここで面倒なのが用途変更に至るまでのプロセス。対象となる築年数の古いオフィスは、検査済証のないものが少なくない。用途変更の確認申請には、既存不適格調書を作成する必要があるが、図面類が残っていない場合は、既存図面の復元から始めなければならない。現地にて、既存建物が新築当時の建築基準法に適合しているかを丁寧に調査する必要がある。

特定行政庁で確認台帳（建築物）記載証明書を入手すると、「IRIYA APARTMENT」のように、確認済証番号や建築物の概要は記載されているものの検査済証番号がなく、完了検査を受けていない建物であることが分かる［①・9頁参照］。このとき、特に悩ましいのが延べ面積である。既存不適格建築物と認められるには、確認申請時と現状で延べ面積が変わっていないことを証明する必要がある。もし、現況の延べ面積が確認申請時よりも大きい場合は増築扱い（計画変更）となり、建物全体を現行基準に適合させる必要があるため、現実的に既存活用が難しくなる。ちなみに、既存建物の実測・算定には大変手間がかかるが、築年数の古い建物は断熱材が入っていないことが多く、仕上げ材を破壊しなくてもおおよその躯体寸法を把握できるので、根気さえあれば難しくない。

ほかにも、既存不適格調書には躯体強度調査や耐震診断書が必要となるので、構造調査会社や構造事務所に協力を依頼する。既存不適格建築物であることが認められれば、用途変更申請を経て「IRIYA APARTMENT」のように、魅力のある共同住宅として再生することが可能になるのだ［②］。

［中西ヒロツグ］

① 確認台帳の注意点

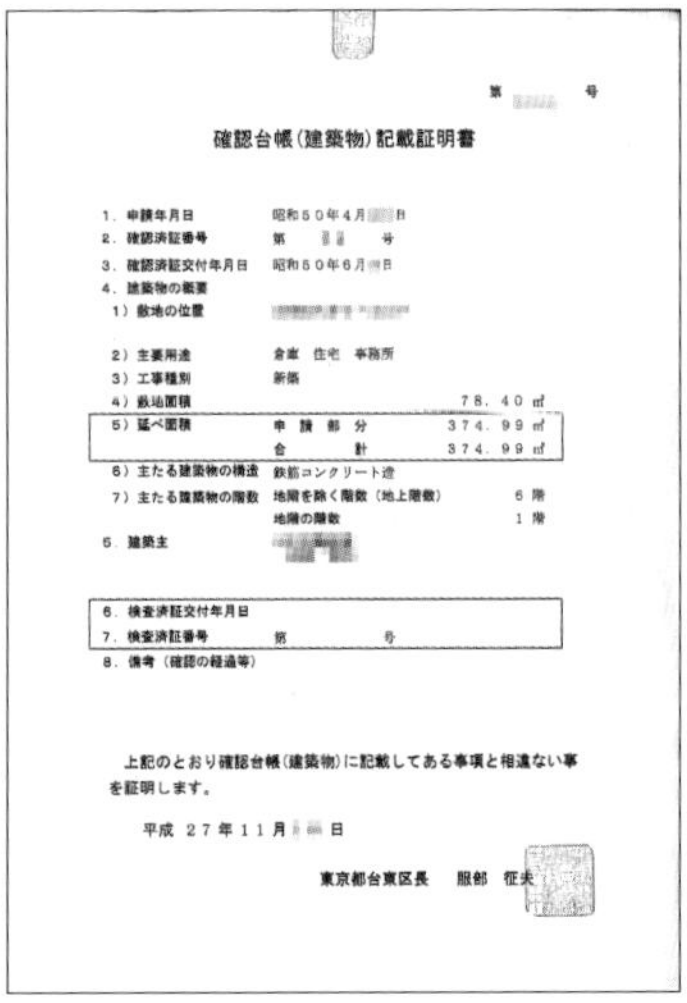

第　　号

確認台帳（建築物）記載証明書

1．申請年月日　昭和５０年４月　日
2．確認済証番号　第　　号
3．確認済証交付年月日　昭和５０年６月　日
4．建築物の概要
1）敷地の位置
2）主要用途　倉庫　住宅　事務所
3）工事種別　新築
4）敷地面積　78．40㎡
5）延べ面積　申請部分　374．99㎡　合計　374．99㎡
6）主たる建築物の構造　鉄筋コンクリート造
7）主たる建築物の階数　地階を除く階数（地上階数）　6階　地階の階数　1階
5．建築主
6．検査済証交付年月日
7．検査済証番号　第　　号
8．備考（確認の経過等）

上記のとおり確認台帳（建築物）に記載してある事項と相違ない事を証明します。

平成２７年１１月　日

東京都台東区長　服部　征夫

「IRIYA APARTMENT」の確認台帳（建築物）記載証明書。延べ面積は小数点第2位まで記載されているので、複雑な形状のため数字を合わせるのに時間がかかった

② 水廻りをまとめてコストダウン

「IRIYA APARTMENT」では水廻りを部屋の中央にまとめるプランを採用。間仕切壁や建具の数を減らすことでコストダウンを図った

表｜オフィス（一般建築物）を共同住宅（特殊建築物）に改修するための主な法的検討事項［※］

用途変更	確認申請の有無	戸建住宅は一般建築物、共同住宅は特殊建築物。建物の用途を変更して、床面積が200㎡を超える特殊建築物とする場合には、確認申請が必要となる	法87条
防耐火	耐火建築物	3階以上が共同住宅の場合は原則として耐火建築物にしなければならない。ただし、地上3階建て、延べ面積く200㎡、自動火災報知設備の設置の3条件をすべて満たすものには適用されない	法27条・法別表第1
	界壁	共同住宅の界壁は防火性能と遮音性能を満たし、小屋裏まで達するように設置しなければならない（天井の全部が強化天井である階、などについての緩和規定もある）	令114条1項
避難	直通階段	6階以上の共同住宅では、対象となる階からの直通階段を少なくとも2か所以上設置する必要がある。その階の居室床面積の合計が200㎡以下であれば、直通階段は1つでよい	令121条1項5号・同条2項
	廊下	階の住戸床面積合計が100㎡を超える場合、片側居室の場合は幅員1.2m以上、両側居室の場合は1.6m以上必要	令119条
居室	採光	有効採光面積は床面積の1/7以上。オフィス（事務所）には採光規定がないので注意	法28条・令19条3項
	換気	有効換気面積は同1/20以上	法28条2項
	排煙	有効排煙面積は同1/50以上（200㎡以下に防火区画すれば住戸部分は排煙免除）	令126条の2第1項1号

※　このほか、地域の建築基準条例で定められる接道要件や避難経路についての制限も必ず確認する

Episode no.6

白からの
華麗なる転生

Episode no.5

光の井戸を
囲む暮らし

Episode no.4

柱と梁で空間の色を
切り分ける

リノベーションが
創造する
１つひとつの物語

The stories of Renovation

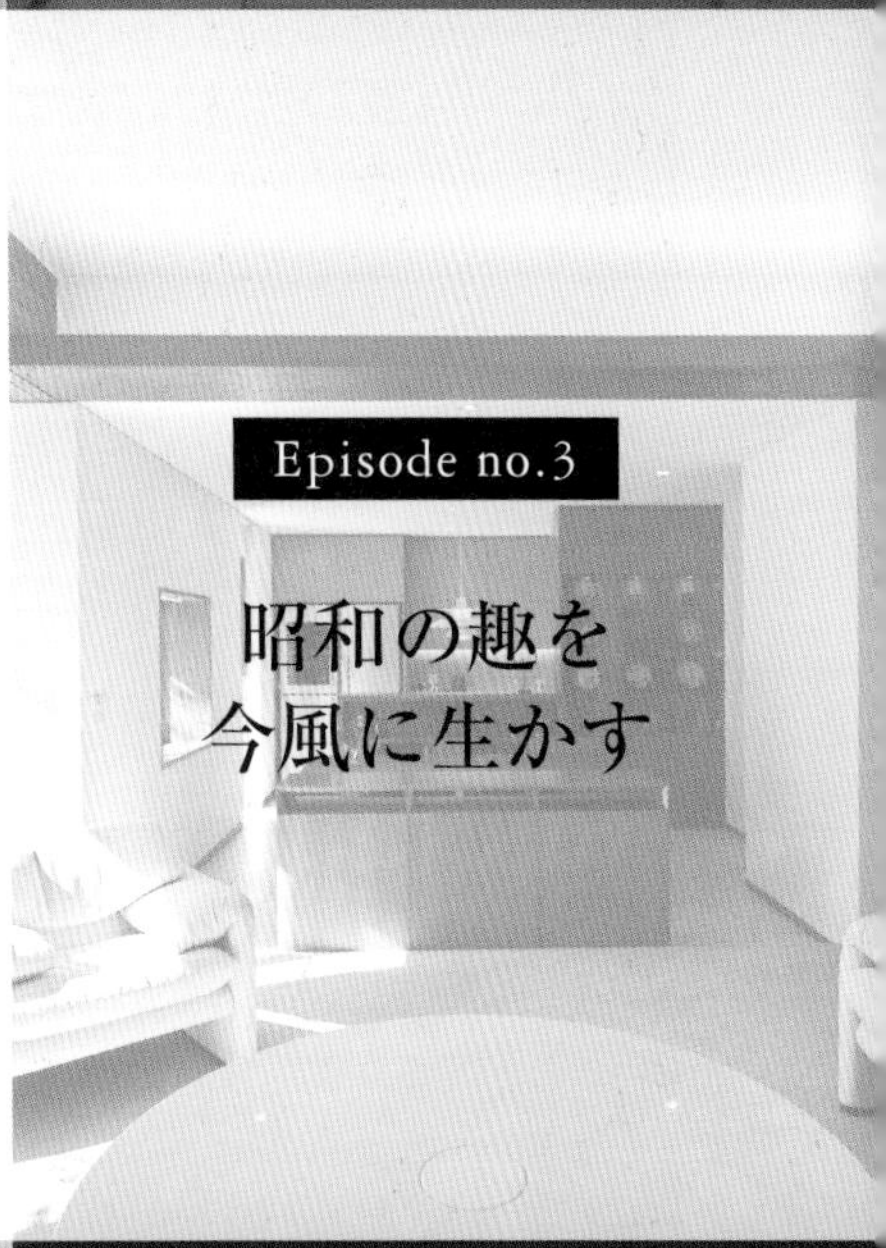

Episode no.3

昭和の趣を
今風に生かす

Episode no.2

凹凸が生み出す
新しい価値

Episode no.1

アルミ名建築
の再生

Episode no.0

Last Words

白からの華麗なる転生

南青山A邸／［カガミ建築計画・共同設計：The Library 田口彰］

新築マンションを引渡し直後に模様替えを行った例。間取りは変えずに仕上げ材を大掛かりに変更。無機質な白が一般的な新築マンションとは一線を画す、高級感と落ち着きが感じられる空間に生まれ変わっている。

| Materials |

床	既存
壁	大理石調磁器質タイル：「マーベルプロ」（ダイナワン） ビニルクロス3種：「LW-4339」「LW-4423」（リリカラ）、「SP9532」（サンゲツ）
天 井	ビニルクロス2種：「LV-1579」（リリカラ）、「SP9532」（サンゲツ）

Episode no.5

光の井戸を囲む暮らし

つつじヶ丘W邸／イン・ハウス建築計画

築38年の木造住宅を、若い世代に受け継ぐためのリノベーション例。上下階のプランを入れ替え、眺望のよい2階にリビング・ダイニングを配置。中央の階段は、開放感と空調効率を考えて、ショーケースのような光井戸に設えた。　内観写真＝中村風詩人

| Materials |

床	「複合20シリーズ アッシュ20 ホワイトパウダーオイル」(IOC)
屋　根	ガルバリウム鋼板立はぜ葺き
外　壁	「ZIG／タニマットブラック」(タニタハウジングウエア)
サッシ	「サーモスL／LowE」(LIXIL)
壁	ビニルクロス「RU-5528」(ルノン)・内装壁機能タイル「エコカラットプラス／グラナス ルドラ」(LIXIL)
天　井	ビニルクロス「RU-5550」(ルノン)
建　具	ベリティス プラス(パナソニック ハウジングソリューションズ)

柱と壁で空間の色を切り分ける

白金台H邸／設計：カガミ建築計画

築36年のヴィンテージマンションの専有部分をリノベーション再販用にデザインし直した例。リビング・ダイニングの構造的にどうしても撤去不可能な柱と壁をキッチンや廊下との間仕切りとして、それぞれを違った素材で化粧している。

| Materials |

床	「複合フローリング40シリーズ ヨーロピアンオーク40」(IOC) オスモオイル仕上げ
壁	天然大理石：「グリジオビリエミ」(キダマーブル) カラーガラス：「EB4」(NSGインテリア) ビニルクロス3種：「LL-8188」「LL-8536」「LL-8825」(リリカラ)
天　井	ビニルクロス：「LL-8188」(リリカラ)、「SP9532」(サンゲツ)
造作家具	オーク突板染色仕上げ
建　具	硬質塩ビタックシート張り

オーダーキッチン(アルノ)

甲　板	クォーツエンジニアードストーン：「シーザーストーン 4230 シイタケ」
吊　戸	チーク突板ウレタン塗装
壁	大判大理石調磁器質タイル：「フィアンドレ」(アークテック) カラーガラス：JB02 (NSGインテリア) キッチン天井＆廊下壁＆天井：ビニルクロス「LL-8190」(リリカラ)

Episode no.3

昭和の趣を今風に生かす

小日向の家／イン・ハウス建築計画

建築家の設計による築37年のRC住宅。もとの佇まいを残しながら、今の暮らしに合わせたリノベーション例。閉鎖的だったキッチンを解放し、既存の素材やディテールを生かしながら、違和感なく耐震補強を施している。

| Materials |

屋根	ガルバリウム鋼板横葺き	壁	塗り壁「ジョリパットアルファ しっくい調（小面積向き）」（アイカ）
外壁	「エスケープレミアムシリコン」（エスケー化研）	天井	AEP
サッシ	既存	造作家具	タモ突板染色仕上げ
床	ウールカーペット（堀田カーペット）	建具	既存補修ウレタン塗装

Episode no.2

凹凸が生み出す新しい価値

青山P邸／設計：カガミ建築計画

築30年の壁の凹凸が激しいマンションを、凹凸ごとに空間と機能を与えながらリノベーションした例。各凹みは書庫コーナー、読書ニッチ、飾り棚に、壁も用途に応じて、大理石張り、ライムストーン張り、クロスパネル張りと変えている。

Materials

床	「複合フローリング40シリーズ オーク40ホワイトブラッシュド」(IOC)
壁	天然大理石：「グリジオビリエミ」(キダマーブル)、オデッサグレー（アドヴァン）・AEP ビニルクロス：「LV-5368」(リリカラ)
天井	AEP
造作家具	オーク突板染色仕上げ
建具	オーク突板染色仕上げ・強化ガラス・フラッシュ扉硬質塩ビタックシート張り
玄関・廊下	床：天然石「オデッサ グレー」(アドヴァン)・「複合フローリング40シリーズ オーク40ホワイトブラッシュド」(IOC) 壁：天然石「オデッサ グレー」(アドヴァン)・カラーガラス「EB4」(NSGインテリア)・AEP 天井：AEP

Episode no.1

アルミ名建築の再生

桜上水の家／イン・ハウス建築計画

伊東豊雄氏が設計したアルミ造の家をリノベーションした例。特殊な構造のため、屋根には外張り断熱を施し、開口部や壁面も可能な限り断熱補強を実施。当初のイメージを崩すことなく、高いレベルでの性能向上を実現。アルミ名建築を未来へと継承した。

Materials

屋根	塩ビシート防水断熱接着工法「ビュートップ」（タジマ）
外壁	既存
サッシ	既存（真空ガラスに交換）
床	「複合フローリング プロヴァンスシリーズ プロバンスシエンスタンダードオーク」（IOC）
壁	AEP
天井	AEP
造作家具	シナ合板ウレタン塗装
建具	既存ウレタン塗装

Episode no.0

Last Words

リフォームはただ単に古くなったものを新しいものにやり替えるのみ。見栄えは新築なみに美しくなりますが、リノベーションが表現している過去は抹殺されます。そのリフォームとリノベーションの違いに着目すれば、設計者としての職能をいかんなく発揮できる要素が色々ありそうですよね。

個人としては15年ほど前に、それまで設計をしていた新築の住宅や店舗デザインなどをすべてやめて、リフォーム&リノベーションに特化することに決めたときに、建築家の友人たちだけでなく、当時の事務所スタッフにも強く反対されたことを思い出します。当時はまだ、営繕・メンテナンスの延長の小工事とされていたものが、リノベーションとしてここまで大きく育ってきたこと、先見の明があったのではと密かに自負しております。

各務謙司

リノベーションの面白さは過去に学ぶことにあると思います。先人たちが長い時間をかけて築き上げた知恵を現代の状況に合わせて読み替え、新しい価値として未来につなげていく行為には、現代の建築に携わる者として大きな使命感を覚えます。

今ほどリノベーションが盛んではなかった一昔前は、建築家仲間から「面倒な設計を引き受ける、もの好き」と揶揄されたものですが、考えてみればゼロから生み出される空間などなく、すべての建築行為はリノベーションであり、歴史や環境を生かしながら暮らしに寄り添ってデザインすることこそ、建築家に求められる職能だと思います。「表現ではなく、解決のためのデザイン」をミッションとして、人と空間を整える姿勢で仕事に臨んでいます。

中西ヒロツグ

執筆者プロフィール

各務謙司
［かがみ・けんじ］

カガミ建築計画
カガミ・デザインリフォーム

一級建築士およびマンションリノベーションマネージャー。都心を中心とした100㎡以上のマンション・リノベーションを得意とする。2006年以降は、設計実績や自身のバックグラウンド、設計事務所の立地などを複合的に考えて、リノベーションに特化。以降は新築設計の依頼を断り、マンションリノベーションの技術研究、インテリアも含めたリノベーション提案の研鑽に励んでいる。工事費1000万円以上の大規模リノベーション100軒以上を手掛け、最近はさらなる大型マンション・リノベーションが増え、1億円以上の超大規模リノベーションの実績も10軒を超える

Profile

1966年	東京都港区白金台生まれ
1990年	早稲田大学理工学部建築学科卒業
1991年	早稲田大学大学院在学中に初めてのリノベーションプロジェクト 小石川S邸の第一期設計
1992年	早稲田大学理工学研究科 建築専攻（建築専攻）修士課程修了
1993年	ハーバード大学デザイン大学院 フルブライト交換留学生
1994年	同大学院デザイン学部修士課程終了（March II 建築計画）
1994~1995年	Chicognani Kalla 設計事務所（ニューヨーク市）に勤務 高級マンション・リノベーションの修業
1995~1996年	欧州・中近東を7ヶ月かけて旅行
1995年	各務建築計画（のちにカガミ建築計画に改称）主宰

Project

2006年	第23回住まいのリフォームコンクール　優秀賞（高輪Ｓ邸茶室）
2012年	第28回住まいのリフォームコンクール 住宅リフォーム・紛争処理支援センター　理事長賞（高輪I邸）
2012年	第28回住まいのリフォームコンクール　優秀賞（目黒S邸）
2012年	第29回住まいのリフォームコンクール　優秀賞（田園調布F邸） ──中西ヒロツグ氏と共同設計
2013年	第30回住まいのリフォームコンクール　優秀賞（神戸M邸）
2017年	第34回住まいのリフォームコンクール　優秀賞（青山P邸）
2018年	第35回住まいのリフォームコンクール　優秀賞（白金台H邸）
2022年	第39回住まいのリフォームコンクール　優秀賞（南青山A邸） ──The Library 田口彰氏と共同設計

中西ヒロツグ
［なかにし・ひろつぐ］

イン・ハウス建築計画

一級建築士。菊竹清訓建築設計事務所在籍中は、京都信用金庫や北九州メディアドームのプロジェクトチーフを担当。独立後は個人住宅を中心に活動を始めるが、新築以上に幅広い知識やノウハウが求められるリノベーションにおいて、その多彩な経験をいかんなく発揮。修繕が中心だったリノベーション業界で、斬新なアイデアや巧みなプランニングが話題を呼ぶ。特に、木造戸建住宅については多くの実績を持ち、数々の賞を受賞しているほか、「大改造!!劇的ビフォーアフター」(ABC放送)にも最多となる8回出演を果たす。大手メーカーのデザインアドバイザーや技術指導を務めるなど、同業者からの信頼も厚い

Profile

1964年	大阪府堺市生まれ
1986年	京都工芸繊維大学　工芸学部　住環境学科卒業
1986年	菊竹清訓建築設計事務所　勤務
1999年	イン・ハウス建築計画　設立

Project

2000年~2008年	文化女子大学（現文化学園大学）非常勤講師
2001年	第18回住まいのリフォームコンクール 総合部門優秀賞（ファイナルハウス）
2002年	第6回TEPCO快適住宅コンテスト 作品部門佳作（下井草の家） 大地に還る住宅（サスティナブルハウジング）提案競技／優秀賞（下井草の家）
2003年	第5回あたたかな住空間デザインコンペ・ リフォームの部　入賞（荻窪の家） 第20回住まいのリフォームコンクール 住宅リフォーム推進協議会会長賞（荻窪の家）
2004年	第21回住まいのリフォームコンクール 総合部門優秀賞（山武の納屋）
2005年	第1回住まいの外観コーディネート コンペティション　最優秀賞（山中湖の別荘）
2012年	第29回住まいのリフォームコンクール　優秀賞（田園調布F邸） ──各務謙司氏と共同設計
2017年	第34回住まいのリフォームコンクール 国土交通大臣賞（IRIYA APARTMENT）

写真：傍島利浩

住まいのリノベ設計塾

Residential Renovation Design Techniques

発　行　者　　三輪浩之

著　　　者　　各務謙司・中西ヒロツグ

2023年11月1日　初版第1刷発行

発　行　所　　株式会社エクスナレッジ

〒106-0032

東京都港区六本木7-2-26

https://www.xknowledge.co.jp/

問合せ先　［編集］TEL：03-3403-1381　FAX：03-3403-1345

MAIL：info@xknowledge.co.jp

［販売］TEL：03-3403-1321　FAX：03-3403-1829